APASIONADO
POR
CRISTO

"Todas las pasiones nacen y mueren, excepto la pasión por Jesucristo."

"La pasión por Cristo mueve la misión de Cristo."

—Manuel Fernández

APASIONADO POR CRISTO

> "¡Gracias a Dios por su Hijo, un Regalo demasiado glorioso para expresarlo con palabras!"
> (2ª Corintios 9:15, NLT, parafraseado)

MANUEL FERNÁNDEZ

ESTA EDICIÓN CONTIENE:
ANSIAS DE SU PRESENCIA
JESÚS, LA FRAGANCIA DE LA VIDA
EL VERDADERO CRISTO
Y OTRAS OBRAS DEL AUTOR

Distribuido por
Manuel Fernández
1218 Cressford Place
Brandon, FL 33511

Correo electrónico: jesus1888@juno.com

Para información de cómo ordenar este libro, véase la última página

ESTE LIBRO TIENE UNA MISIÓN DIVINA: Todos los fondos recibidos por medio de este libro serán utilizados exclusivamente para ayudar a estudiantes de bajos recursos de nuestra América Latina, que desean prepararse para servir en la obra de Cristo.

Si desea dar una donación a nuestra fundación educativa: **"Futuros Misioneros"**, vea nuestra página de Internet: WWW.futurosmisioneros.com

Categoría: Cristología Devocional y Apologética, y Vida Cristiana

Impreso por Amazon Kindle
Printed in USA, by Amazon Kindle Direct Publishing
ISBN: 9781073121793

CONTENIDO

Lo que dicen algunos:

Debo confesar que empecé revisando esta obra como una editora cuidadosa, y terminé como una lectora apasionada por la excelencia, majestad y grandeza de Cristo presentada en este libro.

Desde entonces, el trabajo se convirtió en un lugar de encuentro apasionado y buscado por mí con gozo en mi corazón. En ocasiones me pude sorprender pensando en el libro, en la contemplación y la meditación en Jesucristo y su Palabra, que con tanta dulzura se enfatizan en esta obra.

Como es el primer libro que edito, fuera de aquellos que Dios me ha dado la honra de editar, avanzaba con cierto recelo y temor del mensaje subliminal (en el sentido de que no se perciba) o énfasis doctrinal que pueda su autor transmitir en afán por presentar sus ideas como las cabales y mejores. Para mi paz y alegría encontré una prudencia en su contenido que sólo el que ha alcanzado subir al "monte Hebrón" y contemplar desde allí "los montes de Jehová" puede compartir con los que están en el "valle".

Este libro, a pesar de ser una compilación de diferentes libros escrito en su momento, tienen la bendición de presentar con sencillez y en una magistral armonía un solo mensaje: la pasión por Cristo. Su lectura para mí fue de mucha inspiración y gozo, y de un despertar en la búsqueda del amado de mi alma. Sin duda que vale la pena su lectura y más que nada su reimpresión, pues muchos son los libros que se publican en el mundo, pero pocos tienen lo que en este libro he encontrado, una huella de mí amado Dios y Salvador... Jesús. A ese sigo...

—**Marítza Mateo-Sención**
Prologuista y editora.
Sus libros han sido premiados por SEPA / Expolit

Por medio de esta obra del Pastor Manuel Fernández, he visto algo que se acerca a lo que el Padre Celestial nos ha querido demostrar con el evangelio, por medio de su Hijo amado, y no sólo eso, nos acerca a la simplicidad del evangelio de Cristo, el cual fue presentado por los apóstoles (shaliajim); ellos exaltaban a Cristo en todo momento. Esto fue lo que hizo que los judíos del primer siglo pudieran creer antes de entrar la gran apostasía judía en el siglo III completada por maimonides, que desecharon al Memra de Elohim (al Consustancial). Creo que por medio de este libro, él ha tocado un poco la restauración de la cautividad de Sión, cuando seremos como los que sueñan. Entonces nuestra boca se llenará de risa, y nuestra lengua de alabanza; entonces dirán entre las naciones: ¡grandes cosas ha hecho Cristo con éstos!

—**Dr. Luis Rojas**
Especialista en cirugía,
medicina preventiva e higienista

El cristianismo está en crisis por múltiples razones, pero la raíz de sus desaciertos radica en su lejanía de la Palabra de Dios; *Apasionado por Cristo* es un recurso apropiado para acercarte al Calvario, que te llevará a contemplar y conocer a Jesucristo y su evangelio, te impulsará a hacer la obra de Dios, a la manera de Dios para que pueda vivir contando con el poder de Dios. Si anhelas su presencia, su persona, su obra y su poder en tu vida, dedícale tiempo a este libro.

—**Jorge Daniel Richarson**
Pastor en la Conferencia Adventista de Oregon
Autor del libro: CRECE: Un llamado
a desarrollar las disciplinas espirituales de Jesús

Una aventura al encuentro con Jesús es lo que propone el Pastor Manuel Fernández en cada uno de sus libros. Jesús es el centro de todo, y muestra las bendiciones de darle a Jesús el primer y el mejor lugar en nuestro corazón. El autor habla de Cristo de una forma sencilla, pero vívida; escribe de Jesús como si compartiera cada momento de su vida con Él, y muestra que es un honor conocerle, y que aceptarle tiene un poder transformador y redentor en la vida del ser humano. En cada una de sus letras refleja su amor por aquel que le ha dado un sentido especial a su vida y en quien ha depositado toda su esperanza.

—**Adairys Pérez Miranda**
Estudiante de Teología
Seminario Adventista, Cuba

Primero que todo, quiero reconocer que este libro ha traído a mi vida una perspectiva diferente en mi relación con el creador de todas las cosas. En lo que llevo de ser Adventista del Séptimo Día no había tenido la oportunidad de leer pensamientos tan claramente expuestos acerca de lo que Cristo ha hecho por mí. Su escritura sencilla, pero muy profunda, ha logrado que tenga argumentos muy valiosos para corresponder a tanto amor que mi salvador me ha dado.

En mi mente han quedado marcados las acciones y sentimientos expresados hacia Jesús por el Pastor Manuel en este libro; también su pensamiento profundo acerca de la obra realizada por Cristo en el cumplimiento del plan de la salvación al humanarse y hacer que nuestra existencia tenga sentido en esta tierra.

Finalmente podría decir que cuando uno lee este libro se enamora de Cristo y anhela su pronto regreso para poder contemplarlo y darle las gracias por tanto amor derramado por mí a pesar de lo que soy.

—Jorge Atahualpa Lamprea
Estudiante de teología VII semestre,
Universidad Adventista de Colombia

Estos cinco libros del Pr. Fernández son una obra parecida al Pentateuco de Moisés, que Dios estaba en Cristo reconciliando consigo al mundo. Y estos cinco libros me confirman que sólo Cristo es la reconciliación con Dios. Resumiendo: cinco libros de Moisés y cinco libros del Pr. Manuel Fernández, tienen el mismo fin: llevar al ser humano a contemplar al Cristo del Calvario.

—José Calcano
Artista plástico dominicano
Amigo especial

¡Qué hermosa obra! Me ha hecho reflexionar mucho sobre mi vida cristiana y me ha ayudado a recapacitar y entender muchas cosas. Este libro ya es una bendición. ¡Gloria a Dios! ¡Adelante! Ese libro, cuando se publique, debe llegar a la mano de cada adventista, a cada cristiano y especialmente a cada pastor. No me cabe duda de que es una inspiración divina.

—Betania Howell
Una cristiana activa en la misión de Cristo
St. Petersburg, Florida

Gracias por compartir tan maravillosa obra conmigo. ¡Qué inspirador! ¡Tan Cristocéntrico! Cuando la terminé de leer estaba tan emocionada que lo compartí con mi esposo, mi hermana y mis padres. ¡No me pude contener! Quería que ellos sintieran lo mismo que yo, la necesidad de acercarme más a Dios y de tener a Cristo como el centro de mi vida.

—**Minta Albino**
Agente de Bienes y Raíces,
St. Petersburg, Florida

Pastor, leyendo su libro he llegado a unirme con usted; realmente lo que necesitamos es un encuentro con la persona de Jesús. Pedirle a Él que guíe nuestras vidas. Su libro nos ayuda a quitar el velo en las confusiones de nuestra iglesia.

—**Neptalí Méndez Velasco**
Profesor de Ciencias Químicas y Biológicas,
Universidad Adventista Dominicana

Esta obra del Pr. Fernández es la joya más preciada de mi experiencia como lectora cristiana. Me ha puesto en el umbral de mi vida espiritual: dónde estoy, dónde quiero llegar, y me ha hecho realizar mi necesidad más esencial, a Cristo. ¡Nada es ya tan importante como conocerlo, aprender de Él y compartirlo! Nos hace gran bien leer esta obra; nos refresca sin cansarnos; nos lleva a la justicia de Cristo sin condenarnos. Nos hace entender que Cristo, el Señor, es el todo que necesitamos.

—**Aida Cuadrado Sheppard**
Una ferviente cristiana adventista,
Pinellas Park, Florida

No existe una pasión más gratificante que la pasión por Jesucristo. "Apasionado por Cristo" no sólo nos enseña quién es Jesús, sino cómo vivir una experiencia real con Él. El pastor Fernández presenta de manera clara y sencilla como podemos conocer, amar y obedecer al crucificado. Tengo la seguridad que esta obra será de beneficio espiritual para todo aquel que se ocupe en analizar cada palabra allí plasmada a fin de convertirse en un apasionado por Cristo.

—**Misael Silverio**
Pastor en la Asociación
Adventista del Golfo, Mississippi

DEDICATORIA

A Jesucristo
Mi Creador, mi Salvador, mi Señor,
mi Maestro, mi Sustentador, mi Guía, mi Todo.

A María Elisa,
Mi esposa amada por 44 años.

A Claribel, Melissa y Amner,
Mis hijos especiales y queridos, y nietos.

**A mis apreciados alumnos de Latinoamérica,
que recibieron ayuda educativa como resultado
de las donaciones de mis libros:**

Adairys Miranda, Eldalina Váldes,
Dunais Sánchez, Vivian Vázquez,
Werle Moreira, Jorge Lache, Yulian Pérez Sánchez,
Daniel González Rodríguez, Willy Severino, Lisette Muñoz,
Misael Silverio, Aniel Ordoñez, Jorge Atahualpa Lamprea,
Julián Andrés Murcia, Lucas Ferrada, Félix Gutiérrez,
Carolina Romero, Micaela Huenca, Brayam Olivas, Eduin Brito,
y Carmen Johana Martínez Vergara.

GRATITUD

Con eterna gratitud a aquellos que me hicieron
la edición final: César Perea, Alma Kirksey-Quiles,
Marítza Mateo-Sención, y al Pastor Vicente Cháfer Calabuig.

Por sobre todas las cosas, honro con
alabanzas a mi Señor Jesucristo,
por darme salud física, mental y espiritual
para terminar esta obra Cristocéntrica.
A Él sea honor y gloria por los siglos de los siglos. Amén.

PRÓLOGO

Walsh y Middleton (1984) afirman que los problemas causados por el dualismo griego son en el presente nuestros problemas y que ellos dieron lugar a una plaga que nos afecta hasta hoy. En su opinión los cristianos no se han liberado ni en su cosmovisión como en su estilo de vida de los efectos debilitantes de este dualismo que no es bíblico (véase a Brian J. Walsh and J. Richard Middleton, *The Transforming Vision: Shaping a Christian World View* [La Visión Transformadora: Formando una Cosmovisión Cristiana], págs. 113-115).

¿Cuáles son los elementos básicos del dualismo griego? Los griegos dividían la realidad en dos reinos: a) el reino natural que estaba relacionado con el mundo material y b) el reino supernatural que era el reino espiritual o de las ideas. Para los griegos el reino material estaba creado por un dios malo y, por lo tanto, todo lo que estaba relacionado a él era malo. El reino supernatural o espiritual estaba creado por un dios bueno y en consecuencia todo lo que estaba relacionado con este reino era bueno.

Ellos veían al ser humano también a la luz de este dualismo considerándolo dividido en dos partes: cuerpo y alma. Todo lo que estaba relacionado con el cuerpo era material y malo; pero todo lo que estaba relacionado con el alma era bueno y divino. Como consideraban que la razón estaba en el alma, veían en el ejercicio de la misma la tarea suprema y la esencia de la religión. De allí que los filósofos tuvieran un papel tan prominente en la sociedad griega.

Por el otro lado, el pensamiento hebreo era contrapuesto al pensamiento griego. El hebreo consideraba a la realidad como una totalidad donde lo espiritual y lo material estaban unidos. De acuerdo a su cosmovisión el hombre era resultado de la unión de la energía divina con el cuerpo material. En esta cosmovisión el hombre no era una dualidad sino un ser holístico. El hombre no tenía un alma, sino que era un alma. Como la razón y el cuerpo eran elementos que formaban una totalidad, la espiritualidad del individuo se nutría del pensamiento devocional que era el fruto de contemplar las providencias divinas en la vida cotidiana. La razón no era considerada divina, sino limitada por la condición humana. Es por eso que para un hebreo no eran tan importantes las definiciones, lo más importante era la realidad a la que ellas apuntaban. Intentar definir a Dios podía ser considerado como una petulancia que rayaba en la blasfemia. Debido a esto es que las pocas definiciones de Dios que encontramos en el Antiguo Testamento están enmarcadas en el misterio siendo como una puerta cerrada que si no se la intentaba abrir aseguraba la permanencia en una gozosa relación y experiencia. Esas pocas definiciones pareciera que fueron dejadas allí con un único objetivo, y es de que se entienda que la razón humana es finita y limitada.

Por el otro lado, en el Antiguo Testamento también encontramos otra puerta. Ella está abierta y es amplia. A los que la atraviesan se les invita a investigar, analizar, discutir, contemplar y arriesgar explicaciones. Esa puerta es la puerta de las descripciones del carácter de Dios y de sus obras. Es la puerta que el Mesías amplificaría a través de su obra. Es una puerta que no intenta definir a Dios, sino describirlo. Esa era la puerta que le permitía a todo hebreo considerar a Dios como un Dios personal, Padre, Rey y Amigo, que estaba guiando la vida del individuo hacia su propósito eterno. La cercanía de Dios en lo cotidiano hacía que el testimonio judío tuviera gran impacto entre las naciones que creían que sus dioses no interactuaban con ellos en medio de la vida material. Debido a esta diferencia era que los griegos veían la adoración como un evento realizado en un templo; los judíos concebían la adoración como una experiencia de vida.

El cristianismo de Jesús nació en el contexto hebreo y se contrapuso de manera aún más radical a la cosmovisión griega. Cuánto más después de que el mundo fuera testigo de la realidad de la encarnación. Jesús fue Emanuel, "Dios con nosotros"; la evidencia suprema de que un Dios eterno puede interactuar con el hombre en el mundo temporal y material mostrando que para Él todo lo relacionado a la vida es importante. Jesús nació en un pesebre, comió, durmió, se cansaba, tenía amigos y enemigos. Jesús murió en una cruz como un criminal y traicionado por uno de sus amigos. ¿Puede haber algo más mundano y material que esto? El centro de la obra de Jesús fue su enseñanza. Sin embargo Él no dio definiciones abstractas de su Padre. No lo vemos enseñando a sus discípulos doctrinas proposicionales abstractas. Él habló de su reino, de su Padre y de cómo relacionarse con Él; también habló de cómo la relación personal con el

Padre afectaba la relación con el prójimo, a tal punto que hasta pedía amor hacia los enemigos. Jesús habló y describió la disposición e interés de su Padre hacia nosotros incluso en cosas materiales como la comida, el vestido, el dinero, el trabajo, la casa y el dormir.

Sin embargo, con el pasar de los años, la cosmovisión griega con su visión dualista de la realidad fue permeando al movimiento cristiano de tal manera que llegó a afectarlo hasta su misma esencia. Al considerar nuevamente a la razón humana como si fuera divina, la aceptación de credos y definiciones abstractas llegaron a ser la base para determinar quién era un verdadero cristiano. Lo importante ya no era vivir para Jesús, ya que eso, al estar relacionado con lo cotidiano, era mundano, material y malo. Lo importante era creer y saber las doctrinas racionales y abstractas que la iglesia proclamaba. Se dejó de hablar de la vida de Jesús y sus obras para discutir sobre lo qué era Jesús, de qué estaba compuesta su naturaleza y cómo interactuaba lo humano y lo divino en su persona. Es por eso que para el cristianismo griego no fue tan importante describir a Dios, sino definirlo. ¿Era un Ser? ¿Dos personas y una influencia? ¿Un Dios en tres manifestaciones diferentes? ¿Un Dios en tres personas?

Como resultado, surgió una teología muy compleja que no tenía ningún impacto en la vida cotidiana del creyente, pero que servía para exaltar la inteligencia de aquellos que tenían la habilidad racional de transmitirla. La espiritualidad de una persona se la medía por la capacidad racional que tenía, y no por su experiencia. La elaboración de definiciones, como consecuencia hizo surgir a diferentes grupos de adherentes. Cada grupo, considerando a su capacidad racional como divina, creía que las conclusiones a las que arribaba también lo eran, de modo que se sentían con el derecho de establecer un dogma e imponerlo. Esta noción trajo como resultado tensiones y divisiones, ya que si un grupo llegaba a conclusiones diferentes a las que otro había arribado con anterioridad se lo consideraba al servicio de Satanás. Con el correr de los siglos este mal se fue generalizando y hoy, aquellos que estamos dispuestos a reconocer las limitaciones de la razón, lo llamamos "doctrinismo religioso".

El doctrinismo religioso ha convertido al cristianismo en un manantial seco. Le ha quitado la vida, lo ha hecho estático y hueco. Ha puesto a las doctrinas por sobre Cristo, a la razón por sobre el Espíritu y al hombre por sobre Dios. Es un mal que para aquellos que se resisten a reconocer las limitaciones de la razón, cuesta aceptarlo como tal. Tanto más cuando pensamos que el uso de la razón nos pone en una plataforma "divina". El doctrinismo religioso ha llegado a ser la religión a la medida del hombre vanidoso. Es un disfraz preparado para toda aquella persona que desea continuar viviendo de los beneficios de la cultura eclesiástica sin el deseo de poner a Cristo en el centro de la escena; ha llegado a ser la alternativa más eficaz para ganar el respeto y la admiración humana dentro de una denominación, sin la necesidad de experimentar la principal evidencia del cristianismo que es el amor. Ha ocultado a la persona de Cristo detrás de las definiciones que se hacen acerca de Él, convirtiendo a este mal en una sutil idolatría.

No obstante, es necesario destacar que estar en contra del doctrinismo religioso no es estar en contra de la doctrina. El doctrinismo religioso es la corrupción de la sana doctrina y no la ausencia de ella. Es confundir a nuestras definiciones de Dios con la realidad de Dios mismo y no como un intento limitado de describirlo; hacer de un camino la meta; es como intentar memorizar los reglamentos del fútbol sin tener el interés de jugarlo; es como ser un integrante de los "Heraldos del Rey", cantar en un perfecto español, pero sin tener la más mínima capacidad de entenderlo y hablarlo.

En medio de esta problemática surge la pluma y la voz del pastor y doctor Manuel Fernández haciéndonos un llamado a volver a la esencia. En esta obra de carácter devocional y contemplativo, él describe su peregrinaje y reflexiona sobre la gran necesidad de poner a Cristo en el centro de nuestra enseñanza, haciendo de su vida el objeto de nuestro pensamiento individual. Por momentos la lectura será testimonial, evidenciando que el mensaje que él vierte por medio de su pluma no tiene su origen en una discusión académica, sino que es el resultado de la reflexión motivada por una conversión personal que hizo de la contemplación de la obra de Dios en Jesucristo el foco de la nueva experiencia. En sus páginas él comparte pensamientos de otros autores que, antes que él, vivieron la misma experiencia. Al ser un compendio de las obras escritas a lo largo de su ministerio, el lector podrá notar cómo los énfasis se van profundizando y cómo las ideas se van puliendo, justamente evidenciando que la verdad siempre es dinámica, y que no está atada a nuestros pareceres, sino que son nuestros pareceres que debieran ir ajustándose paulatinamente a la verdad.

Prólogo

Esta obra no está relacionada con nuevas estrategias de crecimiento de iglesia, ni con "siete pasos para tener éxito", ni con "cómo lidiar con personas problemáticas en la iglesia". En esta obra, el Dr. Fernández presenta la estrategia que fue, es y será la única manera de hacer que el reino de Dios comience a revelarse en su iglesia para que sea un anticipo del reino inminente futuro. ¿Cuál es la estrategia? Levantar a Cristo.

Espero que cada lector pueda ser bendecido por la lectura de este libro y motivado para tener en su propia experiencia diaria y real con el Autor de nuestra salvación.

—Pastor/Dr. Joel Barrios
Pastor de la Iglesia Adventista Hispano-Americana
Collegedale, Tennesse, Estados Unidos
Autor: *Las cosas que deben suceder pronto,*
y *Los siete ellos: Zarandeo*

INTRODUCCIÓN

"ASÍ PIENSO, CREO Y VIVO"

ANTECEDENTES: Hace mucho tiempo que vengo pensando sobre esto, tratando de poner mis pensamientos bien definidos y en orden. Ahora, después de haber vivido un poco más, estoy seguro de que ya puedo exponer con más claridad lo que he venido pensando. Espero que esta confesión le sirva al lector como punto de referencia, para entender y apreciar mejor mi forma de pensar en esta obra donde coloco todo lo que hasta ahora he escrito de contenido espiritual netamente Cristocéntrico.

"ASÍ PIENSO"

Pensar es uno de los preciosos regalos de la vida. ¡Qué bendición es pensar! Si no pensamos, es porque no existimos. El que no piensa es porque no ha nacido o ya está muerto. Pensar es vivir. El que existe siempre está pensando día y noche, y no puede parar de pensar porque existe. Esta es la naturaleza del hombre, Dios nos creó como seres pensantes. Así como en la naturaleza no hay nada igual entre sí, donde cada cosa es única, diferente, así lo es también el hombre pensante. Cada ser humano es un mundo diferente al otro. Dios se goza en ver al hombre pensando, aunque piense diferente al otro. Dios nos creó con la libertad de pensar, y le agrada ver que cada ser humano se sienta libre para pensar lo que quiera, y que lo pueda expresar verbal o por escrito. Nuestros variados volúmenes de pensamientos son producto de nuestra clase de temperamento, nuestro nivel educativo y de nuestras experiencias. Por lo tanto, **yo creo en el individualismo inspirado sólo por el Espíritu de Dios y guiado por la Palabra de Él.** Nadie debe ser la conciencia de otro, cada uno de nosotros debe desarrollar su propia libertad de conciencia. La escritora inspirada Elena White, lo expresa así:

"**Dios permite que el ser humano <u>despliegue su individuali-dad</u>. No desea que nadie suma su mente en la mente de su próji-mo.** Los que desean ser transformados en mente y carácter no han de contemplar a los hombres, sino al Ejemplo divino. Dios da la invitación: "Haya, pues, en vosotros este sentir que hubo también en Cristo Jesús". Mediante la conversión y la transformación, los hombres han de recibir el sentir de Cristo. **Cada uno ha de estar delante de Dios <u>con una fe individual,</u> <u>una experiencia individual,</u> conociendo por sí mismo que Cristo se ha formado dentro, la esperanza de gloria"** (Elena White, *Signs of the Times*, 3/9/1902).

¿Te imaginas cómo sería la vida si no pudiéramos pensar, y pensar diferente al otro?... Sería aburrida, sin gusto, indeseable y terrible. Gracias a Dios, yo pienso, tú piensas, todos pensamos. El derecho de pensar diferente no debe ser coaccionado, prohibido, controlado, manipulado, perseguido o suprimido. Dios prohíbe y aborrece el control del hombre contra el hombre (Génesis 1:28), sea éste por el pensamiento, color, raza, cultura, género o religión. El Evangelio de Jesús incluye el sagrado legado de facilitar el libre pensamiento. Cualquier intento de controlar o limitar el pensamiento es un ataque directo al Evangelio de nuestro Señor Jesucristo; en otras palabras, es un ataque al mismo Creador de nuestra mente.

Por supuesto, pensar conlleva privilegios y responsabilidades, y esto sí hay que tenerlo muy claro, para así evitar hacer daño a otros que piensan diferente a nosotros. De hecho, las guerras son producto de un pensamiento opuesto a otro pensamiento. Pensar diferente es peligroso y también beneficioso, porque produce libertad, salud emocional, física, espiritual y social. Pensar por sí mismo hace al hombre sentirse plenamente realizado, porque es el creador de sus propios pensamientos. Comparto estos pensamientos contigo, no para cambiarte, sino para compartir contigo y estimular tu pensamiento. Siéntate libre en recibirlo, negarlo o refutarlo. **¿Y sobre qué pienso? En Jesucristo. "Mi pensamiento eres tu Señor."** Y de **Él** se trata todo el contenido de esta obra.

"ASÍ CREO"

Para mí creer y confiar es lo mismo. Creer es de orden espiritual. ¿Qué creo? Creo únicamente en Jesucristo. **Él es la razón, el centro, el corazón, mi pasión y el todo de mi vida espiritual.** Él me explica de dónde vengo, qué hago aquí y hacia dónde voy. El hombre que no cree únicamente en Cristo, tiene un punto de referencia en su vida, débil, inseguro, inestable y oscuro.

A continuación voy a compartir contigo algunas cosas que podrían sorprenderte; recuerda que ya te dije que creo únicamente en Jesucristo, y por causa de Cristo pienso como pienso, creo como creo, y vivo como vivo. Jesucristo es el único Dios verdadero, el

Eterno, la misma esencia del amor excelente y permanente; lo demostró al venir y vivir entre nosotros, y finalmente dio su vida al morir en la cruz por los pecadores y aún por sus enemigos. No hay nadie ni habrá nadie como Él. Él es único, glorioso, increíble, y nadie lo puede reemplazar o sustituir. Ahora bien, debido a Cristo, declaro que no creo, ni confío en ninguna religión, porque las religiones no son según Cristo. La religión es creación del mismo hombre, y todo lo que el hombre crea al principio empieza bien, pero luego se corrompe y se daña. En el nombre de la religión, el hombre controla, odia, maltrata, abusa, discrimina, golpea y mata. Si no me crees, te invito a leer un poco de historia del cristianismo y de otras religiones, para que te des cuenta de las terribles cosas del hombre religioso.

Te repito, creo únicamente en Cristo para mi salvación eterna, y mi transformación humana a la semejanza de Cristo. El maestro por excelencia de mi corazón no ha sido la religión, sino Jesucristo y su redención realizada en el Calvario. Ninguna religión es capaz de cambiar el carácter, sólo Cristo puede. **La religión sirve para decorar lo exterior, no lo interior. La religión ha servido para crear una identidad cultural religiosa, no una identidad divina.** Concuerdo con el teólogo y mártir Dietrich Bonhoeffer (ahorcado por los nazis, 1945) cuando dijo: **"Jesús llama a la gente, no a una nueva religión, sino a la vida"**. Sí, Jesús es la vida, la única vida auténtica y sublime, el cual vale la pena contemplar y desear vivirlo. Aclaro: un genuino cristiano es religioso, pero no se atreverá a confiar en lo que hace, sino en lo que ES, y lo único que es, es ser un hijo de Dios, salvado y transformado únicamente por la gracia de Jesucristo. **El cristiano nace, no se hace** (Juan 3:3). Las prácticas religiosas jamás han podido, ni podrán, crear un cristiano verdadero. El cristiano es obra exclusiva del Espíritu de Cristo (2ª Corintios 3:18). **Y solamente ha existido un solo cristiano verdadero, y éste fue crucificado: Jesucristo. Y nosotros, sus discípulos, siempre seremos simplemente sombras de Él.**

Aclaro más, soy adventista desde mi niñez, todas mis raíces espirituales surgen del adventismo, conocí a Jesucristo en esa religión. Me siento honrado y privilegiado por Dios por pertenecer a un pueblo con una verdad Cristocéntrica, profética y actualizada en la realidad del verdadero cristianismo. Somos una voz profética, el Elías y el Juan Bautista de la última generación antes de la venida de

Introducción

Cristo. *(Por supuesto, existen algunos adventistas que lamentablemente no dan un testimonio fidedigno de Jesucristo, ni tampoco viven a la altura de lo que significa ser adventista, un movimiento orgánico que espera la pronta venida de Cristo).* Por lo tanto, así como pienso, creo y vivo es porque soy un producto adventista, pero nacido de nuevo por el Espíritu. Dentro del adventismo, el Espíritu de Dios me ha llevado al mundo de la "vivencia" (la experiencia), y no sólo al mundo de la "creencia" (del saber). Vivo salvado y con la seguridad de la vida eterna, no porque soy adventista, sino porque confío totalmente en Jesucristo, y porque le he entregado mi vida a Él; y mi nombre está escrito en el libro del Cordero, y me considero un discípulo exclusivamente de Él.

"ASÍ VIVO"

Vivo por la misericordia y por la gracia de Cristo, y por eso quiero vivir para Él. Quiero que mis hechos, actitudes y motivos traigan honor exclusivamente a Cristo. En realidad, vivir para Cristo es morir a mí, para que Cristo viva a través de mí mismo. Este pensamiento suena bello, noble y sublime; pero existe la ley del pecado en mí que se opone a ese deseo. Pero no importa, peleo la batalla de la fe, es decir, sigo esforzándome y concentrándome en Cristo, el autor y consumador de mi fe. Lo bueno que Cristo pudiera sacar de mí, lo quiero para Él, no para mí. Aún mis pensamientos y mis escritos lo quieren revelar, y si por esto alguien llegara a conocerlo y amarlo sería maravilloso. Pero más que mis pensamientos, lo que quiero es vivir su vida, reflejar su carácter, porque creo que hay más virtud en "vivirlo" que en "saberlo". Saber de Cristo, cualquiera puede; pero vivirlo, no todos podemos, es más complicado.

Hoy por hoy, muchos profesos cristianos del siglo XXI, son demasiado filosóficos, es decir, son más producto del saber que de una vivencia genuina con Jesucristo. Hoy sabemos mucho de Biblia, de libros; ya nuestro intelecto y nuestra razón están bastante informados por la educación académica; somos la generación "del saber y del explicar", pero ahí se quedan muchos, en el hablar, escribir, predicar y enseñar; pero ser pragmático, es decir, practicarlo, vivirlo, modelarlo, manifestarlo, y mucho más que desear, existen pocos. Aclaro: creo que la educación académica es importante y muy necesaria en cada persona, y la promuevo en mi trabajo pastoral. Me gozo y felicito a aquel que se educa y avanza en sus estudios académicos. Tengo algunos amigos cristianos que son altamente educados (M.A., D.Min., Ph.D.) que son reflejos de Cristo, de los cuales me siento honrado y bendecido. Yo mismo, por la gracia de Cristo, también he podido tomar estudios avanzados de post grado. La educación desarrolla el intelecto y la razón, y por ende, libera al hombre de la opresión, y le ayuda en el desarrollo individual. A Dios le agrada que desarrollemos el intelecto. Agradecemos a Dios por cada oportunidad que nos ofrece para desarrollar el intelecto, esto nos capacita para dar un mayor y mejor servicio a Dios y al prójimo. **La ignorancia no es saludable para el cristiano. Hay que estudiar, leer y leer. Los libros son buenos para informar, pero sólo la Biblia y Cristo pueden transformar al hombre a la imagen de Dios.** El mayor desafío del intelectual educado es mantenerse siempre conectado, enfocado y concentrado en la obra redentora de Cristo, porque allí, en el Calvario, se encuentra la mayor sabiduría que un mortal pueda asimilar, y es la mejor protección contra la tentación a la exaltación propia que producen los niveles académicos.

Cualquiera puede hablar de Cristo, pero "tenerlo arraigado en el alma, en el carácter y en la conducta" es otra cosa, y son muy pocos los que lo conocen por experiencia personal. Me explico un poco más, me refiero a la <u>ética cristiana</u>, es decir, cómo nos relacionamos y tratamos a nuestro prójimo. Hay más evidencia de cristianismo en mis afectos y trato con mi semejante que en todas las palabras que se pudieran comunicar. De hecho **"Una vida semejante a Cristo, es el mayor argumento a favor de Cristo"** (Elena White, *TSS* 115,116). Saber de Cristo puede impresionar a la gente, pero no impresiona de ninguna manera a Dios. Dios se agrada más de aquel que es semejante a Él, que del más educado o el mejor hablado, pero que no vive reflejando su carácter. He aquí un pensamiento que lo dice más claro todavía:

"Cuando tomamos el nombre de Cristo, nos comprometemos a representarlo. Para que seamos leales a nuestro voto, Cristo debe ser formado en nosotros como la esperanza de gloria. La vida diaria debe llegar a ser más y más semejante a la vida de Cristo. Debemos ser cristianos en hecho y en verdad. <u>Cristo no comulga con el fingimiento.</u> Él dará la bienvenida a las cortes celestiales sólo a aquéllos cuyo cristianismo sea genuino. La vida de los profesos cristianos que no viven la vida de Cristo es una

burla a la religión" (Elena White, *Review and Herald*, 14 de enero, 1904).

Podríamos decir que sería mejor no hablar o escribir de Cristo cuando nuestro testimonio no es compatible y conforme con lo que decimos. El juicio de Dios será más severo con los que hablan o dicen que conocen la verdad, cuando la vida no está en armonía con lo que se dice (véase Apocalipsis 12 y 13). Si hay una cosa que Dios detesta es la hipocresía o la falsedad entre los que profesan llamarse cristianos. **Aquellos que escogen tratar de impresionar la gente con palabrerías profesionales, sin tener una vivencia real con Jesucristo, sin saberlo, terminan trabajando para el diablo, y no para Jesucristo; ejemplos bíblicos: los escribas y fariseos.** Cuando lo que decimos de Dios y de Jesucristo no está respaldado con nuestra vida práctica, lo que decimos llega ser repugnante al oyente.

Mis pensamientos están llenos de estas realidades, pero creo que he dicho lo suficiente para darme a conocer un poco. Ya tienes una idea de cómo vivo y pienso, creyendo y deseando vivir. Así pienso yo, ¿y tú? Y si piensas diferente a mí, eso está muy bien conmigo; te felicito, ese es tu derecho y privilegio. Es hermoso pensar, aunque sea diferente a los demás. Yo celebro junto a ti el don divino de la libertad de pensar, aunque seamos diferentes. Gracias por leer **mis pensamientos Cristocéntricos** en este volumen que contiene todo lo que he publicado (revisado y ampliado) hasta ahora, y recuerda: **"Así pienso, creo y vivo".** Este privilegio me lo regala el Señor, nuestro maravilloso Jesucristo.

Y por último, el Espíritu de Cristo me ha dicho que mi vida (que incluye también esta obra literaria) es una amenaza para el reino del diablo. Y si al mismo Cristo lo traicionaron, lo maltrataron, lo golpearon y finalmente lo crucificaron, ¿qué podemos esperar nosotros? Jesús nos avisó diciendo: **"Porque si en el árbol verde [Jesucristo] hacen estas cosas, ¿en el seco, [nosotros], qué no se hará?"** (Lucas 23:31). Aquellos que se atrevan a maltratar, de cualquier forma, a un hijo pequeño de Jesucristo, estaría maltratando al mismo Jesús; en tal caso hubiera sido mejor no haber nacido, porque las consecuencias en el juicio final de nuestro Señor Jesucristo serán terribles. (De paso, tal persona en realidad no era cristiana, lo que era un infiltrado del mismo diablo en la iglesia). Jesús dijo: *"Y respondiendo el Rey [Jesucristo], les dirá: De cierto os digo que en cuanto lo hicisteis* [bueno o malo] *a uno de estos mis hermanos más pequeños, a mí lo hicisteis"* (Mateo 25:40).

En realidad, yo no tengo idea de cómo se va a desenvolver y terminar mi vida aquí en este planeta contaminado y enfermo, pero una cosa es segura (así como que mañana va a salir el sol): **terminaré viviendo la eternidad con Jesús, en un mundo tan precioso y especial, que mi pobre mente ni siquiera puede imaginarse. Te espero ver también allí.**

Manuel Fernández
Ministro y siervo de Jesucristo
Por llamamiento de Dios

ANSIAS DE SU PRESENCIA

Donde son satisfechos los deseos del corazón

MANUEL FERNÁNDEZ

CONTENIDO

DEDICATORIA

A CRISTO JESÚS
Mi Salvador, Señor de mi vida
y Amigo especial

RECONOCIMIENTO

Con gratitud a mi familia y a algunos amigos especiales, a quienes Dios puso en el camino de mi vida y quienes han hecho posible este libro:

María Elisa, mi esposa - Por su motivación y sugerencias.
Claribel, Melissa y Amner, mis hijos - Por refrescar y enriquecer mi vida con alegría y tranquilidad de espíritu.
Ana y Germán Fernández, mis padres - Por sembrar en mi corazón la semilla del evangelio.
Paul Suliveras e Ismael Medina - Por introducirme a la literatura devocional.
Alma Quiles - Por haberme inspirado constantemente a estudiar la justicia de Cristo.
José Daniel Jiménez - Por revisar el manuscrito y hacer sugerencias muy iluminadoras.
Nelson Bernal - Por sus pensamientos precisos sobre la fe Cristocéntrica.
César Perea - Por su ayuda en la expresión del idioma español.
Chary Torres - Por su desinteresado asesoramiento.
Aurora Chávez - Por asesorar en la redacción.
Pastor Wilfredo Lacayo - Por su amistad y sugerencias.
A mis iglesias del Northwest y Miami Beach - Por su fe sencilla y su apoyo pastoral.

"MUCHAS GRACIAS"

PREFACIO

Apreciado lector: Si este libro ha llegado a tus manos no ha sido por pura casualidad. Te aseguro que estaba dentro del plan de Dios para ti en este instante. Ha sido preparado con el propósito de expresar conceptos de *valor eterno;* no es un ensayo escolástico, ni académico, sino más bien es una obra devocional. La literatura devocional se caracteriza por ser reflexiones del corazón, usando como fuente lo que se ha leído y experimentado en el caminar de la vida espiritual. Esta clase de material se propone penetrar el alma con aplicaciones de iluminación y transformación interna solamente; no tiene el propósito de presentar dogmas doctrinales o establecer guías de moral exterior.

Las lecturas de inspiración son básicas para enriquecer y fortalecer el alma. Y son las que más necesitamos hoy día. Estas reflexiones que tienes en tus manos nacen de un cristiano que, al igual que tú, tiene necesidad de Dios y de Jesucristo. Han surgido de mi meditación, permitiendo que mi alma saque de su interior los sentimientos básicos de la fe cristiana; y las considero como un regalo de la gracia de Cristo.

Mediante ellas expreso doce deseos que, a mi parecer, dicen lo que la Palabra de Dios recomienda que experimentemos y vivamos como cristianos. Ellos manifiestan los anhelos más profundos de mi corazón, que están escondidos en el sentir del salmista, cuando dijo:

"Sean gratos los dichos de mi boca y la meditación de mi corazón delante de ti, oh Jehová, roca mía, y **Redentor mío"** (Salmos 19:14).

Quiero darte la bienvenida al mundo de la lectura devocional Cristocéntrica. Mi oración es que a través de este esfuerzo literario, tú le permitas a Dios encender en tu corazón la chispa del deseo, que tenga su **comienzo y fin en Jesucristo**, el Salvador y Señor de la vida. Que Dios ilumine e inspire siempre tu interior, así como lo ha hecho conmigo a través de la hermosura de las Sagradas Escrituras, las lecturas devocionales, y la dirección de su Espíritu.

Manuel Fernández
Pastor
Miami, Florida

Capítulo 1

¡QUIERO!

"Mi alma tiene sed de Dios, del Dios vivo.
¿Cuándo vendré, y me presentaré delante de Dios?"
(Salmos 42:2)

Así como los planetas giran alrededor del sol, debiéramos también nosotros girar alrededor del **Sol de la vida: Jesucristo.** Él es quien pone en órbita nuestro ser, le da luz a nuestra existencia y la sostiene con su poder divino. Pero hoy parece estar apagándose en los corazones esta comprensión y vivencia de fe. El mal está sacando al hombre de su órbita divina *en Cristo* y lo está tirando al espacio caótico, como un cometa sin rumbo, que se fuera apagando mientras sigue su curso de acción dislocada. En su empeño de arreglar su condición desesperada, el ser humano se ha lanzado a buscar soluciones en los análisis sociales, psicológicos y religiosos, ignorando desafortunadamente lo que es más importante: **Jesucristo.** Aunque su nombre es conocido, su persona, por el contrario, es muy extraña para muchos.

Hasta el cristianismo postmoderno se ha convertido en un cristianismo sin Cristo. Parece ser que su Persona se ha perdido de vista detrás de las paredes de las iglesias, y hasta dentro de los análisis bíblicos. Cristo ha llegado a ser una opción en el pensamiento de muchos, y el resultado ha sido trágico para la sociedad, para la iglesia cristiana y particularmente para el corazón humano. La familia, el vínculo más íntimo de la sociedad, está demasiado quebrantada. La iglesia se encuentra desorientada y paralizada en su misión redentora. Los corazones están prisioneros de la inseguridad, el temor, la confusión y la incredulidad, y prácticamente se encuentran en un estado de emergencia, necesitando un cuidado intensivo.

Es dentro de este contexto que surge la necesidad urgente de enfocar de nuevo nuestras mejores energías mentales hacia la contemplación de Jesucristo, la **Luz del mundo** (Juan 8:12). Ni las filosofías humanas, como las ciencias sociales, y especialmente la psicología, están ofreciendo la solución a las necesidades básicas del corazón humano, porque enfocan sus respuestas basadas en los mismos estudios hechos de los seres humanos. Los estudios de los hombres y sobre los mismos hombres, aunque considerados altamente científicos, dejan a los corazones solitarios, desesperados, desconcertados, en ruina, decadentes y vacíos. **Realmente la educación académica informa, pero no transforma.** No existe arrogancia más humana que la de pensar que el hombre puede por sí mismo solucionar todos los problemas de su corazón; ¡qué fatal engaño!

Por consiguiente, concluimos que la única solución es Cristo Jesús. Si nos volvemos a Él y lo contemplamos, considerando de nuevo su vida, muerte y resurrección, encontraremos en Él todo lo que nuestra alma desea y necesita. Es allí, precisamente, donde Él nos quiere llevar para ordenar nuestra vida, dar descanso, paz y significado a nuestra existencia, dejándonos tan satisfechos que no tengamos necesidad de buscar en otra fuente.

Hoy estamos necesitados, no de experiencias de éxtasis religioso. ¡No! La religión no es la base del cristianismo; Cristo es el fundamento. Aunque la religión es un factor importante para el desarrollo social y psicológico de las personas, para que sea efectiva tiene que mantener delante de sus practicantes el factor básico: Dios y su Hijo Jesucristo; de lo contrario, será dañina para la salud mental. **Por lo tanto, cristianismo es RELACION, y una relación de amor con Jesucristo su fundador.** Las religiones cambian y también cambian sus dogmas, sus reglamentos, sus estructuras y sus dirigentes; pero no sucede así con Jesús: Él es el mismo ayer, hoy y mañana. Lo que hoy necesitamos es estabilidad espiritual, no confusión, culpabilidad y depresión espiritual. **Cristo es la respuesta**, el remedio por excelencia para dar tranquilidad y seguridad al alma como ninguna otra cosa puede hacerlo.

El hombre ha tenido mucho éxito en venderle al mundo una religión sin Cristo. Sin embargo, el mensaje del Evangelio (vea Apocalipsis 14:6-12) ha convencido a muchos de nosotros de que el cristianismo en esencia es una relación real con Jesucristo, el verdadero Dios/hombre. Es por intermedio de Él que entendemos que la religión cristiana es sencilla y sublime; es una calidad de vida, de vida eterna por la morada del Padre y de su Hijo en nuestros corazones (véase Juan 17:3;14:23). Por supuesto, la religión de Cristo es muy demandante, desafiante y costosa para el hombre de hoy, porque requiere separación de nuestra religión, creada con un sistema de gracia barata sin confesión, arrepentimiento, obediencia, y discipulado, y, tristemente, sin el Cristo viviente.

Jesús se propone hacer una reforma mucho más significativa y profunda, porque iniciará su labor desde el interior hacia lo exterior. Así lo establece el siguiente pensamiento:

"El cristianismo propone una reforma del corazón. Lo que Cristo obra dentro, se realizará bajo el dictado de un intelecto convertido. **El plan de comenzar afuera y tratar de obrar hacia el interior siempre ha fracasado**".[1]

La iglesia que promueve la vida cristiana concentrándose solamente en lo exterior está muy mal orientada y fracasada. Por lo tanto, si queremos vivir un cristianismo más auténtico, no debemos aceptar dicho enfoque. Este engaño siempre ha existido a través de la historia, y por cierto será más evidente en el fin del tiempo. Es precisamente por esta razón que **hoy es urgente y necesario** que surja de nuevo la voz poderosa de Dios diciendo:

"...*Voz del que clama en el desierto: Preparad el Camino del Señor; enderezad sus sendas. Todo valle se rellenará, y se bajará todo monte y collado; los caminos torcidos serán enderezados, y los caminos ásperos allanados; y verá toda carne la salvación de Dios*" (Lucas 3:4-6).

Con razón el ministerio de Juan el Bautista comenzó en el desierto, porque en cierta medida el desierto representaba la vida espiritual de la sociedad religiosa. Los corazones estaban remendados, vacíos, áridos y secos, como la desolación en el desierto. El llamado era claro: "*Arrepentíos, arrepentíos, estén preparados para encontrarse con Dios*".

Un día se presentó Jesús en el desierto, y Juan lo señaló diciendo:

"...*He aquí el Cordero de Dios, que quita el pecado del mundo*" (Juan 1:29).

Jesús llegó en el momento preciso, necesario y deseado. Allí había personas sedientas de aguas frescas, y no de agua estancada y descompuesta. También las había hambrientas de pan fresco integral, recién horneado, y no del pan viejo, blanco y seco de la religión legalista y formalista. Hoy como ayer, deseamos una nueva experiencia y la encontraremos sólo si **volvemos nuestra mirada al Cordero de Dios.**

Hoy, como ayer, hay corazones que claman en lo más profundo de sus almas: *"¡Quiero, quiero!"*. Ese ruego ha sido escuchado por el Cielo; Cristo ha llegado a nuestro desierto de hoy, diciendo: *"He aquí, yo soy la Luz, el Pan de vida y el Agua fresca que nace del manantial de Dios"*. Ha llegado a la hora de nuestra hora, donde está el *"valle"* del egoísmo, el *"monte y collado"* del orgullo, y los *"caminos torcidos"* del formalismo religioso. Pero ha llegado para *"bajar, rellenar, allanar y enderezar"* esos valles, montes, collados y caminos torcidos. Obra más que difícil e imposible para nosotros los humanos; pero ésta es su especialidad. Debido a la descomposición de nuestra naturaleza, esto le exigirá paciencia, tiempo y mucho amor, pero Él está capacitado para realizar su extraño y seguro ministerio de perdón, limpieza y satisfacción del ser antes de su segunda venida.

Sí, es Jesús quien ha llegado tocando a la puerta de nuestra existencia procurando nuestra amistad, como lo dijera el poeta del siglo XVI, Luis de Góngora:

"¿Qué tengo yo que mi amistad procuras?
¿Qué interés se te sigue, Jesús mío,
que a mi puerta, cubierta de rocío,
pasas las noches del invierno oscuras?"

Jesús inicia su acercamiento con una invitación simple, suave, amorosa y directa: *"Ven y Sígueme"* (Lucas 18:22; Mateo 16:24). Nos llama a contemplarlo y a estar con Él sin usar ninguna manipulación o intimidación. Nos dará la libertad de decir: "No, no quiero". Pero si decimos **"¡Sí, sí quiero!"**, nuestra vida nunca más será la misma del pasado, sedienta y hambrienta, porque Él suplirá todas las necesidades básicas de nuestro corazón. Entonces podremos decir: **"Por fin encontré lo que mi corazón deseaba y lo que realmente necesitaba: a Jesús".**

APASIONADO POR CRISTO

Algunas personas saben en verdad lo que quieren, quieren a Jesús. Precisamente eso es lo que yo quiero, ¿y tú?

Referencia:

1. Elena G. de White, *La Temperancia,* (Argentina: Asociación Casa Editora Sudamericana, 1969), pág. 91.

Capítulo 2

QUIERO CONOCERLO

"Y ciertamente, aun estimo todas las cosas como
pérdida por la excelencia del conocimiento
de Cristo Jesús, mi Señor..."
(Filipenses 3:8)

Todos queremos conocer cosas valiosas y personajes importantes. Esta necesidad es provocada por un espíritu de curiosidad que existe en todos los corazones. Algo nos mueve y nos impulsa a satisfacer ese sentimiento de conocer lo que es raro, distinto, peculiar, fuera de lo común.

Pero ¿por qué somos atraídos a algo que no podemos ver con nuestros ojos, a algo totalmente invisible? No podemos explicarlo totalmente, pero lo cierto es que existe ese sentimiento. Me refiero al impulso de conocer la Perla Preciosa de Gran Precio: **JESUCRISTO**, la Persona más bella del universo. Al definirlo así, pensamos también que es la Persona cuyo valor es Incalculable, Maravilloso, Extraordinario, Encantador y Cautivador.

Jesús siempre nos mantiene interesados, ansiosos de conocerlo cada vez más. No sucede con Él como con las demás cosas de este mundo, que al conocerlas y experimentarlas, nos dejan al poco tiempo un vacío que queremos llenar en la próxima experiencia, y mientras más buscamos y experimentamos, más volvemos a sentir de nuevo la misma necesidad.

El escéptico C. S. Lewis (1898-1963), quien más tarde en su vida conoció a Jesucristo, nos explica el por qué, diciendo:

"Dios nos hizo: nos inventó como un hombre inventa una máquina. Un vehículo está hecho para funcionar con petróleo, y no funcionará bien con otro combustible. Dios diseñó la máquina humana para que funcionara en Él mismo. Él es el combustible que necesita nuestro espíritu, el alimento necesario para nuestra alma. No existe otro. *Dios no puede darnos la felicidad y la paz aparte de Él mismo*".[1]

¿Ha pasado por tu mente el hecho de que estás aquí en este mundo para conocer al Señor Jesucristo y no por otra razón? El apóstol Pablo asimiló esta realidad. Para él, conocer la persona de Jesucristo era lo más precioso y lo más valioso en su vida. El consideraba todas las cosas como insignificantes comparadas con la experiencia de conocerle. Él decía:

"Y ciertamente, aun estimo todas las cosas como pérdida por la excelencia del conocimiento de Cristo Jesús, mi Señor..." (Filipenses 3:8).

¿Qué es lo que tiene Jesús, que en un inesperado momento nos motiva con un raro e irresistible deseo de conocerlo personalmente? Es absolutamente real que cuando una persona se encuentra con Él, todo lo demás queda en un nivel inferior. ¿Es cierto esto? Yo puedo asegurar que sí, porque he llegado a tener esta experiencia. Los sentimientos de Pablo son lógicos y racionales, ya que Cristo mismo toma la iniciativa para hacerse disponible a nosotros y es así como tenemos la oportunidad de sentir el toque espiritual de *su amor redentor*.

"Quiero conocerlo" no quiere decir que solamente deseamos estar informados acerca de la vida y de los hechos de Cristo. No se trata de un conocimiento abstracto o intelectual de su persona. La información acerca de Cristo no equivale a tener una relación con Él, pero la experiencia de relación se nutre del estudio y de la información acerca de Él. Conocerlo es descubrir que Cristo es el Dios con el cual podemos tener una experiencia de amistad íntima y personal. No quiero dar la impresión de que no debemos tener todo el conocimiento necesario acerca de su persona, esto es algo muy importante; lo que quiero dejar bien claro es que, **el verdadero conocimiento de Cristo es tener una relación de amor con Él**. El verbo "conocerlo" implica una relación de confianza con ese Dios maravilloso que se llama Jesucristo.

Para explicar mejor lo que quiero decir, veamos el contexto que el apóstol Pablo concluyó con la frase: *"...a fin de conocerle"* (Filipenses 3:10).

Pablo había experimentado toda clase de experiencias intelectuales. Desde niño había estudiado los conceptos teológicos de la religión judía. Era un joven educado, un practicante de las tradiciones de la religión y tenía un futuro asegurado en su mundo. Sin embargo, en el fondo de su corazón no disfrutaba de una experiencia personal con Dios. Llevaba un vacío inexplicable en su alma. Y mientras más vigoroso era en sus prácticas religiosas, más disgustado y desesperado se sentía. Me imagino que se hacía la siguiente pregunta: "¿Qué me pasa que nada ni nadie satisface la ansiedad de mi ser?" Sin él saberlo, Dios sabía lo que necesitaba.

En una de sus locuras de persecución por su celo religioso, llegó a su encuentro el personaje que cambió su vida: Cristo Jesús (Hechos 9:1-7). Esta experiencia no fue un ensayo intelectual, sino una experiencia personal con el Cristo viviente. Él no encontró a Cristo en un libro o en una universidad o en una iglesia, sino en la experiencia de su propia vida. En realidad, no hay nada superior a esto, y Pablo lo supo. ¡Qué satisfacción! ¡Qué alegría y felicidad fue este inicio para el joven Pablo! Con razón tuvo que concluir después de su encuentro con Cristo que todo lo demás carecía de valor.

Es interesante notar que en la experiencia de Pablo, Cristo no envió un profeta o un ángel para darse a conocer. Él mismo descendió del cielo para encontrarse con Pablo. Esta es la primera vez, después de la ascensión, que se registra en la Biblia que Cristo toma un interés tan específico en alguien, que deja su trono y sus ocupaciones en el cielo para revelarse a una persona en esta tierra. Esto me hace ver bien claro que Cristo es un Dios que anhela tener una relación muy personal con cada uno de nosotros. Sin duda alguna, Él anhela hacer esto mismo por nosotros hoy.

Ya hemos visto que el conocimiento que deseamos es un conocimiento de relación. La inteligencia y la razón sirven para muchas cosas, pero en lo que se refiere a la relación personal con Cristo, no son suficientes. Tiene que existir algo más que llamaré "el corazón", en el cual está envuelta la totalidad de la personalidad humana que incluye el intelecto, las emociones y la voluntad.

Para ilustrar lo que estoy diciendo, narraré lo que me ocurrió en el año 1986. Cuando estaba iniciando mi trabajo pastoral visitando a cada miembro de la Iglesia Adventista de Queens, Nueva York, una señora me pidió que visitara a su madre anciana. Me anticipó que estaba enferma con un cáncer en el cerebro. Cuando llegué, descubrí que la señora vivía en un apartamento pobre, aunque muy limpio. Cuando entré a su habitación, me sorprendí al ver a una niña en una cama, e inmediatamente le pregunté a la ancianita: "Hermana, ¿y esta niña?". Ella me contestó: "Es mi nieta, la he criado desde que nació, y tiene un desequilibrio mental". Luego agregó: "No puedo estar mucho tiempo de pie porque comienza a dolerme la cabeza. Tengo que sentarme en la cama". Así comenzamos a conversar y no pasó mucho tiempo sin que me diera cuenta de que la anciana tenía una confianza implícita en Dios, y un carácter hermoso, lleno de ternura, amor y compasión.

En la conversación, ella comenzó a hablarme de su experiencia con Cristo. Me dijo que lo había conocido en Puerto Rico, y que había llegado a ser un Dios maravilloso en su vida; que sentía su presencia y compañía, y disfrutaba de sus bendiciones y protección. Recuerdo que me dijo estas palabras: "Yo siento la presencia de Cristo aquí en este cuarto, y aunque este dolor de cabeza no se me quita, yo sé que cuando muera, Él me resucitará y veré su rostro".

Esta conversación fue maravillosa para mí, y mi mente comenzó a reaccionar. Entonces pensé: "¡Qué extraño! He aquí esta anciana que no sabe leer ni escribir, hablándome de su hermosa experiencia con Cristo, y yo, todo un pastor, con una maestría en Divinidad, conocedor de la teología sistemática, con ocho años en el ministerio, y no conozco a Cristo como ella; ¿qué es lo que ella ve que yo no veo? ¿Cómo es que ella tiene esta vivencia con Cristo y yo no?" Mientras ella me hablaba, comencé a sentir necesidad de Cristo, quería conocerlo y poseerlo como ella. Cuando me despedí, le dije: "Hermana Sonia, nosotros los pastores siempre oramos por los miembros antes de irnos, pero esta vez yo le quiero pedir a usted que ore, y ore por mí". Recuerdo que al cerrar mis ojos y mientras la ancianita comenzaba a orar, sentí que el cuarto se iluminó, y la presencia de Dios lo llenaba todo. Ella oraba como si Cristo estuviera delante de ella. Era una oración de confianza y de seguridad. Cuando comenzó a orar por mí, no entendía lo que me pasaba. Comencé a llorar. Me sentía compungido de corazón, y a la misma vez sentía que Cristo me aceptaba y me amaba. Una paz inexplicable inundó mi corazón. Cuando terminó la oración, y mientras me secaba las lágrimas, ella me preguntó: "¿Qué le pasa, pastor, que está llorando?". Yo le contesté: "He sentido y he visto a Dios aquí con usted." Al salir le di un fuerte abrazo y un beso, y me sentía como si no estuviera en este mundo.

Después de guiar mi carro un corto trecho, sentí el deseo de estacionarme y de hablar personalmente con Dios. Allí, a solas, estuve unos 20 minutos disfrutando de una relación íntima y hermosa con Cristo. Dos meses después Sonia murió, y en el servicio funeral que me tocó oficiar, no vi en el ataúd simplemente una persona muerta, sino a una mujer que le aguardaba la certeza de ver al Autor de la resurrección y la vida. Mientras contemplaba su cadáver, elevé una oración silenciosa al Cielo: "Oh, Señor, enséñame a conocerte como te conoció Sonia".

Esta experiencia cambió definitivamente el enfoque de mi vida espiritual. Gracias a Sonia llegué a conocer más de Cristo que en todos mis años anteriores de estudios teológicos. Aprendí a mirar más allá de mi intelecto y de mi razón. Hoy puedo decir que Cristo es una realidad en mi vida. ¡Qué lástima que no vi la luz antes! ¡Cuántas frustraciones espirituales me hubiera evitado! Pero doy gracias a Dios que sucedió así, porque ahora puedo apreciar con mayor claridad el rostro de Cristo. ¡Qué fantástico es Él! Hoy puedo sentir la fragancia de su carácter. Ahora comprendo mejor al apóstol Pablo cuando dijo:

"Y andad en amor, como también Cristo nos amó, y se entregó a sí mismo por nosotros, ofrenda y sacrificio a Dios, en olor fragante" (Efesios 5:2).

Sí, podemos conocerlo porque Él lo ha hecho posible. Tú también puedes disfrutar de esta experiencia. Está disponible para ti en este mismo instante.

Por supuesto, esta nueva perspectiva no es exclusivamente mía. Antes y después de mí, millones han descubierto esta realidad. Un ejemplo es el caso de Douglas Cooper, pastor adventista, quien expresa su experiencia de la siguiente manera:

"Anteriormente, mi teología, mi iglesia, siempre habían sido el centro de mi vida espiritual. Ahora Cristo tomó dicha posición. Yo siempre había pensado que el evangelio era un gran cuerpo de verdades, un gran mensaje, o un gran movimiento de la iglesia. Pero he aprendido que el evangelio no es nada sin una gran Persona, Cristo Jesús. Cuando no vivía dentro de mí, mi teología era solamente otra señal de egoísmo, de filosofía especulativa. Sin Él, mi ministerio cristiano no era nada más que un servicio social. **Cristo Jesús no vino al mundo a predicar un mensaje. Él vino para ser el mensaje. Él mismo es el cristianismo en sí".²**

Jesús nos llama a conocerlo cuando en su oración intercesora dijo a su Padre:

> *"Y esta es la vida eterna: que te conozcan a ti, el único Dios verdadero, y a Jesucristo, a quien has enviado"* (Juan 17:3).

La expresión *"que te conozcan a ti"*, no es simplemente estar informado acerca de Él, sino significa que podemos conocerlo en forma personal e íntima. Cristo fue enviado para revelarnos que Dios es un ser personal. Por lo tanto, conocerle es experimentar su gracia, su perdón y su poder transformador que convierte en divinos nuestros valores humanos.

Lo que nosotros necesitamos hoy es una religión experimental y no solamente intelectual. Se nos invita:

> **"Gustad, y ved que es bueno Jehová"** (Salmos 34:8).

En lugar de la palabra ajena, probemos por nosotros mismos la realidad de Cristo. Ya estamos cansados de la religión teológica filosófica, llena de ritos y reglamentos. Nuestra alma está hambrienta de una experiencia viva y auténtica. No te conformes con una religión científica, analítica o dogmática. Mira más allá. Busca y encontrarás lo que has estado buscando: **a Cristo**. La escritora cristiana Elena G. de White lo expresa así:

> "La experiencia es el conocimiento que resulta de lo que uno prueba. **Lo que se necesita ahora es religión experimental".³**

¿Cómo puedes encontrar esta experiencia? Deja que tu alma se concentre en la vida y las obras de Cristo. Medita en su Palabra todos los días. Deja que ella penetre en tu vida como una espada de dos filos y te aseguro que verás cómo Jesucristo llega a ser para ti más dulce que la miel.

La siguiente recomendación es de gran valor, tanto para ti como para mí que estamos en esta búsqueda de conocerlo mejor:

> "Piensa en su amor, en la belleza y perfección de su carácter. Cristo en su abnegación, Cristo en su humillación, Cristo en su pureza y santidad, Cristo en su incomparable amor: *tal es el tema que debe contemplar el alma*".[4]

Te aseguro que en cualquier momento, el menos esperado, tal vez no en forma espectacular, como le sucedió a Moisés en una zarza ardiendo (Éxodo 3:1-4), o como a Isaías, rodeado de ángeles (Isaías 6:1-5); pero quizás te suceda como a la mujer samaritana, cuando Cristo le dijo personalmente, (pidiéndole tan sólo un vaso con agua):

> *"Si conocieras el don de Dios, y quién es el que te dice: Dame de beber; tú le pedirías, y él te daría agua viva"* (Juan 4:10).

Cristo siempre nos toma por sorpresa; espera de Él lo inesperado. Él llegará a ti en cualquier momento, diciéndote:

> "Yo soy, el que habla contigo" (Juan 4:26).

Medita en el siguiente pensamiento significativo:

> **"Jesús ha dicho muy claramente: Yo soy el amor para ser amado, soy la vida para ser vivida, soy el gozo para ser compartido, soy el pan para ser comido, soy la sangre para ser bebida, soy la verdad para ser declarada, soy la luz para ser encendida, soy la paz para ser dada. Jesús es todo".[5]**

Espero que estas reflexiones te ayuden en la búsqueda de una experiencia espiritual más firme y permanente. El resumen de todo es: *Cristo es el conocimiento que necesitamos asimilar.* Él es la verdadera ciencia, la verdadera religión, *no aceptes otro substituto.* No lo olvides: Él está ansioso de que lo conozcas personalmente. Quiero darte la bienvenida al conocimiento que sobrepasa todo entendimiento, el de **nuestro Señor Jesucristo.**

Referencias:

1. C. S. Lewis, *Mere Christianity,* (London: Collings Press, 1955), pág. 50.
2. Douglas Cooper, *Living on Our Finest Hour,* (Mountain View, California: Pacific Press Publishing Ass., 1982), pág. 66.
3. Elena G. de White, *Testimonies for the Church,* (Mountain View, California: Pacific Press Pub. Ass., 1948), tomo 5, pág. 221.
4. Elena G. de White, *El Camino a Cristo,* (Mountain View, California: Pacific Press Pub. Ass., 1977), pág. 70.
5. Madre Teresa, *Words to Love By...,* (Notre Dame, Indiana: Ave Maria Press, 1983), pág. 13.

Capítulo 3

QUIERO VIVIRLO

"...para mí el vivir es Cristo..."
(Filipenses 1:21)

La vida es un hermoso regalo, es el regalo de los regalos. Una amiga mía dio a luz un bebé; este hecho cambió su motivación de vida inmediatamente y también la del padre, que al saber que el niño era varón, rebosaba de gozo, felicidad y satisfacción. Sin duda alguna, ver nacer un hijo, vivir la vida con calidad y en abundancia, trae consigo un gran sentido de realización plena. ¡Cuánto no desearíamos vivir libres de dolores, desasosiegos, temores y tensiones! La vida sería mucho más maravillosa si no fuera por esos intrusos. Sin embargo, hay un medio que, aunque no elimine todas las experiencias negativas, sirve para reducirlas al mínimo, y aun sacar de ellas beneficios positivos. Este medio es Jesucristo, el Dios personal, el Dios vivo y real.

Con Él, la vida adquiere una dimensión muy diferente a la que nuestra vida natural entiende y experimenta. Es cierto que la vida es un problema, pero Jesucristo es la respuesta por excelencia a todos los problemas. Todos tenemos las mismas necesidades físicas, emocionales y de estima propia. Todos deseamos vivir nuestra vida al máximo de nuestros sueños. Y precisamente es dentro de este contexto que Pablo expresa:

"Porque para mí el vivir es Cristo, y morir es ganancia"
(Filipenses 1:21).

La vida del apóstol era Cristo. Para él la vida solamente tenía significado en Cristo. Cuando se vive en Cristo, es cuando en realidad vivimos la vida. La expresión ocupa una posición enfática en el lenguaje original del apóstol, que expresa la mejor opinión de su vida, pero que al mismo tiempo indica su situación de vida actual.

Para él, el asunto era ¡*VIVIRLO!* lo cual significaba ganancia y no pérdida. Cristo transmitía vida, fuerzas, energías y propósitos a su vida. Pablo fue uno de los primeros en expresar esta plena realidad de vida: "el vivir es Cristo". Por lo cual, ¡yo también quiero vivirlo! Espero que Dios ponga en ti el mismo sentir que hubo en Pablo y que a todos nosotros nos conmueve y estremece.

El verbo "vivirlo" encierra intimidad con una persona, la persona de Jesucristo. Para Pablo y para mí, Él lo abarca todo en la vida. Cristo mismo nos conduce con ternura a "vivirlo" cuando dice:

> *"Yo soy el camino, y la verdad, y la vida; [...] Yo he venido para que tengan vida, y para que la tengan en abundancia"* (Juan 14:6; 10:10).

Vivir en Cristo significa disfrutar de la verdadera vida en un sentido pleno. Por lo tanto, para nosotros, Cristo no es un pensamiento ideológico, una idea, una opinión o un concepto filosófico-religioso. Él es una persona auténtica, real, que, aunque no está al alcance de nuestra vista, las pruebas históricas de su existencia y las presentes son más que suficientes. Si no fuera así, Pablo no habría dicho *"para mí el vivir es Cristo"*. Esta expresión señala una realidad: la causa de la vida es Cristo y el propósito de ella también es Cristo.

Cuando decimos "vivirlo", queremos escondernos completamente en la divina persona de Cristo, en una constante continua de tiempo presente. Podemos decir que la verdadera vida se mide solamente en relación con Cristo. Sin Él, nuestra vida se torna vacía y nuestra alma pierde el valor de su existencia. Por consiguiente, **la vida no debería medirse por la cantidad de años que vivimos, sino más bien, por el tiempo que vivimos con Cristo.**

"Vivirlo" significa sentir su presencia, su compañía, su amistad. Cristo se ofrece continuamente como una realidad activa y dinámica para nuestra existencia actual. Cuando Pablo dice que "el morir es ganancia" (Filipenses 1:21), no se refiere solamente a la muerte física, también se está refiriendo a la muerte de nuestra contemplación propia; dicha tendencia produce un desequilibrio en la salud mental. Es evidente que cuando Cristo está ausente de nuestra vida, la sentimos muchas veces plagada de frustraciones y desencantos. Así lo expresó el reconocido escritor C.S. Lewis:

"Búscate a ti mismo, y encontrarás al final solamente odio, soledad, angustia, ira, ruina, y descomposición. Pero busca a Cristo y tú lo encontrarás, y con Él, todo lo bueno está incluido".[1]

Pensar primero en nosotros es una actitud peligrosa porque obstruye la radiante luz de Jesucristo que quiere siempre penetrar en nuestra vida. El siguiente pensamiento inspirado nos advierte de esto:

"Cuando pensamos mucho en nosotros mismos, nos alejamos de Cristo, la fuente de la fortaleza y la vida".[2]

Conozco en mi propia experiencia el desequilibrio que produce pensar mucho en sí mismo, y por esta razón es que *querer vivirlo* me ofrece la solución maravillosa a la inmensa complejidad de la existencia.

La filosofía existencialista del pensador francés René Descartes (1596-1650) dice así: *"Pienso, luego existo";* pero ahora, por causa de Cristo, ya no existimos nosotros primero. Por lo tanto, me gustaría añadirle una variante: **"Primero pienso en Cristo, y luego existo".** Pablo expresando su vivencia, dice:

"Con Cristo estoy juntamente crucificado, y ya no vivo yo, mas vive Cristo en mí; y lo que ahora vivo en la carne, lo vivo en la fe del Hijo de Dios, el cual me amó y se entregó a sí mismo por mí" (Gálatas 2:20).

Sin duda alguna, este deseo de Pablo es radical. ¡Desear que Cristo sea el todo en la vida es muy diferente a lo que piensa la mayoría!

Lo que hoy por hoy gobierna las motivaciones de los seres humanos es el "yo". ¿Será posible que en esta generación ego-idólatra pueda existir un ser humano que ponga a Cristo primero antes que sus propios intereses? Creo que sí puede existir tal persona, si está dispuesta a pagar el precio demandado: **la contemplación de la belleza de Cristo**. A medida que hagamos de Cristo nuestra razón de vivir, entonces partiendo de ese punto, se inicia la experiencia de olvidar nuestra auto-contemplación. La siguiente reflexión es muy acertada:

"Hablemos del Señor Jesús y pensemos en él. Piérdase en él nuestra personalidad".[3]

"Perdernos en Él" no es una tarea fácil, pues nuestra naturaleza humana se rebela contra tal actitud. Nosotros funcionamos como si fuéramos el centro del universo. La solución a este dilema humano es considerar siempre a Cristo como la verdadera vida para ser vivida.

¿De dónde nace ese deseo profundo de "querer vivirlo"? En realidad tú y yo no lo iniciamos. Su origen está más allá de nosotros mismos. Este maravilloso deseo tiene que ser *despertado y creado* en nosotros. Se origina en la mente de Dios. Él es el Autor de dicho sentimiento y quien establece primero su anhelo de encuentro y vivencia con nosotros. Por lo tanto, "quiero vivirlo" es provocado en nosotros por su condescendencia interesada en nuestra amistad. Esta realidad es evidente en todas las páginas de la Biblia.

El libro del Génesis, manifiesta claramente esta realidad, al decir:

"Y Jehová Dios plantó un huerto en Edén, al oriente; y puso allí al hombre que había formado" (Génesis 2:8).

El Jardín del Edén era el hogar de Adán y Eva. Allí, en la hermosura de la naturaleza, el Creador se les revela a sus queridas criaturas, manifestándoles el propósito de su creación. De esta manera les enseña que Él es un Dios personal y de un profundo sentimiento de amistad. Para Adán y Eva esta realidad era evidente, porque no pasaba el día en que Dios no fuera a su encuentro. En verdad, el Edén no tendría valor para ellos si no fuera por la amistad con Dios. Pero entonces surge algo extraño, triste y de consecuencias desastrosas. Esa amistad especial fue quebrantada por la introducción del mal. El pecado rompe la vivencia entre el Creador y sus criaturas. Surge la distancia, el temor, la incertidumbre de lo que pasaría de allí en adelante. Pero Dios no se aparta, no se va al espacio, abandonando a sus criaturas, olvidándose de ellas por lo que han hecho. Por el contrario, vuelve al Edén en busca de relación; vuelve a hablar con ellos, vuelve a sentarse a su lado, vuelve a revelarles su plan de restaurar la amistad quebrantada (Génesis 3:8-11). ¿Qué más podría hacer que ya no hubiera hecho?

Podríamos decir que el pecado es el pensamiento y la acción de vivir separado de Dios (Isaías 59:2). El pecado es, en su raíz, una relación quebrantada, una distancia entre la criatura y su Creador. Pero Dios insiste, e insiste incansablemente con nosotros, para crear en nuestros corazones dudosos y temerosos la idea de que su cercanía es una relación de paz y no de condenación. No podía ofrecernos regalos para despertar nuestro interés, así que se regaló a sí mismo. Él sabe muy bien que el único idioma que podemos entender es el idioma del amor, el idioma de la relación:

> *"Con cuerdas humanas los atraje, con cuerdas de amor..."* (Oseas 11:4).

Dios aconsejó a Moisés que hiciera lo siguiente:

> *"Y harán un santuario para mí, y habitaré en medio de ellos"* (Éxodo 25:8).

Notamos que el deseo de tener un santuario no nace de Moisés, ni del pueblo, sino de Dios mismo. Él pide el santuario para habitar personalmente con su pueblo. El santuario sería simplemente un lugar donde Él se daría a conocer. ¡Qué fantástico deseo es el de Dios! "Habitar" significa en este caso comunión, relación y amistad. Sin duda alguna, cuando dos personas viven juntas llegan a conocerse mejor. Esto es precisamente la motivación de Dios al pedir un santuario: enseñar que no desea distancia entre Él y sus hijos, sino relación personal con ellos.

La mayor evidencia de que Dios quiere vivir con nosotros fue la *encarnación* de sí mismo en la persona de Jesucristo. Esta es la revelación máxima de su interés y de su amor por nosotros. Vino a esta tierra y se hizo semejante a nosotros para así compartir nuestras vivencias. De esta manera Él nos da la mayor demostración de su interés en vivir su vida muy cerca de nosotros. Hablando de Cristo, el apóstol Juan nos dice:

> *"Y aquel Verbo fue hecho carne, y habitó entre nosotros*
> *(y vimos su gloria, gloria como del unigénito del Padre),*
> *lleno de gracia y de verdad"* (Juan 1:14).

Nosotros no fuimos los que invitamos a Cristo a venir a visitarnos; si hubiera sido por nosotros, estaría todavía esperando nuestra invitación; sino que fue Él quien primero tomó la iniciativa de acercarse a nosotros, y es Él quien nunca se cansa de buscarnos, deseando ese encuentro especial con nosotros. Este es su tierno llamado constante:

> *"He aquí, yo estoy a la puerta y llamo; si alguno oye mi voz y abre la puerta, entraré a él, y cenaré con él, y él conmigo"* (Apocalipsis 3:20).

El caso de Cristo y sus discípulos hace clara la realidad de su compañerismo selecto. Cierta vez les recordó el origen de su amistad, cuando les dijo:

> *"No me elegisteis vosotros a mí, sino que yo os elegí a vosotros"* (Juan 15:16).

Jesús llamó a sus discípulos *"amigos"* (Juan 15:15) por el cariño especial que les profesaba. Toda una noche la pasó orando para que su Padre lo ayudara a escoger a aquellos con quienes Él compartiría su vida y mediante quienes realizaría su misión de amor a favor de los pecadores (Lucas 6:12,13).

Entre todos los discípulos, Jesús se compenetraba más con Pedro, Santiago y Juan. Pero Juan llegó a ser el más especial a su vista. Siempre permaneció a su lado, aun en los momentos más amargos de su vida; presenció su juicio; con dolor lo siguió camino al calvario y permaneció junto a la cruz hasta el fin. Con razón fue señalado como el discípulo amado de Jesús, ya que reclinaba con frecuencia su cabeza sobre el pecho de su amado Maestro (Juan 13:23,25). Por lo tanto, **el grado de amistad con Cristo lo determinamos nosotros de acuerdo a nuestro acercamiento a Él.** Aunque Cristo se ofrece a vivir con nosotros, nuestra compenetración con su vida está en nuestras manos. Mientras más lo deseemos, más se nos revelará a nosotros, para de esa forma satisfacer nuestro deseo de vivir con Él, en Él y para Él.

En mi adolescencia conocí un canto, cuya inspiración puedo hoy apreciar con mayor claridad debido a mi nueva experiencia con Cristo. Espero que sea también el canto de tu corazón. Dice así:

> Oh, qué maravilloso es vivir,
> con Jesús el Salvador.

Oh, qué maravilloso es decir,
somos salvos por su amor.
Hay un gozo indecible con Él,
y gran paz en el corazón,
al andar con el Rey
y entonar la canción,
oh, qué maravilloso es vivir.

Es cierto, es maravilloso vivir con Jesucristo. Hemos afirmado que "querer vivirlo" es un deseo que Dios ha creado en nosotros. Pero es importante saber que somos nosotros quienes decidimos *hasta dónde* viviremos con Él. *Tanto la Biblia, como la experiencia humana, enseñan que somos nosotros, no Cristo, quien determina el grado de intimidad en esta relación.*

Apreciado lector: en este momento tu vida de relación con Cristo la estás decidiendo tú mismo. El deseo de Cristo de vivir en nosotros es fantástico, pero si tú y yo no respondemos a su acercamiento de amistad, ¿de qué nos sirve? Mas si decimos de corazón **"¡quiero!"**, entonces sí podremos declarar: *"Para mí, el vivir es Cristo".* No obstante, dicha experiencia sólo será posible a medida que continuemos contemplando a Jesucristo en su *encarnación,* su *ministerio,* su *muerte y resurrección*; pues es mediante esos actos condescendientes de su amor que *nos sentimos atraídos hacia Él,* y eso nos motiva para decirle: *"Señor, mi vivir eres tú".*

Referencias:

1. C. S. Lewis, *Mere Christianity* [Mero Cristianismo], (London: Collings press, 1955), pág. 191.
2. Elena G. de White, *El Camino a Cristo*, (Mountain View, California: Pacific Press Publishing Association, 1961), pág. 71.
3. Id., pág. 72.

Capítulo 4

QUIERO APRECIARLO

"Yo soy la rosa de Sarón, y el lirio de los valles"
(Cantares 2:1)

El ser humano siempre ha sido admirador de la belleza. Este sentimiento es universal, porque en cada rincón del planeta existen personas y cosas bellas. ¿Quién no se queda extasiado al contemplar un paisaje de la naturaleza, con sus coloridos valles, sus empinadas montañas y onduladas colinas, ríos de fresco torrente, árboles de verde follaje y nubes de apacible blancura? ¿Quién no admira la belleza de una mariposa con sus diferentes matices de colores, o un apacible atardecer tropical?

Toda la hermosura de lo creado, tanto en la naturaleza como en el ser humano, tiene que ver con la estética, con sus colores y con sus tamaños. Pero como ya sabemos, la naturaleza está íntimamente ligada a un proceso de cambio, descomposición y finalmente la muerte. Lo que hoy es lindo, mañana podría considerarse feo; lo que hoy es agradable, mañana quizás sea desagradable. Y así se desenvuelve nuestra vida en todo lo que existe a nuestro alrededor.

Por esta razón nos urge encontrar una belleza inmutable, y es por eso que deseo presentarte a mi amigo *JESÚS,* el único ser que encierra una belleza que no puede ser igualada. Su hermosura proviene, no de su exterior físico, sino de su interior, es decir, su carácter. Allí radica la belleza de su persona. Él es el único ser que no cambia, y que mantiene una imagen de características siempre admirables y cautivadoras. En Él no existen variantes, en Él no existe descomposición, y su belleza es eterna.

Su personalidad ha cautivado a millones de hombres, mujeres, jóvenes y niños a través de los siglos. En la actualidad existen muchas personas que al contemplarlo quedan embelesadas por la peculiaridad extraordinaria que irradia su persona. En este grupo me encuentro felizmente incluido, y es por esta razón que expreso y comparto mi sentir contigo.

Mientras más contemplo y estudio a Jesús, más insuficientes son mis palabras para describir la belleza que destila su insondable ser. Nadie tiene, ni tendrá, la última palabra que describa lo que en Él se encierra. En Él hay algo misterioso. Con cada encuentro con Jesús se experimenta siempre una sensación de novedosa frescura. Descubrimos nuevas características de su ser que antes desconocíamos. Tengo la impresión de que Él prefiere que sea así, porque de esa manera mantiene nuestra atención concentrada en Él constantemente, y también nos crea un deseo ardiente de vivir contemplándolo, ya que Él sabe que somos seres amantes de lo bello.

Consideremos, entre muchas, una de las cualidades que hacen que la personalidad de Cristo sea atractiva, y que a medida que la conozcamos más intensamente, más descubriremos que nuestro Señor Jesucristo es un ser digno de ser conocido, admirado y honrado. Y esa cualidad estriba en *su interés incondicional y actitud hacia nosotros.*

"Porque el Hijo del Hombre no vino para ser servido, sino para servir, y para dar su vida en rescate por muchos" (Marcos 10:45).

En realidad, la belleza en una persona está en proporción a su actitud hacia nosotros. No importa lo que la persona parezca exteriormente según la evaluación humana, si su actitud hacia nosotros es negativa, inmediatamente dicha persona es para nosotros fea e indeseable. Por ejemplo, si conoces a alguien a quien admiras por su belleza, talentos y modales, pero un día recibes algún tipo de desprecio, su imagen se desvanece en un instante; ahora la ves desagradable, ¿no es cierto? En cuanto a lo que Jesús se refiere, la Biblia nos dice que su apariencia física no era atrayente:

"...no hay parecer en él, ni hermosura; le veremos, mas sin atractivo para que le deseemos" (Isaías 53:2).

Físicamente, Jesús no era alto ni bien parecido. Si nos hubiéramos encontrado con Él en la calle, sin duda alguna habría pasado inadvertido, porque era un hombre de aspecto común y corriente, parte de la multitud. Pero, su personalidad era única. Había algo en Él que atraía la admiración de las multitudes; y ese algo consistía en su *actitud e interés* hacia ellos. En eso radicaba su belleza.

Tú y yo le interesamos a Jesús. Su interés gira alrededor de nosotros y nuestro bienestar. Su propósito consiste en buscar la manera de encauzar nuestra vida hacia un estado de felicidad, no de una felicidad momentánea o pasajera, sino una felicidad permanente. Realmente Jesús no conoce lo que es el egoísmo. En Él no existe, ni existirá jamás una pizca de interés personal. Tú y yo seguimos siendo de sumo interés para Él. Todo lo que Él piensa, planea y hace tiene como supremo objetivo nuestra vida. Su vida está orientada hacia nuestro completo bienestar. Todas sus palabras y hechos lo demuestran. Sus tres años y medio de ministerio los vivió haciendo el bien, sanando, enseñando, alimentado y ayudando al necesitado. No tuvo vacaciones. Su misión consistía en servir a cada ser humano, sin importarle si era rico o pobre, educado o analfabeto, hombre o mujer, blanco o moreno, religioso o incrédulo, puro o impuro, etc. No había nada en la pobre condición de los seres humanos que le provocara rechazo o alejamiento. Al contrario, mientras más necesidad veía, más se conmovía su corazón para ayudar. Esta característica es lo que hace de Jesús un ser incomparablemente hermoso como ningún otro.

Nuestra vida y felicidad le conciernen a Jesús en forma suprema. Para Él cada individuo tiene un precio incalculable. Esta es la razón por la cual vino para servir; servirnos en todas las esferas de nuestra existencia física, psicológica y espiritual. Claro está, ese servicio tenía y tiene diferentes motivaciones. Él no prestaba su servicio para exaltar las instituciones religiosas, ni mucho menos para recibir reconocimiento y admiración pública. De hecho, muchas veces cuando hacía el bien, los que recibían el beneficio lo buscaban para agradecerle y no lo encontraban, pues había desaparecido. Su único interés era el bienestar de las personas, cada una en forma individual.

Es de notar que el tiempo que Jesús estuvo aquí en la tierra relacionándose con los seres humanos, la multitud que lo seguía eran los más pobres de los pobres, los vestidos de harapos, los enfermos, los deformados físicamente, los que eran marginados por aquella sociedad opulenta, vanidosa y materialista. Hubo algunos de la alta sociedad a quienes llamó la atención la paz que transmitía Jesús; esos también lo buscaron, aunque lo hicieron de noche, como el teólogo Nicodemo (Juan 3:1-21). Pero por regla general, los fariseos, los escribas y los encumbrados de la sociedad de su tiempo nunca lo aceptaron. Para ellos era una persona extraña, incomprensible y peligrosa. Eso expresan los relatos bíblicos. Sin embargo, para otros Jesús era un ser maravilloso.

Uno de estos ejemplos que llama la atención es el caso de la mujer samaritana. Según el concepto humano, esta mujer no calificaba para ser considerada de algún valor. La religión establecida marginaba a las mujeres, peor aún si éstas eran de origen mestizo. Como samaritana, ella era una mezcla de asirios y judíos. Además, a la vista de la sociedad, era una mujer pecadora, pues no era miembro de la religión reconocida como el pueblo de Dios. A todo esto, se le sumaba su inmoralidad. Era una mujer emocionalmente inestable, pues se había divorciado cinco veces, y con el que actualmente vivía no era su marido, era su amante. Quizás otras desventajas que ella tenía eran su falta de educación y la de ser miembro de la clase baja. Todo esto la clasificaba como inaceptable para la sociedad y la religión.

Lo interesante de este caso es que Jesús premeditadamente se toma el tiempo de viajar a Samaria para encontrarse con este tipo de persona. ¿Quién de nosotros haría algo semejante? Hoy es muy común encontrar, no solamente en la sociedad sino también, desafortunadamente, en el mundo religioso, a personas que valoran a otras por los factores preconcebidos de la reputación, la educación, el nivel económico, la belleza, el liderazgo, los talentos y otros atributos externos que la sociedad secular ha determinado que son importantes. Pero para Jesús el factor básico es la persona misma, sin requisito previo. Él vio en la mujer samaritana a una persona de igual importancia.

A pesar de todo, esta mujer mostró cierto interés espiritual cuando le dijo: "...*Sé que ha de venir el Mesías, llamado el Cristo; cuando Él venga nos declarará todas las cosas*" (Juan 4:25). Esta mujer buscaba a un Dios que transformara su vida. Sin duda, ella estaba frustrada y cansada de sus fracasos emocionales y los múltiples rechazos sociales. Jesús vio en ella un terreno fértil para sembrar allí la semilla de la revelación de su persona, y es por esto que le dice: "...*Yo soy, el que habla contigo*" (Juan 4:26).

Jesús era lo que esta mujer anhelaba. Ahora sus ojos contemplaban cara a cara al Cristo esperado. Esto revolucionó tanto su vida, que al regresar a la ciudad se le olvidó el cántaro de agua (Juan

4:28). Jesús realmente le aclaró todas las cosas de su vida que a ella le confundían. Él penetró con su luz divina las más oscuras facetas de su pasado. No hay nada mejor para las ficticias máscaras humanas, que una revelación de Cristo en el corazón. Él nos hace más genuinos, eliminando así las falsas apariencias exteriores. Con razón ella tenía mucho que decir de su nuevo descubrimiento, porque al llegar Jesús a la ciudad, ya muchos habían creído en Él por la palabra de la mujer samaritana (Juan 4:39).

Esta experiencia ilustra muy bien que la vida religiosa es mucho más que pertenecer a un sistema de religiosidad heredada, muchas veces de nuestros padres o quizás como un resultado de estudios doctrinales. Dicha experiencia es en verdad un encuentro con el Cristo vivo y real. Religión es Cristo y nada más. Él es el fundamento de la religión. Sin Él, la religión es hueca, vacía y muerta. **La religión debe ser siempre una relación con Alguien; este Alguien es Jesús. Él es quien hace de la religión algo significativo y funcional.**

Otro ejemplo muy particular es el caso del joven que nació ciego (Juan 9:1-41). Cierta vez una joven me dijo que no se sentía animada para aceptar la oferta de noviazgo de un muchacho porque era tuerto. Por supuesto, ésta es una actitud característica de los seres humanos que refleja el valor que damos a las personas discapacitadas. Nosotros por lo general valoramos a las personas de acuerdo al beneficio que recibimos o al uso que podamos hacer de ellas. Si la persona tiene mucho que ofrecer, nuestro interés es muy marcado; y si no tiene nada que ofrecer, nuestro interés es muy escaso. Por lo regular así vivimos la mayoría de nosotros. Sin embargo, con Jesús pasa todo lo contrario, pues Él determina el valor de las personas independientemente de los conceptos humanos. Cada persona es sumamente importante para Él, y las valora más que a todas las riquezas humanas, y aun más que al mismo universo.

Su vida es la que nos hace valiosos. Por esta razón es que vemos a Jesús acercarse al joven ciego de nacimiento que pedía limosna en las calles de Jerusalén. A la vista de la gente, éste era un ser inútil; pero a la vista de Jesús, él era de suma importancia. Así quedó demostrado, pues al Jesús sanar la ceguera del muchacho, su corazón sintió por primera vez que era estimado y apreciado. La emoción embargó toda su alma. Fue a este joven a quien Jesús también se le reveló como *"el Hijo de Dios"* (Juan 9:35-37). Este descubrimiento fue tan importante para él que, de rodillas ante Jesús, le adoró, diciéndole: "Creo, Señor" (Juan 9:38).

Sin duda alguna, para este joven y para la mujer samaritana no había un ser más precioso y apreciable en toda la tierra que Jesús, porque nadie anteriormente les había demostrado tanta atención y aprecio. Ellos también pudieron decir que Jesús era en verdad la *Rosa de Sarón y el Lirio de los Valles*. Él había embellecido sus vidas con su amor incondicional. Ellos palparon en su propia experiencia cual era la actitud de Jesús hacia ellos; una actitud de amistad, de paz, de comprensión, de amor, y nunca de juicio, condenación o desprecio. Jesús había perfumado sus vidas con la fragancia de su amistosa presencia.

Los jardines son bellos por las flores; de igual manera nuestra vida no tendría belleza alguna sin la presencia hermosa de Jesús. Más que cualquier otra cosa, Él es quien le da el verdadero valor a la vida. A veces nosotros, en nuestro empeño por mantener nuestro valor y estima propia, acudimos al dinero, al título académico, a la profesión, al automóvil que guiamos, a la ropa que vestimos, a nuestra nacionalidad y a nuestra posición social; pero ésta es una plataforma muy insegura, pues se puede desintegrar en cualquier momento, así como se quiebra en un instante un vaso de cristal al caer contra el suelo.

No nos dejemos engañar por las ideas humanistas que sugieren que nuestro valor sea determinado por nuestros talentos, nuestra apariencia o nuestra inteligencia. ¡No! Nuestro valor propio, el de nuestro carácter, está basado en nuestra identidad con Cristo, quien nos va transformando a su semejanza.

Conocí a una persona que cuando confió en Jesucristo por primera vez, compuso el siguiente canto:

> Cansado y triste vagaba por el mundo,
> sin alegría y sin ilusión,
> andaba pues, errante vagabundo,
> esperando mi suerte destrucción.
> Yo nunca vi, ni conocí bellezas,
> la vida era una inmensa oscuridad.
> Más cuando a Cristo hallé,
> vi nueva luz y paz,
> hallé sentido a mi existir,

Él es la flor que su belleza
a mí me regaló...
me regaló el anhelo de vivir.

Jesús declaró que su venida a esta tierra tenía como fin primordial demostrar que su interés hacia la raza humana estaba basado exclusivamente en su amor incondicional hacia ella. Él dijo:

"Porque el Hijo del Hombre ha venido para salvar lo que se había perdido" (Mateo 18:11).

"Los sanos no tienen necesidad de médico, sino los enfermos. No he venido a llamar a justos sino a pecadores" (Marcos 2:17).

Es en su pura y abundante gracia que encontramos el valor de nuestra vida. Busquemos todo lo que queramos, pero fuera de Él no encontraremos nada que le dé valor a nuestra persona. Es increíble bajo qué condiciones de descomposición humana somos amados por Él:

"Mas Dios muestra su amor para con nosotros, en que siendo aún pecadores, Cristo murió por nosotros" (Romanos 5:8).

"...Dios estaba en Cristo reconciliando consigo al mundo, no tomándoles en cuenta a los hombres sus pecados..."
(2ª Corintios 5:19).

Fíjate que en los pensamientos anteriores no existe ni la menor sugerencia de que nosotros estamos cualificados para recibir su amor. Por el contrario, se nos dice que estamos *perdidos* y señalados como *pecadores*, y con todo esto, Jesús se acerca a nosotros.

En realidad, nosotros no podemos impresionar a Dios con nuestra vida. No podemos decirle "nota mi experiencia, mis talentos, mi profesión, mis virtudes, mis buenas obras". Nada de esto nos califica para ser admitidos en la familia de Dios. Te señalo este punto porque existe la idea de que para llegar a ser hijos de Dios hay que pasar por algo similar a la entrevista que hacemos al solicitar un trabajo. Le decimos al "jefe" Dios: "Bueno, mira mis credenciales. Este es mi título académico, mis años de experiencia, los lugares en que he trabajado, la obras que he hecho, los reconocimientos que he recibido, y las referencias de las personas importantes que me conocen".

¿Qué te parece? ¿Podríamos impresionar a Dios de algún modo? Claro que no... Déjame decirte, por lo tanto, que todo lo que somos y hacemos sin Cristo, está contaminado de bacterias dañinas. Puedo afirmarte que la única credencial que tenemos para presentarnos ante Dios es Cristo. Él es el único cualificado por su carácter perfecto y sus obras sin manchas de orgullo y de egoísmo. Solamente Él nos puede dar acceso a la presencia de Dios. ¿No es ésta una razón más que suficiente para darle gracias a Jesús? ¿No lo hace esto un ser precioso? ¡Claro que sí!

Quiero hacerte una pregunta personal: "¿Es Jesús precioso para ti tal como lo fue para la mujer samaritana y el joven ciego?" Si lo es, es porque tú ya sabes que tu valor y tu estima propia no están ni en tu dinero, ni en tu reputación, ni en tu apariencia, sino en Jesús. Y si no lo has descubierto todavía, quiero decirte algo: un día, antes de morir, quizás serás un ser inútil y sin mucho valor para aquellos que tú considerabas familia y amigos, y en esos momentos difíciles de la existencia humana, Jesús te dirá en lo más profundo de tu corazón: *"Yo te amo, te estimo y te lo demostré al dar mi vida por ti en la cruz del calvario"*.

Apreciado lector, no desprecies de ninguna manera el valor que Jesús te concede. Nadie daría su vida en sacrificio como lo hizo Él por ti. Él te valora y te estima, no por lo que tienes o aparentas, sino por su vida. En su vida está el valor tuyo y el mío. Él es Dios, y nos lleva en sus pensamientos, y anhela profundamente que le demos un lugar especial en nuestra vida. Si lo haces, descubrirás lo que muchos han descubierto ya: **que no hay nada en esta vida tan precioso como Jesús.**

Capítulo 5

QUIERO AMARLO

"Pero si alguno ama a Dios,
es conocido por él"
(1ª Corintios 8:3)

Amar es una de las virtudes más hermosas que pueden adornar nuestra naturaleza humana. En nuestro mundo abstracto, amamos nuestras memorias agradables, nuestros sueños, nuestros ideales, nuestros planes y deseos de éxito. En nuestro mundo concreto amamos la estética que contiene orden, variedad y colorido, como se nota en un atardecer, una flor en el jardín, el cantar de un ruiseñor; y más de cerca aún, amamos a esa hermosa criatura que nos ha nacido. Amamos a nuestros abnegados padres, a nuestros hermanos, a nuestro cónyuge, al amigo, en fin, amamos a todas aquellas personas que le dan valor a nuestra existencia. A veces la apariencia física del objeto o nuestro estado emocional determinan el grado de intensidad del amor que sentimos. Definir claramente dicho amor es a veces complicado, porque la idea que tenemos del amor es tan variada, que nos sentimos confundidos con los diferentes matices de amor que existen.

El amor humano es tan complejo, que hasta nos sorprendemos cuando cambia, fluctúa o simplemente deja de existir. *Mi experiencia me ha llevado a concluir que de la misma manera que podemos amar, así también podemos odiar;* si tú no estás de acuerdo con esta conclusión, te sugiero que visites una corte familiar. Allí notarás que aquellos que en el altar prometieron amarse hasta la muerte, ahora se odian en el proceso de separación. Es muy probable que ya tú hayas sido defraudado por alguien que supuestamente te amaba, y si no te ha sucedido, es porque eres muy dichoso.

El amor humano parece ser tan frágil que cuando se descompone, casi podemos pensar que es algo normal. Entonces nos hacemos una pregunta: ¿Podré amar a alguien en este mundo, con todas mis entrañas, y tener la seguridad que no me defraudará bajo ninguna circunstancia? Te tengo una linda sorpresa. La respuesta es ¡Sí! He encontrado que sí existe esa persona que podemos amar sin limitaciones y con un amor auténtico; y es la persona de *Jesucristo.* A Él lo podemos amar con nuestros mejores deseos, pensamientos, energía mental y física.

Cuando te hablo de amar a Cristo, quiero explicarte bien mi sentir. El ser humano tiende a amar por interés de lo que puede conseguir de la otra persona; pero el amor al cual me refiero no se basa en lo que podemos conseguir de Cristo, aunque es cierto que de Él recibimos muchos beneficios, tales como perdón, paz, reposo, protección, sanidad, vida eterna, etc. Estas bendiciones son maravillosas, y el recibirlas produce una gran satisfacción; pero debido a nuestra condición humana, es posible que lleguemos a amar más a esos dones que a la misma persona de Cristo. Es por esta razón que con la expresión "quiero amarlo" estamos manifestando el deseo de amar a Cristo en una forma totalmente incondicional y por encima de todas las cosas que Él nos pueda otorgar. Se trata de amarlo a Él, y solamente a Él, sin pensar siquiera en lo que recibimos de Él, ni si las circunstancias que nos rodean son desfavorables, como la soledad, la enfermedad, el desempleo, la muerte, etc. El amor del que hablo no tiene otro interés que no sea la persona de Cristo. Él es el principio y la razón del amor. En otras palabras, la persona de Cristo es la causa y el efecto del amor, sin tomar en cuenta ningún otro origen. La raíz de nuestro amor hacia Él debe basarse en que Él nos amó primero, sin haber recibido ni siquiera algo de nosotros a cambio. En realidad, nosotros no tenemos nada que ofrecerle, excepto un alma contaminada, enfermiza y necesitada.

El amor al cual me refiero no tiene su origen en nosotros, porque es demasiado sublime y perfecto. Si fuera producto de nosotros mismos sería un amor cambiante y fallaría. Pero la clase de amor desinteresado tiene su raíz en Dios y no en nosotros. Así está escrito:

"...porque el amor de Dios ha sido derramado en nuestros corazones por el Espíritu Santo que nos fue dado" (Romanos 5:5).

Nota que el texto dice que es *"el amor de Dios"* y no el nuestro, el que tenemos en nuestros corazones. Esto quiere decir que el amor que nos mueve a "querer amarlo" es de origen divino. Por lo tanto, el amor que sentimos hacia Cristo no nos pertenece. Él es la causa y la acción de este amor que nos mueve y nos impulsa a querer amarlo. Si no fuera así, sería un fracaso total, porque equivaldría a un amor egoísta y ese amor no serviría para nada, como lo vemos en el caso de la gente que seguía a Jesús por los panes y los peces, y algunas veces por sanidad física (Juan 6:26). Pero cuando Él dejó de proporcionar estos elementos, la fila de seguidores disminuyó, para convertirse más tarde en la turba enloquecida que gritaba en el juicio: *"Crucifícale, crucifícale"* (Lucas 23:20-21). ¡Cómo cambia el amor humano cuando las circunstancias son adversas!

Ahora bien, ¿qué por qué quiero amarlo? Te presentaré dos razones básicas:

1. Su amor hacia mí es incondicional.

Mi naturaleza humana está capacitada para amar al que me ama. Amo a aquel que, respondiendo a mi amor, me ama. Pero en el caso de Cristo es todo lo contrario. Él ama hasta a aquel que no responde a su amor, ya que su amor es incondicional, sin previos requisitos. Su amor hacia mí brota de Él espontáneamente, sin que yo le ame o haga algo meritorio. No importa cuál sea mi condición, sea bonito o feo, educado o ignorante, rico o pobre, esté sano o enfermo, esté vivo o moribundo, sea joven o anciano, sea religioso o no, moral o inmoral, creyente o incrédulo, etc. Él me ama a mí y a ti. Él nos ama a todos. Y esta es la realidad del Evangelio, las buenas nuevas que nos dicen: *"Cristo nos ama a pesar de...".*

El mensaje de la Biblia en todas sus páginas es la revelación de que Dios nos ama sin nosotros merecer su amor. Cristo es digno de ser amado porque Él se presentó a nosotros primero; nosotros no fuimos quienes lo buscamos. Siendo nosotros inmerecedores, sin embargo, habitó entre nosotros; y no solamente esto, sino que también murió por nosotros cuando vivíamos separados de Él y sin ningún interés de acercarnos a Él.

> *"Mas Dios muestra su amor para con nosotros, en que siendo aún pecadores, Cristo murió por nosotros"* (Romanos 5:8).

Dios no puede hacer otra cosa que amarnos, porque esa es su naturaleza: *"Dios es amor"* (1ª Juan 4:8). Mira a la madre como ama a su hijo desde el nacimiento, sea éste lindo o feo según nuestra opinión, o esté sano o enfermo. Piensas tú, ¿cuánto más puede amar Dios?

Para ilustrar lo que quiero decir, he aquí este ejemplo:

En el primer siglo de la era cristiana los griegos tenían una famosa leyenda que ensalzaba el amor humano. Se decía que existió un joven llamado Admetus, el cual era elegante, inteligente, noble y bueno; pero un día se enfermó gravemente, al punto que moriría en pocos días. Al ser llevado al templo de los dioses para pedir su sanidad, recibieron la buena noticia de que había una solución a su inminente muerte. Si conseguían a alguien que se ofreciera en sacrificio en el altar, los dioses sanarían al joven. Inmediatamente pensaron en una muchacha de nombre Alcestis que vivía locamente enamorada de él. Al escuchar la situación, ella dijo que estaba dispuesta a dar su vida para salvar a quien ella amaba de verdad.

Alcestis fue llevada al templo de los dioses, colocada en el altar de sacrificio, y allí fue quemada. Los dioses quedaron satisfechos, y el joven enfermo fue sanado, según la leyenda; de esta forma los griegos daban tributo al amor humano. Ellos veían en la joven Alcestis la expresión máxima del verdadero amor.

Fue dentro de este contexto filosófico griego donde llegó el apóstol Pablo con el siguiente argumento:

> *"Ciertamente, apenas morirá alguno por un justo; con todo, pudiera ser que alguno osara morir por el bueno. Mas Dios muestra su amor para con nosotros, en que siendo aún pecadores, Cristo murió por nosotros. [...] Porque si siendo enemigos, fuimos reconciliados con Dios por la muerte de su Hijo, mucho más, estando reconciliados, seremos salvos por su vida. Y no sólo esto, sino que también nos gloriamos en Dios por el Señor nuestro Jesucristo, por quien hemos recibido ahora la reconciliación"* (Romanos 5:7-8,10-11).

Este pensamiento de Pablo sacudió al mundo griego. El amor de Cristo era y es superior al amor humano. Sí, decía Pablo, se puede dar el caso de que alguien muera por una persona buena y querida, pero el amor de Dios es superior porque Cristo muere por los malos y aún por los enemigos. Cristo es la máxima expresión del amor porque murió en el altar del sacrificio, y no propiamente por los buenos, sino por los malos, los que no lo merecían. Esta clase de amor está contenido en la palabra griega "ágape", que significa amor abnegado, devoto, sacrificado en el sentido pleno de la palabra; no se puede comparar con el amor humano. Es un amor que funciona independientemente de nuestra virtud y de nuestro valor. ¿Qué pudiera hacer para que Dios me ame un poco más? ¡Nada, absolutamente nada! ¿Será esto cierto? Si dudas, entonces mira a Jesús que, con sus manos abiertas clavadas en la cruz, murió por ti y por mí, sin nosotros haber hecho absolutamente nada para merecer tal sacrificio.

Veamos la segunda razón por la cual "quiero amarlo".

2. Su amor hacia mí nunca cambia.

¡Cómo cambia el amor humano! El joven que abandona su pareja con fecha de matrimonio fijada porque descubre al último momento lo inaceptable; el esposo que cambia a su esposa después de 20 años de casado por una muchacha de 18 años; los ancianos que son abandonados por sus propios hijos en asilos; el religioso que se aparta de su amigo porque cambió de iglesia; el cristiano que discrimina a otro por su color, nacionalidad, estatus social o económico, o por la apariencia exterior, etc.

Le doy gracias a nuestro Señor Jesucristo porque su amor es glorioso, excelso y maravilloso, porque su amor es el único amor que no cambia. Es el mismo siempre, no importa lo que suceda en mi interior (lo psíquico) o en mi exterior (lo físico). Cristo me amó ayer (cuando todo estaba bien), me ama hoy (cuando todo anda mal) y de seguro mañana me amará igual. No importa lo que yo haga, sea bueno o malo, no puedo ni aumentar ni disminuir su amor hacia mí. Ni siquiera puedo con mi religiosidad aumentarle un porciento a su amor. Este amor de Cristo no es fluctuante; es consistente y constante. A los judíos infieles, Dios les declaró:

"Con amor eterno te he amado; por tanto, te prolongué mi misericordia" (Jeremías 31:3).

Y a los cristianos problemáticos e infieles de Corinto, les dijo:
"El amor nunca deja de ser" (1ª Corintios 13:8).

Si el amor de Dios fuera alterable, ¿quién de nosotros estaría seguro en su amor? Cuando comprendemos y aceptamos la naturaleza del amor de Dios, entonces comenzamos a estar *"arraigados y cimentados en amor"* (Efesios 3:17). Y concluiremos como dijera el apóstol Pablo:

> *"¿Quién nos separará del amor de Cristo? ¿Tribulación, o angustia, o persecución, o hambre, o desnudez, o peligro, o espada? [...] Por lo cual estoy seguro de que ni la muerte, ni la vida, ni ángeles, ni principados, ni potestades, ni lo presente, ni lo por venir, ni lo alto, ni lo profundo, ni ninguna otra cosa creada nos podrá separar del amor de Dios, que es en Cristo Jesús Señor nuestro"* (Romanos 8:35,38-39).

Cuando contemplamos la inmensa belleza del amor de Cristo nos quedamos embelesados y no podemos hacer otra cosa más que postrados a sus pies y decirle "Gracias, gracias, Jesús". Y como David, adúltero y asesino, fue reconciliado con Dios por su contemplación de Cristo; como María Magdalena, quien liberada, perdonada y salvada por Cristo, sin tener nada que ofrecer más que su necesidad; como Pedro, quien negó a Cristo tres veces, fue reconciliado en un momento de sublime contemplación, en que sus ojos y los de su Maestro se cruzaron por un instante en el juicio; y como el ladrón en la cruz, un indeseable de la sociedad, quien por una sola solicitud a quien también moría a su lado, fue aceptado y salvado por el crucificado Jesús. No hay duda, *"Una mirada de fe es la que puede salvar al pecador"*.

¡Cuántas cosas más podríamos elaborar sobre este maravilloso e insondable tema! Pero mis palabras no son suficientes para describirlo en toda su belleza; por eso para terminar quisiera dejar contigo un pensamiento que lo expresa todo:

> "Todo el amor paterno que ha pasado de generación a generación mediante el canal de los corazones humanos, todas las fuentes de ternura que han brotado en las almas de los hombres, son apenas lo que un arroyuelo es al inmenso océano en comparación con el infinito, inagotable amor de Dios.

La lengua no puede expresarlo; la pluma no puede describirlo; puedes meditar en él cada día de tu vida; puedes escudriñar diligentemente las Escrituras a fin de entenderlo; puedes reunir todo poder y capacidad que Dios te ha dado en el empeño de comprender el amor y la compasión del Padre Celestial, y aún así hay un infinito más allá.

Puedes estudiar ese amor por siglos; con todo no podrás comprender plenamente la largura, la anchura, la profundidad y la altura del amor de Dios al dar a su Hijo para morir por el mundo. **La eternidad misma nunca podrá revelarlo plenamente.**

Más, a medida que estudiemos la Biblia y meditemos en la vida de Cristo y el plan de redención, estos grandes temas se abrirán más y más a nuestro entendimiento".[1]

Ya sabemos por experiencia propia que nuestro amor no es confiable, y aun nuestro deseo de "querer amarlo" no es producto de nosotros mismos, sino de Jesucristo. Inspirada, la cristiana francesa Jeanne Guyon (1648–1717), lo expresa así:

Te amo Señor, pero no con un amor mío,
porque no tengo para darte.
Te amo Señor, pero todo el amor es tuyo;
porque con tu amor te amo.
Soy nada, y me gozo en ser vaciada,
perdida, y absorbida en Ti.

Concluimos, por lo tanto, con esta invariable realidad:

"Romperse puede todo lazo humano, separarse el hermano del hermano, olvidarse la madre de sus hijos, variar los astros sus senderos fijos; mas ciertamente nunca cambiará el amor providente de Jehová."[2]

Recuerda, nadie te ama como Jesús te ama.

Referencias:

1. Ellen G. White, *Testimonies for the Church,* (Mountain View, California: Pacific Press Publishing Ass., 1982), tomo 5, pág. 740.
2. Elena G. de White, *El Camino a Cristo*, (Mountain View, California: Pacific Press Publishing Ass., 1961), pág. 16.

Capítulo 6

QUIERO OBEDECERLE

"Si me amáis, guardad mis mandamientos"
(Juan 14:15)

La "obediencia" es uno de los temas de más sensibilidad en la fe cristiana, y por este motivo siento necesidad de pedir a mi Señor que me guíe con su Espíritu para que mis pensamientos sirvan de iluminación y sean correctamente comprendidos. Hoy por hoy sabemos que todas las iglesias han tenido fricción interna por causa de este tema. También se ha discutido intensamente en la historia de la fe cristiana, y tengo la impresión de que permanecerá así hasta que Cristo venga. La razón de este fenómeno se debe a que la obediencia es un factor importante e imprescindible en la vivencia con Dios, que trae seria repercusión, sea negativa o positiva, en nuestras relaciones humanas.

Me parece que no hay necesidad de definir el verbo "obedecer" porque conocemos sus implicaciones. Todos sabemos, en cierta medida, lo que es obedecer y desobedecer. Desde la niñez se nos ha enseñado mucho sobre este concepto; pero en el sentido espiritual reconocemos que existe todavía alguna confusión.

Debido a que este tema es muy amplio, no pretendo en este capítulo explicar todas sus ramificaciones. Por lo tanto, me limitaré a presentar solamente tres observaciones. Espero en Dios que te sirvan para refrescar tu memoria, aclarar algún punto, y te motiven a vivir una vida más obediente para Aquel que pagó tu salvación con su sangre: **Jesucristo.**

1. La obediencia genuina es instantánea, espontánea y un regalo de amor.

La obediencia natural nace al instante cuando nos damos cuenta *quién* es Cristo y *cómo* nos trata. Es imposible que exista obediencia genuina sin Cristo. Todo lo relacionado a la obediencia bíblica comienza con Cristo, sigue con Cristo y termina con Cristo. Cuando descubrimos su gloria resplandeciente, su condescendencia inigualable, su santidad admirable y su amor incondicional, ese encuentro con su Persona se convierte en la motivación máxima de querer obedecerle en todo lo que Él nos pida. Si Jesús no es la motivación íntima y núcleo de la obediencia, todas las demás motivaciones son ilegítimas.

Creo que cuando una persona tiene un encuentro real con Cristo, no hay que exigirle lo que tiene que hacer, porque dicha persona tendrá el deseo espontáneo de obedecer. Esta fue la respuesta de Isaías cuando vio la gloria de Cristo mientras estaba adorando en el templo: *"Heme aquí, envíame a mí"* (Isaías 6:8). También esta fue la misma reacción de Pablo cuando Cristo se le reveló en el camino a Damasco: *"Señor, ¿qué quieres que yo haga?"* (Hechos 9:6). ¿Podrá existir otra motivación para la obediencia genuina que no sea Cristo? Yo afirmo que *no existe*. Cualquier otra motivación es inconsistente con el espíritu del mensaje del Evangelio.

En realidad, Jesús está más interesado en que tú lo conozcas experimentalmente a que le obedezcas, porque sabe muy bien que cuando te encuentres con Él, tu reacción normal será la obediencia. ¿No te has fijado que en los relatos de los evangelios (Mateo, Marcos, Lucas y Juan) no se menciona ni una vez que Cristo usó explícitamente la orden "obedece"? ¿Por qué sería? Tengo la impresión de que Jesús tenía dos razones básicas.

Primera, Él sabía que la palabra obediencia tenía un concepto muy desviado y erróneo en la mente de los religiosos de su tiempo. Para su audiencia religiosa obedecer equivalía a salvación. Por supuesto, ésta era una desviación satánica del valor espiritual de la obediencia. Por lo tanto, Jesús no la usó para evitar más confusión de lo que ya existía en el ambiente religioso. Por supuesto, Jesús pedía obediencia a sus seguidores usando otra forma de lenguaje. Decía: *"Ni yo te condeno; vete, y no peques más"* (Juan 8:11), *"...vende todo lo que tienes, y dalo a los pobres, y tendrás tesoro en el cielo; y ven, sígueme"* (Lucas 18:22).

Segunda, Él no la mencionó explícitamente porque sabía que la obediencia sería una reacción obvia en aquellos que lo reconocieran como el Salvador de sus vidas.

Hoy día nuestro problema consiste en que ponemos más énfasis en lo "qué" debemos obedecer que a "quién" debemos obedecer. Creo que ésta es la razón básica por la cual nuestra perspectiva del concepto de obediencia está confundida y mal aplicada a la vida cristiana. Necesitamos urgentemente descubrir de nuevo quién es Jesucristo. Cuando esto suceda en tu vida y en mi vida, el resultado será maravilloso, pues obedecerle será tan natural como lo es todo en la naturaleza que nos rodea.

No quiero pasar por alto el ejemplo bíblico clásico de la obediencia espontánea y natural relacionado con María Magdalena, la ex-inmoral. ¿Qué fue lo que ella hizo para demostrar que en verdad amaba a Cristo? Ella gastó el salario de todo un año en adquirir un frasco de perfume para derramarlo a los pies de Jesús (Marcos 14:3-9). ¿Qué la motivó a hacer esto? Ella estaba maravillada por la forma en que Jesús la trataba: la aceptó, la perdonó, le otorgó dignidad, valor, confianza, vida, etc. En realidad, nadie tuvo que decirle a María Magdalena que obedeciera a Jesús. Para ella esto era lo más normal del mundo. ¿Por qué? Ella conocía por experiencia propia quién y cómo era Jesús.

El ejemplo de María Magdalena tiene muchas cosas que enseñarnos en cuanto a la obediencia genuina. Jesús dijo de ella: *"...muchos pecados le son perdonados, porque amó mucho"* (Lucas 7:47). Además, añadió: *"De cierto os digo que dondequiera que se predique este evangelio en todo el mundo, también se contará lo que ésta [María Magdalena] ha hecho, para memoria de ella"* (Marcos 14:9). La vida de esta joven nos recuerda que el amor es el fundamento de la obediencia genuina. No debe existir otra razón para obedecer que no sea el amor a Cristo por lo que Él ha hecho en nuestra vida.

2. La obediencia interior es más difícil que la exterior.

Para iniciar esta parte, quiero hacerte una pregunta personal: ¿es más fácil para ti obedecer el mandamiento "no cometerás adulterio" que eliminar la preocupación que tienes en tu corazón? Para mí es más fácil obedecer los mandatos del Señor que me dicen "traed todos los diezmos al alfolí", "no cometerás adulterio", "no hurtarás", que el mandamiento "no temas". Estoy reflexionando sobre esto con el propósito de ponerte a pensar. ¿No te has fijado que para ti y para mí es más fácil obedecer un mandamiento exterior que uno interior? Por supuesto, las dos clases de obediencia son importantes y necesarias. Lo que estoy tratando de explicar es lo siguiente: lo que tiene que ver con tu alma es más complicado, porque tiene que ver con lo que tú eres, y no con lo que tú haces.

Por consiguiente, tener a Cristo en el interior del alma es vital para la obediencia. En realidad cualquier persona puede obedecer los mandamientos morales exteriores sin ser cristiana, pero obedecer los mandamientos interiores, tales como: "no os afanéis por vuestra vida" (Mateo 6:25) "no temáis" (Lucas 12:32), "no os preocupéis" (Mateo 10:19), "confiad" (Juan 16:33), "estad quietos" (Salmos 46:10), "esperad en Él en todo tiempo" (Salmos 62:8), requiere una experiencia profunda y real con Cristo. Por lo tanto, la mayor necesidad actual de los cristianos es conocer personalmente quién es y cómo es Cristo para poder cumplir con los mandamientos internos.

Jesús nunca amonestó a sus discípulos por desobedecer algunos de los diez mandamientos externos, pero sí los confrontó con desobedecer los mandamientos internos. Les dijo: "¿Dónde está vuestra fe?" (Lucas 8:25); "!Oh generación incrédula! ¿Hasta cuándo he de estar con vosotros? ¿Hasta cuándo os he de soportar?" (Marcos 9:19). "¡Hombre de poca fe! ¿Por qué dudaste?" (Mateo 14:31); "¿Queréis acaso iros también vosotros?" (Juan 6:67); "¿Por qué teméis, hombres de poca fe?" (Mateo 8:26). Pedir a los cristianos la obediencia exterior sin que hayan realizado y experimentado primero la obediencia interior, es causarles daños espirituales; y si obedecen exteriormente, estarían haciéndolo sin sentirlo y, por consiguiente, serían hipócritas, cosa que no deseamos que sean. Con razón Dios anhela escribir primero su ley en nuestro interior antes de escribirla en las dos tablas de piedra exterior:

"Pero éste es el pacto que haré con la casa de Israel después de aquellos días, dice Jehová: Daré mi ley en su mente, y la escribiré en su corazón; y yo seré a ellos por Dios, y ellos me serán por pueblo" (Jeremías 31:33).

¿No te has fijado que los frutos de los árboles nacen del interior del árbol? Para aprender a obedecer interiormente se necesita la savia de Cristo. No hay otra forma de dar frutos de obediencia. Cristo obedeció los mandamientos exteriores porque primero aprendió a obedecer los mandamientos del alma. Nota este pensamiento:

> *"Toda verdadera obediencia proviene del corazón.* La de Cristo procedía del corazón... Cuando conozcamos a Dios como es nuestro privilegio conocerle, nuestra vida será una vida de continua obediencia".[1]

Apreciado lector, si sientes que eres un fracasado por desobedecer los mandamientos internos del Señor no te preocupes. Cristo comprende nuestras luchas internas, pero Él no se detiene allí, nos llama urgentemente a contemplarlo y entonces nos dice con ternura:

> *"Estad quietos, y conoced que yo soy Dios"* (Salmos 46:10).

Lo que tú y yo necesitamos es mirar continuamente a Jesús para aprender a vivir la vida de obediencia verdadera. ¡Qué desafío! Por supuesto, con Cristo y en Cristo, se hace fácil.

3. La obediencia no puede comprar la salvación.

No deseo en este punto ser muy dogmático, sino más bien sencillo y práctico y, por supuesto, Cristocéntrico. En realidad, la obediencia a Dios es simplemente una expresión de agradecimiento. Esta podría ser la fórmula: **Gratitud + Gratitud = Obediencia.** Obedecer para conseguir algo no es gratitud, es un negocio. En los principios de Dios no existe negocio; en otras palabras: la salvación no es negociable. No olvidemos que Jesús significa "Salvador"; nosotros no somos y nunca seremos nuestro salvador. Nunca tu nombre o el mío equivale a salvador, pero el Nombre de Jesús sí (Hechos 4:12). Por lo tanto, ésta es la fórmula del Cielo: **Jesús + Jesús = Salvación.** Cristo fue quien compró nuestra salvación por su obediencia voluntaria. Pablo dice hablando de la obediencia de Jesús:

> *"Y estando en la condición de hombre, se humilló a sí mismo, haciéndose obediente hasta la muerte y muerte de cruz"* (Filipenses 2:8).

Cristo nunca se valdría de la presión psicológica para producir en nosotros obediencia y gratitud. Ambas cosas deben fluir naturalmente de lo más profundo de nuestra alma, así como el sol nace cada mañana. Cuando contemplamos la hermosura de la obra de Cristo a nuestro favor, ¿qué pasa en nuestro corazón? ¿No nacerá en él una reacción de admiración y gratitud? ¡Claro que sí! Alguien dijo con mucho sentido: "El amor nunca deja de ser agradecido". El fin de la gratitud nunca debe ser conseguir. Por consiguiente, obedecer (en lo que sea) para conseguir algo es ser ingrato con Cristo Jesús. El siguiente pensamiento aclara lo que estamos diciendo:

> "No ganamos la salvación con nuestra obediencia; porque la salvación es el don gratuito de Dios, que se recibe por la fe. Pero *la obediencia es el fruto de la fe*".[2]

Siendo que "la obediencia es el fruto de la fe", no debemos concentrarnos en el fruto sino más bien de dónde nace el fruto. El fruto de la fe nace de Cristo; y siendo que la fe no es nuestro salvador, sino Jesucristo, debemos mantenernos arraigados en Él, como se mantienen las ramas en el tronco del árbol. Todo lo que nosotros hacemos es el resultado directo de la obra de Cristo en nosotros. No podemos darnos ningún crédito, porque todo crédito pertenece a Cristo. En realidad, lo mejor que hacemos sin Cristo está contaminado de egoísmo, cosa que no queremos tener en nuestro corazón. No hagamos como el hombre de la siguiente ilustración:

> "Durante un naufragio un hombre le tiró una tabla a una persona que se estaba ahogando. Este, después de hallar en ella su salvación, preguntó: '¿Cuánto cuesta la tabla?' Estoy tan agradecido que quiero pagarte la madera".

En realidad, las obras de obediencia son necesarias, pero siempre deben ser el resultado de la gratitud profunda que proviene del amor a Jesucristo, no para tratar de compensar de alguna manera a Dios el beneficio imponderable de la salvación eterna otorgada por Él. Obedecer o pagar algo para obtener la salvación es un insulto a la misericordia y la bondad de Dios.

Como conclusión a este delicado tema, veamos la siguiente ilustración:

APASIONADO POR CRISTO

Durante el comercio de ventas de esclavos en América un joven africano fue comprado por un hacendado cristiano. Mientras salía de la ciudad y se dirigía hacia la plantación, el esclavo le dijo enfáticamente varias veces a su dueño: "No trabajaré para usted". El cristiano detuvo el carruaje, sacó una llave y desatándole las cadenas le dijo: "Tú no necesitas trabajar para mí, desde este momento eres libre. Te compré con el propósito de darte la libertad; vete, estás libre". El joven no entendía lo que estaba pasando. A las pocas horas, regresó, y le dijo al cristiano: "Señor, en verdad usted ha hecho algo extraordinario por mí al darme libertad; ahora sí quiero trabajar para usted, dígame lo que tengo que hacer para usted, y con mucho gusto lo haré".

Este relato nos presenta que la raíz de la verdadera obediencia es la gratitud por lo que alguien ha hecho por nosotros sin merecerlo. ¿Qué es lo que te impide obedecer a Cristo? Medita en lo que Él ha hecho y está haciendo por ti. Cuando reconozcas y asimiles lo que Cristo significa para ti, la obediencia será lo más natural y espontáneo de tu vida. No olvides que "querer obedecerle" no es estático, sino dinámico y activo.

Es posible que no sientas el deseo de querer obedecer algún mandamiento específico de Dios, o quizás estás incómodo o rebelde con lo que Él te pide. Si es así, lo que necesitas es una sobredosis de relación con la persona de su Hijo Jesucristo. No hay mejor medicina para eliminar la confusión en la obediencia que un nuevo descubrimiento de su extraordinaria Persona. Él anhela ese maravilloso encuentro contigo. Él quiere producir un cambio en tu vida que transforme tus actitudes y valores, y entonces saldrá de lo más profundo de tu alma el deseo de decirle: *"Señor, ¿qué quieres que haga?"*

Referencias:

1. Elena G. de White, *Deseado de Todas las Gentes,* (Mountain View, California: Pacific Press Publishing Association, 1955), pág. 621.
2. Elena G. de White, *El Camino a Cristo,* (Mountain View, California: Pacific Press Publishing Association, 1961), pág. 61.

Capítulo 7

QUIERO SERVIRLE

*"...y por todos murió, para que los que viven, ya no vivan para sí,
sino para aquel que murió y resucitó por ellos"*
(2ª Corintios 5:15)

Servir es una experiencia cristiana que produce mucha satisfacción personal cuando se hace con el debido motivo. Cuando hablo de servicio me refiero a toda clase de ayuda verbal, física o material que se ofrece a una o a varias personas sin importar quienes son, y sin esperar de dichas personas ninguna recompensa, pago o gratitud: simplemente queremos hacer un bien o un favor.

Al hablar de servicio, hay que expresarse con mucha cautela y sabiduría, porque en nombre del "servicio" se han creado enfermedades psicológicas, producto de presiones mentales por aquellos que promueven el servicio cristiano utilizando un lenguaje de presión, produciendo así sentimientos de culpabilidad. La culpabilidad es la reacción mental o emocional que experimentamos cuando sentimos que somos responsables de hacer o no hacer aquello que se nos pide, o que, según nosotros, debemos hacer. Desafortunadamente, muchos de los que promueven el servicio cristiano usan palabras de control, coacción, o manipulación psicológica. Entonces, en lugar de que las personas sirvan a su prójimo o a la iglesia en forma natural y espontánea, lo hacen sintiendo que es una obligación, o un deber. En este caso el servicio se convierte en una carga, una cruz, una tarea agotadora, en vez de un motivo de placer.

En mi experiencia como cristiano y pastor de iglesia, he notado que también he sido culpable de realizar servicio motivado por presiones humanas. También debo confesar que, por falta de una relación más estrecha con Cristo, he promovido el servicio cristiano usando presiones inaceptables. Hoy puedo decir que, debido a mi nuevo descubrimiento de Jesucristo, que mi servicio cristiano (predicación, enseñanza y obras humanitarias) tienen un fundamento más genuino y sólido. Siendo que Jesús me ha libertado de tantas enfermedades de culpabilidad, ahora siento más gozo y satisfacción en servir a mi Dios y a mi prójimo.

Sin duda es la ausencia de Cristo lo que daña las obras de servicio que prestamos. A medida que Cristo llena nuestra alma de sí mismo, el servicio cristiano se va convirtiendo en algo espontáneo y natural. Pues es precisamente el plan de Jesucristo crear en nosotros una actitud de servicio que no provenga de ninguna clase de presión; que hagamos la obra sin ningún esfuerzo y sin más motivación que la gratitud misma que sentimos hacia Dios, quien nos ha servido desinteresadamente.

Por consiguiente, quisiera dentro de este tema mencionar dos factores sumamente importantes para que nuestra vida de servicio sea de mayor alegría y satisfacción.

1. Cristo produce el placer del servicio.

Nota que el título de este tema es "Quiero Servirle" en lugar de "Debo Servirle". El servicio no es un deber ni una obligación que nosotros le "debemos" a Dios o al prójimo. Con la expresión "quiero servirle" estamos diciendo que el servicio es un deseo natural y espontáneo del alma, que tiene como ingrediente un espíritu de gratitud, gozo y satisfacción. Este sentimiento nace en forma natural, causado por el amor que sentimos hacia Cristo. Por consiguiente, todo servicio genuino tiene como objetivo la persona de Cristo, quien nos ha servido, entregándose abnegadamente para nuestra salvación y felicidad. Notemos que la vida de servicio de Cristo no estaba dirigida a los seres humanos sino que Él se complacía en servir para agradar a su Padre:

> "Porque el que me envió, conmigo está; no me ha dejado solo el Padre, porque yo hago siempre lo que le agrada" (Juan 8:29).

Este principio fue vital en la vida de Cristo. Si no hubiera sido así, Cristo no hubiese podido soportar los rechazos y los maltratos verbales y físicos que recibió por aquellos a quienes Él vino a ayudar y a salvar.

El servicio que se presta a favor de los seres humanos tiene sus riesgos. Jesús conocía esta realidad y también la causa. Él sabía que debido a la naturaleza pecaminosa humana muchos lo rechazarían y dudarían de sus motivaciones cuando les servía. Una vez le dijeron al terminar de sanar a un mudo endemoniado: *"por Beelzebú, príncipe de los demonios, echa fuera los demonios"* (Lucas 11:15). Sin duda alguna las calumnias que le levantaban sus acusadores estaban fuera de lugar; pero Jesús se mantenía invariable en su servicio. A nosotros sí se nos hace difícil seguir sirviendo cuando se nos juzga mal. Yo he tenido esta experiencia.

Cierta vez, alguien cuestionó mis motivaciones en mi servicio educativo a la hermandad cristiana. Realmente lo que dijo me sorprendió y me dejó aturdido por las horrendas acusaciones; me parecía mentira lo que escuchaba. En mi mente estalló una tormenta: ¿Qué hago? ¿Qué digo? Traté de explicarle al acusador, pero él no escuchaba ni entendía mis sentimientos. Estuve varios días con el corazón herido. Una mañana temprano, mientras caminaba leyendo un libro de oración, el Espíritu Santo habló a mi corazón y me dijo: "Mira a la serpiente levantada en el asta, mira a Jesucristo levantado por ti, Él curará la mordida venenosa de la serpiente". Así lo hice e inmediatamente mi corazón fue sanado. Fueron devueltos la visión y el propósito de mi servicio. Fue como si el Señor me estuviera diciendo: "Tú haces ese servicio educativo para mí, no para fulano; deja que él piense y diga lo que quiera de ti. Tú mírame a mí y sírveme".

¡Cristo es realmente maravilloso! Él aclara la razón de nuestro servicio. Él es el principio y el fin de todo lo que hacemos. Si mantenemos esta realidad en nuestro servicio no nos desanimaremos, ni dejaremos de servir; porque Él es la causa y la motivación de nuestro servicio. ¡Alabado sea su Nombre!

No me había fijado que en este relato de las serpientes ardientes (Números 21:4-9) Dios no contestó la petición del pueblo de que eliminara las serpientes, sino que se las dejó y les proveyó a su vez una serpiente de bronce levantada en un asta, símbolo de Cristo, la solución. Dios a veces no elimina el problema, pero sí nos brinda un mejor escape, la contemplación de Cristo.

El secreto de Cristo para mantenerse sirviendo a los seres humanos ingratos, impíos y calumniadores era mantener sus ojos fijos en su Padre celestial. Esta era la única manera en la cual Él podía cumplir con la misión de su vida. El apóstol Pablo nos señala la clave de Jesús:

"...el cual por el gozo puesto delante de él sufrió la cruz, menospreciando el oprobio, y se sentó a la diestra del trono de Dios" (Hebreos 12:2).

Cristo no miraba el pasado doloroso ni el presente con sus frustraciones, sino el gozo que el futuro le traería cuando Él viera el fruto de las almas salvadas en su reino.

Mirándolo desde nuestra perspectiva moderna, la vida de servicio de Cristo fue un fracaso total. Al final de su vida sus admiradores lo dejaron solo y sus enemigos lo crucificaron. Al final de su ministerio no hubo estadísticas impresionantes. Sin embargo, porque Él puso sus ojos en su Padre y en el futuro triunfante, soportó el oprobio.

Es posible que a muchos de nosotros que servimos a los seres humanos nos pase lo mismo que a Jesús. Pero no importa; cuando lleguemos a su reino veremos por primera vez el fruto de nuestro servicio, y allí, viendo a Cristo y a las personas que le conocieron por nuestra vida de servicio, concluiremos que nuestra vida no fue en vano.

Hoy, como nunca antes, necesitamos mantener nuestros ojos también concentrados en Cristo, Autor y Consumador de la fe. De lo contrario, nuestro enemigo Satanás tarde o temprano hará que perdamos de vista el propósito de nuestra vida, que es servir para la gloria de Dios. Apreciado lector, no te desanimes en medio de las frustraciones del servicio humano. Es cierto que existen personas que nos causan dolor y oprobio, pero no dejemos de servir porque al final de nuestra vida Jesús nos dirá:

"Bien, buen siervo y fiel; sobre poco has sido fiel, sobre mucho te pondré; entra en el gozo de tu Señor" (Mateo 25:21).

2. No esperes reconocimiento ni recompensa por tu servicio.

Nuestra naturaleza pecaminosa anhela desesperadamente ser reconocida por lo que hace, especialmente cuando hace algo noble y bueno. A veces el servicio, cualquiera que sea, es la droga que utilizamos, sin darnos cuenta, para darle importancia a nuestra estima propia. En el nombre de nosotros y para nosotros buscamos posiciones de servicio cristiano para luego sentirnos mal cuando no se reconocen nuestros esfuerzos. Creo que es apropiado dar gracias y reconocimiento a aquellos que ofrecen sus servicios abnegadamente, pero tenemos que hacerlo de tal manera que exalte el nombre de Jesucristo y no de la persona. Tengo la impresión de que los nombres de las obras más genuinas de servicio humano no están registrados en la historia humana, sino en la mente de Dios.

Al mirar la vida de servicio de Cristo notamos que Él no alimentó su ego. En realidad, Cristo no esperaba nada de nadie; al contrario, Él servía sin esperar recompensa de ninguna clase. Su lema era:

"Porque el Hijo del Hombre no vino para ser servido, sino para servir, y para dar su vida en rescate por muchos" (Marcos 10:45).

Cristo pudo terminar la obra del Padre porque llevaba muy claro en su mente el propósito de su vida: revelar a su Padre en todo lo que hacía. Su vida fue una vida de servicio abnegado. Él reveló más su misión a través de una toalla y una vasija de agua cuando les lavó los pies a sus discípulos que predicándoles un sermón.

Si hubo alguien en esta tierra que debería haber recibido algún reconocimiento o recompensa por su servicio, fue Jesucristo. Sin embargo, Él nunca aceptó nada, ni aun un halago, como en el caso del señor que le dijo: "Maestro bueno..." (Lucas 18:19). A dicho reconocimiento, Cristo le contestó: "¿Por qué me llamas bueno? Ninguno hay bueno, sino sólo Dios" (Lucas. 18:19). Esta respuesta de Cristo contiene una enseñanza significativa. Una de las cosas que nos enseña es que lo realizado no es producto de nuestra virtud sino de la bondad de Dios mismo. Por lo tanto, no deberíamos esperar ningún crédito a nuestro nombre por las obras realizadas, porque al final de cuentas el crédito es de Dios, quien las realizó a través de nosotros.

¿Qué recompensa recibió Cristo por todas sus obras realizadas en esta tierra? La cruz fue su recompensa. Aparentemente todo lo que hizo fue para nada. El reconocimiento y la recompensa que Cristo buscaba no estaban en los humanos. Hubiera fracasado totalmente si hubiera esperado algún reconocimiento de ellos. Aun el título puesto en la cruz por Pilato "Jesús nazareno, Rey de los Judíos" (Juan 19:19), fue una expresión de burla. Por lo tanto, la meta de Cristo en los servicios que realizaba no era para su gloria, sino para dar a conocer el nombre y la gloria de su Padre:

"Yo te he glorificado en la tierra; he acabado la obra que me diste que hiciese" (Juan 17:4).

El nombre y la gloria de Cristo debe ser también la meta de nuestros servicios. Es cierto que se nos prometen innumerables recompensas por nuestros servicios en la vida venidera; pero a medida que Cristo se vaya convirtiendo en la razón de la vida, las recompensas van perdiendo su valor e importancia. Al final de cuentas, Cristo es lo más importante en todo lo que hacemos, y no nosotros, seres humanos hechos de barro.

Te he presentado a Cristo como el ejemplo clásico de abnegación en el servicio para que tú y yo podamos reconocer nuestra gran necesidad de Él. No trates de copiar este ejemplo, porque fracasarás. Lo único que tú y yo podemos hacer es contemplar su divino rostro y dejar que Él llene nuestra vida con su vida. No busques el resultado de lo que suceda en ti. Búscalo a Él, solamente a Él. No se podía decir mejor de cómo lo presenta el siguiente consejo inspirado:

"Piérdase en Él nuestra personalidad".[1]

Por lo tanto, si en cualquier momento sientes que tu servicio es una carga, una cruz, un deber agotador, es porque te has alejado de Cristo, pero si vuelves tu vista rápidamente con confianza hacia Él, entonces hallarás descanso para tu alma.

Por último, quiero compartir contigo este pensamiento que ha sido tan significativo y útil en mis años de servicios:

"Al terminar una obra, jamás te entregues a pensamientos reflexivos personales de ninguna especie, ya sea de felicitaciones o de desesperación. Desde el momento que las cosas pasan, olvídalas, dejándolas con el Señor".[2]

Referencias:

1. Elena G. de White, *El Camino a Cristo,* (Mountain View, California: Pacific Press Pub. Ass., 1961), pág. 72.
2. Hannah Whitall Smith, *El Secreto de Una Vida Feliz,* (Caparra Terrace, Puerto Rico: Editorial Betania, 1980), pág. 168.

Capítulo **8**

QUIERO ESCUCHARLO

*"...las palabras que yo os he hablado
son espíritu y son vida"*
(Juan 6:63)

Desde que nacimos hemos sido bombardeados por infinidad de palabras, comenzando con las de nuestros padres, familiares, maestros, predicadores, amigos y un sinnúmero de otras personas que han contribuido a la formación de nuestra personalidad. Existe un poder extraordinario en la palabra, tanto escrita como hablada, que al leerla o escucharla se convierte en uno de los factores que más impacta nuestra vida. Ella puede crear ánimo o desánimo, esperanza o desesperanza, lágrimas o sonrisas, tristeza o alegría, guerra o paz, triunfo o derrota, muerte o vida. En resumen, nuestro carácter y todo lo relacionado con nuestra vida están íntimamente ligados a la palabra.

Es en este contexto de trascendencia que surge la urgente necesidad de aprender a escuchar la palabra más poderosa que existe en el mundo de la comunicación: *la palabra inmortal de nuestro Señor Jesucristo.* Es Él quien establece en forma indicativa el porqué de la gran diferencia de su palabra al declarar:

"...las palabras que yo os he hablado son espíritu y son vida" (Juan 6:63).

Jesús señala en esta forma que los factores "espíritu y vida" son los ingredientes más importantes al hablar, ya que la vida es la búsqueda y el anhelo supremo de nuestra alma. ¿Podría existir algo más importante que la vida? Sin duda alguna que no. La vida es el tesoro por excelencia; el impulso innato de todas las aspiraciones humanas.

Por supuesto, la palabra articulada tiene influencia, autoridad y poder de vida según quien la expresa; además, por el tipo de palabras

78

utilizadas, y finalmente si el testimonio de quien habla concuerda con lo que ha dicho.

Cuando Jesús declaró que sus palabras contenían vida era porque salían de sus propios labios, siendo Él nuestro único Dios/hombre. No ha existido ni existirá nadie como Él. Todas sus palabras eran respaldadas completamente por su personalidad limpia, pura y por sus hechos auténticos de vida. Él vivía lo que comunicaba: Dijo que perdonaría a los pecadores y así lo hizo; que moriría por los impíos y por sus enemigos, y así lo hizo; y que resucitaría de la tumba, y así lo hizo. Todo lo que dijo que haría lo cumplió al pie de la letra. ¿Qué te parece... fallará hoy? ¡De ninguna manera!

En el tiempo de Jesús la sociedad vivía en confusión, inseguridad, temor, opresión, descontento y desilusión por falta de palabras auténticas. Las palabras que se escuchaban de los gobernantes, filósofos, educadores y de los predicadores religiosos, contenían elementos negativos de falsedad, distorsión, engaño, manipulación, opresión y pesimismo. Pero Jesús llegó en el momento preciso de la historia de la comunicación humana, usando un lenguaje diferente al que las personas estaban acostumbradas a escuchar. En su relato, Mateo, uno de los discípulos que caminó cerca de Jesús, dijo:

> *"Y cuando terminó Jesús estas palabras, la gente se admiraba de su doctrina; porque les enseñaba como quien tiene autoridad, y no como los escribas"* (Mateo 7:28-29).

En sus palabras Jesús traía luz en medio de las tinieblas, verdad en medio del error, libertad en medio de la esclavitud y esperanza en medio del caos. Ellas contenían los elementos buenos que los oídos humanos necesitaban escuchar: amor, esperanza, sinceridad, integridad, verdad, poder, libertad y vida. Estos eran los ingredientes donde nítidamente se fundamentaba la suprema autoridad de Jesús. Con razón sus discípulos sintieron su gran necesidad y le declararon: *"Señor, ¿a quién iremos? tú tienes palabras de vida eterna"* (Juan 6:68). ¿Podría existir alguien que hablara como Jesús? Ellos en verdad no lo habían encontrado antes. Jesús era quien llenaba todos los requisitos. Sus palabras traían libertad de todas las opresiones existentes: espirituales, religiosas, sociales, económicas, raciales, machistas, satánicas y de las enfermedades físicas y psicológicas. Verdaderamente las palabras de Jesús estaban en completa oposición a las palabras opresivas, huecas, discriminadoras, vacías y muertas de los seres humanos de su época.

¿Habrá cambiado nuestra sociedad hoy? Claro que no. Creo que si no está igual, está peor que antes. Por lo tanto, hoy es de igual urgencia que sea escuchada la voz de Jesús. Aunque su presencia no es visible para nosotros, esto no significa que Jesús ha dejado de hablar, el problema es que el hombre ha dejado de escuchar. Pero Jesús todavía continúa hablando. Esta es su naturaleza: comunicar. Su voz es transmitida del norte al sur, del este al oeste. No hay un espacio en la tierra donde su voz no esté latente y viva, y no está limitada solamente a las Sagradas Escrituras. Él también se comunica con su creación en forma misteriosa que nosotros con nuestra mente finita no podemos entender ni explicar.

Dios no está mudo. Él todavía habla y seguirá hablando. Si no lo escuchamos es porque no estamos poniendo atención. El hecho de que el sol no se vea en un día nublado no significa que ha dejado de existir. De igual manera, el hecho de que no escuchamos su voz no significa que no está resonando; la escucha el sordo, el ciego, el analfabeto, aun aquel que se encuentra en estado de coma. Cierto día mientras conversaba con mi amigo Rodney, me dijo: "Cuando en el asalto la bala disparada penetró mi cuello, dejándome casi muerto, paralizado y en coma, la única voz que escuchaba era la voz de Dios que me decía: No temas, no te preocupes, yo estoy aquí contigo y te sacaré de esta condición". Los médicos no garantizaban su vida y mucho menos que pudiera caminar. Pero hoy, no solamente Rodney habla, sino que además camina, y es un fiel creyente y discípulo de Cristo. ¡Gloria a su bendito nombre!

Muchos estamos convencidos que su voz es articulada en todo el universo, y en la tierra puede ser oída por aquellos oídos que están afinados a su tono. Quizás no nos damos cuenta de esta realidad porque nuestros oídos se han acostumbrado a escuchar otros tipos de sonido: el del materialismo, la vanidad, lo secular, lo temporal, lo placentero. Muchos usan sus oídos para escucharse a sí mismos, y es por eso que no pueden escuchar lo que Dios les quiere decir.

Para escuchar y distinguir mejor su voz se necesita una constante relación con Jesucristo. Si autorizamos a Jesús a que establezca su anhelada amistad con nosotros, de cierto podríamos escuchar su voz más nítida y constante. De esta forma desarrollaremos el hábito de escucharlo, nuestro oído se acostumbrará de tal forma que sabremos cuando nos está hablando y no seremos confundidos por otras voces extrañas, sea la nuestra o la del enemigo de nuestras almas. Manteniendo una estrecha relación con Él, aprenderemos a vivir como Él vivió, escuchando a su Padre celestial todo el tiempo.

¿No es acaso al amigo íntimo que le comunicamos nuestras cosas personales? Precisamente esto es lo que Jesús desea hacer con nosotros. Por supuesto que Él habla a todos los humanos, pero las cosas íntimas de su persona no son comunicadas a los reconocidos eruditos, entendidos, iluminados o educados, sino más bien se las revela a quienes han establecido una amistad especial con Él (1ª Corintios 1:25-29).

Escuchar y conocer esa voz es la gran necesidad de los que vivimos en el fin del tiempo. ¿Qué otra cosa podría auxiliar a nuestro pobre, maltratado y enfermo corazón, que no sea la palabra de Jesús? Fueron las palabras de nuestro Señor Jesucristo las que limpiaron las vidas de los discípulos. Él les dijo:

"Ya vosotros estáis limpios por la palabra que os he hablado" (Juan 15:3).

Es cierto, las palabras de Jesús hacen cosas increíbles. Por ejemplo, al cruel y vengativo Juan, lo hizo tierno y compasivo; al discriminador Pedro, lo hizo comprensivo y amoroso; al egoísta y materialista publicano Mateo, lo hizo dadivoso y servicial; al dudoso e incrédulo Tomás, lo convirtió en creyente. En fin, los discípulos nunca más fueron lo que antes eran después de haber recibido las palabras de Jesús. Realmente ellas son las que más suavizan, enternecen y subyugan al alma.

¿Qué tienen las palabras de Jesús que las hacen poderosas como ninguna otra? Cuando las escuchamos y las recibimos, de inmediato sentimos su energía creadora y transformadora. He aquí el testimonio de alguien que sintió su influencia:

"Fueron halladas tus palabras, y yo las comí; y tu palabra me fue por gozo y por alegría de mi corazón; porque tu nombre se invocó sobre mí, oh Jehová Dios de los ejércitos"
(Jeremías 15:16).

¿Cómo podemos saber que estamos escuchando sus palabras y no otras? Existen varias características que hacen evidente su presencia auténtica. He aquí algunas de ellas:

-Nuestra mente discierne una nueva y hermosa perspectiva del carácter tierno y amoroso de Jesús.

-Nos sentimos compungidos de corazón, o sea, reconocemos nuestras deficiencias y pecados; y al mismo tiempo se inicia la liberación de aquellos hábitos adquiridos o heredados que nos mantenían esclavos; y surge un nuevo amanecer de nuevos valores y actitudes sanas.

-Sentimos que nuestro pasado fracasado y oscuro ha sido perdonado. Se disipan las dudas y nuestra mente comienza a discernir con claridad el camino a seguir.

-Físicamente a veces saldrán algunas lágrimas y una quietud invade todo nuestro ser.

-Emocionalmente sentimos paz, descanso y reposo en nuestra alma, o a veces hasta molestia e incomodidad. Lógico que sí pueden surgir dichas reacciones, porque la palabra está penetrando y señalando algo en nuestro carácter que no nos gusta que se toque. Jesús dijo: *"No penséis que he venido para traer paz a la tierra; no he venido para traer paz, sino espada"* (Mateo 10:34). Es cierto, a veces las palabras de Jesús molestan; pero si seguimos escuchándolas, nuestra actitud cambiará.

Por supuesto, no debemos hacer de las manifestaciones el punto de concentración. Al contrario, es muy importante mantener nuestra atención en las palabras de Jesús, ya que ellas son permanentes, mientras que nuestros sentimientos son variables.

Es Jesús quien le da vida a las palabras humanas; sin Él, nuestras palabras son artificiales, carentes de sinceridad, pureza y poder. Y tiene que ser así, pues las mentes que viven separadas de Jesús se acostumbran a vivir en el orgullo y el egoísmo de la vida. ¿Podrán salir aguas limpias de un manantial sucio? ¿Podrán salir sonidos claros de un instrumento con defectos?

Hoy muchos viven muy engañados. El hombre ha creído la mentira de que en las palabras humanas hay sabiduría, poder y vida; pero las evidencias sociales demuestran todo lo contrario. Vivimos en un mundo de desconfianza, opresión y de discriminación, producto de las mentiras, el fraude, el engaño, el oportunismo, las sospechas y las intrigas. Las palabras de los hombres simplemente son palabras de los hombres, y en ellas no existen los elementos de vida que nuestra alma necesita y busca.

¿Qué diferencia hay entre las palabras de Jesús y las del hombre común? Básicamente la diferencia estriba en que las palabras humanas encauzan nuestros valores y nuestras actitudes hacia las apariencias, dejando sin tocar lo que somos en realidad, mientras que las palabras de Jesús tocan y transforman lo que somos, es decir, nuestra esencia. Y una vez que nuestro interior queda afectado por el impacto poderoso de las palabras de Jesús, de ahí en adelante lo exterior toma su curso natural de vida.

Notemos el trabajo específico de la Palabra de Dios:

> *"Porque la palabra de Dios es viva y eficaz, y más cortante que toda espada de dos filos; y penetra hasta partir el alma y el espíritu, las coyunturas y los tuétanos, y discierne los pensamientos y las intenciones del corazón"* (Hebreos 4:12).

Reemplazar las palabras de Jesús con las palabras humanas es el engaño más fatal. Cuando los hombres dejan fuera de sus mentes la palabra de Dios, ellos no pueden darse cuenta de que en su grandeza se hacen pequeños, en su riqueza se hacen pobres, en su sabiduría se hacen insensatos, y en su suficiencia propia se hacen impotentes.

Y es por esta razón que necesitamos volver de nuevo a poner nuestros oídos hacia la dirección de donde se comunican las palabras de Dios: la Biblia y la revelación de Dios, Jesucristo, el Señor y Salvador. Él es de quien se dice:

> *"Dios, habiendo hablado muchas veces y de muchas maneras en otro tiempo a los padres por los profetas, en estos postreros días nos ha hablado por el Hijo, a quien constituyó heredero de todo, y por quien asimismo hizo el universo; el cual, siendo el resplandor de su gloria, y la imagen misma de su sustancia, y quien sustenta todas las cosas con la palabra de su poder, habiendo efectuado la purificación de nuestros pecados por medio de sí mismo,*

se sentó a la diestra de la Majestad en las alturas" (Hebreos 1:1-3).

Jesús es el excelente comunicador de las realidades de Dios. Él no guarda silencio, y nunca dejará de hablar. A través de su Hijo Jesucristo Él continúa hablando. Es por esta razón que a Jesús se le llama el *"Verbo"* [la Palabra] (Juan 1:1), indicando así su continuo empeño de comunicar su carácter y sus propósitos a favor de cada uno de nosotros. En la vida y en la voz de Jesús hay energía de vida porque contienen sinceridad, amor y poder, trayendo en dicho lenguaje liberación de la cárcel de las palabras humanas.

Es muy cierto que somos lo que pensamos, y somos lo que escuchamos. Escuchar es un don extraordinario. Siempre estamos escuchando. Es a través del sentido del oído que nuestra mente también se alimenta. Y es por esta razón que, en este tiempo de tantas comunicaciones, tales como: la radio, televisión, teléfono, fax, periódicos, revistas, libros y lo último del mercado, el conocido sistema de comunicación mundial de computadoras, "Internet", que necesitamos dirigir nuestros oídos hacia Jesús y solamente hacia Él. En Él está nuestra esperanza y nuestra liberación, sus palabras son las únicas que contienen la autoridad inequívoca y firme que nuestra mente confundida necesita escuchar. Donde hay enfermedad, Él trae sanidad; donde hay opresión, Él trae liberación; donde hay tristeza, Él trae alegría; donde hay desconsuelo, Él trae esperanza; donde hay depresión, Él trae descanso; donde hay conflictos, Él trae paz; donde hay incertidumbre, Él trae seguridad; donde hay temor, Él trae valor; donde hay suciedad, Él trae limpieza; y donde hay muerte, Él trae vida.

Creyendo en este maravilloso Jesús no seremos defraudados, pues sus palabras son palabras de verdad, de luz y de vida.

En cuanto a las Sagradas Escrituras deseo establecer su importancia como la voz de Dios. Sus páginas no son simplemente relatos históricos de sucesos, fechas, culturas y personajes intrascendentes. No, son mucho más que eso; son en realidad los relatos de Dios, o sea, el libro de Dios. Su misión no es informar los hechos de los hombres, sino relatar los hechos de Dios por y para los seres humanos. No se debe leer la Biblia para recibir información, sino para establecer una relación de amor con su Autor.

No es el libro a quien debemos de amar, sino al originador del libro, a Dios. No fue escrita solamente para enseñar lecciones de asuntos morales, nuevos estilos de vida, dogmas o conceptos entretenedores, sino más bien para señalar hacia el Dios que anhela una relación íntima con nosotros. Hoy la gente conoce el libro la Biblia, pero son muy pocos los que conocen a su Autor. ¡Qué pena que muchas veces suceda así! Se estudia la Biblia pero no se encuentran con el que se quiere revelar, a Jesucristo. Él señaló que las Sagradas Escrituras existen con el exclusivo propósito de revelar su Persona, su vida y su sacrificio por nosotros. Él dijo:

"...ellas son las que dan testimonio de mí" (Juan 5:39).

¿De qué más podría hablar la Biblia que no sea revelar la vida de nuestro maravilloso Salvador y Señor Jesucristo? La Sagradas Escrituras no tienen otro fin que revelarnos las bellezas del amor de Dios al entregar a su Hijo Jesucristo. Él es el todo de su contenido. Al escudriñarla descubriremos porqué fue necesario que Jesús abandonara su lugar en el cielo, dejando su corona y ropas reales, para vestir su divinidad con la humanidad. Entenderemos que para beneficio nuestro vivió entre nosotros, tomando la humanidad caída con todas sus miserias y pecados; se hizo pobre para así hacer a muchos de nosotros ricos, asegurándonos un lugar con Él en la eternidad (2ª Corintios 8:9). Al contemplarlo, nuestra mente quedará embelesada y experimentaremos un poco de lo que dijera el apóstol Pablo con relación a Cristo:

"Cosas que ojo no vio, ni oído oyó, ni han subido en corazón de hombre, son las que Dios ha preparado [entendimiento de Cristo] para los que le aman" (1ª Corintios 2:9).

Es evidente que la Biblia pierde su poder intrínseco cuando ignoramos a su Autor y su revelación, Jesucristo. Es por esta razón que es extremadamente importante mantener la presencia de Jesucristo en toda las Sagradas Escrituras. Al decir Jesús, *"...las palabras que yo os he hablado son espíritu y son vida"* (Juan 6:63), está indicando que la Biblia contiene vida porque Él es quién proporciona la vida. Sin Él en el centro, no existe palabra de vida y por consiguiente son simplemente palabras inútiles. Hoy, aun en la iglesia, a veces nos sentimos chasqueados al escuchar en la predicación la retórica analítica según el pensamiento humano y no según Jesucristo. Cualquier otra cosa que sustituya la predicación de la Palabra centrada en Cristo sería una prostitución del púlpito cristiano. Predicar la Palabra es la misión exclusiva del ministerio (2ª Timoteo 4:2). Jesús no fundó la iglesia para que en ella se pregonen las palabras de los análisis humanos sin Cristo. Caer en esta trampa desvía el propósito legítimo de la iglesia. Ella existe para ser guardián de la Palabra y para levantar a través de ella el personaje central: Jesucristo (1ª Timoteo 3:15). Desviar la iglesia hacia otra cosa sería considerado por el Cielo como la traición más grande contra Jesús.

Necesitamos volver urgentemente a utilizar la palabra de Dios sin diluirla y sin mezclarla, presentándola pura y concentrada en el lenguaje bíblico de la redención efectuada en la cruz del Calvario por Jesucristo (Hechos 24:44-47). En todo mi caminar a través de la vida, escuchando y leyendo, no he encontrado nada que impresione e impacte mi mente y la de otros como las descripciones de la vida de Cristo y particularmente las escenas del calvario. Ellas constituyen la única salvaguardia para la familia y también para la iglesia en esta era peligrosa y destructora de los valores eternos. No existe otro recurso o escapatoria, la revelación de Jesucristo es la gran necesidad de todos nosotros, sea cual fuere nuestra condición.

Cuando se comunica la palabra de Dios en su esencia con Cristo es cuando entonces nuestro poderoso Señor Jesucristo se hace presente en la congregación, y sentimos que el esfuerzo hecho para llegar a la iglesia no fue en vano. Envolver y entretejer la palabra con Jesús crea en el ambiente una atmósfera de quietud, recogimiento y reverencia, produciendo en el oyente el milagro de la fe en el Cristo viviente (Romanos 10:15-17). ¡Oh, qué bueno sería ver a Cristo en la predicación de hoy! De cierto, al escucharla o estudiarla en el silencio de nuestro corazón, de seguro hará lo que siempre ha hecho muy bien: una nueva creación. Dios habló y fue hecho. Él mandó y existió. Recordemos que fueron las palabras de Jesús las que levantaron al paralítico, sanaron al leproso, libertaron al endemoniado, resucitaron al muerto, valoraron al ladrón en la cruz, perdonaron a la mujer adúltera, hicieron humilde al orgulloso, dadivoso al egoísta, creyente al incrédulo y salvo al perdido. Verdaderamente ellas son las palabras que tú y yo necesitamos escuchar y recibir vez tras vez. ¡Y qué bendición, su voz todavía se escucha hoy! Recuerda siempre esta realidad: existen tres rivales a la voz de Dios: el diablo, el mundo y nuestro ego.

Ahora es el tiempo para decidir de una vez para el resto de nuestra vida: escuchar la voz poderosa y eterna de nuestro Señor Jesucristo. Si lo deseas, te invito a acompañarme en la siguiente oración:

"Gracias Señor por tu Palabra. Enséñame a escucharla. Enséñame a encontrar en ella a Jesús y a nadie más. Hay miles de sonidos que molestan mi oído. Dame el sentimiento del niño Samuel, cuando te dijo, "Habla, porque tu siervo escucha". Ayuda a mi oído a acostumbrarse a tu voz, para que cuando desaparezcan todos los ruidos terrenales, el único sonido que mi oído pueda escuchar sea tu palabra dulce, melodiosa, poderosa y eterna. Amén".

Capítulo 9

QUIERO HABLARLE

"He aquí, yo estoy a la puerta y llamo: si alguno
oyere mi voz y abre la puerta, entraré a él,
y cenaré con él, y él conmigo"
(Apocalipsis 3:20)

C on el título "Quiero Hablarle" me estoy refiriendo a esa dulce experiencia de la relación comunicativa con Dios, la oración. Para mí, no podemos hablar de Cristo sin incluir la oración. Ya que la vivencia de la oración y Cristo están íntimamente relacionadas; hablaremos de esto en detalle más adelante.

En este momento deseo confesar algo: El tema de la oración me ha detenido por mucho tiempo en mi deseo de expresar en palabras lo que mi alma anhela explicar. Aunque he leído muchos libros sobre este tema de las disciplinas de la fe, no encontraba como enfocarlo. La razón era que no quería cometer el mismo error de otros que, al hablar de la oración, crean culpabilidad en vez de descanso y belleza espiritual. Ahora, después de mucha reflexión, creo que puedo hacer algunas observaciones pertinentes, que estoy seguro nos ayudarán a aclarar y apreciar mejor el maravilloso mundo de la oración.

La oración cristiana es, en cierta forma, única en su motivación. Reconocemos que todas las religiones, aparte del cristianismo, utilizan la oración como parte integral de sus ejercicios religiosos. Tanto ellos como nosotros los cristianos, en realidad queremos hacer lo mismo: comunicarnos con lo invisible. Sin embargo, creo que hay algunas diferencias que hacen que nuestra oración sea en esencia completamente distinta. Antes de describir esas diferencias, quiero dejar claro que este tema abarca muchos aspectos importantes. Por consiguiente, mi intención es más bien presentar solamente dos puntos esenciales, que hacen a la oración cristiana radicalmente diferente en sus motivaciones.

Ansias de Su Presencia

1. Orar surge como una necesidad del alma.

El sentimiento de **"necesidad"** es vital en todas nuestras funciones, sean estas físicas, psicológicas, materiales, sociales, emocionales y por supuesto, espirituales. El ingrediente de la *necesidad* es el trampolín de la verdadera oración. La necesidad de la cual estoy hablando es *"necesidad de Dios"*, aislada de cualquier otra provocación o motivación. Es una ansiedad de comunicarnos con lo invisible porque sentimos necesidad de Él. No oramos como práctica formal de nuestra religión, o como una enseñanza de nuestros padres, o porque vamos a hacer un viaje peligroso, o porque tenemos una enfermedad mortal o por una escasez material. No, por nada de esto, sino porque Dios es la causa y el fin de nuestra oración. El salmista lo expresa de la siguiente manera:

> *"Como el ciervo brama por las corrientes de las aguas, así clama por ti, oh Dios, el alma mía. Mi alma tiene sed de Dios, del Dios vivo..."* (Salmos 42:1-2).

La persona que escribió esto descubrió el secreto de la verdadera oración: Dios, y solamente Dios, era su necesidad y su motivación. Cualquier otra cosa que provoque nuestra oración se sale del verdadero motivo por el cual deberíamos orar. En este aspecto, si somos sinceros con nosotros mismos, encontraremos una inmensa necesidad de ayuda divina, para que en nosotros se origine una transformación interna. Detente por un momento y piensa ¿cuál fue la última cosa por la cual oraste? ¿Estabas pidiendo por tus deseos o por Dios? ¿Cuál era la motivación: tus necesidades personales, o tu necesidad de conocer mejor a Dios? El salmista nos sugiere:

> *"Deléitate asimismo en Jehová, y él te concederá las peticiones de tu corazón"* (Salmos 37:4).

La recomendación *"deléitate"* se sugiere para que hagamos primero de la oración una dulce relación de comunión con Dios. Mientras más nos acercamos a Él, más dejaremos de pedir "cosas". Entonces, quizás te preguntarás, ¿para qué orar? Si entendemos bien el mensaje bíblico, el propósito por el cual Dios creó la oración fue exclusivamente para llevarnos a conocerlo. El fin de la oración es conducirnos paso a paso a una relación íntima con Él. Para nuestra desventaja, el pecado ha distorsionado el verdadero objetivo de la comunicación con Dios, llevándonos a usar la oración para pedir, en lugar de llevarnos a conocer a Dios a través de su Hijo Jesucristo. El objetivo de la oración genuina no es conseguir respuestas de Dios o probar que Él contesta nuestra oración, sino más bien enseñarnos acerca de Él, mientras conversamos con Él. Es cierto que cada oración es contestada, pero el gozo de Dios no es simplemente contestar oraciones, sino más bien revelar a través de ella su persona a nuestra vida. En realidad, hoy estamos muy mal informados en cuanto al carácter de Dios. No lo conocemos como realmente es. Por lo tanto, por medio de la oración, tenemos el privilegio de comenzar a conocer mejor los secretos de su naturaleza, su gracia, su bondad, su misericordia y su plan de redención.

Es importante notar que Jesús no dio muchas instrucciones específicas en cuanto a la forma en que debemos orar, porque Él sabía que la oración verdadera nace del interior del alma. Él es el único que conoce ese mundo interior, y lo comprende mejor que nosotros mismos. Él aconseja:

> *"Mas tú, cuando ores, entra en tu aposento, y cerrada la puerta, ora a tu Padre que está en secreto..."* (Mateo 6:6).

Esta recomendación de Jesús es muy apropiada; es una invitación a entrar en la privacidad de nuestra alma. Es allí donde Él se revelará a nuestra vida. Allí experimentaremos la dulzura de su presencia, trayendo consigo reposo y tranquilidad a nuestro espíritu inquieto. Entenderemos mejor el misterio de sus obras y los padecimientos que soportó para asegurar nuestra salvación.

Es normal que las oraciones se hagan visibles cuando oramos de rodillas o de pie, o cuando inclinamos nuestra cabeza con los ojos cerrados, pero Jesús quiere enfocar la oración desde el punto de vista de intimidad con Dios más que de formalismo o ritualismo. Nuestro aposento es nuestro "Yo". Jesús sabe que la vida cotidiana nos mantiene muy ocupados en muchas cosas y no en Él. Por lo tanto, Él no desea que oremos obligados, como un "deber religioso", sino en libertad, por una necesidad de nuestro yo, que necesita una nueva visión y compenetración con la persona de Dios.

Es posible que a veces notemos que nuestras oraciones se tornen silenciosas, es decir, no decimos, ni pensamos nada en la presencia de Dios. Este sentimiento es obra del Espíritu Santo que quiere profundizar más en nuestra vida oscura. A veces nosotros mismos no entendemos lo que nos provoca guardar silencio, pero Dios sí lo entiende.

Un ejemplo de lo que estoy tratando de explicar es el caso de Jesús y sus discípulos. Él les dijo en el huerto de Getsemaní, "¿así que no habéis podido velar [orar] conmigo una hora?" (Mateo 26:40). Esta pregunta fue para indicarles que no sentían "necesidad"; ellos no estaban pasando las angustias que Jesús estaba experimentando por causa de la carga del pecado humano. Ellos no podían orar porque no se habían percatado de que la verdadera misión mesiánica de Jesús estaba llegando a su clímax. Si alguna vez Jesús oró intensamente fue en esos momentos. La necesidad era grande; involucraba entrega y sumisión total a la voluntad de Dios. Orar era su gran necesidad. Allí la voluntad del Padre y la de Cristo llegaron a ser una. Donde existe relación y comunión intensa hay compresión de propósitos mutuos.

Para Jesús, orar era una experiencia para conocer los caminos de su Padre. Toda la vida de oración de Cristo estaba centralizada en su necesidad de comunicarse con su Padre celestial. Para Jesús, orar era mucho más que pedir esto o aquello, era relacionarse con su Padre. Hoy, más que nunca, estamos en la misma urgente necesidad de conocer a Dios y sus propósitos. Sería bueno decirle a Cristo constantemente: "Señor, enséñanos a orar". Si entendemos lo que estamos pidiendo, sería en realidad: "Señor, enséñame a tener una relación constante contigo".

Tengo la impresión de que cuando entremos en esa experiencia de relación real y viva con Jesucristo, no estaremos utilizando la oración como un mecanismo de pedir para esto o lo otro, porque ya su vida en nosotros traerá una satisfacción total y permanente. Nos daremos cuenta de que Él sabe de antemano lo que necesitamos y nos conviene. La oración se convertirá en un encuentro de amistad, llena de expectativas de conocer aún más la belleza de su persona encantadora.

Ahora pasemos a la segunda observación, que considero vital que entendamos y asimilemos en nuestra vida cristiana.

2. Oramos por causa de Cristo.

¿Quién nos impulsa a orar? ¿Nosotros mismos? Muchas veces parece ser que somos nosotros; pero en realidad no es así. Jesús es quien inquieta la vía de comunicación. Él nos dice:

"He aquí Yo estoy a la puerta y llamo; si alguno oye mi voz y abre la puerta, entraré a él, y cenaré con él, y él conmigo" (Apocalipsis 3:20).

Como notamos en este versículo, Jesús inicia el interés de la comunicación *"Yo estoy a la puerta y llamo"*. Él nos llama, Él nos mueve, Él nos inquieta. Mientras que en otras religiones la oración es producto de muchos factores humanos, en el cristianismo el factor principal es Jesucristo. Él es quien se acerca y nos habla en el silencio de nuestra conciencia, "la puerta". Si se nos dejara a nosotros mismos, quizás no oraríamos, a menos que fuera por una emergencia crítica circunstancial. Pero Jesús nos llama cada a momento, en las buenas o en las malas, sea que estemos arriba o abajo, contentos o tristes, etc.

Orar, por lo tanto, es darle permiso a Jesús para que entre en nuestra vida, y para permitirle que comience en nosotros una relación viviente y transformadora. Además, orar es darle permiso para que ejerza su poder para aliviar nuestras angustias, causadas en la mayoría de los casos por nuestra separación de Él. Cuando descubrimos que orar es darle "permiso" a Cristo para que entre por la puerta de nuestro corazón, se transforma todo lo que implica y significa la práctica de la oración. Aprendemos que orar tiene que ver con Jesús, no con nosotros. Es darle autorización a Cristo a entrar a nuestro corazón. Significa que es Jesús quien nos mueve a orar. Él es quien produce el deseo de orar, porque es Él quien primero desea entrar en una relación con nosotros.

Todo verdadero deseo de orar es producto del llamado de Cristo. Orar, por lo tanto, no depende de nosotros; no depende del poder de quien ora, ni de su voluntad intensa, ni su emoción ferviente, ni su posición física, ni su comprensión sobre lo que está orando. La verdadera oración no depende de ninguno de estos factores puramente humanos.

Orar no requiere maniobras nuestras, sino que más bien es nuestra impotencia y nuestra ignorancia, aun de la misma oración, lo que nos provoca pedirle a Cristo: *"Señor enséñanos a orar"*. Lo importante aquí no es solamente pedir que se nos enseñe a orar, sino a "quién" le pedimos que nos enseñe a orar. En el caso de los discípulos, ellos le pidieron a la persona más apropiada, a Jesucristo (Lucas 11:1). En verdad, Él ha sido y será el único verdadero *Maestro* de la enseñanza de la oración genuina y eficaz.

Apreciado lector, como conclusión a este tema "Quiero Hablarle", deseo decirte que los mencionados ingredientes de la oración están fuera del sentido común humano. El "sentido común" que se utiliza para practicar la oración es el causante de las falsas motivaciones que se utilizan al orar. Orar como Dios quiere que oremos y con el propósito debido, es una revelación del Espíritu Santo. Por lo tanto, quiero animarte para que consideres seriamente los puntos mencionados: *Oramos por necesidad de Dios, y Cristo es el Autor de la necesidad de la oración.* Esto nos indica que debemos hacer un esfuerzo de voluntad para concentrarnos en el estudio y la meditación de la vida y las obras de Cristo. Y si Él es la gran respuesta a nuestra necesidad, entonces iniciaremos una vida de oración que tiene principio y fin: *La comunión y relación con Cristo.* De esa forma experimentaremos la dulzura que el mismo Jesús sintió cuando oraba a su Padre. Entonces concluiremos diciendo así: **"Cristo, tú eres mi vida de oración."** ¿Qué te parece si en el momento de terminar de leer esta lectura elevas esta oración al Cielo?:

"Señor, he oído tu voz, ahora mismo te abro mi mente y todo mi ser, para que escuches el ruego desde lo más profundo de mi alma y me enseñes a orar, amén".

Nota:

1. Quiero agradecerle a Dios por los autores que más han condicionado mi vida de oración; algunos de mis conceptos son reflejos de ellos: Elena G. de White, *El camino a Cristo*; Oswarld Chambers, *My Utmost for His Highest* [En Pos de lo Supremo]; O. Hallesby, *Prayer* [Oración].

Capítulo 10

QUIERO RECIBIRLO

"Pero cuando venga el Consolador, a quien yo os enviaré
del Padre, el Espíritu de verdad, el cual procede
del Padre, él dará testimonio acerca de mi"
(Juan 15:26)

Actualmente se publica mucho acerca del Espíritu Santo. Parece ser que al terminar el siglo XX, los escritores cristianos se han interesado más en este tema, que sin duda alguna es muy necesario y debe ser entendido debidamente. Sin quitarle crédito a los que se han esforzado por analizar bíblicamente esta importante temática, quiero también hacer un aporte al pensamiento cristiano. Considero necesarias estas observaciones debido a los enfoques distorsionados sobre la función principal del Espíritu Santo.

Deseo establecer que lo que somos en nuestra vida cristiana se debe directamente a la obra del Espíritu Santo. Él es quien hace posible que creamos en Cristo y que desarrollemos la imagen de Cristo en nuestro carácter. En otras palabras, nuestra fe y obediencia a Dios y todas nuestras obras de servicio cristiano están motivadas exclusivamente por el Espíritu Santo. Todo lo bueno que hacemos es sin duda alguna un regalo de Él. No hay nada en nuestro andar con Dios que no tenga como raíz directa la obra del Espíritu. Nosotros no tenemos la capacidad de crear nada, excepto entregarle nuestra voluntad, para que Él haga su voluntad en nosotros. Podríamos decir que Él es como el agricultor: Prepara el terreno, siembra la semilla, cuida la siembra y finalmente realiza la cosecha para que otros se beneficien.

Con esto quiero decir que el ser humano es el recipiente donde el Espíritu Santo se manifiesta y obra, con el fin de traer gloria a Dios. Ahora pasemos al punto que nos concierne: *La función principal del Espíritu Santo.*

Ansias de Su Presencia

El Espíritu Santo trabaja con la difícil problemática humana de la separación que existe entre Dios y el hombre, causada por el pecado y mantenida por la naturaleza pecaminosa inherente en el ser humano:

> *"...vuestras iniquidades han hecho división entre vosotros y vuestro Dios, y vuestros pecados han hecho ocultar de vosotros su rostro para no oír"* (Isaías 59:2).

Peor aún, el hombre no tiene ningún interés en conocerlo:

> *"No hay quien entienda. No hay quien busque a Dios"* (Romanos 3:11).

Además, el hombre ha cambiado la gloria de Dios por la gloria de la naturaleza, incluyendo la enfermiza gloria humana:

> *"...y cambiaron la gloria del Dios incorruptible en semejanza de imagen de hombre corruptible, de aves, de cuadrúpedos y de reptiles"* (Romanos 1:23).

Estas pocas declaraciones manifiestan nuestra pobre y triste realidad. No solamente no deseamos a Dios, sino que también hemos cambiado la imagen de Dios por otra, de cosas creadas. Hemos ido tan al extremo que Dios es un ser extraño, desconocido por nosotros; su imagen, si la vemos, la vemos distorsionada, quizás como un Dios vengativo, tirano y cruel; como si fuera un policía escondido, vigilándonos para ponernos una multa cuando cometemos un error. Desafortunadamente tenemos que admitir que ni las religiones han contribuido positivamente a aclarar y presentar correctamente la imagen de Dios ante el mundo.

Debido a ese fracaso humano, Dios tuvo un solo recurso: Enviar a su Hijo Jesús para vivir entre los hombres y de esa manera iniciar de forma concreta y convincente su tarea de impresionar nuestra mente con la belleza de su Persona. En esto consistía el trabajo incansable de Jesús mientras andaba por Palestina enseñando, predicando y sanando. De esta manera Jesús inició con su vida una nueva era de cambios positivos en la mente humana, en cuanto a Dios se refiere. Su vida y su carácter eran la manifestación del verdadero Dios. Él dijo: *"El que me ha visto a mí, ha visto al Padre"* (Juan 14:9). Con esta declaración Jesús deja bien aclarado que conocer al Dios invisible es posible únicamente a través de Él. Sin Jesús, Dios sigue siendo un Dios extraño. Por esta razón Jesús es un ser imprescindible para tener un concepto claro, y por supuesto, bueno, de Dios.

Ahora bien, ¿cuál es la función del Espíritu Santo, siendo que Jesús no está literalmente visible hoy? Existe la tendencia humana de presentar al Espíritu Santo como a un ser que solamente le interesa sanar el cuerpo, dar el don de lenguas a los creyentes, y aun producir en nosotros un "sentimiento de bienestar", como si el Espíritu Santo fuera un ser que cede a nuestros "deseos". Existe otro enfoque que enseña que el Espíritu Santo será recibido en el tiempo del fin a través de manifestaciones impresionantes. Pero todo esto está realmente fuera del enfoque bíblico del legítimo propósito del Cielo al enviar el Espíritu Santo a la tierra. Meditemos en esto. Si Jesús es quien nos revela al Padre Dios, entonces ¿no será también la función primordial del Espíritu Santo revelarnos al Hijo en toda su belleza? Jesús así lo enseñó:

"Él me glorificará; porque tomará de lo mío, y os lo hará saber" (Juan 16:14).

Lo que más le agrada al Espíritu Santo es revelarnos a Jesús, es decir, manifestarnos su carácter, su personalidad, sus obras, para que así lleguemos a apreciarlo más y más. Él se presenta a nuestro corazón para señalarnos la cruz, y así recordarnos vez tras vez el amor exclusivo de Jesús por nosotros. Por lo tanto, Él no existe para manifestarse exclusivamente en nuestras experiencias exteriores, sino más bien para revelarnos el cuadro de Jesucristo en nuestro interior. ¿Podrá existir algo mejor que esto? Esto es precisamente lo que Jesús dijo que haría el Espíritu Santo: **"Él dará testimonio acerca de mí"** (Juan 15:26).

Hemos notado que Jesús señala que el propósito principal del Espíritu Santo es hablar y testificar acerca de Él. El Espíritu es el artista que dibuja y pinta con colores y hermosos contrastes el cuadro de su divina persona. Por consiguiente, el verdadero recipiente del Espíritu Santo es aquel que vive recibiendo nuevas impresiones del carácter de Jesús. Su mente se mantendrá tan concentrada en la imagen de Jesús, que no le interesará recibir manifestaciones físicas como evidencias del Espíritu. La mejor prueba de que tiene el Espíritu Santo es que sus pensamientos estarán imbuidos de Cristo. En otras palabras, Jesús será el tema de su conversación y de su más gozosa emoción. Su experiencia religiosa se convertirá en una experiencia con el Cristo viviente. Las escenas del ministerio de Cristo, su crucifixión, su resurrección, su intercesión en el santuario celestial y su segunda venida, serán los temas de su más ferviente estudio y meditación. Tampoco su cristianismo estará basado en lo que hace, sino en lo que Cristo ha hecho y está haciendo por él.

Para ayudarnos a entender nuestra gran necesidad de Él, Jesús declaró que la obra del Espíritu Santo sería de la siguiente manera:

"Y cuando él venga, convencerá al mundo de pecado, de justicia y de juicio. De pecado, por cuanto no creen en mí; y de justicia, por cuanto voy al Padre, y no me veréis más; de juicio, por cuanto el príncipe de este mundo ha sido ya juzgado" (Juan 16:8-11).

Como notamos en esta declaración de Jesús, la obra específica del Espíritu Santo estará distribuida en tres, y las tres están relacionadas directamente con Él. Al Espíritu Santo le toca "convencer", o mejor dicho *"traer convicción"* a cada ser humano sobre las siguientes necesidades básicas:

"De pecado, por cuanto no creen en mí"

Según Jesús, el primer trabajo del Espíritu Santo es llevar a la persona a entender que no creer en Jesús como Salvador y Señor es vivir una vida de pecado. "Creer" en la Palabra de Dios encierra "confiar", y "no creer" significa "desconfiar". La desconfianza está dirigida contra Jesús; Él es la persona de la cual se desconfía. Esto es lo que hace pecador al ser humano. Por consiguiente "pecado", en este caso, no tiene nada que ver con las malas acciones que hacemos, sino más bien con una actitud de incredulidad contra Jesús. Desconfiamos de Él porque lo desconocemos. Por ejemplo, nosotros no brindamos confianza a un extraño a primera vista; nos lleva tiempo desarrollar la confianza, ¡cuánto más cuando se trata de Jesús, a quien no vemos físicamente y del cual nuestra naturaleza caída huye!

Por esta razón, al Espíritu Santo le corresponde usar el medio disponible, la Palabra de Dios, para presentarnos atractivamente la persona de Jesús. Es en la Biblia donde se nos pinta más marcadamente el rostro de Jesús y su actitud de amor hacia nosotros. Por supuesto, el Espíritu Santo también utiliza la literatura cristiana y el testimonio personal del creyente transformado. De esta manera, y de formas a veces misteriosas, nos impresiona la mente con la imagen de Cristo. Entonces, cuando no queremos aceptar y confiar en lo que Él nos está manifestando en cuanto a Jesús y a su obra a favor nuestro, es cuando se nos señala que, dicha actitud, es pecado.

La palabra "pecado", del original griego "jamartia", significa literalmente "no dar en el blanco"; así se describe la realidad de que el ser humano no desea, ni puede dirigir su vida hacia Jesús. Todos sus intentos se tuercen y jamás podrá por sí mismo dar en el blanco, es decir, en JESÚS. Esto nos pone en una situación crítica y peligrosa. Aun los creyentes podríamos llegar a pensar que nuestras realizaciones y virtudes son creación nuestra, cuando en el fondo no lo son. También podríamos dar la impresión de que seguimos una causa, un ritual, un mensaje, una religión, cuando en realidad todo esto no sirve para nada. La devoción a una secta, a una denominación, a una obra o misión, también pudiera reemplazar la devoción a Jesucristo. Como todo esto puede ser posible, al Espíritu Santo le toca la tarea más complicada, la de llevarnos al punto de partida: *al conocimiento de Jesucristo,* el cual es el blanco y propósito de la vida espiritual. Así lo expresó Pablo:

> *"...a fin de conocerle, y el poder de su resurrección, y la participación de sus padecimientos, llegando a ser semejante a él en su muerte"* (Filipenses 3:10).

Esta es la meta a la cual el Espíritu Santo le toca guiar nuestros pasos, así como el padre le enseña al niño a dar sus primeros pasos tomando de la mano a la criatura. Y allí, ante Jesús, vemos la horrible condición de nuestro desviado y enfermo corazón en contraste con el carácter puro y perfecto de Jesucristo.

Conozco a una persona que se crió dentro de la iglesia Adventista del Séptimo Día. Desde niño fue instruido en sus doctrinas. De adolescente se dedicaba a promover la existencia y el desarrollo de dicha iglesia. Estudió en sus instituciones educativas para ser pastor.

Su ministerio tenía éxito según las expectativas humanas. Se sentía y aún se siente agradecido a la iglesia por las bendiciones recibidas en ella. Pero en todo ese andar religioso, desconocía experimentalmente a Jesús.

Sin embargo, poco a poco, durante un período de trece años, ahora puede decir, gracias a la ayuda del Espíritu Santo, que conoce en lo más profundo de su alma el valor y la importancia que encierra Jesucristo. Puede dar testimonio legítimo de esta verdad, pues la persona a quien me refiero es el autor de este tema. No me siento avergonzado, pero a veces lamento por no haber asimilado antes esta realidad de fe. De todas maneras, ahora alabo y glorifico a Dios porque Él se ha dignado revelarme el TODO de la iglesia y su MISION, Cristo Jesús.

Apreciado lector, si no fuera por la ayuda constante del Espíritu, ninguno de nosotros se encaminaría hacia Cristo. Él nos presenta a un Cristo maravilloso, compasivo, misericordioso, lleno de amor y de perdón. Como sabemos, fue precisamente la desconfianza la que trajo desgracia a la humanidad. Fuimos nosotros los que escogimos vivir separados de Dios, y por esta razón se nos declara pecadores; pero al volver *confiadamente* a Jesús, ahora se nos llama "santos" (Romanos 1:7) y "justos" (1ª Pedro 3:12). ¡Qué hermosa experiencia!

"De justicia, por cuanto voy al Padre y no me veréis más"

El ser humano siempre ha pensado que para llegar a Dios tiene que ser bueno, puro y recto; pero esta es una imposibilidad. Él no puede crear su propio método de camino para llegar a Dios. Es verdad que necesita justicia o santidad para presentarse ante Dios, pero por sí mismo nunca le será posible. Dios no aceptará otro método que no sea el que Él ha creado. El único ser enviado de Dios que ahora está a su diestra, se llama Jesucristo,

> *"...quien habiendo subido al cielo está a la diestra de Dios, y a él están sujetos ángeles, autoridades y potestades"* (1ª Pedro 3:22).

Jesús hablando de sí mismo, dijo:

"Nadie subió al cielo, sino el que descendió del cielo; el Hijo del Hombre, que está en el cielo" (Juan 3:13).

Jesús es y será el único medio de salvación que Dios ha provisto para cada persona:

> *"Y en ningún otro hay salvación; porque no hay otro nombre bajo el cielo, dado a los hombres, en que podamos ser salvos"* (Hechos 4:12).

Con la expresión "de justicia" Jesús está diciendo que la "justicia" es Él. Y Él es la justicia que se fue para estar ante el Padre Dios, y es la única que necesitamos para llegar ante su presencia. Jesús, por lo tanto, personifica la justicia, porque no existe justicia fuera de Él, quien es la misma justicia:

> "La justicia de Dios está *personificada* en Cristo. *Al recibirlo, recibimos la justicia*".[1]

Siendo que justicia es santidad, entonces Jesús es la única santidad que nos da acceso a Dios. Al Espíritu Santo le toca señalarnos que nuestra justicia humana, sea cual fuera, no sirve para nada, porque todo lo que somos y hacemos está contaminado de orgullo y de egoísmo:

> *"Si bien todos nosotros somos como suciedad, y todas nuestras justicias como trapo de inmundicia; y caímos todos nosotros como la hoja, y nuestras maldades nos llevaron como viento"* (Isaías 64:6).

No debemos poner confianza en nuestras buenas obras y nuestra obediencia a la ley de Dios, ya que todo lo que pasa por el filtro del corazón humano se contamina. La solución a nuestra tendencia natural de sustituir la justicia de Cristo por la nuestra es la siguiente:

> **"Debemos contemplar a Cristo. La ignorancia de su vida y su carácter induce a los hombres a exaltarse en su justicia propia.** Cuando contemplemos su pureza y excelencia, veremos nuestra propia debilidad, nuestra pobreza y nuestros defectos tales cuales son. Nos veremos

perdidos y sin esperanza, vestidos con la ropa de la justicia propia, como cualquier otro pecador. Veremos que, si alguna vez nos salvamos, no será por nuestra propia bondad, sino por la gracia infinita de Dios".[2]

Necesitamos a Jesús y solamente a Jesús, la Justicia de Dios. Él fue quien hizo perfecta toda obra, obedeció toda la ley y vivió una vida sin pecar, ni siquiera en el pensamiento. Él satisfizo todas las demandas de santidad de Dios. Al nosotros confiar en Cristo, lo que recibimos del Cielo no es justicia como virtud o atributo, sino más bien a una Persona, *a Jesucristo,* quien toma el lugar de nosotros ante Dios, y nos presenta justos como si nunca hubiéramos pecado. Así lo representan las Sagradas Escrituras:

"En gran manera me gozaré en Jehová, mi alma se alegrará en mi Dios; porque me vistió con vestiduras de salvación, me rodeó de manto de justicia, como a novio me atavió, y como a novia adornada con sus joyas" (Isaías 61:10).

Es hermoso saber que la justicia de Cristo es la que adorna nuestra vida, y que no tenemos que hacer ningún penoso esfuerzo, o rudo trabajo para obtenerla; simplemente nos es concedida gratuitamente cuando sentimos hambre y sed de recibirla. El Espíritu Santo siempre nos querrá recordar que Cristo es la justicia que siempre necesitaremos para satisfacer las demandas del Cielo.

"De juicio, por cuanto el príncipe de este mundo ha sido ya juzgado".

Dios ya ha sentenciado a Satanás, el enemigo de Jesús. Él es el príncipe de este mundo de miseria, dolor, desgracia y muerte (Juan 12:31). La guerra de Satanás siempre ha sido contra Jesús. Él odia y envidia su posición. Esta actitud se originó en el Cielo y continúa aquí en la tierra. Desde que Jesús nació, trató de destruir su misión salvadora; lo tentó en todos los aspectos, pero no tuvo éxito en hacer pecar al Hijo de Dios. Su supremo esfuerzo fue llevarlo a la cruz, y allí lo martirizó con burlas, opresión y escarnio, causándole la muerte. Pero esta muerte fue la victoria para Jesús. Gracias a ella el universo vio la malicia empedernida de Satanás. En la cruz se vio al desnudo el orgullo y la envidia del carácter satánico. Al quitarle la vida al Hijo de Dios, Satanás atrajo hacia sí su propio juicio y sentencia. Con la muerte de Cristo, el amor incondicional triunfó contra el orgullo. Con la muerte de Jesús en la cruz, nosotros tenemos más que suficiente evidencia de su amor hacia nosotros. Satanás ya no puede engañarnos más con sus insinuaciones de que Cristo es un Dios cruel, injusto y egoísta. La cruz revela todo lo contrario; es el símbolo de la entrega, la humillación y el sacrificio por causa nuestra. Allí Jesús no pensó en Él mismo, sino en nosotros. Su vida fue entregada para darnos vida y vida abundante (Juan 10:10,11). Todas estas y muchas más son las realidades con las cuales el Espíritu Santo desea impresionar constantemente nuestra mente. Esta es la única forma como nuestro corazón duro e incrédulo puede cambiar de actitud hacia Jesús. Mirando a Jesús en la cruz, no tenemos argumentos, no podemos presentar nuestra pobre justicia, no tenemos nada que decir, solamente: *"Gracias Jesús, la verdad es que no sabía que tú me amaras tanto, perdóname"*.

Todo lo que recibimos del Cielo vino a través de Jesús: el perdón, la reconciliación, la justicia, la obediencia, la santidad y la vida eterna. No tenemos nada de qué vanagloriarnos, porque nada hemos hecho y nada podremos hacer para ganarnos el Cielo. Todo, absolutamente todo, es por obra de Jesús. Él es nuestra justificación, nuestra santificación y nuestra glorificación (1ª Corintios 1:30). Si dejamos que el Espíritu Santo nos enseñe esto, y lo asimilamos en lo más profundo de nuestra alma, entonces sí podemos estar seguros que hemos recibido la unción del Espíritu Santo.

Al concluir esta breve exposición, quiero dejar claro que el derramamiento del Espíritu Santo se experimenta cuando nuestra mente está *saturada de Cristo*. Lo que hemos venido diciendo se podría resumir de la siguiente manera: *El Espíritu Santo no conoce otro idioma que el de testificar exclusivamente acerca de Jesús.* Esta verdad es evidente cuando en la manifestación del Espíritu el día de Pentecostés (Hechos 2:1-47), el tema del apóstol Pedro fue para presentar que Jesús, el que había muerto y resucitado, era el verdadero Cristo, el Mesías, el Salvador y Señor. De igual manera, el apóstol Pablo, lleno del Espíritu, no conocía otra temática; él le dijo a la iglesia de Corinto:

Ansias de Su Presencia

"Pues me propuse no saber entre vosotros cosa alguna sino a Jesucristo, y a éste crucificado" (1ª Corintios 2:2).

Por lo tanto, la mayor evidencia de que el Espíritu se ha manifestado en nosotros es que tanto nuestro lenguaje como nuestra acción testifique acerca de Cristo. Si lo buscamos solamente en las manifestaciones exteriores, sin sentir a Cristo en lo profundo de nuestra alma, de seguro esas manifestaciones no son legítimas y muy posiblemente se originan en el mundo de las tinieblas.

Por excelente que sean las experiencias humanas, solamente cuando el "yo" es dejado afuera y Jesús es reconocido y levantado, es cuando en verdad se está manifestando el rocío del Espíritu Santo.

Tengo la convicción de que la iglesia cristiana que proclama a Cristo constantemente detrás del púlpito, en sus enseñanzas, en toda su literatura y su testimonio fraternal, tiene la mayor evidencia de que el Espíritu Santo está en su medio. Por el contrario, si la iglesia proclama un cristianismo moralista, una salvación por méritos humanos, y revela una hermandad fragmentada con prejuicios y discriminación de toda clase, dicha iglesia está viviendo en cierta medida en la carne y no bajo la influencia del Espíritu Santo. No importa cuán impresionantes sean sus estadísticas, sus obras y su prestigio; todo esto se puede lograr usando talentos humanos.

Para convencer al incrédulo con el Evangelio necesitamos mucho más que fenómenos exteriores: necesitamos la transformación interior del alma, la transformación de nuestros valores, actitudes y motivaciones. Para esto, el ser humano nunca ha estado capacitado, ni podrá en su sabiduría realizar los cambios necesarios. Para lograrlo necesita algo fuera de sí mismo. Necesita a *Jesús y solamente a Jesús*. Este es fin por el cual el Espíritu Santo existe: dar a conocer a nuestro glorioso Salvador Jesucristo; esta es su especialidad. Jesús así lo enseñó: *"El dará testimonio acerca de mí"*. Sabiendo esto, digamos: ¡Bienvenido, Espíritu Santo!

Referencias:

1. Elena G. de White, *El Discurso Maestro de Jesucristo,* (Mountain View, California: Pacific Press Pub. Ass., 1964), pág. 20.
2. Elena G. de White, *Palabras de Vida del Gran Maestro,* (Mountain View, California: Pacific Press Pub. Ass., 1971), pág. 123.

Capítulo 11

QUIERO ADORARLO

"Y él dijo: Creo, Señor; y le adoró"
(Juan 9:38)

El relato dice que *"le adoró"* (Juan 9:38). Pero ¿cómo no adorarlo? ¿No fue acaso Él quien le hizo el milagro de devolverle la vista? No sabemos más de la historia del joven. El apóstol Juan nos deja en la escena cuando el joven se postra ante Jesús en adoración, expresando así su fe y su gratitud hacia Él.

Antes del milagro, su vida estaba sumida en tinieblas. Había nacido ciego, y para sobrevivir tenía que pedir limosna. Pero al llegar Jesús a su encuentro, todo cambió. Ahora veía el cielo, las flores, los diferentes matices de la creación, su familia y la gente que le rodeaba, y especialmente a *Jesús*, a quien conoció en su mundo de oscuridad antes que se realizara el milagro de su transformación física. Y esto lo deducimos porque al ir Jesús a su encuentro, le dice: *"Pues le has visto y el que habla contigo, Él es"* (Juan 9:37).

Jesús y el joven ya se conocían. Solamente que éste no sabía su nombre. Ahora tiene el privilegio de conocerlo por su nombre y, además, ver su rostro divino. ¡Qué honor para un ser humano, adorar al Enviado de Dios a la tierra, al verdadero Dios Hombre! Ya podemos imaginarnos a quién adoró el resto de su vida.

Adorar es una inclinación intrínseca del ser humano. Desde la antigüedad esta tendencia se ha expresado en majestuosos templos y en sus objetos de adoración que a veces eran elementos de la naturaleza, como el sol, la luna o un animal, o simplemente un ser humano a quien se le reconocía como a un dios. Pero, para nosotros los cristianos, la adoración no incluye ninguno de esos elementos. Adoramos íntimamente a Alguien excelso y sublime, a Jesucristo, el Eterno. El que posee existencia propia. El ser no creado. El que es la fuente de todo y el que lo sustenta todo. El único que tiene derecho a la veneración y adoración suprema.

Para nosotros la adoración es mucho más sencilla. Es cierto que en el contexto humano la adoración toma forma y orden; sin embargo, en esencia, no tiene nada que ver con el lugar, sea el templo, o en el culto o con cosas (Juan 4:21); tiene que ver exclusivamente con Dios el Padre y la revelación de su Hijo Jesucristo, quien también es Dios; y es a Él, y sólo a Él, a quien debemos de adorar.

Adorar no es lo que pasa en un templo o en una iglesia. Es más, mucho más que esto. Implica una *apreciación de la divina persona de Jesucristo, una actitud de entrega y humillación a su voluntad y una motivación de vivir sirviéndole desinteresadamente.* Así lo expresó Jesús: *"Mas la hora viene, y ahora es, cuando los verdaderos adoradores adorarán al Padre en espíritu* [con sentimiento y vida] *y en verdad* [con sinceridad]; *porque también el Padre tales adoradores busca que le adoren"* (Juan 4:23).

Hoy en día hay personas que van a adorar a templos majestuosos; otros que viajan hacia lugares donde se ha manifestado algún tipo de fenómeno sobrenatural; otros que se mueven hacia grandes concentraciones para escuchar a un reconocido predicador, esperando obtener u ofrecer en dichos lugares su culto de adoración; otros que, mediante la música y los cantos, esperan quizás recibir algún tipo de inspiración que los motive a adorar.

En el tiempo de Jesús existía el mismo afán, el correr de las gentes hacia el templo de Jerusalén y hacia las sinagogas o iglesias. Sin embargo el centro de adoración se les había perdido a tal punto que, cuando llegó Aquél a quien debían adorar, sus ojos no lo percibieron. Por supuesto, en esos servicios religiosos había coros, músicos, solistas, ceremonias y predicación; pero a Jesucristo no lo reconocieron. Habían perdido de vista el objeto de la verdadera adoración. Esto no era nuevo para Israel: ya venían sufriendo del mismo mal desde mucho tiempo atrás. Cuando se apartaban de la verdadera adoración, surgía la corrupción. La nación comenzaba a desequilibrarse espiritual, política y económicamente. El pueblo perdía el balance, pues perdía el centro de la adoración. En realidad, en el fondo estaban adorándose a sí mismos. En nuestros días parece ser que le brindamos honor, respeto, alabanzas y reconocimiento a todo, excepto a Jesucristo. ¿Es que habremos puesto un velo para obscurecer al personaje principal?

Hay un factor que necesitamos asimilar bien. El centro de la adoración no somos nosotros, con nuestra música, coros y nuestra predicación. Todo esto, aunque es necesario en el culto, no es la esencia de la adoración. La verdadera adoración debe ser Cristocéntrica. Con esto queremos decir que debe girar alrededor de la persona de Cristo. Salirse de allí no es adoración, según la Palabra de Dios. El espíritu de adoración es genuino cuando el Evangelio es parte integral de la persona que adora. *El Evangelio abarca la encarnación de Cristo, su ministerio, su muerte, su resurrección, su mediación y su segunda venida.*

La adoración se realiza cuando al contemplar a Cristo reconocemos nuestra pecaminosidad, y llegamos ante su divina presencia con gratitud y alabanzas, porque...

> *"siendo aún pecadores, Cristo murió por nosotros".*
> *[...]"Porque si siendo enemigos, fuimos reconciliados con Dios por la muerte de su Hijo, mucho más, estando reconciliados, seremos salvos por su vida"*
> (Romanos 5:8,10).

Este tema tiene muchas ramificaciones; el punto central es lo que nos interesa. Cuando lo principal se aclara, lo demás ocupa su lugar.

En el libro de Apocalipsis o Revelación, se describe un gran conflicto; la causa del conflicto lo motiva la adoración: *quién adora a quién.* Se nota que todos quieren adoración: el dragón [Satanás], los cuernos [los imperios], y finalmente la bestia [un poder político/religioso] que, usando la fuerza, exige adoración absoluta (Apocalipsis 13). Todos estos símbolos reflejan una desarmonía en el centro de la mente. Donde antes originalmente reinaba Dios, ahora reina lo terrenal o lo humano. Por lo tanto, la finalidad del conflicto parece ser que *la criatura quiere que se le adore, en vez de ella adorar al Creador.* ¿Quién estará detrás de estos símbolos? ¿Cómo podríamos desenmascararlo?

Es a la luz de Jesús, que resplandece desde la cruz, como podemos entender lo que está detrás del velo. Si, allí en el Calvario, Jesús está siendo odiado en vez de amado; en vez de ser alabado, es escarnecido; en vez de ser honrado, lo están crucificando. ¿Por qué presentan los humanos tan horrible espectáculo? ¿No será que hay alguien que anhela la adoración que corresponde a Jesús, y que se lanza, con todas las fuerzas del infierno, para destruirlo por causa de su celo, envidia y orgullo pecaminoso? Este enemigo no se presenta personalmente, sino que usa a los seres humanos, quienes también tienen el diabólico veneno inoculado en su ser. Ellos, sin darse cuenta, son víctimas de las mismas actitudes, pues el archienemigo les dijo una vez: *"...y seréis como Dios..."* (Génesis 3:5). Ahora, pensando que son minidioses, las criaturas desean desesperadamente la misma adoración.

Por el contrario, Jesús vivió en la sencillez, sin palacios ni tronos, sin espléndidos ropajes, sin fachadas de arrogancia. Su vida humilde fue todo lo opuesto a lo que anhela el corazón humano. Siendo Dios, nunca exigió adoración, aunque se dejó adorar. Todo lo opuesto a la naturaleza humana caída. Los sistemas humanos buscan adoración bajo diferentes disfraces, porque son dirigidos por corazones sin Cristo.

Sin Cristo, los seres humanos no desean, ni pueden ver la terrible profundidad pecaminosa de la adoración propia. El "Yo" lucha contra cualquier fuerza que intente descubrir sus verdaderos pensamientos, motivos y deseos. Pero si esta condición no es descubierta y curada, el alma continuará siendo víctima de los engaños del mal. Vivirá ciega y desesperada por satisfacer en cualquier forma su deseo de estima propia. Esta condición es peligrosa y fatal. La solución para este conflicto se encuentra en la tierna invitación de Jesús cuando nos dice:

"Venid a mí todos los que estáis trabajados y cargados, y yo os haré descansar" (Mateo 11:28).

Jesús quiere nuestro bienestar, y es por eso que vive llamándonos a su presencia; Él sabe muy bien que la única forma de sacarnos de nuestra destructiva adoración propia es mediante una estrecha relación con Él. Este es el secreto:

"Es la comunión con Cristo, el contacto personal con un Salvador vivo, lo que habilita la mente, el corazón y el alma para triunfar sobre la naturaleza inferior."[1]

Adorar es una actitud muy solemne, determina la vida o la muerte (Apocalipsis 20:10). Ahora, permíteme preguntarte: ¿A quién adoras en lo más profundo de tu corazón? ¿Quién es el objeto de tu más ferviente adoración? Apreciado lector, asegúrate bien que sea a *Jesucristo* a quien adoras, porque el fin de todos los sistemas ocultos de adoración falsa en el corazón humano será para muerte eterna.

Por el contrario, el fin del sistema de Dios es vida eterna por medio de su Hijo Jesucristo, a quien únicamente debemos de adorar con todas nuestras fuerzas.

Consideremos de nuevo la experiencia del joven ciego. En primer lugar, el joven adoró, porque reconoció a Jesús como el Ungido de Dios; segundo, adoró, no porque estuviera en un santuario, sino porque estaba delante de Cristo; y tercero, adoró, porque su actitud de humillación y gratitud fue expresada hacia Cristo solamente. Por consiguiente, la verdadera adoración se realiza cuando, en nuestro diario vivir, Jesucristo es la canción de nuestro corazón, el objeto de nuestra más dulce conversación, el centro de nuestras mejores actitudes y motivaciones. Este debiera ser el todo de la adoración, tanto individual como en conjunto:

> *"...y cantaban un nuevo cántico, diciendo: Digno eres de tomar el libro y de abrir sus sellos; porque tú fuiste inmolado, y con tu sangre nos has redimido para Dios...". [...] "Y a todo lo creado que está en el cielo, y sobre la tierra, y debajo de la tierra, y en el mar, y a todas las cosas que en ellos hay, oí decir: Al que está sentado en el trono, y al Cordero [Jesucristo], sea la alabanza, la honra, la gloria y el poder, por los siglos de los siglos"* (Apocalipsis 5:9,13).

En los versículos citados, la adoración es el resultado directo de reconocer quien es Jesucristo. Él es el que extrae el espíritu de alabanza y adoración de lo más profundo de los corazones. Esto, y sólo esto, es precisamente lo que necesitamos hoy: *descubrir, reconocer y contemplar la hermosura de la divina Persona de nuestro Señor Jesucristo.* Y sin duda alguna, como al joven ciego, nos pasará lo mismo, que al ser sacados de las tinieblas por Jesús: ¡**Le Adoraremos!**

Referencia:

1. Elena G. de White, *Palabras de Vida del Gran Maestro*, (Mountain View, California: Pacific Press Pub. Ass., 1971), pág. 320.

Capítulo 12

QUIERO VERLO

"...ven, Señor Jesús"
(Apocalipsis 22:20)

Hace algunos años que mi padre murió sin haber visto cumplido el sueño de su vida, contemplar la segunda venida de Cristo. Falleció, como muchos otros que han muerto, sin poder presenciar en vida el cumplimiento de la bendita promesa del glorioso advenimiento de nuestro Divino Salvador. Ahora me corresponde a mí, como hijo, mantener viva esa esperanza y, mientras espero, deseo predicar, enseñar y compartir con mis semejantes la realidad del maravilloso regreso de Cristo.

Pero a veces me pregunto: ¿Me pasará a mí igual que a mi padre? ¿Moriré sin verlo venir? ¿O serán mis hijos o mis nietos los que verán cumplida esta promesa? A veces pienso que sí y otras veces que no. De todas maneras, un día sucederá y, mientras tanto, yo disfrutaré hoy de todas las cosas bellas que Cristo me ha estado enseñando de su admirable Persona, las cuales tranquilizan mi espíritu ansioso de verlo literalmente un día. Cuán hermoso será para mi padre y también para los que duermen en esa bendita esperanza, que lo primero que verán al resucitar será el rostro de su amado Salvador... ¡Oh Señor, yo también quiero verte!

No cabe duda que la segunda venida de Cristo es *"la esperanza bienaventurada"*, es decir, *"la esperanza más feliz"*, ya que en ella se encierran todos los anhelos más fervientes que pudiéramos tener en esta vida. Tenía mucha razón el apóstol Juan cuando, exiliado en la isla de Patmos por su fe en Cristo, clamaba: *"Ven, Señor Jesús"* (Apocalipsis 22:20). Es éste el mismo Juan del cual las Sagradas Escrituras nos dicen que *"Jesús [lo] amaba mucho"* (Juan 13:23). ¿Cómo no anhelar ver y estar con Aquél al que tanto se ama? Estoy seguro de que en los tiempos de Juan vivían otros que sentían lo mismo. Jesús significaba tanto para ellos que la apreciación de su persona estaba fuera de lo común. Sin duda alguna, Él era para ellos la melodía de sus almas, la razón de sus vidas, el latido de sus corazones, el aire de sus pulmones, el todo del todo y por el todo. También el apóstol Pablo dejó registrado ese mismo sentir. Allá en sus días, mientras esperaba a Cristo, decía:

> *"Luego nosotros, los que vivimos, los que hayamos quedamos, seremos arrebatados juntamente con ellos [los resucitados] en las nubes para recibir al Señor en el aire, y así estaremos siempre con el Señor"* (1ª Tesalonicenses 4:17).

Pablo fue extraordinario en su amor por Cristo tanto que se atrevió a decir:

> *"Y ciertamente, aun estimo todas las cosas como pérdida por la excelencia del conocimiento de Cristo Jesús, mi Señor, por amor del cual lo he perdido todo, y lo tengo por basura, para ganar a Cristo"* (Filipenses 3:8).

¿Cuántos Pablos y Juanes existirán hoy día? ¡Qué hermoso sería ser uno de ellos! Por la gracia de Cristo podemos serlo.

Apreciado lector, ahora quiero que dirijas tus pensamientos a algunos puntos sobre esta temática que considero de vital importancia. Por supuesto, hago las siguientes observaciones con el temor de Dios, esperando que asimiles el sentimiento que encierran. Y si tu corazón y el mío laten con la misma intensidad, tendremos que exclamar: ¡Bendito sea su Santo Nombre!

1. Cristo es más importante que las señales.

Parece ser que la historia se repite. A veces los cristianos confundimos lo principal con lo secundario. Por supuesto, debemos mantener todo en la balanza; pero conservar dicho calculo nunca ha sido fácil para el ser humano. Para comprender esta realidad, debemos dirigir nuestra atención a la historia de los creyentes en Dios antes de la primera venida de Cristo. Los israelitas, profundos escudriñadores de los libros sagrados, podían mostrar con precisión los acontecimientos proféticos; sin embargo estaban tan concentrados en los fenómenos terrenales que se olvidaron hacia quién las señales indican. ¡Pobrecitos! diríamos nosotros hoy; pero si somos honestos con nosotros mismos, tendríamos que concluir que nos está pasando exactamente lo mismo.

Hoy, al acercarnos rápidamente al final del siglo XX, en medio de eventos naturales catastróficos, descomposición social, cambios político/religiosos, desequilibrio económico, enfermedades incurables y tantas otras cosas más que nos absorben la atención, podemos escuchar a muchos creyentes dar el último informe y con lujo de detalles de todos estos sucesos. Y eso no es todo; los escritores sensacionalistas, aprovechando la tendencia humana de satisfacer la curiosidad que crean todos estos acontecimientos apocalípticos, mantienen el mercado saturado de esta literatura, apartando en los armarios del olvido los libros de la vida y obras de nuestro Señor Jesucristo. Parece ser que quisiéramos conocer más de todo eso que de la misma Persona de Jesús... ¡Qué tristeza!

¿Qué es lo que está pasando? Parecería que Cristo fuera una opción en el pensamiento humano. Si somos cristianos ¿cuál debería ser el tema que sobreabunde en nuestra literatura? Cristo, sin duda alguna ¿no es cierto? Pero en realidad hay mucho que desear. ¿Por qué sucede esto? La Palabra de Dios nos da la respuesta: *"De la abundancia del corazón habla la boca"* (Lucas 6:45). Con razón nos revela la Palabra de Dios que es la ausencia de Cristo en los corazones lo que ha causado este desajuste. Pregunto ¿de qué nos vale conocer las señales de los tiempos si desconocemos experimentalmente a Cristo?

En la historia cristiana existió una persona que sí mantuvo un buen equilibrio en este asunto. Él estudió las profecías que anunciaban la venida de Cristo, y al mismo tiempo Cristo era la pasión de su enfoque y su meta. Me refiero al predicador pionero del advenimiento durante la mitad del siglo XIX, Guillermo Miller. Los siguientes pensamientos nos revelan la profunda convicción que lo sacudió al descubrir la inefable belleza de Cristo:

"Dadme a Jesús y el conocimiento de su Palabra, dadme fe en su nombre, esperanza en su gracia, interés en su amor y dejadme vestir con su justicia. El mundo podrá seguir deleitándose con todos los títulos más sonoros, las riquezas de su vanagloria, las vanidades heredadas y todos los placeres del pecado y esto no será más que una gota en el océano. Sí, dejadme tener a Jesucristo y desaparecerán los placeres terrenales. ¡Qué gloria nos ha revelado Dios en el rostro de Jesucristo! En Él converge todo el poder. En Él mora todo el poder. Él es la evidencia de toda verdad; la fuente de toda misericordia; el dador de toda gracia; el objeto de toda adoración y la fuente de toda luz, y yo espero disfrutarlo por toda la eternidad".[1]

Quiera Dios ayudarnos a mantener un enfoque centralizado en Cristo mientras miramos las señales, y así evitaremos que nos suceda como le ocurrió a la gente del tiempo de Cristo. Ellos, desafortunadamente, conocían más los acontecimientos que iban a rodear la venida del Mesías (el Cristo) que al mismo Mesías, y cuando Él llegó al escenario humano no lo reconocieron: *"A lo suyo vino, y los suyos no le recibieron"* (Juan 1:11). ¡Qué lamentable experiencia!

Cada señal debería dirigir nuestra atención hacia Él. Así como Simón y Ana, quienes veían las señales y pedían al Espíritu Santo que les permitiera ver la consolación de Israel, y se les concedió ese deseo (Lucas 2:25-26,36-38). Afirmo y reafirmo: **Cristo es y será el ser insondable, maravilloso y encantador que motive todo estudio profético.** Nuestra vida entera no sería suficiente para contar la sublimidad que encierra su ser. Él es un personaje de tantas dimensiones maravillosas que ni en esta vida ni en la venidera alcanzaríamos a expresar todo lo que Él es.

La razón de nuestra existencia no es meramente considerar lo que nos afecta interiormente o alrededor nuestro, sino considerar lo que Cristo es, y lo que Él significa para nosotros. Deberíamos, pues, ser la gente que más testifique de Cristo en la tierra. Cristo es un personaje tan extraordinario y sublime que el apóstol Juan dice:

"Y hay también otras muchas cosas que Jesús hizo, las cuales, si se escribieran una por una, pienso que ni aun en el mundo cabrían los libros que se habrían de escribir. Amén" (Juan 21:25).

Si seguimos el razonamiento de Juan, tendríamos que concluir entonces que la razón por la cual se escribe o se habla poco de Cristo se debe a que no comprendemos bien las cosas que Él quiere y puede hacer en nosotros. Tenemos poco que decir de Él porque vivimos alejados de Él. Nuestra vida, por causa de nuestra incredulidad, no es tocada por su infinito poder. Si le permitiéramos a Él obrar hoy en nuestra vida, nuestra testificación verbal y escrita sería más abundante.

No quisiera dejar la impresión que conocer las señales de los tiempos no es importante. Ellas nos ayudan a definir la hora en la cual vivimos y nos alertan de la proximidad de la venida de Cristo; pero deben ser solamente el trampolín que nos lance al estudio fascinante y transformador de la vida y obra de Cristo. Y, por ende, siempre debemos conocer más de Cristo que de las mismas señales. Por otro lado, también quisiera indicar que mientras miramos las señales exteriores, también es muy importante que concentremos nuestra mirada en las señales interiores, las del corazón. Sí, allí también existen señales que nos indican que Cristo está muy cerca, y creo que lo indican con mayor exactitud.

El Espíritu Santo nos motiva constantemente a comprender las señales más reveladoras de la venida de Jesús. Son aquellas actitudes que van en aumento a medida que se aproxima la llegada del Señor a esta tierra, tales como: *la confianza propia, la independencia propia, la suficiencia propia y la adoración propia.* Todas estas señales surgen de nuestro corazón orgulloso y egoísta. En este aspecto de nuestra vida necesitamos mucha cirugía divina, ya que son estas señales las que muchas veces nos negamos a aceptar. Si notamos una de estas señales en nuestro interior, no nos detengamos en ella, inmediatamente dejémonos atraer por la ternura infinita que emana de la cruz, donde se encuentra nuestro socorro, **Jesucristo.**

Una vez que veamos estas señales proféticas en nuestro interior, nuestro mayor esfuerzo mental debería ser dirigido al estudio de la persona de Cristo. Él es el único que puede ofrecernos seguridad en nuestro mundo turbulento, sanidad a nuestro ego enfermo, y certeza a nuestro futuro incierto. Y a medida que estudiemos su hermoso carácter, nuestros corazones serán enternecidos y subyugados por la grandeza de su amor. Llegaremos a apreciarlo más y más, al punto que lo terrenal no será ya nuestra mayor prioridad, sino que Él llegará a convertirse en el todo de nuestra vida. Si lo hacemos así, quizás concluiremos como dijera el poeta español cristiano Pedro Calderón de la Barca (1600-1681):

¿Qué quiero, mi Jesús?... Quiero quererte,
Quiero cuanto hay en mí, del todo darte,
Sin tener más placer que el agradarte,
Sin tener más temor que el ofenderte,

Quiero olvidarlo todo y conocerte,
Quiero dejarlo todo por buscarte,
Quiero perderlo todo por hallarte,
Quiero ignorarlo todo por saberte,

Quiero amable Jesús, abismarme
en ese dulce hueco de tu herida,
Y en sus divinas llamas abrasarme,

Quiero, por fin, en Ti transfigurarme,
Morir a mí, para vivir tu vida,
Perderme en Ti, Jesús, y no encontrarme.

Realmente, los pensamientos del poeta son muy significativos e inspiradores. Encierran una esfera espiritual muy profunda que debería ser la ansiedad de cada creyente que vive en el tiempo del fin.

Ahora pasemos a otro punto que debe ser considerado con especial atención.

2. Cristo es más importante que el mismo Cielo.

Existe una tendencia a mirar la venida de Cristo como el final de nuestros sufrimientos humanos. Miramos el Cielo como un mecanismo de escape de las miserias de este mundo. Todo eso es verdad y realmente consolador. Pero pregunto, ¿será esto el todo por lo cual queremos que Cristo venga? Si esto es así, volveríamos al mismo punto de partida, dar satisfacción a nuestro cuerpo, evitándole dolores. El verdadero amor de Cristo está por encima de todo esto. Aun el Cielo sería horrible sin Cristo. Él es el máximo deseo del corazón. Su amistad es la satisfacción del Cielo y la vida eterna. Deberíamos desear su venida como el encuentro permanente con Él, cuando ya no habrá más separación de su hermosa presencia.

A veces en esta vida nos desconectamos por momentos de Él, y ¡qué horribles se vuelven esos momentos! En realidad nuestro distanciamiento de Él nos causa complejos, depresión, temor, inseguridad, soledad, vacío y otros insoportables trastornos psicológicos. Pero cuando concentramos nuestra mirada en Él, todo cambia en un instante. Un minuto fuera de Él nos parece un siglo, pero el reencuentro con Él sacia nuestra hambre y sed de vivir de nuevo. Podríamos decir, sin temor a equivocarnos, que aun en esta vida presente podemos disfrutar de su segunda venida. Es como si la eternidad se hiciera realidad ahora mismo. Creo que tiene sentido el pensamiento que dice: *"el Cielo está donde está Cristo"*.

Al concluir estas observaciones, deseo animarte a que mientras vivas mires a Jesús y solamente a Jesús. Contémplalo en todas sus facetas: Su vida antes de venir a esta tierra, su nacimiento, su ministerio, sus enseñanzas, sus sufrimientos, su muerte, sepultura y resurrección, su ministerio intercesor y su segunda venida. Lee la Biblia y cualquier libro devocional que dibuje el cuadro precioso de Cristo para encontrarlo. De esa manera tu anhelo *"Ven, Señor Jesús"* será más importante que las mismas señales. Así tu amistad íntima con Él será lo que satisfaga tu vida presente. Y mientras observas lo que está sucediendo a tu alrededor y en el interior de tu alma, Cristo será lo que más deseas ver. Finalmente, la necesidad de verlo se hará muy pronto una hermosa realidad. Él nos ha prometido:

"...vendré otra vez; y os tomaré a mí mismo" (Juan 14:3).

Esta expresión *"y os tomaré a mí mismo"* indica que tú y yo estaremos tan identificados y tan compenetrados con Él que nos perderemos en su divina persona. ¡Qué hermoso será esto! ¡Alabado sea su Santo Nombre!

No olvides que siempre existirá una tensión inevitable entre el presente y el futuro, eso es parte de la realidad humana. Pero mientras le esperamos, disfrutemos ahora al máximo su presencia; aprendamos a verlo ahora en el interior de nuestras almas para que cuando llegue ese glorioso día de su venida literal, entonces nuestra vista será totalmente saciada para siempre y podamos decir: **"¡Por fin mis ojos han visto tu salvación! ¡Bienvenido Jesús!"**

Referencia:

1. James R. Nix *"Give Me Jesús,"* Review and Herald, (Jan. 6, 1994): pág. 13.

Conclusión

Generaciones vienen y generaciones van. Así es la realidad humana; cada persona vivió sus deseos, y si no, por lo menos intentó satisfacerlos. Así será tu generación y la mía. Por ahora nos toca a nosotros vivir nuestros deseos de amar y ser amados, dejar una descendencia, estudiar, trabajar, viajar, comer, beber, divertirnos, alcanzar nuestras metas profesionales, tener éxitos materiales, etc. Y así llegaremos al ocaso de nuestra existencia con algunos deseos realizados y otros quizás no. Siendo que estamos compuestos de un sinnúmero de deseos, pregunto: ¿Cuál será el mayor deseo del corazón humano? Muchos pasan por la vida malgastando su existencia, sin descubrir el deseo por excelencia.

En este instante, apreciado lector, ¿qué es lo que más quieres tú de la vida? ¿Cuál es la pasión de tu existencia? En mi caso he tratado de describirte lo que más quiero de ella. Es descubrir y conocer íntimamente la persona que ha dicho:

"Yo soy la luz del mundo; el que me sigue, no andará en tinieblas, sino que tendrá la luz de la vida " (Juan 8:12).

Esta declaración salió de los labios de nuestro Señor Jesucristo. Algunos se preguntarán ¿cómo se atreve Él a decir que es la luz de nuestra vida? ¿Será ésta una declaración abstracta, sin impacto real para la vida presente y cotidiana? ¿Sería Él un fanático religioso para hacer tan atrevida declaración? Yo creo que Jesús dijo una verdad absoluta. Entonces surge otra importante pregunta: ¿Pretende Jesús saber más que los psicólogos, sociólogos, filósofos, educadores, políticos y religiosos de hoy? Él afirma que sí al declarar:

"El ladrón no viene sino para hurtar y matar y destruir; yo he venido para que tengan vida, y para que la tengan en abundancia" (Juan 10:10).

La vida que Jesús brinda tiene que ser diferente y mejor a la que los humanos educados recomiendan. Él se presenta a nosotros como nuestra única alternativa. Nos pide que confiemos en Él para todo, y si no lo hacemos, de seguro andaremos y viviremos literalmente en tinieblas. ¿Cuáles tinieblas? Todas. Las espirituales, materiales, emocionales, familiares, educativas y demás. Sin Él, todas las motivaciones, propósitos y sistemas de valores de la vida están distorsionados, y por ende en oscuridad.

Martín Lutero, al describir las suficiencias incalculables de la persona de Jesucristo, dijo:

"Porque en la persona de Cristo está todo, y sin el Hijo, todo está perdido. Por lo tanto, no es un asunto pequeño, *que sin el Hijo no hay nada que buscar y nada encontraremos ni en el cielo, ni en la tierra porque todo está perdido*".[1]

Esta es la realidad: no hay nada más importante en esta vida que desear y tener a Cristo; en Él están todas las riquezas que nuestra alma busca y necesita. **Si Él vive en ti y en mí, su gracia, su justicia, su paz, su vida y su salvación serán nuestras, pues Él es todo eso... y más.** Por lo tanto, decir *"quiero"* no es un deseo en vano si Cristo es el deseo máximo de nuestra vida, ya que éste será el único deseo que perdurará por toda la eternidad, porque todos los demás desaparecerán, así como la flor del campo que hoy es y mañana no será más. En verdad, **todas las pasiones nacen y mueren, excepto la pasión por Jesucristo.**

Estimado lector, quiero invitarte a unirte conmigo en querer *desearlo*, así como también lo desearon los escritores bíblicos y los cristianos genuinos de todas las edades. Recuerda: *Tener a Jesús es el ansia mayor del corazón, el deseo real por excelencia que, en contraste con otros anhelos, éstos resultan insignificantes ante su arrobadora presencia. No permitas que este anhelo superior quede insatisfecho; experiméntalo y vívelo al máximo de tus fuerzas mentales.* Te aseguro que al terminar tu peregrinación en esta vida, dejarás la mejor herencia que podrás dejar a tu próxima generación: *Jesucristo.* **Pues sin Él, la existencia sería como el universo sin planetas y sin estrellas.**

Al concluir, dejo para tu meditación, en forma de prosa, mi sentir en cuanto a Jesús:

¿QUÉ TIENES MI JESÚS?

Jesús, ¿qué tiene tu persona,
que me cautiva,
subyuga y enternece?

¿Qué tienes que me llamas tanto la atención,
que al escuchar tu nombre
agrada mi oído y necesitado corazón?

¿Qué tienes que al pensar en ti
la tormenta de mi ego
se tranquiliza en mí?

¿Qué tienes que al escuchar
la música y el canto dirigido a ti
mi alma se traslada a una atmósfera inspirada en ti?

¿Qué tienes que me fascina leer
literatura de tu personalidad,
tus obras, tus enseñanzas y tu peculiaridad?

¿Qué tienes que al encontrarme
con alguien que te conoce de verdad
mi corazón es atraído a esa persona,
sin importarme de donde viene y hacia dónde va?

¿Qué tienes que se me hace pesado
escuchar una exposición verbal sin ti,
y me parece que nada se ha dicho edificante para mí?

¿Qué tienes que si predico y enseño sin ti
me parece haber entretenido a la gente
en vez de haberla convertido a ti?

¿Qué tienes que aun mis pensamientos
y mis palabras te desean comunicar
y mi escribir te desea revelar?

¿Qué tienes que si la religión no habla de ti,
me parece sin sentido, sin visión y sin
propósito para mí?

Ansias de Su Presencia

¿Qué tienes que la educación académica sin ti,
me parece hueca y sin
sabiduría para mí?

¿Qué tienes que a veces noto
que eres controversial para los religiosos,
y cautivador para los pecadores dudosos?

¿Qué tienes que me causa tanto
deseo ver tu rostro invisible,
aun sabiendo que existes en lo incomprensible?

¿Qué tienes que te deseo más que el oro,
y más que las bellezas humanas exteriores?
¿Qué tienes que deseo perderme en ti
para jamás encontrarme a mí?

Contéstame **Jesús** si quieres, y si no,
me conformaré con el *amor incondicional*
con que tanto me *quieres*.

—Manuel Fernández

Referencia:

1. Citado por Don Matzat, *Christ Esteem*, (Oregon: Harvest House Publishers, 1990), pág. 215.

Jesús

La fragancia de la

Vida

Manuel Fernández

Para copias adicionales de este libro, escriba a:

Manuel Fernández
1087 S.W. 134 Court
Miami, Florida 33184
o al correo electrónico, *jesus213@juno.com*

CONTENIDO

DEDICACIÓN

A Elisa, mi querida esposa y a mis hijos Claribel, Melissa y Amner, quienes fielmente me acompañan por la senda de la vida y me sirven de motivación para contemplar a nuestro maravilloso Jesús.

 og

RECONOCIMIENTO

Con eterna gratitud a los miembros de la Iglesia Adventista del Séptimo Día de Westchester y West-Dade, por su ayuda financiera en la publicación de este libro y por su excelente apoyo pastoral; y a mis apreciados amigos Nelson y Celina Bernal, César Perea, Freya Lacayo, Mariví Pulido y Ervin Briones, por su ayuda en las correcciones del lenguaje.

PRÓLOGO

Para nosotros que nos ha tocado vivir en este mundo cada vez más complejo y lleno de continuos cambios, es de vital importancia adoptar lo que la Biblia llama "la mente de Cristo" (1ª Corintios 2:16). Y para lograr esto, debemos asumir una actitud de contemplación del carácter de Cristo revelado en las Sagradas Escrituras e impartido por el Espíritu Santo a quienes le buscan.

En estas páginas, el Pastor Manuel Fernández nos conduce a esa vida contemplativa, la cual siempre está enfocada en Jesús, aun mientras estamos en contacto con otras personas y cumpliendo con nuestros deberes comunes; esta experiencia nos servirá para ver nuestra vida a la luz de su majestuosa gloria e ir haciendo de Su vida, nuestra vida.

El autor ha compartido conmigo muchos de sus pensamientos y de sus escritos aún no publicados, y a través de ellos he aprendido los principios de contemplación de la vida de Jesús. Me alegra sobremanera que este libro salga a la luz pública para que muchas personas se beneficien, como lo he hecho yo, al contemplar la belleza de Su vida.

Hay una gran necesidad entre los cristianos de esta clase de lectura devocional centrada en la persona de Cristo y de la forma que nos relacionamos con Él en nuestro diario vivir. Este libro contiene narraciones y reflexiones acerca de las experiencias de personajes bíblicos, y así como experiencias vividas por el autor, las cuales nos facilitarán relacionarnos con su mensaje.

Los pensamientos son inspiradores y pueden notarse que vienen de una mente concentrada en exaltar la figura de nuestro Señor Jesús. El lector será llevado a reflexionar y revalorizar ciertos aspectos de su vida bajo la influencia de Su gracia.

Este libro no es solamente útil para creyentes consagrados y personas entregadas al servicio cristiano, sino que también apela a los no religiosos cuyas mentes han sido inquietadas en buscar a Dios y que apenas comienzan a sentir el impacto de Su poder.

Este libro nos ayudará a desarrollar la visión espiritual que nos permite percatarnos de cómo el mundo exterior y los sucesos diarios se relacionan con la vida interior y las realidades espirituales. Cuando lo hayas leído en su totalidad o aun parcialmente, quedará bien claro en tu mente que necesitamos más de Jesús, la fragancia de la vida, el que llena nuestro ser y le da significado a nuestra existencia.

Disfruta de la lectura de JESÚS, LA FRAGANCIA DE LA VIDA.

Dr. Fidel Pérez
Un amigo especial en Cristo

INTRODUCCIÓN

Jesús vive! Lo contemplamos. Lo conocemos. Lo sentimos. Lo vivimos y lo compartimos. El pasado registra abundantemente el impacto de su poderosa persona; en el presente millones son sus testigos, y el futuro de cierto reiterará de nuevo su gloriosa, salvadora, poderosa y eterna presencia.

En mi caso, también he sido objeto del impacto revelador de Jesús. Desde el año 1982, Él me ha llevado a comprender que la fe cristiana es exclusivamente Él, no es un sistema religioso o una aceptación de conceptos o de formas y prácticas rituales. Jesús es el todo y la única realidad del cristianismo. Sin Él, no existiría la iglesia cristiana, ni tampoco una experiencia de fe genuina.

Este entendimiento es un regalo inmerecido de la gracia divina del cual todos podemos participar. Esta experiencia ha despertado en mí un fuego interno que anhela dar a conocer exclusivamente la gloria de nuestro Señor Jesucristo. ¡Cuán insuficientes somos para hacerlo!

Para mí es un privilegio poder comunicarte estas breves reflexiones de su persona. Estas meditaciones te presentarán el encuentro de Jesús con personas necesitadas de perdón, sanidad, salvación, transformación y, sobre todo, te darán una nueva vislumbre de su maravilloso amor eterno. ¡Cómo cambia la vida humana cuando uno se encuentra con Él!

Además, este libro te llevará a analizar y valorar tu vida, tomando como fundamento tu relación íntima con Él. ¡Es extraordinario como Él enriquece nuestra vida!

Es mi oración que el Espíritu Santo refresque e ilumine tu mente con estas lecturas de Jesús, y se despierte en ti el deseo profundo de conocerlo, amarlo, compartirlo y llevarlo atesorado en tu corazón a lo largo de tu vida. Si esto llegara a suceder, entonces valió la pena el esfuerzo de publicar estas meditaciones.

Manuel Fernández
Miami, Florida
2002

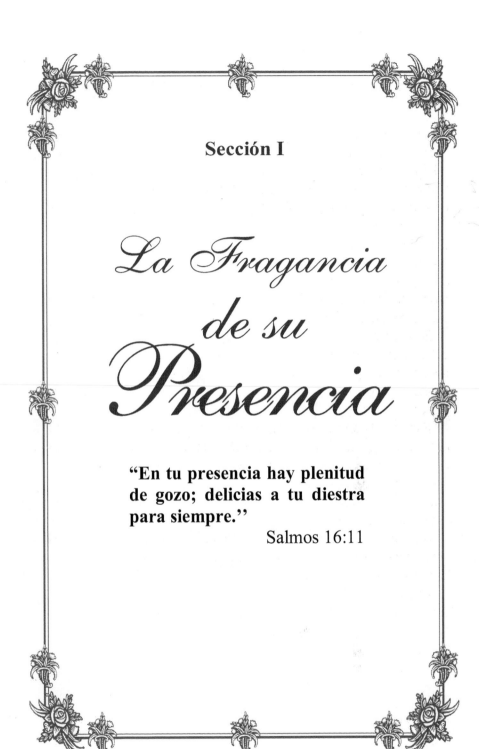

La Fragancia de su Presencia

"En tu presencia hay plenitud de gozo; delicias a tu diestra para siempre."

Salmos 16:11

La Luz miró hacia nuestro mundo y vió oscuridad.

"Hacia allá voy", dijo la Luz.

La Paz miró hacia nuestro mundo y vió guerra.

"Hacia allá voy", dijo la Paz.

El Amor miró hacia nuestro mundo y vió odio.

"Hacia allá voy", dijo el Amor.

Así vino la Luz y brilló.

Así vino la Paz y trajo descanso.

Así vino el Amor y trajo vida.

—Lawrence Houseman

Capítulo 1

CB

AMOR A PRIMERA VISTA

"Mirad a mí, y sed salvos..."
(Isaías 45:22)

Al abrir por primera vez sus ojos, ante ellos estaba una figura de infinita belleza. Con la velocidad de la luz, captaron la mirada tierna y pura que transmitía la figura de la presencia divina que, con voz melodiosa, les decía: *"Yo soy tu Creador, tu Padre y tu Dios"*. Ambos sintieron en la voz y en el toque tierno de sus manos un amor inexplicable que los llenó de completa felicidad.

Así fue el comienzo de la vida de Adán y Eva en el Edén. Lo primero que sus ojos vieron fue a su Dios Creador. Su experiencia en esta tierra se inició mirando y abrazando a la Majestad del Universo, su amoroso Dios, a Jesucristo, el Creador y Señor. Nada más estuvo ante sus ojos, ni cielos, ni paisajes, ni árboles, ni flores, ni animales, ni siquiera ellos mismos. Sus ojos se llenaron plenamente de un éxtasis maravilloso, de la contemplación pura y divina de su Hacedor y Sustentador, Jesucristo, su Dios.

Fue un chispazo de amor a primera vista; al instante se sintieron amados y a la misma vez amando a aquel que era su Dios. Sentían la más dulce sensación de vida, pues en Jesús encontraban la perfecta identidad propia, la cual se confundía en un gozo absoluto y sublime por el invalorable don de la relación mutua y perfecta. Todo parecía una luna de miel sin fin, pero inesperadamente fue interrumpida.

Extraño enigma de la razón, en un abrir y cerrar de ojos todo cambió; engañados por la astuta serpiente aduladora, quien los llevó a mirarse a sí mismos como dioses, para luego encontrarse desnudos y en un vacío aterrador (Génesis 3:1-13). Como resultado se fueron el cariño y el amor, el gozo y la paz, el reposo y la armonía, la confianza y la obediencia, la felicidad y la alegría.

Sentimientos extraños, jamás experimentados, inundaron de repente su humanidad. Sus corazones recibieron los azotes desagradables del dolor, de la culpa, del terror y de la angustia, exteriorizados en un llanto triste y solitario en medio de un jardín en agonía. ¡Qué horrible realidad fría y funesta! ¡Qué pérdida brutal jamás pensada! Y lo peor del abismo oscuro era encontrarse sin recursos propios para poder arreglar tan devastadora destrucción. Pero...

¡Oh maravilloso Dios de amor que abre una luz diáfana y pura al final del horrible túnel de amargura y desesperación! Él ha abierto un camino hermoso, el regreso glorioso a la vida de la que éramos dueños: *¡Jesucristo ha llegado al rescate!* Él vino y se hizo carne (Juan 1:14), sufrió nuestros dolores y finalmente murió nuestra horrible muerte, pero resucitó, restableciendo de esa manera la relación perdida. Más aun, Él vive hoy en tierna solidaridad con sus criaturas, guiando y bendiciendo nuestra vida. Si, hoy podemos de nuevo contemplarlo con su tierno mirar, santo y sereno, sus manos, su rostro, su paz, su justicia y su incomparable amor eterno.

¿Difícil de creer? Raro misterio. Te comprendo muy bien, pues así nos pasa a todos, deseando contemplar lo eterno y verdadero, nos hallamos contemplando lo efímero y temporal (carro, casa, dinero, personas...). Detente allí, no continúes, pues si quieres puedes contemplarlo, porque éste es un asunto de la voluntad y del corazón, de la inteligencia y de una noble decisión sabia y sencilla.

Jesús vive pacientemente esperando por ti. ¡Oh, cómo quiere Él que tú le veas! Mirad a su divina persona. Tú bien sabes que el mirar no es complicado, pues en esto te sobra experiencia, porque vives contemplando a tus padres, a tu cónyuge, a tus hijos y a tus amigos.

Recapacita y piensa: Jesús no es un concepto o un sofisma para ser analizado, es una persona tangible y muy cercana para ser apreciada y bien amada.

¿Quieres volver al estado noble y verdadero, al estado original de reposo y gozo santo? ¿Quieres cambios saludables en tu vida? ¿Quieres vivir la eternidad desde este instante? Deja que tu mente contemple a Jesús muriendo por ti en la bendita cruz del Calvario; mirando su rostro divino y amoroso descubrirás que sí existe la preciosa realidad del amor a primera vista entre Jesús y cada uno de nosotros. No hay otro amor como su amor. Déjate encontrar y bríndale una sola mirada, seguro vivirás encariñado de Él por toda la eternidad.

Capítulo 2

CઢŽ

DESCUBRIMIENTO INESPERADO

"Jesús le dijo: Yo soy, el que habla contigo"
(Juan 4:26)

E ra una mañana como otra cualquiera, con la misma rutina diaria: la limpieza de la casa, la preparación de los alimentos y aquella ordinaria y pesada tarea de ir a buscar el agua. A su acongojado corazón se añadía el pesar de una vida deprimente y solitaria, consecuencia de robar caricias ajenas. Ni por un instante le pasó por la mente la sorpresa que le aguardaba en ese día.

Al mediodía decidió ir al pozo a buscar el agua, porque sabía que a esa hora nadie estaría por allí, ya que normalmente la gente iba a buscar agua en la frescura de la mañana. De esa forma evitaría las miradas de reproche, desprecio y los comentarios groseros y altaneros de todos aquellos que la consideraban una mujer emocionalmente inestable.

Sin ella saberlo, allá en el sur de Palestina, se encontraba un hombre único, que salía para encontrarse con ella y entregarle, no el acostumbrado y mezquino amor carnal, sino el amor puro y sublime... el amor divino. Ese amor que es capaz de traspasar todas las barreras sociales, culturales, económicas y aun las morales y religiosas.

¡Cómo la amaba!... A Él no le importaban los prejuicios que existían contra esa mujer y su raza. Él estaba decidido a hacer la voluntad amorosa de Aquel que lo envió. Para esto había venido. Su única misión era amar a los marginados y discriminados, sanar a los enfermos, dar buenas nuevas a los pobres, dar libertad a los presos, a los cautivos y oprimidos por la culpa del pecado (Lucas 4:16-19). Él llegó primero, y la esperó bajo la sombra de un árbol junto al pozo (Juan 4:1-42). Al llegar ella, se sorprendió al encontrar en pleno mediodía a un hombre en ese lugar. Al notar que era judío, lo observó con disgusto, recordando el desprecio y la discriminación que tenían contra su pueblo, y pensó para sí misma: *"¿qué hará este hombre aquí? Espero que ni me hable, ni se me acerque"*.

Para sorpresa de ella, el hombre, mirándola fijamente le dirigió la palabra diciendo: *"¿Por favor, podrías darme un poco de agua?"* Sus oídos no podían creer lo que estaba escuchando e inmediatamente con voz firme le contestó: *"¿Cómo tú siendo judío me pides de beber, siendo yo mujer samaritana? Tú sabes muy bien que nosotros no nos tratamos"*.

Así fue como Jesús, pidiendo agua, inició la comunicación con esta mujer necesitada de revelación divina. Poco a poco fue compenetrándose con ella. Él sabía que ella lo necesitaba, pues había mucho que sanar en su corazón y precisamente para esto había llegado.

El encuentro fue glorioso. Jesús, con sabiduría, fue penetrando con su amor los rincones más oscuros de su vida. Ella comenzó a sentir una apreciación especial por lo divino, y le dijo: *"Sé que el Mesías, llamado el Cristo, ha de venir; cuando él venga nos declarará todas las cosas."* (Juan 4:25). La oportunidad no podía ser más propicia para Jesús darle la revelación más extraordinaria que a un ser humano se le pueda conceder, y le dijo: **"Yo soy, el que habla contigo"** (Juan 4:26). Ella, llena de asombro, no podía creerlo; delante de ella estaba el deseado y verdadero Mesías, el Cristo, el prometido, la consolación del corazón. Este encuentro cambió el rumbo de su vida, trayendo paz, vida nueva y eterna.

La mujer samaritana encontró en Jesús aquella fuente de agua pura y eterna que saciaría su inmensa sed de vivir. ¡Oh, que amor descubrió ella en Jesús! Vio en Él, no una doctrina para ser creída o un sistema religioso para ser aceptado, sino a un Dios amoroso, tierno y personal.

Notemos, el encuentro con Jesús es maravilloso; contiene algunas características muy interesantes:

ES SORPRESIVO. Jesús llega cuando menos lo esperamos, cuando estamos muy ocupados en las cosas de la vida y sumergidos en nuestros propios pensamientos e intereses. Llega como el ladrón... siempre de sorpresa (Apocalipsis 16:15).

ES REVELADOR. Nadie nos conoce como Jesús. Él sabe quiénes somos en verdad, porque penetra con su luz todo nuestro ser; Él conoce a fondo cada área de nuestra vida, especialmente aquellos desajustes emocionales que nos causan tantos problemas. Ante Él encontramos que somos conocidos como realmente somos; sin embargo somos aceptados y amados por Él (Juan 4:39).

ES TRANSFORMADOR. Jesús no llega para condenar, sino para sanar y salvar. Él elimina las causas que provocaron nuestros daños emocionales y espirituales. Su presencia es libertadora y sanadora, porque llega para perdonar y limpiar nuestra vida. En su presencia podemos esperar cambios positivos en nosotros, pues transformar la vida es su trabajo por excelencia (2ª Corintios 5:17).

ES EMOCIONANTE. Su presencia produce en el corazón gozo, paz y felicidad. El sentirnos aceptados, perdonados y transformados, provoca en nosotros emociones jamás experimentadas. Es un sentimiento difícil de expresar con palabras, pero se puede observar en el rostro de aquel que lo posee. Por supuesto, esta emoción que sentimos es contagiosa (Romanos 5:1).

¿Qué te parece? ¿Te gustaría algo semejante? Quiero asegurarte que Jesús puede llegar a ti en cualquier momento; hace tiempo que Él está planeando ese encuentro maravilloso contigo para sanar tus heridas, hacer reales tus sueños e ideales, crear en ti una identidad nueva y saludable y darte vida abundante.

Es a Jesús a quien necesitamos. Él vendrá a nuestro corazón a la hora menos esperada, utilizando la manera que más se ajuste a nuestra *necesidad y a nuestra personalidad.* Cuando llegue, recíbelo, pues será un encuentro de amor como el que nunca has tenido... o tendrás.

Capítulo 3

❧

UNA ENTREVISTA REVELADORA

"De cierto, de cierto te digo, que el que no naciere de
nuevo, no puede ver el reino de Dios"
(Juan 3:3)

Estaba sumamente curioso e inquieto. Deseaba profundamente saber qué clase de hombre era éste. Las noticias que escuchaba de Él eran demasiado excepcionales. Había algo raro e incomprensible en todo lo que oía acerca de este hombre que venía de Nazaret, quien era prácticamente un desconocido para su clase social. Lo intrigante del caso, era que este hombre ni siquiera había estudiado en ninguna de las escuelas rabínicas conocidas, ni tampoco provenía de una familia socialmente influyente. ¿Cómo era posible que enseñara con tanta sabiduría y que hiciese tantos milagros? ¿De dónde viene este hombre y qué es lo que pretende hacer en medio nuestro?

Con todas estas preguntas en su corazón, buscó una entrevista de noche a solas con ese personaje; así evitaría ser visto por la gente y tener suficiente tiempo para conocerlo personalmente. Jamás se imaginó que este encuentro pudiera causarle un giro tan radical a su vida, que lo convertiría de incrédulo a creyente, de maestro a aprendiz, de rico a pobre, de amado y respetado a ser odiado y perseguido, de tener vida temporal a disfrutar de vida eterna y feliz.

La reunión de Nicodemo con Jesús (Juan 3:1-21) está llena de puntos interesantes, pero el más sobresaliente es el hecho que Jesús se le revela a Nicodemo en forma tan directa y abundante, cuando le declaró:

-Su posición divina: *"Nadie subió al cielo, sino el que descendió del cielo; el Hijo del Hombre, que está en el cielo"* (Juan 3:13).

-Su misión de morir y salvar: *"Y como Moisés levantó la serpiente en el desierto, así es necesario que el Hijo del Hombre sea levanta-*

do, para que todo aquel que en él cree, no se pierda, mas tenga vida eterna" (Juan 3:14-15).

-Su naturaleza de amor: *"Porque de tal manera amó Dios al mundo, que ha dado a su Hijo unigénito, para que todo aquel que en él cree, no se pierda, mas tenga vida eterna"* (Juan 3:16).

-El peligro de rechazarlo: *"El que en él cree, no es condenado; pero el que no cree, ya ha sido condenado, porque no ha creído en el nombre del unigénito Hijo de Dios"* (Juan 3:18).

¿Por qué Jesús le habló así a Nicodemo? Nicodemo, con su sagacidad intelectual, se acercó a Jesús esperando un diálogo racional, de lógica y de una temática religiosa, y quizás política.

En cierta medida, Nicodemo representa el hombre típico religioso de hoy, que para creer espera argumentos filosóficos, que iluminen su razón, no el corazón. Pero Jesús, conociendo la naturaleza humana, siempre inicia su conversación hablando directamente a la necesidad real del corazón. Es allí, precisamente, donde se inicia su reino. Jesús no iba a perder su tiempo con Nicodemo; Él fue al grano, y le dijo: *"De cierto, de cierto te digo, que el que no naciere de nuevo [de arriba], no puede ver el reino de Dios"* (Juan 3:3).

"Nacer de arriba" implica un proceso mental diferente al que Nicodemo y también nosotros estamos acostumbrados en esta era postmoderna, donde se adora el intelectualismo científico, racional y lógico. Para Jesús, su reino va mucho más allá de nuestros razonamientos humanos volubles e inconsistentes; su reino es un reino de fe, de confianza exclusivamente en Él. No tiene nada que ver con nuestras formas religiosas, ni lógicas humanas. Es "de arriba", es decir, que lo que se acepta o se cree no es producto de nuestra propia razón, sino de la "revelación" directa del mismo Dios.

Pero finalmente, ¿qué es lo que Dios desea revelarnos? ¿Será una nueva enseñanza, o una nueva religión o una nueva conducta moral? ¡No! Dios no revela conceptos ni ideologías de este mundo; Él revela la Persona y las obras de su Hijo Jesucristo. La verdad de Dios es Jesús, es de Él de quien siempre habla y revela. Esta fue la única revelación que Jesús le dio a Nicodemo: la revelación de su Persona, su misión y sus propósitos con este mundo descarriado y terrible.

Jesús, al igual que ayer, no desea perder el tiempo discutiendo conceptos religiosos/filosóficos/científicos. Él sabe que lo relevante y necesario para nuestro bienestar físico, mental y espiritual es conocerlo a Él y su gloria; nada más, ni nada menos. Así fue como verdaderamente Nicodemo pudo nacer de nuevo: mirando a Jesús levantado, muriendo en la cruz del Calvario. ¿No será esto mismo lo que nosotros necesitamos entender y aceptar? Es una realidad; las respuestas humanas a las necesidades humanas siempre dejan mucho que desear. Pero, ¡gloria a Dios! Jesús siempre es la verdadera respuesta a todas nuestras necesidades. **"¡Gracias Jesús!"**

Capítulo 4

ભ

UN ENCUENTRO PODEROSO

"Hoy ha venido la salvación a esta casa..."
(Lucas 19:9)

Desde su juventud, la meta más importante de su vida era hacer dinero, dinero y más dinero. Soñaba con adquirir lo suficiente como para darle a su futura esposa una casa muy cómoda, muebles lujosos y ropa de primera clase; y para sus hijos quería lo mejor de lo mejor, incluyendo, claro está, una excelente educación. Estaba convencido que con el dinero tendría prestigio, buena posición social y, sobre todo, mucha paz y tranquilidad en su vida. Para él, adquirir dinero era una ambición sana, pero no alcanzaba a imaginarse el alto precio que tendría que pagar por ello.

Estaba dispuesto a lograr sus objetivos. El dinero haría valer su estima propia que, según él, podría cubrir el complejo de inferioridad que sentía por su baja estatura. En fin, él concluía que su posición y su dinero serían el medio perfecto para esconder todos aquellos feos defectos de su personalidad que le atormentaban.

No pasó mucho tiempo cuando comprendió que para lograr sus sueños debería asociarse con ciertos personajes claves de la política, que astutamente usaría para llegar a su meta. Sabía que en el Ministerio de Hacienda estaba su oportunidad de lograr su independencia financiera; poco a poco y con mucha habilidad logró entrar, no sólo a una buena posición como cobrador de impuestos, sino alcanzar la meta de llegar a ser el respetado jefe de los publicanos.

Pero había algo que no estaba bien, algo le atormentaba. *"¿Qué me pasa?"* se preguntaba Zaqueo, *"he logrado todo lo que una persona ambiciona, un buen trabajo, una esposa, varios hijos, dinero suficiente, prestigio de hombre rico; además asisto a la iglesia regularmente, doy abundantes ofrendas y limosnas; pero aun así, no se me alivia esta sensación de culpa que me atormenta".*

Por otra parte, sin él saberlo, su esposa y sus hijos no eran felices y evitaban su compañía por su mal carácter y semblante amargado. Fuese cual fuese su situación, precisamente así es la vida cuando la vivimos sin Jesús, simplemente está sobrecargada de complejos, temores, inseguridades, penas y luchas que tristemente transmitimos a aquellos que nos rodean.

Como notamos, Zaqueo se encontraba en un callejón sin salida y sin nada que le calmara el pesar de su angustiado corazón. Un día, en su trabajo le hablaron de un hombre llamado Jesús que sanaba a los enfermos, que se acercaba a todos, también a los malos, a los pecadores y que su cautivadora presencia irradiaba un amor tan poderoso que atraía a las personas. Muchos hasta comentaban que verdaderamente parecía un hombre enviado de Dios.

Todos estos comentarios despertaron en Zaqueo un interés único y empezó a sentir ansias de conocerlo; quizás este hombre podría ayudarlo, pero *"¿cómo podría acercarse a él? ¿Cómo podría encontrarlo o tan siquiera verlo?"*.

Para su dicha y sorpresa, un buen día Jesús llegó a su ciudad, Jericó; e inmediatamente un sentimiento de expectativa embargó el corazón de Zaqueo; dejando todo a un lado, salió corriendo al encuentro de Jesús; sin él saberlo, Jesús ya venía a su encuentro. Zaqueo, a sabiendas de que algunas personas lo despreciaban por su deshonestidad, prefirió conformarse con mirar a Jesús desde lo alto de una rama de sicómoro que estaba junto al camino. Pero para su sorpresa, Jesús se detuvo junto al árbol y, dirigiéndose a él, le llamó: *"Zaqueo, date prisa, desciende, porque hoy es necesario que pose yo en tu casa"* (Lucas 19:5).

¡Qué encuentro! Sin duda alguna, Jesús era lo que le faltaba a Zaqueo; su vida necesitaba urgentemente cambios radicales tanto morales como espirituales, y era precisamente esto lo que Jesús llegaba a ofrecerle.

La presencia de Jesús en la casa de Zaqueo trajo consigo salvación a su vida, salvación de todos aquellos elementos opresores que le destruían la vida y afectaban a su querida familia (Lucas 19:9,10).

¿No será esto mismo lo que tú necesitas? ¿Un cambio real y verdadero, en el cual no sigas depositando tu confianza en tus propios recursos humanos? Sé realista, tu vida pasada al igual que la mía, no ha marchado bien; si somos sinceros, podríamos decir: *"¡cuántos errores cometimos y fracasos cosechamos!"*. Hoy necesitamos comprender que el verdadero valor de nuestra propia estima no se halla en nosotros mismos, ni en lo que poseemos, ni en los logros que alcanzamos, ni siquiera en ese apreciado círculo social en que nos movemos.

Hay un camino mejor, Jesús viene a tu encuentro, y te va a pedir que *bajes de esas alturas engañosas y peligrosas* donde te has situado con la ilusión de vivir mejor. Jesús te dice hoy: *"date prisa, baja, contigo quiero morar"*. Él anhela fervientemente traerte salvación, quiere enseñarte a desconfiar de ti mismo y así evitarte más fracasos, desilusiones y angustias. Jesús sólo desea cambiar el curso total de tu vida. Escucha y responde a su voz que clama diciéndote: *"Venid a mí todos los que estáis trabajados y cargados, y yo os haré descansar"* (Mateo 11:28).

En verdad, ni tú ni yo somos diferentes a Zaqueo, pues sin Jesús la vida se gasta sin sentido en busca de dinero, posición social y placer, pensando que allí está nuestra felicidad; y después ¿qué? Nada más que vacío, soledad, angustia, depresión y lágrimas. Pero tú no tienes que seguir viviendo así; existe una salida... *Jesús*; Él viene a tu ciudad, a tu casa y aun más cerca, a tu propio corazón necesitado. Cuando se allegue a ti, dale cabida, y seguro hallarás cambios, perdón, paz y salvación para ti y tu casa. Es un hecho real, cuando llega el poderoso Jesús, todas, absolutamente todas las cosas cambian.

Sección II

La Influencia
de Su
Gracia

"Porque de su plenitud tomamos todos, y gracia sobre gracia."

Juan 1:16

"Como la flor se vuelve hacia el sol para que los brillantes rayos le ayuden a perfeccionar su belleza y simetría, así debemos volvernos hacia el Sol de Justicia, a fin de que la luz celestial brille sobre nosotros y nuestro carácter se transforme a la imagen de Cristo".

—Elena White

Capítulo 5

ରଓ

GRACIA TRANSFORMADORA

"De modo que si alguno está en Cristo, nueva criatura es: las cosas
viejas pasaron; he aquí todas
son hechas nuevas"
(2ª Corintios 5:17)

Desde que era un adolescente tenía ciertas tendencias que hasta a él mismo le parecían indeseables, ¡cómo quería deshacerse de ellas! A veces pensaba: *"Bueno, quizás a medida que pase el tiempo y llegue a ser un adulto podré aprender a controlar esos impulsos violentos, ambiciosos y de resentimiento".* Pero al llegar a la etapa de adulto, se encontró que, en lugar de efectuarse cambios positivos en su carácter, éste empeoraba más y más. Por lo tanto, se dispuso a hacer algo para cambiar, y así comenzó a ensayar con ciertos elementos, que según él, le ayudarían:

-**LA FUERZA DE LA VOLUNTAD.** Él estaba seguro que podía realizar cambios en su carácter, pues una de sus virtudes era la de poseer fuerza de voluntad. Pero, cada vez que era provocado, volvía a sentir los mismos viejos impulsos. Trató y trató, sin obtener ningún resultado permanente. Esta frustración lo llevó a poner en práctica su segundo recurso.

-**LA EDUCACION.** Según los más educados de su época, había una forma de cambiar las formas negativas del carácter, esto es, mediante la modificación de la conducta. Este método, según los "iluminados", lo llevaría a tener una mejor actitud hacia los demás, lo cual lo haría sentirse mejor consigo mismo. El método era hacer lo opuesto a los sentimientos indeseables y a medida que avanzara vería los cambios, los buenos hábitos irían reemplazando a los malos. Pero no pasó mucho tiempo para encontrar que este método tampoco le funcionaba, pues seguía igual que antes. Frustrado con este sistema, decidió escoger una tercera alternativa.

-**LA RELIGION.** Quizás lo que le faltaba era dedicarse más a la iglesia. Decidió asistir a todos los servicios y ejercitar todas las prácticas externas de la religión, tales como orar, ayunar, meditar, estudiar e ir a los retiros, pensando que de esta forma se eliminarían esos indeseables defectos de su personalidad. Pero, no entendía, en medio de todos esos esfuerzos religiosos, seguía igual.

Ya para este tiempo era un joven maduro en edad. Los años de lucha, de tratar de cambiar por sí mismo, lo habían llevado a sentirse peor que antes. Al no poder ganar esa guerra, ahora se encontraba más frustrado y desanimado que nunca, pensando que no había forma de cambiar ni mucho menos disminuir el odio, el egoísmo y los impulsos violentos de su carácter.

Lo que este joven Juan no sabía era que: *"La educación, la cultura, el ejercicio de la voluntad, el esfuerzo humano, todos tienen su propia esfera, pero no tienen poder para salvarnos. Puede producir una corrección externa de la conducta, pero no pueden cambiar el corazón; no pueden purificar las fuentes de la vida. Debe haber un poder que obre desde el interior, una vida nueva de lo alto, antes que el hombre pueda convertirse del pecado a la santidad."* [1]

Una mañana, mientras Juan remendaba sus redes de pesca, un hombre de semblante extraordinario, con voz tierna y compasiva, llamándolo le dice: *"Ven en pos de mí, y te haré pescador de hombres"* (Mateo 4:19,21). El corazón le dio un vuelco al oír esa voz que lo capturó, lo subyugó y, sin pensarlo mucho, Juan dejando las redes, la barca y a su padre, siguió a aquel hombre llamado Jesús (Mateo 4:22).

¡Qué encuentro fue éste para Juan! Percibió en Jesús una paz, una humildad y una compasión que jamás había visto en ningún hombre. Movido por una fuerza que no entendía, decidió observar de cerca a

Jesús, pensando, *"quizás este hombre pueda ayudarme con mis defectos de carácter"*.

Cada día se sentía más y más atraído hacia Jesús. La fortaleza, la paciencia, el poder y la ternura de Jesús lo llevaron a reconocer su propia ineficiencia; movido por este amor, propuso mantenerse muy cerca de Él, hasta al punto de llegar a recostar su cabeza sobre el pecho de Jesús (Juan 21:20). Y así, poco a poco, sin darse cuenta, Juan iba siendo transformado por el poder de Jesús; su espíritu rencoroso, impulsivo y ambicioso fue reemplazado con las mismas actitudes divinas de su precioso Maestro y Salvador Jesús. ¡Cómo llegaron a amarse!

Al encontrarse Juan con Jesús, se acabaron sus penosos esfuerzos; en cambio experimentó la paz, el reposo y la libertad. Tal es la vida de aquel que, encontrándose con Jesús, le sigue. ¿No será también esto lo que tú y yo necesitamos hacer, una entrega total a Jesucristo? Él es el único que tiene el poder para transformar nuestro carácter. Pensar que nosotros podemos hacerlo sin Él es un engaño fatal. Él es la fuente de vida y santidad, nuestro único recurso, de lo contrario, ni religión, ni técnicas psicológicas, ni fuerza de voluntad podrán hacer nada por nosotros.

Necesitamos mantener nuestra vista fija en Jesús. Él es el glorioso Dios quien nos salva, restaura y transforma mientras contemplamos su vida y su muerte en la cruz (2ª Corintios 3:18). ¡Cómo desea Él nuestra amistad! Escuchemos su tierna invitación: *"Venid en pos de mí"*. ¡Sigámosle! ¿Me acompañarás? Espero que sí.

Referencias:

1. Elena G. de White, *El Camino a Cristo*, (Mountain View, California: Pacific Press Pub. Ass. 1977), pág. 18.

Capítulo 6

08

EL SUSTITUTO

"¿Qué, pues, haré de Jesús, llamado el Cristo?"
(Mateo 27:22)

El guardia, abriendo la cerradura de la enorme puerta de hierro y mirando fijamente al preso le dice: *"Sal fuera, estás libre"*. El hombre, sorprendido, no podía creer lo que estaba escuchando, y confundido preguntó: *"¿Qué dices? ¿Qué estoy libre? Pero ¿cómo puede ser esto?"* El guardia contestó: *"Un hombre llamado Jesús te ha reemplazado. La multitud le pidió al gobernador que te diera la libertad, y que Jesús sea crucificado en tu lugar"*.

Saliendo libre de la celda, todavía no lo creía, y pensaba que todo era una broma de los guardias. Sin embargo, al salir a la calle se encontró con una multitud que lo recibía con un tremendo alboroto. Inmediatamente vio a la distancia al hombre que lo sustituía, estaba de pie, sereno, con su mirada fija en los cielos. Barrabás, curioso, preguntó: *"¿Por qué está él sustituyéndome?"* y la respuesta fue: *"Se declaró el Cristo, el hijo del Dios viviente; esta blasfemia es digna de muerte, y por eso preferimos que muera él en tu lugar... Eres un hombre con suerte"*.

No pasó mucho tiempo cuando Barrabás vio a Jesús saliendo del pretorio cargando una pesada cruz y llevando sobre su cabeza una corona de espinas. Al mirar este espectáculo tan cruel, fue cuando aceptó la realidad de que este hombre, de mirada tierna y bondadosa, estaba de verdad reemplazándolo en la cruz.

Se sentía sacudido por todo lo que estaba ocurriendo. Un poco retirado, siguiendo a la multitud, decidió ir al Gólgota para ver a la distancia la crucifixión; allí se quedó hasta el final, hasta la muerte de este hombre desconocido. Y mientras se retiraba de la escena del Calvario, pensó: *"Qué extraño, que este Jesús muriera en mi lugar; pero, ¡que importa!, simplemente fue otro hombre al igual que yo"*.

Con este pensamiento en mente, Barrabás desapareció. No sabemos si luego murió asesinado o encarcelado o crucificado o de muerte natural; lo cierto es que su vida tomó importancia únicamente en el momento en que se cruzó con Jesucristo; de no haber sido así, jamás habríamos sabido que existió.

¡Qué excepcional fue y es la vida de Jesús que en su muerte salva a un pecador desconocido! Qué bendición inesperada recibió Barrabás, que Jesús muriera en su lugar. Así es nuestro Señor Jesús, con su vida sustituyó, sustituye, y sustituirá al pecador. Precisamente por esta causa vino Él a la tierra: a morir por los pecadores y más aun, a morir por sus enemigos. Este es el mensaje maravilloso y constante de las Escrituras: *"Mas Dios muestra su amor para con nosotros, en que siendo aún pecadores, Cristo murió por nosotros.[...] Porque si siendo enemigos, fuimos reconciliados con Dios por la muerte de su Hijo, mucho más, estando reconciliados, seremos salvos por su vida"* (Romanos 5:8,10).

Es fascinante estudiar y entender esta faceta de la vida de Jesús. Es una vida que reemplaza la nuestra, pero no solamente sustituye la vida de nosotros los creyentes, sino también la vida de los incrédulos.

Está claro que la muerte de Jesús ofrece salvación a todos los seres humanos, a los buenos y a los malos. La diferencia entre unos y otros es que algunos confían y aceptan de corazón el sacrificio de Jesús y reciben sus beneficios, mientras que otros lo rechazan, perdiendo así la experiencia más sublime de esta vida.

Como notamos en el caso de Barrabás, él no hizo nada para que Jesús lo sustituyera, simplemente aceptó los beneficios de vivir temporalmente. De igual manera, nosotros no tenemos que hacer nada para recibir la vida eterna, sino solamente confiar en Jesús como nuestro único y suficiente Salvador.

APASIONADO POR CRISTO

Es un hecho que Cristo es el insuperable medio que Dios ha establecido para salvar a cada ser humano. Dios no nos salva tomando como base nuestras virtudes y valores morales o nuestras buenas obras o nuestra religiosidad. ¡No! ¡Jamás! Él salva basándose en la vida perfecta de su Hijo y su muerte en la cruz. Es por causa de Él que Dios puede negociar nuestro destino. Allí, en la cruz, Él hace el trueque de cambiar nuestra pobre y miserable vida por la vida perfecta de su Hijo Jesucristo.

¡Qué increíble realidad! En vez de nosotros ir a la cruz para pagar por todos nuestros pecados y delitos, Jesús toma la pesada cruz, la lleva al calvario y allí muere en lugar nuestro. Si hay un lugar en donde Dios demuestra inequívocamente que nos ama, es en la cruz. ¡Qué pena que Barrabás no pudo entender esa realidad! *¿La entiendes tú?*

Recuerda, tu vida y la mía tienen y tendrán importancia solamente en relación a Jesús. Si tú no le permites que viva en ti, habrás perdido el propósito de tu vida aquí. Sé sabio e inteligente, relaciónate con Él, porque *¡vivir con Jesús es la experiencia más bella y beneficiosa de toda nuestra existencia!*

☙

Capítulo 7

REHABILITADA

"Ni yo te condeno; vete, y no peques más"
(Juan 8:11)

❝ ¡No quiero seguir viviendo así!", se decía ella; pero no encontraba la forma de escapar de esa vida sucia y destructiva que la mantenía presa, sin posibilidad de liberarse; se sentía sucia y sin valor.

No sabemos exactamente los antecedentes de su vida, pero quizás sus desvíos emocionales se debieron a muchos factores: probablemente se quedó huérfana, o en su niñez fue abusada sexualmente, o le faltaba amor en su hogar, o simplemente escogió ese camino por elección propia.

Fuera cual fuese la causa, de vez en cuando recordaba los años de su horrible niñez, aquellos años cuando decidió irse a vivir en la calle, dejando para siempre aquella casa que le parecía un infierno. De ahí en adelante comenzó a buscar el cariño que ella anhelaba tener en la calle, pero lo que encontró fue el uso y el abuso de los hombres.

Entre tantas cosas que no entendía estaba el hecho de la existencia de Dios y su amor por ella, y a veces se preguntaba: ¿Será verdad que Dios existe? ¿Podrá él amarme?, o ¿podrá cambiarme?

María Magdalena se encontró pobre y errante, dependiendo para vivir de la venta de su cuerpo; sus clientes eran soldados, marineros, comerciantes, políticos, publicanos y aun hasta profesos religiosos. Era un trabajo clandestino, sucio y peligroso, pero le pagaban bien, hasta llegó a tener sus ahorros. Lo peor de esta profesión era la angustia que le producía: el temor a la enfermedad, el desprecio, la soledad, la culpabilidad; a veces hasta tenía deseos de morir.

Una noche, mientras caminaba por la calle, escuchó por primera vez el nombre de un personaje que vivía viajando de un lugar a otro sanando, enseñando y predicando cosas muy diferentes a la religión establecida. Según decían, se llamaba Jesús, de origen Nazareno.

Pero esta noticia no le llamó mucho la atención porque andaba apresurada para cumplir con uno de sus compromisos.

Su cliente de turno era un hombre casado, amigo de algunos líderes religiosos. Este encuentro secreto, sin ella saberlo, era una trampa planeada con el fin de utilizarla para destruir a Jesús. Ella no entendía lo que estaba pasando, pero inesperadamente fue tomada y juzgada como adúltera.

En medio de toda esta confusión, María fue llevada arrastrada y tirada como una basura ante Jesús, diciéndole: "Maestro, esta mujer ha sido sorprendida en el acto mismo de adulterio. Y en la ley nos mandó Moisés apedrear a tales mujeres. Tú, pues, ¿qué dices?" (Juan 8:4-5). Con la respuesta de Jesús, María esperaba el golpe de la primera piedra sobre su cabeza. Sin embargo, ocultando su rostro, pudo escuchar la respuesta de este hombre que se mantenía calmado mientras escribía en el polvo con su dedo: "El que de vosotros esté sin pecado sea el primero en arrojar la piedra contra ella" (Juan 8:7). Los hombres no respondieron, se habían ido; luego escuchó a Jesús que le decía: "Mujer, ¿dónde están los que te acusaban? ¿Ninguno te condenó?" (Juan 8:10), y ella, levantando su cabeza, todavía temerosa, y observando a su alrededor, sorprendida le contestó: "Ninguno".

Jesús, mirándola con una compasión extraordinaria, extendió sus brazos, y mientras la levantaba le dijo: "Ni yo te condeno; vete, y no peques más" (Juan 8:11).

Estas palabras de Jesús penetraron la conciencia de María y pensó: "¿Este hombre me ha perdonado? Pero, qué extraño, ¡me siento perdonada! ¿Y por qué lo habrá hecho? ¿Será realmente este hombre el Mesías esperado?"

Y mientras ella se alejaba de Jesús, una inmensa paz comenzó a inundar su corazón; se sentía agradecida, y por primera vez tenía la sensación de que alguien la amaba, como si una fuerza divina le estuviera devolviendo su dignidad de mujer. Al llegar a su morada, cayó de rodillas, y mientras las lágrimas brotaban de sus ojos como agua de un manantial, oró diciendo: "Oh, Dios, gracias por salvarme hoy de la muerte. Gracias por permitirme vivir de nuevo. Gracias por perdonarme. Aquí estoy, soy tu sierva, cambia mi vida. Sácame de esta vida sucia. Dame fuerzas para decir no al pecado. Que tú seas mi sostén y mi vida ahora y siempre, amén".

Cansada, se acostó. Durmió tranquila, con la conciencia reposada. Así, María, concluyó el día. En la mañana, el canto del gallo la despertó, e inmediatamente sintió el deseo de encontrarse de nuevo con ese maravilloso Jesús. Cada encuentro con Él era como un oasis en el que saciaba su sed de vivir. Y así, encuentro tras encuentro, Jesús fue rehabilitando la vida de esta pobre mujer.

¡Cuánto agradecimiento brotaba del corazón de María! Decidió buscar a Jesús y demostrarle en forma especial su gratitud y su gran amor. No solamente le lavó los pies con el perfume más costoso que pudo comprar (Lucas 7:36-50), sino que además se atrevió a acompañarlo en el cruel momento de su crucifixión (Juan 19:25). Finalmente, el Cielo le dio el honor y el privilegio de ser la primera persona que se encontrara con el glorioso resucitado Jesús (Juan 20:11-18). Es muy interesante notar que María no fue transformada por alguna técnica de origen humano, sino más bien, los cambios fueron *realizados exclusivamente por la gracia de Jesús.* ¿No será que hoy también necesitamos lo mismo, más de Él?

¡Qué experiencia tuvo María con nuestro Señor Jesucristo! Su testimonio hasta el día de su muerte fue: *"Yo lo vi. Lo escuché. Me tocó. Me perdonó. Me salvó. Me transformó. Me devolvió mi dignidad. Él es mi Dios y el Señor de mi vida".*

Así fue la historia de la rehabilitación de María Magdalena. **¿Cómo será la tuya?**

Capítulo 8

CB

GRACIA SALVADORA

"...estarás conmigo en el paraíso"
(Lucas 23:43)

El juez no tenía otra alternativa que sentenciarlo a muerte; las evidencias de su caso eran contundentes porque entre los presentes habían víctimas y también testigos que confirmaban sus robos, asaltos y crímenes.

Durante el juicio, el hombre comenzó a sentir un sentimiento de culpabilidad por todos sus delitos, y pensaba dentro de sí: "¿Qué he hecho? ¿Por qué hice cosas tan horribles? ¿Por qué asalté, robé y maté? ¡Oh, cuántas locuras he cometido!"

Su mal comportamiento no tenía excusa, y concluyó que la sentencia de muerte era el pago justo. Al concluir el juicio le pidió al juez que le permitiera decir algo, y dijo con tristeza: "Señor juez, yo realmente merezco la sentencia de muerte, pues soy culpable; quiero pedirle perdón a todos a quienes les he robado, maltratado y herido. ¡Qué Dios tenga misericordia de mí!". Estas fueron sus últimas palabras; a la señal del juez, de nuevo los guardias lo condujeron a la celda fría y sucia, para allí entonces esperar el día de la ejecución.

Encerrado en la prisión, los días le parecían largos y las noches interminables. Cada minuto de su vida estaba lleno de tortura mental por no saber ni el día ni la hora de su muerte. Sus pecados le producían sentimiento de culpabilidad al punto de desear la muerte, pero ¿cómo podría eliminar esta depresión que sentía por sus pecados?, y lo peor de todo, la incertidumbre de no saber si Dios aceptaría su súplica de perdón.

Una mañana escuchó hablar a los guardias acerca de un hombre llamado Jesús de Nazaret, el cual sanaba a los enfermos, era amigo de los pecadores y enseñaba con una autoridad excepcional, pero lo habían tomado preso por haberse declarado Dios y posiblemente sería sentenciado a muerte. Esta noticia le pareció extraña y pensó:

"¿Será esto cierto?, ¿será este hombre el verdadero Dios? No entiendo, pero si él es en verdad Dios, quizás podrá ayudarme".

Mientras así pensaba, sintió de repente las fuertes pisadas de los guardias que, abriendo la puerta de su celda, le dijeron: "Vamos, que ha llegado la hora de tu muerte".

Al salir a la calle, quedó pasmado al ver ante sí a un hombre sangrante con una corona de espinas sobre su cabeza y a una multitud histérica gritando, "¡crucifícale, crucifícale!". Todo sucedió tan rápidamente, que de pronto se encontraba levantado en una cruz junto a aquel hombre llamado Jesús; no podía creerlo, ¿este hombre a su lado, que parece justo y bueno, también al igual que él moriría crucificado?

Mientras todo aquel drama estaba ocurriendo, una luz de esperanza comenzó a iluminar su corazón. Notó en Jesús algo que antes no había visto, en medio de aquella insoportable agonía Jesús tenía un semblante lleno de paz y serenidad, y pensó: "Este hombre parece ser Dios"; pero al escuchar las palabras de Jesús: "Padre, perdónalos porque no saben lo que hacen" (Lucas 23:34), inmediatamente se sintió convencido que este hombre era realmente Dios y podría ayudarlo.

De repente escuchó al otro malhechor que se dirigía a Jesús con palabras groseras, y entonces saliendo en su defensa, le dijo: "¿Ni aun temes tú a Dios, estando en la misma condenación? Nosotros, a la verdad, justamente padecemos, porque recibimos lo que merecieron nuestros hechos; pero éste ningún mal hizo" (Lucas 23:40-41), y mirando esperanzado a Jesús le dijo con toda confianza: "Señor, acuérdate de mí cuando vengas en tu reino" (Lucas 23:42). Jesús, por su parte, se sintió conmovido y feliz de que aun en la hora de su muerte, podía salvar a alguien, y dirigiéndose al hombre, le dice: "De cierto te digo hoy, estarás conmigo en el paraíso" (Lucas 23:43).

Al escuchar estas palabras, una paz inmensa inundó todo su ser, y pensó: "Ahora sí puedo morir tranquilo, ¡Dios me ha aceptado, perdonado y me ha asegurado un lugar en su reino! ¡Gracias Señor mío!"

A las pocas horas, tinieblas cubrieron el cielo y luego escuchó las últimas palabras de Jesús, que decía: "Padre, en tus manos encomiendo mi espíritu" (Lucas 23:46) y expiró. Todo quedó en un silencio lóbrego. Lo último que sus ojos vieron fue a un guardia que, sacando su espada, le cortó sus piernas de un tajo, terminando así con sus sufrimientos.

Lector, tú y yo tenemos algo en común con el malhechor de la cruz: la *necesidad de un Salvador*, porque de una forma u otra somos seres que llevamos en nuestros corazones rasgos opuestos al carácter perfecto de Dios. Pero ¡oh, qué gracia la de Jesús, que aun al más vil pecador perdona y salva! Bienaventurado es aquel que se encuentra y se relaciona con Él, pues su gracia es más que suficiente para resolver todos nuestros conflictos, sufrimientos, temores, culpas y aun regalarnos vida después de la muerte.

Es Jesús, tan sólo Jesús, a quien tú y yo necesitamos. Confiémosle a Él toda nuestra vida. Digámosle:

"Perdóname, oh Dios, por tratar de alcanzar la plenitud de vida por mis propios esfuerzos. Hoy, anhelo la libertad, la paz y la vida eterna que tú ofreces. Ayúdame y llévame a una entrega total a Ti. Amén".

Capítulo 9

❧

UN NUEVO AMANECER

"...tus pecados te son perdonados"
(Lucas 5:20)

Por muchos años había vivido completamente postrado. Su parálisis le impedía vivir la vida al máximo de las experiencias normales de la existencia.

Con su cuerpo totalmente paralizado, su estado mental se encontraba de igual manera, enfermo por un insoportable sentimiento de culpabilidad que le atormentaba día y noche. Buscando sanar esta horrible angustia mental, se había dirigido a los líderes religiosos solicitando ayuda; pero para su sorpresa y desgracia, la situación empeoró al sentir el desprecio y la venenosa insinuación de que su caso era prácticamente sin solución porque Dios no le iba a responder. Y ahora, su alma, como nunca antes, se sentía totalmente abrumada, aplastada y oscura, como una noche que nunca tendría un amanecer.

Pero, ¿cómo podía él imaginar lo que el futuro le aguardaba, un futuro diferente, glorioso, lleno de satisfacción y alegría jamás experimentada? Llegó el momento de lo inesperado: un extranjero se acercó a su vecindad. Un hombre que, según le decían, tenía un porte sereno, un semblante que irradiaba una santidad única, con una simpatía y ternura que conquistaba misteriosamente los corazones, con palabras de sabiduría que despertaban respeto, admiración y autoridad, y con un poder peculiar, capaz de sanar cualquier tipo de enfermedad.

La noticia despertó esperanza en él, y vislumbró la oportunidad para transformar su vida de angustia a una vida fructífera, llena de paz y tranquilidad. Y pensaba: "¡Tengo que ver a ese hombre, cueste lo que cueste!"; porque se imaginaba que si llegaba a verlo y hablar con Él, éste le daría la solución a su insoportable angustia mental y física que sobrellevaba por tantos años.

Así lo hizo. Por causa de la multitud que se encontraba adentro y fuera de la casa, sus amigos lo subieron al techo e hicieron un hueco, por el cual lo bajaron en su camilla hacia el mismo centro donde estaba el hombre llamado Jesús. Al verlo, su mente confirmó con claridad las características que ya le habían mencionado: Un porte acogedor. Un semblante lleno de paz. Unos ojos que parecían leer el pensamiento, los cuales comunicaban infinito amor y tierna compasión.

Embelesado y sin poder hablar, brotaron de los labios de ese hombre las palabras más dulces que jamás había oído, y que eran exactamente las que necesitaba escuchar: "Hombre, tus pecados te son perdonados" (Lucas 5:20). Al instante, sintió que el gran peso de culpabilidad que traía, desapareció de su mente como un relámpago, y en el silencio de su corazón estalló un grito de gratitud y alabanza: *"¡Estoy perdonado! ¡Estoy libre! ¡Dios me ama! ¡Bendecido sea su Santo Nombre!"* Y si esto no fuera suficiente, escuchó que le decía (después de una breve interrupción): "Levántate, toma tu lecho, y vete a tu casa" (Lucas 5:24).

Al instante, levantándose en presencia de todos y tomando su lecho en el cual había estado acostado, se fue a su casa, glorificando a Dios (Lucas 5:25).

¿Cómo vivió el resto de la vida? Vivió muy claro y definido; ya sabía por experiencia propia que vivir en pecado, es decir, vivir separado de Dios, produce desajuste mental que origina enfermedades físicas. También vivió agradecido, gozoso, con fe y lealtad en Aquel que le dio un nuevo amanecer, quién creó en él la verdadera dignidad, identidad y la verdadera felicidad.

Apreciado lector, hoy vivimos en un mundo de contradicciones: el ser humano vive aparentemente satisfecho, pero en el fondo vive buscando algo más. Alegre, pero a la misma vez triste. Rico en cosas materiales y a su vez pobre. Sumamente informado y a la vez desconectado y aislado. Muy activo y a la vez aburrido. Muy intelectual y a la vez más confundido. Religioso y a la vez desconfiado de Dios. Socialmente bueno y a la vez perverso. Vive en una carrera desenfrenada, pero no sabe para dónde va.

¿Qué será lo que buscamos o realmente necesitamos? ¿Más tiempo, un milenio más para arreglar las cosas? o ¿una nueva ciencia filosófica, o una nueva terapia psicológica o religiosa? Realmente, lo que necesitamos es un nuevo amanecer, un nuevo corazón, creado por el único, irreemplazable, indispensable y verdadero Hombre, el Cristo bíblico, el eterno, sabio y glorioso Dios/hombre, Jesús.

Si así lo deseas, te invito a hacer esta oración:

"Oh Señor, abre mis ojos para que puedan contemplarte; mis oídos para que puedan escucharte; mi razón para que pueda entenderte; y mi corazón para que pueda amarte. ¡Amén!"

Sección III

El Impacto de su Poder

"Y Jesús se acercó y les habló diciendo: Toda potestad me es dada en el cielo y en la tierra."

Mateo 28:18

Jesús ha dicho muy claramente:
Yo soy el amor para ser amado,
Soy la vida para ser vivida,
Soy el gozo para ser compartido,
Soy el pan para ser comido,
Soy la sangre para ser bebida,
Soy la verdad para ser encendida,
Soy la paz para ser dada,
Jesús es todo.

—Madre Teresa

Capítulo 10

☙

QUEBRANTADO

"Todo el que cayere sobre
aquella piedra, será quebrantado;
mas sobre quien ella cayere, le desmenuzará"
(Lucas 20:18)

E ra su hijo favorito, y ella le daba todos los gustos; él, por su parte, era un engreído, como si todo le perteneciera. Así que, desde su niñez vivió a su antojo. Todo lo que quería conseguir lo adquiría al precio que fuese, aunque este precio fuese la mentira o el engaño.

Así empezó Jacob una vida que estaba llena de suficiencia propia y con muchos planes y sueños que lograr. Aunque era hijo de un patriarca de Dios, él desconfiaba de Dios y de que pudiera dirigir sus pasos. Por esta razón tomó la decisión de realizar sus planes a solas sin la ayuda divina.

De esta manera fue normal para Jacob negociar con su hermano gemelo Esaú la compra de su primogenitura por un plato de lentejas (Génesis 25:27-34), o engañar a su padre Isaac, aparentando ser su hermano Esaú para que le diera la bendición de primogénito (Génesis 27:18-29). En cada uno de estos casos vemos a Jacob manipulando su vida, siguiendo una conducta apartada e independiente de Dios.

Dios, por su parte, observaba el camino peligroso por el cual Jacob estaba yendo. Sin embargo, y a pesar de todo, lo amaba y quería ayudarlo; pero Jacob estaba muy ocupado en sus intereses personales y controlando con astucia su propio destino.

No debemos condenar a Jacob por sus actitudes erróneas, pues así somos todos. Cada uno de nosotros desea vivir su vida a su manera, actuando como si fuéramos mini dioses, con la capacidad de controlar nuestro destino. Lo peor del caso es que pensamos que terminaremos bien; pero dichos caminos son siempre caminos torcidos y peligrosos. Sin embargo, Dios conoce esta condición humana y por eso, constantemente, trata de captar nuestra atención haciéndonos sentir su poderosa presencia.

Cuando llegó el momento en que Jacob tuvo que huir lejos de su hermano Esaú, porque su vida estaba amenazada por haberle robado la bendición de la primogenitura (Génesis 28:10-22), Dios aprovechó la ocasión para hacer su primera acción transformadora en Jacob. Una noche, mientras huía, soñó que veía una escalera por donde subían y bajaban ángeles y desde lo alto Dios le hablaba de su plan de bendecirlo (vers. 13-15).

Con este sueño, Jesús le demostró a Jacob su profundo interés por él. Quería asegurarle que, a pesar de su conducta equivocada, estaba interesado en él. Podríamos decir que éste fue el primer encuentro real de Jacob con Jesucristo. Pero a pesar de esta revelación, todavía Jacob no conocía a Jesús y quiso empezar a negociar con Él, prometiéndole fidelidad, al decirle: "si me guardares en este viaje en que voy, y me dieres pan para comer y vestido para vestir, y si volviere en paz a la casa de mi padre, Jehová será mi Dios" (vers. 20,21).

Este tipo de pacto es un pacto condicional, barato, frágil y temporal. Dios no podía aceptar tales condiciones. Sin embargo, comenzó a cambiar el curso de la vida de Jacob.

Habían pasado más de 14 años. Ahora Jacob se encontraba viviendo en la casa de su tío Labán, donde fue a parar cuando huyó de la venganza de su hermano Esaú. Durante ese tiempo vivió una vida llena de frustración y descontento, a pesar de haber adquirido muchas posesiones, dos esposas e hijos. Realmente, nadie es feliz viviendo a su manera, separado de Dios. Entonces Jacob decide volver a la casa de sus padres.

Mientras Jacob regresaba a su tierra, a Canaán, Dios aprovechó ese momento crucial para cambiarlo permanentemente. Lo encontró solo, lleno de temor en la oscuridad de la noche, esperando la confrontación peligrosa con Esaú, que venía a matarlo.

Sin Dios, el ser humano siempre se hunde, llega al lugar en donde su astucia no le funciona, y sus recursos son inútiles. Ahí se encontraba ahora Jacob, cuando Dios lo encontró huyendo, no tanto de Esaú, sino más bien huyendo de la presencia divina. Pero Dios ama al pecador, y quiere rescatarlo de sus caminos torcidos. ¿Qué usa para hacerlo? Su propia y poderosa presencia. Vino y se le presentó a Jacob en las tinieblas de la noche, tan densas como las tinieblas de su alma.

Jacob, enceguecido, pensando que era su hermano, se lanzó a la lucha defensiva. Sin él saberlo, se encontraba peleando con el mismo Jesús. Luchó y luchó, hasta que Jesús tocó el encaje de su muslo, derribándolo. Fue en ese preciso momento cuando Jacob reconoció que estaba luchando con el mismo Dios. ¡Qué momento fue éste para Jacob! Vencido por Cristo, pidió su bendición. Y no solamente la recibió, sino que además Jesús le cambió el nombre, de Jacob a Israel, de suplantador a príncipe de Dios, enseñándole así que es Él quien cambia la vida, el carácter, y todo (Génesis 32:22-32).

Es el amor y el poder de Cristo quien nos quebranta, y nos lleva de esa manera a reconocer nuestro orgullo, egoísmo y suficiencia propia. Jacob nunca pudo olvidar eso, porque cada vez que daba un paso, cojeaba.

Jesús anhela profundamente participar en nuestra vida. Dejemos que cumpla sus propósitos en nosotros y veremos como nuestra existencia se tornará más tranquila, reposada y feliz.

Capítulo 11

⚩

¡TRIUNFANTE!

*"Pero cuantas cosas
eran para mi ganancia, las he
estimado como pérdida por amor de Cristo"*
(Filipenses 3:7)

No es tarea fácil deshacernos de algo con lo cual hemos crecido; eso mismo le pasó a este joven. Su religión era parte integral de su vida, y, hasta donde podía recordar, el diario vivir y la religión estaban entretejidos con tradiciones de ritos, ceremonias y obediencia a la ley.

Al llegar a la adolescencia ya era experto en filosofía teológica; era muy inteligente y un excelente alumno; podía discutir y defender con eficiencia todos los puntos de fe. A esta altura de la vida, no sólo su familia, sino sus amigos y todos aquellos con quienes estaba en contacto, lo consideraban uno de los jóvenes más promisorios de su tiempo, que ayudaría a mantener intactas las tradiciones religiosas hebreas y, por consiguiente, la integridad de la nación.

Saulo tenía asegurada una posición prestigiosa en su iglesia y en la sociedad. Su vida se proyectaba como orador elocuente, maestro y predicador de la fe judía. Tenía ante sí un futuro brillante y envidiable.

Esta situación fue creando en él un espíritu arrogante y autosuficiente que, si no se corregía, sería peligroso; podía llevarlo a odiar, perseguir, torturar y aun matar a aquellos que estuvieran en desacuerdo con él.

Un día llegó la noticia de un hombre que estaba creando una conmoción religiosa, que en cierta medida perjudicaba la estabilidad de la fe judía. Pero no pasó mucho tiempo cuando se supo que este individuo, que se llamaba Jesús, había muerto crucificado por blasfemia. Esta noticia fue muy alentadora para Saulo y pensó: *"Gracias a Dios que este impostor mesiánico ha muerto. ¿Cómo fue que se atrevió a levantarse en contra de nuestra religión perfecta? ¡Qué bueno, ya terminó este problema!"*

Saulo decide mudarse de Tarso a Jerusalén, el centro más prominente del judaísmo, donde estudiaría bajo la dirección del Doctor Gamaliel, uno de los mejores maestros de la ley.

Al llegar a la ciudad, se encontró con algo inesperado unos individuos llamados "cristianos" estaban haciendo ruido, proclamando por todas partes la vida y la resurrección de Jesucristo, y se preguntó: *"¿Cómo puede ser esto, yo pensaba que este asunto se había terminado?"*

La noticia lo enfureció, y determinó confrontar este movimiento fanático; según él, había que extirparlo de la faz de la tierra a cualquier costo.

Un día escuchó que habían tomado preso a un tal Esteban, que era cristiano. Corrió hacia el lugar del juicio; al sólo verlo se llenó de ira, y después de escucharlo, al igual que los demás, pensó que lo mejor era matarlo por blasfemia contra Moisés y contra Dios (Hechos 6:10-14). Tomaron a Esteban y lo llevaron a un lugar apartado para matarlo, y allí, mientras Saulo cuidaba la ropa de los testigos, vio que, a causa del apedreamiento tan brutal, Esteban moría con su vista fija en el cielo e invocando la presencia de su Señor Jesús. Y Saulo pensó: *"Así mueren los herejes, los traidores de la fe. Ahora si acabaremos con esta revolución."*

Pero para sorpresa de Saulo, las cosas no terminaron allí; los cristianos seguían creciendo en gran número. Respirando amenazas de muerte, Saulo decide que él personalmente debe participar en el movimiento genocida de los cristianos; pidió permiso escrito de la sinagoga para ir a la ciudad de Damasco y tomar presos a todos los cristianos que encontrara en el camino (Hechos 9:1-2).

Con sus amigos salió hacia Damasco, dispuesto a hacer su trabajo: eliminar para siempre a los indeseables cristianos. Nunca imaginó lo que le iba a suceder, que sus sueños de victorias iban a ser relatos de derrotas. Con su pecho hinchado y su espada ceñida, marchaba confiado en su triunfo; su soberbia religiosa estaba al máximo, y pensó: *"Ahora sabrán estos miserables cristianos quien soy, los eliminaré con mis propias manos."*

Mientras se dirigía rumbo a Damasco, de repente una luz, más potente que los rayos del sol, cayó sobre el rostro de Saulo, tirándole al suelo, aturdido y ciego. Saulo, temblando de miedo, no entendía lo que le estaba pasando; de pronto escuchó una voz poderosa y penetrante que le decía: *"Saulo, Saulo, ¿por qué me persigues?"*; y él preguntó: *"¿Quién eres, Señor?"*, la voz le contestó: *"Yo soy Jesús, a quien tú persigues: dura cosa te es dar coces contra el aguijón."* Entonces algo extraño le sucedió, se sintió vencido y derrotado por este ser divino, y le respondió: *"Señor, ¿qué quieres que haga?"* (Hechos 9:1-9).

Su encuentro con Jesucristo cambió el rumbo de su vida: de Saulo el perseguidor a Pablo el discípulo de Cristo, de incrédulo a creyente, de opositor a predicador, de judío a cristiano, de arrogante a humilde, de egocéntrico a Cristocéntrico, de perdido a salvo; su vida entera quedó afectada por este encuentro. Eso mismo sucede en cada persona que se encuentra con Jesucristo.

Con razón, Pablo, después que conoció a Jesús, tuvo que concluir *que alejado de Jesús todo es nada* (Filipenses 3:7). La vida únicamente tiene sentido, valor y propósito cuando está unida a Jesucristo. ¿No sería maravilloso que tú y yo conociéramos el poder transformador de Jesús?

Capítulo 12

ↂ

PRIMER IMPACTO

"Y me ha dicho: Bástate mi gracia;
porque mi poder se perfecciona en la debilidad"
(2ª Corintios 12:9)

El impacto del encuentro lo dejó anonadado. Jamás olvidaría esa extraordinaria experiencia que tuvo mientras perseguía a los cristianos en su gira a la ciudad de Damasco (Hechos 9:1-9).

El contacto con el Todopoderoso, nuestro Señor Jesucristo, cambió su vida para siempre; nunca se imaginó algo semejante, tan real y excepcional; pero así son las cosas de Dios, llegan cuando menos las esperamos.

Con este encuentro, el joven Pablo ahora tenía evidencia de la divinidad de Jesucristo; vio su gloria, su gracia, su poder, su amor y su misericordia. Pero esta certeza no la encontró en un libro o en sus tradiciones religiosas o mientras estudiaba teología en el colegio. Fue un acto de la gracia divina, una revelación directa de Dios.

El encuentro con Jesucristo cambia los valores y las actitudes de vida. Cuando la persona llega a conocerlo, nunca vuelve a ser la misma; cada etapa con Jesús irá desarrollando nuevos valores que transformarán el carácter y por consecuencia, el estilo de vida.

Veamos como Pablo nos presenta el impacto de este encuentro con Jesús:

SU META: CONOCER A CRISTO ES TODO.

"...a fin de conocerle, y el poder de su resurrección, y la participación de sus padecimientos, llegando a ser semejante a él en su muerte" (Filipenses 3:10).

Ahora Pablo sabía para qué existía: para conocer a Jesucristo; éste era el enfoque primordial de su existencia. Sólo eso era importante, y ahora ninguna otra cosa o persona tenía preeminencia en sus pensamientos.

Los misterios más hermosos del conocimiento estaban en conocer la causa que llevó a Jesucristo a morir en la cruz y el poder que lo levantó de la tumba. Mientras sus contemporáneos se afanaban por entender a los grandes pensadores griegos y hebreos, a Pablo más le interesaba conocer la sabiduría de Dios, el cual entregó a su Hijo para que viniera a morir por los pecados del mundo; ésta era para él la verdadera ciencia, el conocimiento que superaba a todos los demás.

Nosotros hoy, como cristianos, necesitamos lo mismo, conocer más de cerca los misterios de Jesucristo, que están reservados para ser revelados a aquellos que tienen hambre y sed de justicia (Mateo 5:6).

Hoy por hoy, la gente conoce más acerca de los artistas y los grandes políticos que de Jesucristo. Qué lástima que muchos de nosotros gastamos más nuestra energía mental en conocer las cosas de los seres mortales, que en conocer las cosas del ser inmortal, nuestro maravilloso Jesucristo. Si lo conociéramos como Él quiere que le conozcamos ¡qué diferente sería la vida y otros serían nuestros propósitos!

SU PROPÓSITO: VIVIR PARA CRISTO.

"Con Cristo estoy juntamente crucificado, y ya no vivo yo, mas vive Cristo en mí; y lo que ahora vivo en la carne, lo vivo en la fe del Hijo de Dios, el cual me amó y se entregó a sí mismo por mí" (Gálatas 2:20).

Vivir para uno mismo es la filosofía más peligrosa, pues nos deprime y destruye nuestra existencia; es un desgaste físico y mental improductivo. Todo enfoque hacia nuestro ego produce un sinnúmero de enfermedades mentales, que al final deja el alma solitaria y vacía.

Pablo no quería seguir viviendo como antes, es decir, para sí mismo. Por esta razón dijo: *"lo que ahora vivo en la carne, lo vivo en la fe del Hijo de Dios."* Anteriormente él había experimentado la teoría existencialista: *"vive para ti y solamente para esta vida";* estas ideas lo llevaron a cometer muchos errores. Mas ahora, al conocer a Jesucristo, prefirió la sabiduría de Cristo: *"Vive para Dios y su reino".*

¡Qué maravillosa vida fue la de Pablo! Una vida llena de satisfacción, gozo y felicidad. Con razón pudo decir: *"Porque para mí el vivir es Cristo y el morir es ganancia"* (Filipenses 1:21).

Hoy, al acercarse el fin de la historia humana, necesitamos urgentemente tener una nueva revelación de Cristo. Existe la gran necesidad de que tengamos una experiencia semejante a la de Pablo con el Todopoderoso Jesús. La gente se está secando por dentro por vivir egoístamente, gastando la vida en vanidades. ¿Qué hemos cosechado con el consumo moderno de la egolatría? Hemos cosechado sufrimientos, dolor, tristezas, lágrimas y muerte. La promiscuidad sexual, descomposición familiar, divorcio, abuso sexual de menores, crímenes y robo, hablan claramente de la ausencia de Cristo en los corazones de los hombres y las mujeres de hoy.

¡Oh, cómo Jesús anhela cambiar el curso de nuestra vida, a una vida más abundante y satisfactoria! Él vive llamándote, buscándote, como una madre entregada, sacrificada, que haría cualquier cosa para ayudarte, y así cambiar tu enfermedad por salud, tu tristeza por gozo, tus fracasos por victorias, tu muerte por vida eterna.

Jesús vive hoy, tal como vivió en el tiempo del apóstol Pablo. Su presencia es evidente en la naturaleza maravillosa, en las Sagradas Escrituras y en la vida de muchos de sus seguidores. Deja que su poder te hable a través de esos medios disponibles. Te aseguro que, si te dejas encontrar por Él, tu vida nunca más será igual. Es un cambio que a veces es difícil de explicar, pero que ciertamente podemos experimentar.

Hoy es el día de tu decisión. Confía ahora mismo tu vida enteramente a Jesús.

Capítulo 13

ఱ

ENCUENTRO GLORIOSO

"Y cuando el Señor la vio, se compadeció de ella,
y le dijo: No llores"
(Lucas 7:13)

Cuando supo que estaba embarazada, una gran alegría inundó su corazón. Por años había deseado tener un hijo, y ahora Dios se lo había concedido. Los meses volaron rápido y llegó el día que tuvo en sus brazos a la criatura, y era varón, una doble bendición, porque en su cultura el tener como primer hijo a un varón era lo más deseado. ¡Cómo lo amaba!, este era el niño de sus sueños, el fruto de su vientre.

Ahora tenía una razón más para vivir. Cada día tenía un propósito: cuidar y atender a su amado hijo. El niño crecía con salud, con semblante hermoso, inteligente y muy querido por todos los que lo conocían. Ella planeaba tantas cosas hermosas para su hijo. En fin, el muchacho era su orgullo.

Los años pasaron rápidamente, y ya era ella de edad media, cuando llegó la desgracia a la casa. Su esposo, el compañero fiel de su vida, el padre de su hijo, muere inesperadamente. Esta pérdida quebrantó su alma. Pero, en medio del dolor, ella le daba gracias a Dios por tener un hombre a su lado, su hijo; seguro él la cuidaría, la ayudaría a conseguir el sustento diario y estaría con ella en sus años de vejez.

Pero todo no marchó como ella soñaba. Inesperadamente la enfermedad tocó a su puerta y se introdujo como una intrusa en su hogar. Su único hijo fue atacado por una enfermedad aparentemente incurable. Todos sus ahorros se gastaban en buscar la ayuda debida; anduvo de un médico a otro, pero todo fue inútil, la enfermedad rápidamente invadió el cuerpo de su hijo, causándole la muerte en poco tiempo.

Ella no podía creerlo, todo le parecía como una pesadilla, y se preguntaba: "Dios mío, yo no lo entiendo. Tú permitiste que se muriera mi esposo y ahora lo único que me quedaba, mi hijo, también lo he perdido. Tú sabes cuánto te amo, por favor ayúdame, me siento sola y angustiada. ¿Qué será de mi vida ahora, viuda, sin mi hijo y sin nadie que me socorra? Dame fuerzas y confianza en ti en esta prueba insoportable que me ha sobrevenido".

Llegó el día del entierro. Para ella parecía el fin del mundo, no había palabras que la consolaran. Caminaba hacia el cementerio con el corazón quebrantado. Era un momento lóbrego en su vida como ningún otro.

Una sombra de muerte los cubría mientras la madre viuda y los dolientes salían por la puerta de la ciudad para enterrar al difunto.

Por otra parte, se dirigía hacia la ciudad otra multitud con sentimientos opuestos. Venían contentos, hablando con un hombre que desplegaba serenidad, pureza y en sus palabras vida y esperanza. Era nuestro Señor Jesucristo, el Hijo del Dios viviente, el que ve y siente nuestros dolores, temores y angustias.

Al acercarse, Jesús nota la escena de dolor, y sus ojos se fijan en la mujer desconsolada que camina delante de la multitud, atrás del ataúd. De inmediato el dolor llenó su corazón al ver el rostro de esta pobre mujer temerosa de Dios.

Qué hermoso cuadro nos pinta las Sagradas Escrituras:

"Y cuando el Señor la vio, se compadeció de ella, y le dijo: No llores. Y acercándose, tocó el féretro; y los que lo llevaban se detuvieron. Y dijo: Joven, a ti te digo, levántate. Entonces se incorporó el que había muerto, y comenzó a hablar. Y lo dio a su madre" (Lucas 7:13-15).

La mujer se encontraba atónita, no podía creer lo que veían sus ojos y escuchaban sus oídos. ¿Qué estaba pasando? Como un relámpago, en un instante, su tristeza se convirtió en alegría, sus lágrimas de dolor en lágrimas de gozo y gratitud. Su hijo muerto, ahora estaba vivo, y mientras la abrazaba y besaba, le decía: *"Soy yo mamá, tu hijo. Gloria a Dios. Estoy vivo y sano"*. El resto de la vida del joven y la viuda no es importante, lo trascendente es Jesús, ¡qué bueno es Él!

La gente estaba sorprendida por esta obra milagrosa de Jesús, nunca habían visto una resurrección; el impacto les causó miedo y a la vez glorificaban a Dios. Veían en Él algo fuera de lo común, un gran profeta; al pasar el tiempo, muchos de ellos pudieron ver más allá, reconocieron y aceptaron a Jesús como el Mesías, el Ungido de Dios, el Salvador y el Señor de la vida. ¡Qué dichosos fueron!

Jesús, por su parte, se sentía feliz y satisfecho de poder haber hecho este milagro en el nombre de su Padre celestial. Para eso había venido a la tierra, para dar vida a los muertos, perdón a los pecadores, esperanza a los desesperados y vida abundante a los oprimidos y encarcelados por las miserias del pecado.

Ese mismo Jesús vive hoy, caminando por nuestras calles, visitando los hogares, tocando la puerta del corazón del niño, el joven, el adulto y el anciano. ¡Cómo nos ama! Él anhela darnos gozo, paz y vida eterna.

Tú y yo necesitamos tener un encuentro personal con Él, *la resurrección y la vida*, porque nuestra vida en este mundo es frágil, incierta y corta. Cuando Él llegue a tu existencia, cualquiera sea la circunstancia, recíbelo, es lo mejor que te puede pasar en esta vida.

Sección IV

La Belleza
de su
Vida

"Y aquel Verbo fue hecho carne, y habitó entre nosotros (y vimos su gloria, gloria como del unigénito del Padre), lleno de gracia y de verdad."

Juan 1:14

Fije el pecador arrepentido sus ojos en "el Cordero de Dios que quita el pecado del mundo", y contemplándolo se transformará. Su temor se trueca en gozo, sus dudas en esperanza. Brota la gratitud. El corazón de piedad se quebranta. Una oleada de amor inunda el alma. Cristo es en él una fuente de agua que brota para vida eterna.
—Elena White

Capítulo 14

☙

SUS LÁGRIMAS

*"Y cuando llegó cerca de la ciudad,
al verla, lloró sobre ella..."*
(Lucas 19:41)

L as lágrimas le brotaban incontenibles al sentir un dolor abrumador en su corazón. Le dolía profundamente el alma al ver el distanciamiento y el rechazo de sus hijos. ¡Cómo deseaba tenerlos a su lado, convivir con ellos! Él había hecho todo lo posible para establecer una amistad, pero tristemente sus amados hijos no deseaban su amor, ni su protección, ni su bendición.

Aceptar la realidad de esta separación eterna le era insoportable; sus lágrimas eran la evidencia del dolor que produce una separación permanente. Con un gemido, Jesús exclamó: *"¡Jerusalén, Jerusalén, que matas a los profetas, y apedreas a los que te son enviados! ¡Cuántas veces quise juntar a tus hijos, como la gallina junta sus polluelos debajo de las alas, y no quisiste!"* (Mateo 23:37).

Sin embargo, Jesús no llora porque es rechazado, ya que su amor no es egocéntrico como el nuestro. Él nunca sufre por lo que pueda ocurrirle a su persona; sus sufrimientos son siempre por sus hijos; conoce muy bien las consecuencias que sufrirán sus amadas criaturas al vivir lejos de Él, separados de su amor protector. Para ellos y su descendencia el futuro sería lóbrego y tenebroso; ¡cómo le dolía el alma al pensar en esa realidad!

En parte entiendo los sentimientos de Jesús. Un tiempo atrás sentí el dolor profundo de la separación cuando dejé a mi padre en su tumba. ¡Cuánto me dolió esta separación! Estas son realidades de la vida que todos los seres humanos tenemos que pasar, aceptar y aprender a vivir con ellas. Por supuesto, mi caso ni siquiera se puede comparar con el de Jesucristo. Su experiencia tiene matices muy diferentes que son dignos de ser analizados para así poder apreciar mejor la profundidad de su amor para con nosotros.

LO QUE SIENTE JESÚS POR NOSOTROS

¿Has amado alguna vez con todas tus fuerzas? Cuando uno ama con todas sus fuerzas, siente un acercamiento tan profundo hacia la otra persona que pensamos que su vida es parte de la nuestra. Ni siquiera nos podemos imaginar la vida sin la persona amada. Es difícil de explicar con palabras la profundidad del amor, pero sí podemos experimentarlo, pues nuestro maravilloso Dios nos ha creado con esa facultad.

Algo semejante, y aun mil veces más profundo es lo que Jesús siente por ti y por mí. Su amor sobrepasa cualquier otro amor que jamás hayamos recibido o vayamos a recibir. Si pudiéramos recoger el amor de todas las personas que nos aman y medirlo, nunca podrá igualar el amor sobreabundante que Jesús siente por cada uno de sus hijos; tú y yo somos parte intrínseca de su corazón y de su ser.

Fue este inmenso amor de Jesús lo que provocó sus lágrimas mientras contemplaba la ciudad de Jerusalén. No era el majestuoso templo, ni sus hermosos palacios, ni sus casas, ni sus riquezas lo que Él amaba, sino las personas que habitaban allí. Las cosas materiales no valen nada, sólo las personas son valiosas para Él.

Jesús vino a rescatar la humanidad perdida, y en Jerusalén estaba Israel, su pueblo amado. Este era la niña de sus ojos, su pueblo escogido para ser el instrumento mediante el cual Él manifestaría su amor, misericordia y majestad a cada persona de este mundo. Pero este pueblo se encontraba sordo a sus palabras, indiferente a su amor y lejano de su presencia, y tal actitud les traería terribles consecuencias.

EL COSTO DEL AMOR

El amor todo lo sufre, todo lo espera y todo lo soporta. Jesús, por amar mucho, sufrió mucho. No solamente sintió el rechazo, sino que además sufrió el escarnio, la tortura, la burla y finalmente la muerte vergonzosa en la cruz. Sin embargo, estos sufrimientos fueron el producto directo del amor que tenía por sus hijos al pagar Él el precio de sus rebeldías y pecados.

¡Gloria a Dios! Porque la muerte de Jesús hace posible la salvación de todos aquellos que aceptan su amor. Tú y yo somos beneficiarios de este acto extraordinario. Aceptando a Jesús, recibimos los beneficios de su abundante amor, beneficios que son incomprensibles para nuestra mente finita.

¿CÓMO REACCIONAREMOS?

Triste experiencia fue ésta para los habitantes de Jerusalén, cómo sufrieron y murieron por rechazar a Jesús, su Salvador. Fue la suficiencia propia, el orgullo y la incredulidad lo que llevaron a esta pobre gente a rechazar a Jesús; estos son también los factores que causan nuestro distanciamiento de Él, y como resultado, todas las desgracias en nuestra vida. Jesús quiere ayudarnos a vivir una vida más auténtica, gozosa y feliz; esta es la razón de todo su empeño cuando nos llama y se acerca a nosotros; su misión es siempre de paz y de amor, nunca de condenación. ¡Gracias Jesús!

Ahora nos toca decidir lo que haremos con Jesús... Decidir si recibimos o rechazamos su amor. Decidir si queremos hacerle llorar o hacerle feliz.

Capítulo 15

SU GOZO

"¿Qué hombre de vosotros, teniendo cien ovejas, si pierde una de ellas, no deja las noventa y nueve en el desierto, y va tras la que se perdió, hasta encontrarla? Y cuando la encuentra, la pone sobre sus hombros gozoso; y al llegar a casa, reúne a sus amigos y vecinos, diciéndoles. Gozaos conmigo, porque he encontrado mi oveja que se había perdido. Os digo que así habrá más gozo en el cielo por un pecador que se arrepiente, que por noventa y nueve justos que no necesitan de arrepentimiento"

(Lucas 15:4-7)

La alegría y el gozo son sentimientos importantes en nuestra vida; los necesitamos para darle sabor a nuestra existencia; sin ellos la vida sería monótona.

El gozo lo necesitamos en cada etapa de la vida: en la niñez, en la juventud, en la edad adulta y en la vejez. La mayoría de nuestras actividades tienen como fin traer gozo a nuestra vida. En esa búsqueda, a veces no encontramos el gozo que deseamos, encontramos la tristeza, y si conseguimos lograr cierto tipo de gozo, nos dura poco tiempo.

Uno se pregunta si existirá un gozo más legítimo y permanente. ¡Sí existe! Para conocerlo, analicemos la vida de nuestro Señor Jesucristo. Su vida no fue diferente a la nuestra, Él, al igual que nosotros, también buscó el gozo permanente. Veamos como lo consiguió y lo mantuvo vivo en su vida.

MANTENÍA UNA RELACIÓN CONSTANTE CON SU PADRE

"*Yo y el Padre uno somos*" (Juan 10:30).

Jesús sabía dónde se encontraba el verdadero gozo: en la comunión constante con su Padre celestial. La relación con su Padre amante le traía una sensación de paz y alegría; dicha amistad íntima lo llenaba, produciendo el gozo que su alma necesitaba y deseaba.

Para Jesús, la primera actividad del día era estar a solas con su Padre. Estos minutos lo llenaban de paz y tranquilidad. Así su día podía brillar con gozo en medio del pesado trabajo de ayudar a la gente en sus necesidades. La relación con su Padre le permitía transmitir ese gozo a las almas agobiadas por las cargas de la vida. Él podía reír con los niños, gozar con los jóvenes y mantenerse alegre en medio de los adultos.

HIZO LA VOLUNTAD DE SU PADRE

"Porque he descendido del cielo, no para hacer mi voluntad, sino la voluntad del que me envió" (Juan 6:38).

Jesús conocía el secreto del gozo permanente: hacer lo que el Padre le pedía. Obedecer los mandamientos del Padre no era una opción para Jesús, era la única meta en su vida. Él sabía que no había gozo viviendo en oposición a la voluntad perfecta de su Padre. Por consiguiente, su alegría consistía en cumplir fielmente con los deberes y compromisos señalados por su Padre celestial.

VIVIÓ PARA SALVAR A LOS PERDIDOS

"...el cual por el gozo puesto delante de él sufrió la cruz, menospreciando el oprobio, y se sentó a la diestra del trono de Dios" (Hebreos 12:2).

No hay nada que traiga más gozo a la vida que ayudar al necesitado, y precisamente para eso vino Jesús a nuestro mundo: a servir. Él vio nuestra desgracia. Nuestro planeta se había convertido en un cementerio. Por todas partes se encontraba la miseria, el dolor, la tristeza, la angustia y la muerte. Era un cuadro espantoso y desesperante, y hubiera seguido así por el resto de la existencia del planeta tierra si Él no hubiese intervenido. Gracias al Cielo que Jesús no se cruzó de brazos, por el contrario, los abrió para ayudar y rescatar a los que de otra manera no tenían ninguna esperanza.

Al venir, Jesús compartió su gozo eterno con los tristes y su vida eterna con los que no la tenían. Por esta causa Él sufrió el oprobio y la muerte en la cruz, para que de esa forma se nos abriera una puerta de entrada a una vida mejor. En su vida y su sacrificio experimentó, por amor a nosotros, la herencia del pecado: el dolor (Mateo 26:67), los sufrimientos (Juan 19:2,3), la separación (Marcos 15:33-38) y la muerte (Mateo 27:46,50-51). En todo este proceso doloroso, su corazón no perdió el gozo, porque éste consistía en salvar a los perdidos. Él no pensaba en el costo de su entrega, sino que sus pensamientos estaban concentrados en ti y en mí, y los beneficios eternos que disfrutaríamos al confiar en Él. ¡Qué maravilloso Jesús tenemos!

RECIBIENDO EL GOZO

¿Deseas tener el gozo permanente, el gozo de Jesús? El secreto está en amar a Jesús con todo nuestro corazón. Él es el camino al gozo que deseamos y necesitamos, pues Él es el gozo verdadero.

Al confiar en Jesús, podrás vivir con gozo en medio del dolor, las pérdidas y los sufrimientos de la vida, porque su gozo puede sobrevivir todo esto y aun la misma muerte.

Recuerda:

-El gozo verdadero es eterno, porque Jesús es eterno.

-El gozo es un regalo, porque está disponible gratuitamente por Dios en Jesús.

-El gozo es una elección, porque tienes que decidir escoger a Jesús.

Capítulo 16

✍

SU DESEO SUPREMO

"Al que no conoció pecado, por nosotros
lo hizo pecado, para que nosotros fuésemos
hechos justicia de Dios en él"
(2ª Corintios 5:21)

D urante el holocausto judío, los nazis ordenaron que todos los judíos usaran en sus abrigos una estrella amarilla para identificarlos, para luego llevarlos a morir al campo de concentración. Un cristiano holandés, el Sr. Ten Boom, tenía un gran aprecio hacia los judíos; un día quiso identificarse tanto con ellos que cosió en su abrigo una estrella amarilla, a sabiendas del riesgo a que se exponía. No sólo hizo eso, además él y sus hijas Betzy y Corrie abrieron su casa a decenas de judíos para protegerlos de la mano destructora de la policía nazi. Este acto le costó la vida a él y a su hija Betzy.

El amor verdadero tiene un alto precio: se identifica plenamente con aquel a quien ama. El amor genuino nunca piensa en sí primero, sino en el otro. Así es el amor de Jesús por ti y por mí. Nosotros somos el motivo supremo de sus deseos, pensamientos y desvelos. Todo lo que él piensa y hace tiene como objetivo central beneficiarte a ti y a mí. Su amor por nosotros es lo más grande que existe, y tal amor es agresivo, dinámico y sacrificado. Veamos como lo demostró.

SE IDENTIFICÓ CON NOSOTROS

Es una realidad que para nosotros el concepto de Dios es un elemento muy complejo y, por consiguiente, extraño, porque a Dios jamás lo ha visto nadie. Por esta razón, para que podamos comprender y conocer al verdadero Dios, Él tuvo que hacerse visible; es decir, debió tomar espacio y tiempo entre nosotros para darse a conocer.

Exactamente eso fue lo que hizo Jesús, se identificó con nosotros en el sentido pleno de la palabra, se hizo humano; es decir, se hizo carne y sangre, uno semejante a nosotros. Siendo Dios, este fue un acto humillante, pues le tocó dejar su gloria y su estado perfecto de Dios para descender a nuestro nivel de vida imperfecta. Y como si esto no fuera suficiente, hizo algo más radical...

ABSORBIÓ NUESTROS PECADOS

Jesús, en su gran amor por nosotros, fue aun más lejos que hacerse a nuestra semejanza, hizo lo increíble: tomó sobre sí las consecuencias de nuestras culpas y pecados. ¡Esto es amor en su máxima expresión!

Nosotros, los pecadores, somos los que merecemos pagar las consecuencias de nuestros errores, rebeldías y delitos, pero Cristo tomó sobre sí nuestros sufrimientos y enfermedades, pagando Él nuestros pecados con el sufrimiento y muerte en la cruz. Así lo indican las Sagradas Escrituras:

"Ciertamente llevó él nuestras enfermedades, y sufrió nuestros dolores" (Isaías 53:4).

"Al que no conoció pecado, por nosotros lo hizo pecado, para que nosotros fuésemos hechos justicia de Dios en él" (2ª Corintios 5:21).

¡Qué increíble amor es éste! La meta suprema de Jesús fue morir en nuestro lugar. Es allí, en la cruz, donde vemos en forma inequívoca que realmente Jesús nos ama con un amor sin igual. No sé lo que a ti te ocurre cuando contemplas tan inmensurable amor, pero en mi caso, mi corazón se enternece, y me siento inmerecedor de tan grande y perfecto amor, y lo único que puedo decir es:

"Gracias, mil gracias Jesús. Llévame a tu cruz cada día, para poder contemplar tu humillación por mí, y allí dejar a tus pies mis

tristezas, dudas, angustias, pecados, ansiedades y temores. Haz de mí lo que tú tienes planeado para mi vida, y enséñame a amarte con todo mi corazón. Amén".

Capítulo 17

⟡

SUS SUFRIMIENTOS

"De cierto, de cierto os digo,
que si el grano de trigo no cae en la tierra
y muere, queda solo; pero si muere, lleva mucho fruto"
(Juan 12:24)

Sufrir y morir son hechos inevitables en la vida que desearíamos evitar a todo costo. Nosotros no fuimos creados para vivir con estos intrusos indeseables, y a esto se debe que vivamos tratando de inventar algo que los elimine para siempre. Pero, es evidente que todos nuestros esfuerzos han fracasado, porque por nosotros mismos nunca encontraremos un escape a este dilema.

Para este grave problema nuestro, sólo existe una solución segura: nuestro Señor Jesucristo; Él ha abierto un camino que elimina para siempre el sufrimiento y la muerte. Él mismo declaró: *"Yo soy la resurrección y la vida; el que cree en mí, aunque esté muerto, vivirá. Y todo aquel que vive y cree en mi, no morirá eternamente"* (Juan 11:25-26).

VIVIR PARA MORIR

Para lograr extirpar el sufrimiento y la muerte, Jesús tuvo que caminar por el sendero que nosotros habíamos trazado. Desde antes de la fundación del mundo este doloroso proceso estaba predeterminado para Él:

"...con la sangre preciosa de Cristo, como de un cordero sin mancha y sin contaminación, ya destinado desde antes de la fundación del mundo, pero manifestado en los postreros tiempos por amor de vosotros" (1 Pedro 1:19-20).

Para Jesús, morir en la cruz era la única manera de poder extirpar para siempre los daños hechos por el pecado a toda la raza humana y a la naturaleza.

Este plan de Jesús encierra misterios muy complejos para nuestra mente finita. Sin embargo, Él desea que lo comprendamos, y para ayudarnos a apreciar su plan de restaurar lo perdido, utiliza el ejemplo de algo que nosotros podemos identificar: el grano de trigo. Él nos dice que un grano de trigo por sí solo no serviría para mucho a menos que sea sembrado y germine. Así sería la vida de Jesús. Él, como grano de trigo, tiene que venir a nuestra tierra y pasar por el mismo proceso de nosotros con sus sufrimientos y muerte para así dar vida abundante a muchos.

Mediante este proceso de entrega, Jesús tiene que amarnos más a nosotros que a Él mismo. Su vida en la tierra la tiene que vivir sin ningún interés propio, porque abnegación total es el requisito que el

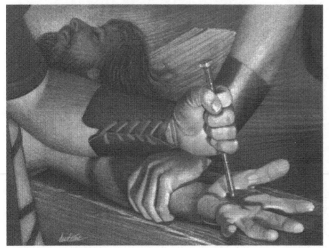

Cielo aceptaría para salvarnos. Para ello, tiene que soportar el sufrimiento físico, la agonía mental y finalmente la muerte de cruz. Este es el alto precio que tiene que pagar como un grano de trigo que desea producir frutos más adelante.

Notemos las descripciones de los acontecimientos previos a la muerte de Jesús:

-En su entrega sudó gotas de sangre.

-Traicionado por uno de sus discípulos.

-Arrestado y juzgado como si fuera un criminal.

-Abofeteado, azotado y lacerado.

-Coronado con una corona de espinas.

-Sentenciado a morir crucificado.

-La vergüenza de ser expuesto desnudo en la cruz.

-Burlado por los religiosos.

-Abandonado, murió solo en la cruz.

Esta condescendencia de Jesús es la manifestación suprema de su amor eterno por cada uno de nosotros. Él sabía que, entregándose y dando su sangre por nosotros, lograría efectuar su plan de restaurar todo lo que se había perdido. Su obra fue una obra perfecta, porque con su muerte satisfizo la demanda de la ley del amor violada por el hombre y demostró perfectamente su gran amor por nosotros, los pecadores.

Así queda demostrado el verdadero carácter del amor del Padre y de Jesús: el Padre nos ama al entregar a su Hijo, y el Hijo nos ama al vivir por nosotros una vida perfecta y al morir en nuestro lugar en la cruz del Calvario. Pero al tercer día, Jesús se inmortalizó, porque resucitó de la tumba, destruyendo para siempre nuestro aguijón, la muerte.

El plan divino está realizado con toda su belleza y plenitud: *Jesús vivió para morir y murió para vivir*. Su resurrección de entre los muertos es la evidencia de que su obra fue aceptada por Dios el Padre como el único acto meritorio para salvar a toda la raza humana.

¡Qué increíble Salvador tenemos! Con razón es llamado: *"Admirable, Consejero, Dios Fuerte, Padre Eterno, Príncipe de Paz"* (Isaías 9:6).

MORIR PARA VIVIR

¿Cuáles son los frutos del gran sacrificio de Cristo? Notemos sus beneficios:

-Salvación gratuita a todos los que creen en Él.
-Resurrección de entre los muertos a todos los creyentes.
-Cielos nuevos y tierra nueva.
-Eterna juventud a todos los hijos de Dios.
-Salud, armonía y justicia perfecta para siempre.
-Paz, gozo y felicidad perpétua en todo el Universo.
-Cristo reinará como Señor de Señores y Rey de Reyes.
-Los redimidos adorarán y alabarán a Cristo por la eternidad.

¿Valió la pena haber muerto como grano de trigo? ¡Claro que para Jesús sí valió la pena! Su muerte en la cruz establece el argumento más poderoso contra cualquier duda o acusación a su amor incondicional. Es por causa de haber tomado la cruz que, en los cielos y en la tierra, los ángeles y los redimidos por su sangre proclaman continuamente honor, gloria y alabanza a su nombre por los siglos de los siglos. Ante Él, toda rodilla se doblará y toda lengua confesará que Jesucristo es el Señor, para la gloria de Dios Padre (Filipenses 2:9-11).

Y ahora, ¿qué haremos con este maravilloso Jesús? Solamente en Él está nuestra vida eterna garantizada y nuestro todo. Pero, ¿caminaremos por el camino que Él nos pide que caminemos?:

"Si alguno quiere venir en pos de mí, niéguese a sí mismo, y tome su cruz, y sígame. Porque todo el que quiera salvar su vida, la perderá; y todo el que pierda su vida por causa de mí, la hallará" (Mateo 16:24-25).

¡Qué tremendo desafío nos presenta Jesús! Si para Él valió la pena morir en la cruz, también lo será para nosotros si aceptamos su invitación de seguirlo, pero... ¿Estamos dispuestos a pagar el precio? ¿Nos entregaremos totalmente a Él? ¿Le amaremos con todo nuestro corazón?

Capítulo 18

൭

SU MUERTE

"Dios mío, Dios mío, ¿por qué me has desamparado?"
(Mateo 27:46)

Me viene a la memoria un cuadro doloroso. Recuerdo ver a mi padre en el hospital moribundo, su vientre hinchado, con un cáncer que le arrebataba la vida como un león rugiente sobre su víctima indefensa.

Yo no deseaba verlo en esa horrible condición, y salía del cuarto a llorar a solas en el pasillo. Para mí, esta situación era tan dolorosa que llegué hasta pedirle a Dios que lo pusiera a descansar, para así no verlo en esa triste condición.

Es verdad, sufrir es algo a lo que tú y yo no nos acostumbramos. Lo odiamos. Le huimos. Simplemente no lo aceptamos en nuestra vida, ni mucho menos en la vida de nuestros seres queridos.

Ahora, en parte, entiendo un poquito lo que tuvo que pasar Dios aquel viernes de tarde en la entrada principal de la ciudad de Jerusalén. Qué experiencia dolorosa fue el Calvario: ver a su propio hijo sufrir. Levantado en aquella horrible cruz. Maltratado, lacerado, manos y pies clavados, con una corona de espinas sobre su cabeza. Y como si esto no fuera suficiente... desnudo, exhibido como un vil criminal. Hasta dónde lleva el pecado a su víctima.

Para Jesús, la angustia no eran meramente sus dolores físicos, aunque no dejó de ser una realidad, pero lo más brutal fue la angustia mental; la agonía de llevar la pesada carga del pecado, los pecados de cada ser humano que haya vivido y vivirá sobre este planeta.

Nace la pregunta. Las preguntas reflejan mucho lo que nos está ocurriendo en un momento dado. Cuando existe confusión e inseguridad, siempre surgen las preguntas. No necesariamente quieren decir que existe una duda, sino que existe una confusión en la mente por algo que no se había experimentado anteriormente. Precisamente por eso Jesús formuló aquella pregunta mientras colgaba en aquella horrible cruz: *"Dios mío, Dios mío, ¿por qué me has desamparado?"*(Mateo 27:46).

Simplemente Jesús, como humano, no podía entender lo que estaba pasando. Durante toda su vida había sentido la presencia tierna de su Padre celestial. Todo lo que había hecho lo hizo bajo la sombra de su constante compañerismo. No había existido ningún momento

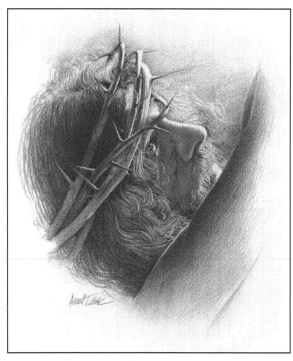

en que no sintiera esa comunión íntima con su Padre. Pero ahora, por primera vez en su vida, sentía su ausencia, más cuando la agonía mental era insoportable. Ahora sí, ésta era una experiencia extraña, inesperada para Jesús. ¿Qué estará pasando? ¿Por qué su Padre lo abandona?

La pregunta era obvia. ¿Dónde estaba su Padre, el que siempre lo había acompañado? Para Jesús, todo parecía estar en tinieblas, no podía ver más allá del sufrimiento, se sentía abandonado, bien lejos de su amante Padre. Su alma sufría como nadie ha sufrido, ni sufrirá.

El pecado y sus consecuencias solamente se pueden entender a la luz de la cruz. Allí, el Padre tuvo que esconder su rostro por la sentencia que caía sobre su Hijo por la transgresión del hombre de su perfecta ley de amor. Cosa extraña, el mismo que había dado la ley, ahora cae bajo la condenación de su propia ley. Y no había forma para retroceder, la paga del pecado es muerte. Cristo, el justo, paga por nosotros los injustos.

Jesús experimentó la muerte eterna, la que a nosotros nos correspondía. Allí termina la historia del fracaso del hombre y se inicia la victoria de Jesús sobre el sufrimiento y la muerte. En la cruz no hubo nada que el hombre pudiera ofrecer: ni religión, ni virtudes, ni moralidades. El Padre y el Hijo sufrieron solos y, por lo tanto, solamente ellos pueden ofrecer salvación a cada alma creyente en ese sacrificio. No hay sistema religioso, ni hombre que pueda sustituir la muerte vicaria de Cristo Jesús. Intentarlo es una locura de la razón humana.

¡Gloria a Dios por lo que hizo! Los sufrimientos de Jesús son el triunfo del amor, el triunfo sobre el pecado, la garantía de la vida eterna para cada uno de nosotros inmerecedores de tan sufrido amor.

Apreciado lector, no contemplemos tanto el mundo y sus cosas pasajeras; contemplemos más la gloria eterna de la cruz. Y es allí, bajo la sombra de esa cruz, donde tú y yo aprendemos a escuchar la voz de Jesús, a confiar más en sus promesas, y seguirlo con amor hasta el final de nuestros días.

Capítulo 19

ఈ

SU REGALO

"Por sus heridas fuimos nosotros curados"
(Isaías 53:5)

Lo asaltaron y le robaron todo lo que tenía. Pero lo peor de todo fue el golpe mortal que recibió en la cabeza. Al otro lado de la ciudad había otro hombre, mi cuñado, que se encontraba moribundo, esperando la donación de un corazón, porque ya el suyo no le funcionaba bien, producto de un ataque cardiaco masivo. No pudo haber llegado esta ayuda en un momento más oportuno; la familia del hombre que fue asaltado donó el corazón del fallecido, y mi cuñado fue el bendecido beneficiario de un corazón sano.

Así fue como mi cuñado pudo vivir 10 años más con aquel corazón sano y fuerte que le regalaron. Qué cosa extraña de la vida… la muerte de un hombre produce vida para otro. De una maldición, el otro recibe una bendición.

No hay nada más agradable que recibir una bendición inesperada, y más aún cuando es urgente la necesidad. Como sabemos, las enfermedades son indeseables; ellas no nos dejan vivir tranquilo, nos roban la felicidad, el reposo, la sonrisa y la paz, y nos pueden llevar finalmente a la muerte si no son curadas a tiempo.

Jesús vino precisamente para eso, para devolvernos la salud que habíamos perdido por causa de la enfermedad del pecado, que es separación de Dios. Pero para darnos la paz, la felicidad, y la misma vida, tuvo que pagar un precio muy alto, el precio de su propia vida. En otras palabras, su perfecto corazón lo regaló para reemplazar nuestro enfermo corazón. ¡Qué intercambio tan extraño! *"Por sus heridas fuimos nosotros curados." "Porque la paga del pecado es muerte, mas la dádiva de Dios es vida eterna en Cristo Jesús Señor nuestro"* (Romanos 6:23).

Tomar la cruz fue elección de Jesús. A Él no se le impuso ni se le obligó a tomarla, Él escogió voluntariamente sufrir, padecer y finalmente morir sobre ella. En todo este proceso, nosotros tenemos mucho que ver, somos los culpables de este camino doloroso.

El sacrifico fue iniciativa propia de Jesús. Él vino para eso. La cruz era su destino, aun antes de la fundación de este mundo. Esta era la única manera de hacer posible un trasplante perfecto. Él tenía que sufrir para producir felicidad, angustiarse para producir paz, tomar nuestra enfermedad para producir salud, y finalmente morir para producir vida y vida eterna.

Como notamos, las cosas son según del ángulo de donde se miran. Para nosotros la cruz es nuestra paz, nuestra felicidad, nuestra salud y nuestra eternidad. Pero para Jesús estos beneficios le costaron el máximo sacrificio, ser obediente hasta la muerte y muerte de cruz. Así es el amor eterno de nuestro maravilloso Jesús. Un amor sin límite. El justo paga por los injustos, el humilde paga por los orgullosos, el obediente paga por los desobedientes, el bueno paga por los malos, el perfecto paga por los imperfectos.

Contemplar este sacrificio es una decisión que trae consigo grandes beneficios. Si se acepta y se confía en Él, veremos desaparecer la violencia doméstica, los abusos de los niños, los vicios sexuales, la adicción a las drogas, alcoholismo, y los desastres de los divorcios.

Realmente no hay situación a la cual el sacrificio de Jesús no pueda traer transformación. **No obstante, tratar de buscar ayuda fuera de la sombra de la cruz de Cristo es una insensatez de la incredulidad humana; mas conocer a fondo el sacrificio de Jesús, es el remedio más eficaz contra los males del orgullo, las debilidades y las tentaciones.** Si los demás caminos te han fallado, trata éste. Te aseguro, es el mejor de todos.

¡Cuántos beneficios son nuestros mediante el acto increíble de la condescendencia de Jesús! No cabe en nuestra imaginación. Lo único que podemos hacer es apreciarlo, y rendirnos a sus pies con una actitud reverente, diciéndole:

"Gracias, mil gracias Jesús. Tú nos has traído salud a nuestras almas enfermas, y vida a nuestros moribundos corazones. Muchas gracias por hacer posible este inesperado trasplante".

Capítulo 20

ೞ

SU HORA

"Así también vosotros, cuando veáis todas estas cosas, conoced que está cerca, a las puertas"
(Mateo 24:33)

"**M**e siento triste, desamparada, no tengo a nadie", decía una niña. Otro, herido y llorando, también decía: "Me quedé sin mamá y papá; estoy solo".

Esos son los gritos de desesperación, angustia, dolor y muerte que vinieron desde Centroamérica y del Caribe. Los huracanes Mitch y Georges (1998) azotaron sin misericordia nuestras tierras dejando una estela de devastación y muerte.

¿Qué está pasando en nuestro mundo? Vemos como la naturaleza con furia mortal se rebela contra los habitantes de nuestro planeta; pareciera como si una fuerza enemiga estuviera utilizando los elementos para destruir la flora, la fauna y lo más valioso de esta tierra, los seres humanos.

Esta es en realidad una hora de lamentación. Por doquier se escuchan quejidos. Es también una hora de lamentación por las almas que perecen sin haber recibido la bendición más grande de esta vida: Conocer al Salvador, a nuestro Señor Jesucristo.

Vivimos en una hora crítica, todo está apuntando hacia el fin del mundo. Satanás, el enemigo de Dios, sabe que sus días están contados. Como león rugiente anda por todo el mundo destruyendo vidas por medio de desastres, epidemias, filosofías vanas, descomposición moral y espiritual. Antes que él muera, está empeñado en llevarse consigo a todos los que pueda.

Sin embargo, en medio de estas calamidades, Jesús, el Creador y Salvador, también está activo, trabajando a tiempo completo para rescatar a las almas de la inminente ruina eterna. Esta es también **la hora** de su amor rescatador.

LA HORA DE SU PRESENCIA

"Y he aquí yo estoy con vosotros todos los días, hasta el fin del mundo" (Mateo 28:20).

Jesús no ha abandonado este mundo rebelde. Él ama cada criatura que camina sobre este planeta. Él sufre con los que sufren y llora con los que lloran. Si no fuera por la presencia continua de Jesús, este planeta sería insoportable. Pero gracias a su constante presencia con nosotros, podemos encontrar esperanza en medio del caos, gozo en medio del dolor y vida en medio de la muerte. Nunca olvides que Él siempre estará a tu lado, en tus alegrías y tristezas, en la salud y enfermedad, en tu juventud y en tu vejez, en tu vida y en tu muerte... hasta el fin y por la eternidad.

LA HORA DE SU SALVACIÓN

"Mirad a mí, y sed salvos, todos los términos de la tierra, porque yo soy Dios, y no hay más" (Isaías 45:22).

Salvar al perdido es la tarea incansable de Jesús, porque separados de Él estamos perdidos para siempre. La angustia, el temor y la inseguridad, son elementos que se anidan en los corazones, pero Jesús quiere y puede eliminarlos con su presencia salvadora.

Para Él tener el derecho de salvar, tuvo que venir y morir en nuestro lugar. Es mediante su salvación que Él puede garantizarnos calidad de vida, abundante y eterna. Esta es su hora para salvar a todo aquel que ponga su confianza en Él.

LA HORA DE SU LLAMADO

"Venid a mí todos los que estáis trabajados y cargados, y yo os haré descansar" (Mateo 11:28).

Jesús sabe que los humanos no desean tenerlo como su Señor y Salvador. Es por esta razón que incansablemente llama a cada uno de nosotros para que entremos en una relación de amor con Él.

La crisis de hoy irá de mal en peor y llevará a muchos al borde de la desesperación. Jesús, por lo tanto, nos llama a estar cerca de Él; solamente estando a su lado encontraremos la paz que nuestro corazón necesita.

Su llamado de amor contiene las siguientes características:

-Llega a nosotros a través de las vicisitudes, las pruebas y los fracasos.

-Puede llegar a través de un amigo o de un desconocido.

-Es constante e insistente en la conciencia.

-Llega a través del estudio de su Palabra o por la predicación del Evangelio.

-Puede llegar de diferentes formas, como por un sueño o por un llamado directo del Espíritu Santo.

-Su llamado no contiene ningún elemento de terror, temor o angustia; siempre produce paz, calma y reposo en el alma.

-El llamado divino siempre tiene como centro la gracia salvadora de Jesús.

Apreciado lector, este mundo está plagado de dolor, penas y tristezas; pero existe un mundo feliz más allá; un mundo espléndido que ha sido visto por millones de personas que han puesto su confianza total en Jesús.

Helen Keller (1880-1968) nació ciega, sorda y muda, creyó en Jesús y vislumbró ese glorioso mundo prometido. Ella expresó su confianza así: **"Las cosas más bellas en el mundo no pueden ser visibles o aun tocadas, deben sentirse con el corazón"**. Es cierto, podemos sentir la presencia de Jesús en nuestro corazón; podemos amarlo y sentir su tierno llamado de entrar en ese glorioso mundo que nos espera, donde "no habrá muerte, ni habrá más llanto, ni clamor, ni dolor" (Apocalipsis 21:4).

El mayor deseo de Jesús es que lleguemos a disfrutar esa eternidad junto a Él, una eternidad de gozo inefable y glorioso (1ª Pedro 1:8), llena de "delicias a su diestra para siempre" (Salmos 16:11).

Es cierto que somos seres mortales; en menos de cien años tú y yo no estaremos más aquí, pero Jesús si existirá; y si vivimos en Él, desde este mismo momento iniciamos esa vida eterna que tanto deseamos y buscamos. ¡Qué maravilloso privilegio tenemos en la gracia de Jesucristo!

Jesús vendrá visiblemente a su tiempo, a la hora predeterminada por el Cielo para sacar a todos sus hijos de este mundo pecaminoso, y regalarnos un mundo nuevo, donde reinará la paz y la felicidad eterna (Juan 14:1-3). En esta hora final, Él anhela tenerte en su presencia de amor y paz para siempre. Su llamado es: *"He aquí yo estoy a la puerta y llamo; si alguno oye mi voz y abre la puerta, entraré a él, y cenaré con él, y él conmigo"* (Apocalipsis 3:20).

Mi amigo o amiga: Responde, recíbelo en tu corazón; es la única manera de escapar de este mundo en ruinas.

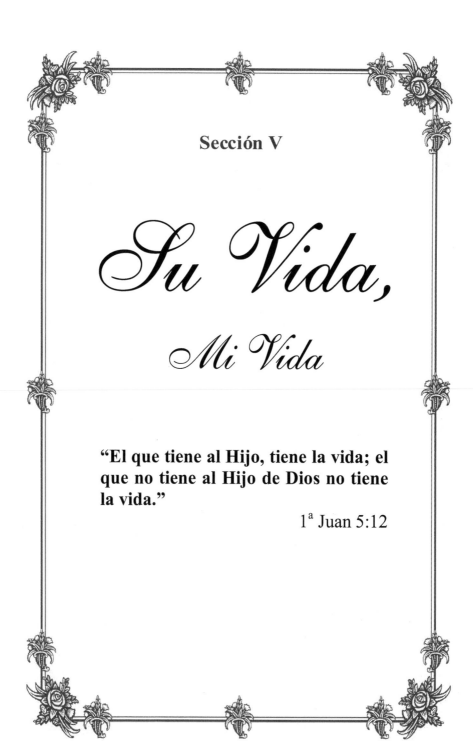

Sección V

Su Vida,
Mi Vida

"El que tiene al Hijo, tiene la vida; el que no tiene al Hijo de Dios no tiene la vida."

1ª Juan 5:12

"Búscate a ti mismo, y encontrarás al final solamente odio, soledad, angustia, ira, ruina, y descomposición. Pero busca a Cristo y tú lo encontrarás, y con Él, todo lo bueno está incluido."
—C.S. Lewis

Capítulo 21

VIVIENDO MEJOR
EL MILENIO

"En el principio creó Dios..."
(Génesis 1:1)

Fuegos artificiales, luces de mil colores, multitudes en algarabía, fiesta y más fiesta, música a todo volumen, ruidos y gritos estridentes, comer y beber en exageración, fueron las actividades particulares que trajo la famosa llegada del tan esperado nuevo milenio.

¡Qué privilegio ha sido el nuestro al poder ver el amanecer de un nuevo año, un nuevo siglo y un nuevo milenio! Pero como ya notamos, rápidamente la gente dejó la euforia que produjo la llegada del dichoso nuevo milenio (como es de esperar, pues así sucede cada vez, las aguas de las emociones siempre regresan de nuevo a su propio nivel). La vida retorna a su rutina normal: dormir, comer, trabajar, pagar deudas y correr, correr para resolver.

¿Y ahora qué haremos? ¿Cómo gastaremos este nuevo tiempo que nos está siendo prestado? ¿Haremos igual que antes, pensando solamente en sobrevivir, así como los incrédulos que viven pensando en lo temporal y en lo efímero, como si fuera esta vida terrenal el todo de la existencia humana? ¡No! Seamos más sabios que eso, hagamos algo mucho mejor que solo contemplar la aparente gloria temporal del hombre postmoderno. Te invito a que contemplemos la gloria eterna de Jesús.

Notemos que las sagradas Escrituras declaran *"En el principio creó Dios..."* (Génesis1:1), indicando de esa misma manera una realidad existencial: *todo comienza con Dios*. Nada en realidad comenzó con nosotros. Todo, materia orgánica e inorgánica, está enfocado en Él. Fue Jesús quien estuvo en el principio de nuestro tiempo y será Él quien estará al final. Fue Jesús quien le dio origen a todo lo que nuestros ojos ven, nuestras manos tocan y lo que nuestros oídos escuchan. Sin Él nada estaría, incluyéndote a ti y a mí. Él es la causa y la razón de todo lo existente. Él es la única realidad existencial en todos los tiempos, siendo Él quien en verdad inició la vida y quien, gracias a su divino poder y amor, la sostiene ahora y por la eternidad.

Escúchame. No tc aventures a continuar en este nuevo milenio sin invitar a Jesucristo como el centro de tu vida, porque de aquí a cien años ni tú y ni yo estaremos más aquí, Jesús sí estará y con Él tú vivirás. Por lo tanto, no nos afanemos desesperadamente por lo temporal (nosotros y nuestras cosas) sino por lo eterno (Jesús y sus cosas). Así debemos vivir el tiempo que nos toca vivir aquí en la tierra. De lo contrario, seguiremos repitiendo los mismos errores y fracasos, cargados de frustraciones, descontentos, angustia, dolor y tristeza; recuerda que estas experiencias fueron nuestra sobrecarga en el milenio pasado.

Escúchame y por favor entiéndeme. Jesús quiere ser el primero en nuestros pensamientos, actitudes, valores, inclusive aun en nuestra conducta de vida. Él sabe muy bien que, aunque vivimos en medio de un mundo altamente tecnológico y filosóficamente muy bien educado, sin Él, todo se va degradando. Lo que dejó el milenio pasado en los países altamente industrializados, fue un hombre muy educado, científicamente más avanzado, económicamente bien estructurado; pero a su vez también dejó un saldo millonario de divorcios, de cuentas por pagar, de criaturas muertas en abortos, de familias destruidas, de niños y jóvenes desorientados, sin contar la cantidad inmensa de hombres y mujeres adictos a vicios y aberraciones, dejando así la súper estructura humana más desajustada que nunca, llena de sentimientos enfermizos y su razón confundida, como ovejas que no tienen pastor.

Y ahora, ¿cómo se vislumbra el "nuevo" milenio? Más oscuro... más peligroso, lleno de violencia en la familia, la sociedad y entre las naciones, con más guerras y terrorismo. Garantizado está, será peor que el anterior. La complacencia egoísta y vanidosa será la norma de la vida y la arrogancia será la actitud prevaleciente de los corazones. Éstas producirán un desajuste más autodestructor en la forma de pensar, sentir y vivir, el cual será acentuado por la abundante prosperidad material que invita a la autocomplacencia. El ser humano, intenta llenar el vacío interno con cosas materiales, por el avance altamente científico que excluye radicalmente la fe en un Dios creador y sustentador como método de búsqueda para conocer lo que es bueno para el hombre.

Hoy está a nuestra disposición romper con ese diabólico círculo vicioso. Jesús es nuestra única escapatoria, nuestra única esperanza, nuestra única solución. Él se ofrece, al igual que siempre, como nuestro mejor remedio, cuando cariñosamente nos invita: *"Venid a mí todos los que estáis trabajados y cargados, y yo os haré descansar"* (Mateo 11:28).

Comencemos bien el nuevo milenio, utilicemos nuestras mejores energías mentales para enfocar de nuevo a nuestro glorioso Jesús, el Creador, el Señor, el Eterno y suficiente Redentor. Unidos con Él en un compromiso serio, y recibiremos de Él los siguientes beneficios:

-Fuerza para nuestra debilidad.
-Sabiduría para nuestra ignorancia.
-Poder para nuestra fragilidad.
-Y luz para el oscuro y tenebroso milenio.

Capítulo 22

≪
¿QUÉ TIENE LA VIDA PARA TI?

"El que tiene al Hijo, tiene la vida; el que no tiene al Hijo de Dios, no tiene la vida"
(1ª Juan 5:12)

Pasamos por esta vida una sola vez. Claro, algunos desearíamos vivir dos vidas o más, pero desafortunadamente no puede ser así, todos recibimos el mismo regalo, una sola vida. Lo cierto es que todos experimentamos lo mismo en cada etapa de nuestra existencia. Cuando niños, aprendemos a conocer nuestro mundo exterior a través de nuestros sentidos. En la juventud, nuestros ojos y oídos se activan al máximo descubriendo el mundo de las emociones, es el tiempo de soñar. Después entramos a la edad adulta, la edad de contraer matrimonio, de tener hijos y lograr una estabilidad económica. Luego viene la edad media, la edad de disfrutar lo adquirido, los nietos y planificar para la vejez. Y la vejez, el tiempo de confrontar la realidad de la existencia, donde tenemos que comenzar a soltar y abandonar muchas cosas, porque ya se acerca lentamente el indeseable horizonte... el tiempo del fin. Si llegáramos a vivir cada una de estas etapas, deberíamos considerarnos dichosos, porque millones nunca llegan al final del camino.

Pero, ¿será eso todo lo que se nos ofrece, un monótono círculo de vida? No, tenemos a nuestra disposición algo más sublime, mucho más glorioso. Es algo importantísimo que podemos descubrir, que es tan real como son las demás experiencias de la vida: es conocer personalmente a Dios y su glorioso mundo. Pero para muchos esta realidad pasa desapercibida o quizás pobremente experimentada.

Para el hombre de hoy estas realidades a las cuales me refiero no son aceptables, porque ellas no pueden ser localizadas en un tubo de ensayo y, lo peor, no tienen lógica ni son razonables. Es cierto que la ciencia nos ha traído muchos beneficios, y creo que ella tiene su lugar e importancia, pero no puede penetrar el mundo al cual me refiero, el mundo de la realidad de Dios.

No solamente la ciencia tiene ese problema; también al cristianismo de hoy le está ocurriendo lo mismo: ha perdido de vista las realidades del mundo de Dios, y se ha quedado con los huesos secos del formalismo y con sus creencias doctrinales muertas. Desdichadamente, para muchos religiosos Dios se ha convertido en meramente una creencia intelectual, no en una experiencia seria del corazón. Y, por ende, el cristianismo se ha tornado barato. ¿Quién quiere un cristianismo así? Las multitudes lo desean, pero no la persona que busca un cristianismo serio, genuino, transformador y permanente.

Sea cual fuere la causa de la duda y de la incredulidad, el mundo de Dios, aunque es cierto invisible para el ojo humano e incomprensible para la razón, no deja de ser una realidad viva. La historia está llena de personas que han descubierto tan glorioso mundo, y declaran con certeza que es tan real como el aire que respiramos y como miles de otras cosas que no se pueden ver, pero no por eso dejan de ser reales.

A nuestra mente le gusta descubrir nuevas cosas, y la experiencia de descubrir es una de las bellezas emocionantes de la vida. Pero Dios no creó la mente humana para descubrir la materia solamente, incluyéndonos a nosotros mismos. No; Dios nos creó específicamente para descubrirlo a Él, el regalo más precioso de la vida. Bienaventurados son los que descubren ese glorioso mundo, el mundo de Dios, de su Persona, sus obras y su redención a través de Jesucristo.

Este mundo, el mundo de Dios, se descubre únicamente a través de la fe, y no debemos sentirnos intimidados por los intelectuales, ni mucho menos por los religiosos, porque la fe (Hebreos 11:6) es capaz de revelarnos más de Dios que lo que la misma ciencia y la religión pueden hacer. Ellos tienen sus limitaciones y, claro está, hoy lo podemos notar. En medio de tantos descubrimientos científicos, el hombre se vuelve más incrédulo, y en medio de tantas religiones se vuelve más infiel y mundano aún profesando ser religioso.

Qué lástima que hemos perdido de vista al verdadero Dios de la ciencia, el Dios de la Biblia, y lo hemos oscurecido con filosofías religiosas y con razonamientos humanos, cuando conocerlo es tan fácil y simple. Jesucristo es una Persona, no para ser simplemente analizado, sino más bien para ser amado con todo el corazón, con todo el entendimiento y todas las fuerzas. ¡Oh, si pudieras verlo anhelando un encuentro vivo y real contigo!

Apreciado lector, solamente hay una realidad con la cual tú y yo podemos contar en cualquier etapa que nos encontremos: Podemos contar con la compañía gloriosa de Dios Padre, Jesucristo y el Espíritu Santo. Déjame decirte las dos grandes verdades de esta vida: **Dios es todo, y tú y yo nada.** ¿No lo crees? ¿Se te hace difícil aceptar esta conclusión? Te invito en este instante a fijar tus ojos en las cosas que te rodean y también a mirarte a ti mismo. Dime ahora, ¿no son todas temporales y mortales? Claro que sí. Entonces, lo único que nos toca hacer es: contemplar lo eterno, a Dios y a Jesucristo su Hijo. Este es el mejor regalo de la vida. Él está tan cerca de ti como el aire que respiras. Recíbelo ahora mismo. Y con Él de seguro viviremos la etapa más gloriosa de la existencia: la eternidad. Y esa yo no me la quiero perder... ¿y tú?

"Padre nuestro: Reconozco que por las cosas que más me esfuerzo son temporales, inclusive mi propia existencia es pasajera, pero vengo a Ti buscando entender el propósito que tú tienes para mí. Ayúdame cada día a contemplar la eterna gloria de tu Hijo Jesús, para que así mi vida pueda traer honra y gloria Ti. Amén."

Capítulo 23

❧

¿CÓMO VIVIREMOS?

"Como todas las cosas que pertenecen a la vida y a la piedad
nos han sido dadas por su divino poder, mediante el conocimiento
de aquel que nos llamó por su gloria y excelencia"
(2ª Pedro 1:3)

"Quiero saber cómo puedo tener paz en mi hogar, porque nuestra casa es una zona de guerra." "Soy una persona violada, ¿cómo puedo borrar de mi mente esa horrible memoria?" "¿Cómo puedo criar a mis hijos en este ambiente de tan mala influencia?" "Tengo una linda casa, un carro nuevo, pero no soy feliz, me siento vacía, llena de ansiedad y de soledad. ¿Qué puedo hacer?" "Tengo un vicio que no puedo dejar y me está destruyendo, pero no sé cómo abandonarlo".

Esta generación es la generación de las crisis, de los peligros, del dolor, del temor y de la muerte del espíritu. Tanto los problemas de jóvenes como los de adultos representan una condición muy compleja. Mirando estos casos, es evidente que la vida se torna a veces difícil, llegan momentos de tantas frustraciones que desearíamos huir y no tener que luchar con nada.

Realmente esos momentos son momentos muy duros que nos confunden al no poder saber qué hacer con tantos disturbios emocionales. Y si así es para los que profesamos ser cristianos, imaginémonos cómo será para aquellos que no conocen y no creen en nuestro maravilloso Señor y Salvador Jesús. En verdad los problemas de ellos se tornan más complicados y mucho más horribles.

Ahora bien, siendo que tú y yo profesamos ser cristianos, surgen preguntas que merecen respuestas claras y honestas, por ejemplo: ¿Cómo viviremos en este mundo lleno de complejidades? ¿Cómo reaccionaremos ante los problemas que confrontamos? ¿Qué haremos con nuestra atormentada energía mental? ¿Dónde iremos cuando las cosas se vuelven difíciles? ¿Qué le diremos a los inconversos? Sin duda alguna, estas preguntas pueden tener muchas respuestas;

mas deseo dirigir tu atención a una respuesta muy simple, pero por eso no deja de ser la más acertada y la más relevante de todas.

Para dar respuesta a estas preguntas, el Dios del cielo me ha dirigido a un pensamiento muy significativo y revelador, el cual deseo compartir contigo, y estoy más que seguro que te ayudará a vivir tu vida con más serenidad, reposo y tranquilidad, aun en medio de las vicisitudes que nos toquen vivir:

"Toda vida espiritual, se deriva de Jesucristo... Los tesoros de la eternidad han sido confiados a la custodia de Jesucristo para darlos a quien le plazca. Pero cuán triste es que tantos, rápidamente, pierden de vista la preciosa gracia que les es ofrecida por fe en Cristo. Él impartirá los tesoros celestiales a los que creen en Él, acuden a Él y moran en Él."[1]

Este pensamiento encierra el secreto que necesitamos conocer y experimentar. Como notamos, Jesús es la clave de todo. Todas las cosas que necesitamos, Él ya las tiene disponibles y en abundancia. Es un hecho incuestionable, Él es la fuente de toda bendición, de todo poder, de toda sabiduría, de toda paz y alegría. Podemos apropiarnos de estos beneficios de Jesús, pero para que lleguen a ser nuestros, necesitamos cumplir ciertos requisitos. Notemos cuales son:

1. HAY QUE CREER EN JESÚS.
"...confía en él, y él hará" (Salmos 37:5) .

Creer significa confiar. Esta es la primera clave de la vida. Pero la confianza tiene que estar basada únicamente en Jesús. A Él no le agrada que lo tengamos como segundo plato en la mesa, es decir, como otra opción u otro recurso más entre tantos. Es aquí en donde estriba el grave problema nuestro: confiamos más en nosotros mismos, en nuestros recursos, en nuestra educación, en nuestra religión, en nuestra experiencia, y cuando nos sentimos en un callejón sin salida, inmediatamente acudimos a los que supuestamente saben mucho, a los profesionales, olvidando a nuestro Señor Jesús.

Necesitamos entender que cada paso de desconfianza en Dios, es un paso hacia atrás, un paso más al desequilibrio que empeora el desajuste emocional, mental y espiritual, aumentando así el problema que tenemos. Mientras tanto, Jesús está esperando, anhelando manifestarse en nosotros. Pero para manifestar sus bendiciones en nosotros, necesita que depositemos toda nuestra confianza en él. En Él está la perfecta sabiduría que necesitamos tener para confrontar los azotes de la vida. **¡Confía en Jesús!**

2. HAY QUE IR A JESÚS
"Venid a mí..." (Mateo 11:28).

La confianza verdadera está dirigida hacia alguien, ese alguien es Jesús. Él siempre nos invita a venir a Él, no a nadie más. Acudir a Él es el factor por excelencia, pero también es el factor más difícil de todos, porque nuestra humanidad se ha acostumbrado a solicitar ayuda a otros individuos o a otros sistemas, pero no a Jesús.

Hoy la gente paga a los psicólogos en busca de solución a sus problemas emocionales, a los religiosos para sus problemas espirituales, a los terapeutas familiares para sus problemas de familia, a los sexólogos para sus problemas sexuales, y así sigue la lista. Pareciera ser que existe un experto para cada necesidad, y Jesús "El Gran Experto" es en quien menos se piensa y se acude. Lamentablemente a Él se lo considera como una opción más, como un capítulo aislado. Pero si queremos verdaderas soluciones, no nos dejemos engañar ni por intelectuales, ni por religiosos, ni por cualquier otro factor por interesante, iluminador y novedoso que aparente ser; debemos de acudir al que sabe lidiar mejor con nuestra vida, a nuestro sabio y poderoso Jesucristo.

Por supuesto que conocer nuestra naturaleza y también conocer las causas de nuestro problema es necesario e importante, y para ello Jesús también nos puede ayudar para encontrar profesionales cristianos que pueden ser muy útiles en dicho proceso; pero tal proceso terapéutico debe siempre incluir el factor supremo, conocer la persona de Jesús y su obra en favor nuestro. Si hay algo que los problemas deben enseñarnos es éste: necesitamos más y más de Jesús, la fuente de toda bendición. **¡Ven a Jesús!**

3. HAY QUE VIVIR CON JESÚS

"Permaneced en mí, y yo en vosotros" (Juan 15:4).

Muchos encuentran respuestas a sus problemas aparte de Jesús; pero esas soluciones son como los calmantes, son de poca durabilidad. Hoy necesitamos soluciones seguras y permanentes, y Jesús es el único que las tiene; pero para recibirlas hay que aprender a vivir permanentemente con Él. Vivir con Él no quiere decir que profesemos una religión en particular, sino vivir escudriñando su gloriosa persona, estudiando su palabra para contemplarlo y orar para recibir de su presencia reposo y sabiduría. Es así como aprendemos a vivir con Él en una actitud de dependencia y confianza. Y así nuestra fe en Él se afirma y se fortalece.

Apreciado lector, trata esta medicina para tu alma, para tus problemas de vida, y te aseguro un camino mejor, porque Jesús sigue siendo aún la mejor solución para esta vida llena de crisis y de complejidades. **¡Vive con Jesús!**... Así es como se debe vivir la vida.

"Oh Dios, gracias por regalarnos a tu Hijo. Gracias Jesús por perdonar nuestras culpas, sanar nuestras heridas y fortalecer nuestra vida. Gracias por tu amor, tus riquezas y tu fidelidad. Enséñame hoy a confiar y a vivir en ti. ¡Amén!"

Referencias:

1. Elena White, *Mensajes Selectos, tomo 1* (Mountain View, California: Pacific Press Publishing Association, 1967), págs. 159, 160.

Capítulo 24

CƷ

VIVIENDO LA ETERNIDAD

"Y esta es la vida eterna: que te conozcan a ti, el único Dios verda-
dero, y a Jesucristo, a quien has enviado"
(Juan 17:3)

Tu vida y la mía es un precioso regalo, pero a su vez es muy corta e incierta. Algunos nunca llegan a nacer, otros mueren a los pocos días de haber nacido, otros ni llegan a la adolescencia, son de repente arrebatados de nuestro medio por un accidente o una enfermedad; y son muy dichosos los que llegan a casarse, tener hijos y retirarse. Y aun en medio de todo este proceso normal de la vida llegan momentos muy desagradables, y a veces nos preguntamos si vale la pena vivir... Pero te diré que sí; la vida tiene sentido, aun en medio de todas estas incógnitas que nos tocan confrontar.

Déjame decirte la razón: todos estamos capacitados para experimentar la vida eterna. "Eternidad" es una palabra difícil de entender porque todo lo que vemos, tocamos y sentimos es temporal, nada es eterno, incluyéndonos a nosotros. Me ha tocado participar en muchos funerales, y cuán cierto es para mí notar que todo en esta vida es de poca durabilidad; allí, en el cementerio, todo termina para el que murió, dejan de existir sus sentimientos, sus virtudes, sus afanes y sus deseos, todo queda atrás; lo único que queda es su memoria, que perdurará en los seres más queridos, hasta que lentamente no queda más memoria de él, como si esa persona nunca hubiese existido. Esta es una realidad que muchas veces ni queremos pensar, ni escuchar, pero lo cierto es que tarde o temprano tenemos que mirarla cara a cara; simplemente, no hay forma de escapar de ella.

Esta fue la razón por la cual Jesús vino a este planeta; vino a establecer una forma de pensar diferente a la nuestra, una forma que rompe radicalmente con nuestros patrones de analizar la realidad. Como notamos, eternidad para Jesús es conocer al Dios verdadero y a su Hijo Jesucristo (Juan 17:3). Para Jesús, eternidad no es un espacio de tiempo, sino más bien una condición, un "estado de relación de amor" con alguien específico: con Dios y con Él. No existe nada relevante ni trascendente fuera de esta relación de amor.

Esta relación mutua con Dios y con Jesús se puede establecer únicamente en el espacio de tiempo que tenemos en esta vida. Si gastamos nuestra vida en otra cosa que no sea para enriquecer nues-

tra relación con Jesús, en realidad somos señalados como insensatos, porque no lograremos nada permanente, absolutamente nada con ello; solamente una experiencia que mañana dejará de existir.

No hay nada en esta vida, ni en la venidera, que supere la intimidad con Dios y con Jesús. La vida aquí no tiene otro propósito que éste. Precisamente esta es la oferta del Cielo a toda alma sedienta de vida eterna. Si no llegáramos a tener esta experiencia, sería como si nunca hubiésemos existido, porque no existe nada significativo o valioso aparte de Dios. Jesús es el Eterno, y es en Él donde tenemos vida eterna, no en una fracción de tiempo, sino en una relación íntima y permanente con su gloriosa Persona.

Jesús no vive en un espacio de tiempo como nosotros vivimos; Él vive en la eternidad, en un tiempo presente continuo, cosa que nuestra mente, en este lado de la frontera del pecado, no puede asimilar, entender, ni explicar. Las cosas de Jesús son las únicas eternas. Las nuestras, sean estas ideas, razonamientos, sentimientos y cualquier otra cosa que nuestra mente pueda crear, analizar y razonar, son en sí mismas pasajeras, cambiantes y por tanto, temporales. Pero las de Jesús no son así. Sus principios, sus valores y su sabiduría son constantes e invariables. No son como los nuestros que cambian cada semana, cada año, cada siglo, cada milenio, y al final de cuenta, desaparecen, así como mueren los hombres.

Nosotros no somos eternos. Si es que queremos disfrutar de una vida abundante, la única alternativa que existe es escoger al eterno

Jesús. Nuestra eternidad depende de Él, y la eternidad está en Él. Él es la fuente de la vida, donde todo lo que existe, existe en Él, y sin Él nada existe. Separados de Jesús existimos hasta cierto tiempo, y luego desaparecemos sin dejar rastro de que estuvimos sobre este planeta; pero con Jesús existimos para vivir y vivir para siempre en un estado de perpetuo gozo.

¡Qué glorioso regalo nos ofrece Jesús: vivir la eternidad a su lado! Sé sabio, escoge la eternidad, escoge a Jesús.

"Oh Jesús, gracias por esa oferta gloriosa de poder conocerte íntimamente. Quiero vivir en esa atmósfera celestial, disfrutar del encanto de tu eterna presencia. Ayúdame a concentrarme en ti, a desprenderme de este mundo pasajero para así poder gustar la dulzura de tu amor eterno. Esto es lo que necesito de esta vida, nada más ni nada menos. Amén."

Capítulo 25

ɕʒ

EL IMPACTO DE LA ETERNIDAD EN TU VIDA PRIVADA

"Engañoso es el corazón más que todas las cosas,
y perverso; ¿quién lo conocerá?"
(Jeremías 17:9)

La vida la vivimos en dos facetas: la social, que es nuestro comportamiento y comunicación con los demás, y la privada, la que nadie conoce, donde aun nuestros seres más cercanos no tienen la menor idea de los secretos profundos que llevamos escondidos en nuestro interior. Ahí nadie entra; es un lugar íntimo, privado, donde atesoramos nuestras fantasías, deseos y sueños; algunos de ellos son buenos, pero otros son malos, llenos de horribles pasiones carnales.

¿Quién conoce el corazón humano?, pregunta la Palabra de Dios (Jeremías 17:9). Nosotros los humanos siempre hemos pensado que podemos conocer la naturaleza humana. Las ciencias sociales y sicológicas viven declarando, basados en sus estudios, que conocen en profundidad al hombre. Pero esto es un autoengaño. Nosotros no estamos capacitados para entender la complejidad de nuestra forma de pensar, de nuestros valores, actitudes y comportamientos.

Es Dios quien únicamente nos conoce tal cual somos. *"Yo conozco que todo lo puedes, y que no hay pensamiento que se esconda de ti"* (Job 42:2). *"Examíname, oh Dios, y conoce mi corazón; pruébame y conoce mis pensamientos; y ve si hay en mí camino de perversidad, y guíame en el camino eterno"* (Salmos 139:23,24). Dios tiene la forma en que podamos conocernos mejor: es conociéndole a Él.

El intento de conocer la criatura antes que el Creador es lo que produce que nuestros pensamientos se vuelvan maléficos. ¡Cuán poco conocemos a nuestro Creador y Sustentador! Pero sí nos vanagloriamos en conocernos a nosotros mismos. Así lo declaran muchos al decir: "Conócete a ti mismo. Cree en ti. Tú puedes". Todo esto halaga al oído, pero sus consecuencias son muy dañinas.

Para encontrarte a ti mismo, al único lugar que tú debes ir es al Calvario. Es ante la cruz de Cristo donde comenzamos a comprender la naturaleza de nuestro corazón. Fuera de la cruz, el ser humano vive con una máscara, aparentando ser bueno cuando no lo es, y lo malo que conoce de sí mismo es en realidad más malo de lo que realmente parece. Cuando Jesús llega al corazón es cuando el hombre por primera vez inicia el camino de conocer las desviaciones de su carácter y la perversidad de su naturaleza.

Nuestro "Yo" vive en un mundo oscuro, lleno de pensamientos inicuos que aparecen en nuestra mente en cualquier instante. No podemos controlar esas reacciones impuras, las cuales no expresamos, ni llegamos a ejecutarlas, pero ahí están almacenadas en nuestra mente. Jesús llega específicamente ahí, a nuestra conciencia dormida, y despierta en nosotros la realidad de las cosas eternas.

La tendencia natural de nuestro interior es alimentarse de lo temporal, lo pasajero, porque cree que lo que siente y lo que ve es lo que realmente es, cuando en verdad es una falsa ilusión. **Jesús es la única realidad de la existencia.** ¡Cómo desea cambiar nuestro interior engañado y enfermizo! A medida que acostumbramos a nuestra mente a contemplar a Jesús en la cruz, nuestros pensamientos se vuelven nobles y buenos. *"Y la paz de Dios, que sobrepasa todo entendimiento, guardará vuestros corazones y vuestros pensamientos en Cristo Jesús. Por lo demás, hermanos, todo lo que es verdadero, todo lo honesto, todo lo justo, todo lo puro, todo lo amable, todo lo que es de buen nombre; si hay virtud alguna, si algo digno de alabanza, en esto pensad"* (Filipenses 4:7-8).

Hoy, nuestras mentes son bombardeadas por sonidos de radio e imágenes de televisión, y de lecturas baratas e inmorales, llevándonos a vivir vidas concentradas en los asuntos de este mundo. Dios sufre al ver que sus hijos mantienen sus pensamientos en las cosas temporales del materialismo, la vanidad y las pasiones depravadas. Estas cosas pueden quitarnos el honor de la eternidad, y esto sí será lamentable. Esta triste condición es la que ha llevado a muchos profesos cristianos a no sentir hambre espiritual, ni por Cristo ni por su reino; pero sí viven disfrutando locamente de las cosas de este mundo. Esta realidad se nota en la poca asistencia a los servicios de adoración, a las actividades misioneras, también en la poca concentración cuando se predica la Palabra, y un abandono marcado de la disciplina de meditar en la Palabra.

Hoy queremos un Cristo de nuestra imaginación, de nuestro gusto y nuestra cultura, es decir, acomodado a nuestro estilo de vida. Este es un Cristo falso, porque deja nuestra mente en lo temporal y efímero, que no impacta nuestros pensamientos perversos. Necesitamos volver a contemplar al Cristo de la Biblia, no al Cristo de nuestros pensamientos. Jesucristo es el único que puede limpiar nuestra mente impura, y ponernos en armonía con los principios del reino eterno. Su reino es limpio, sencillo, glorioso, noble y hermoso.

Allí, en la privacidad de nuestra vida, podemos encontrar un maravilloso cambio, si sólo hiciéramos el esfuerzo de tomar tiempo para estudiar la Palabra viva y poderosa de Dios y la gloria de nuestro Señor Jesucristo. A medida que estudiamos su cruz, este acto nos llevará a vivir en el mundo de Dios, un mundo invisible para nuestros ojos, pero que es más real que el aire que respiramos, y sin el cual no podemos existir.

Recuerda: nuestros pensamientos desaparecerán, pero los que quedan para siempre son los pensamientos eternos de Jesús.

"Oh Señor, gracias por tu abundante don de misericordia. Tú eres el único perfecto y puro. Enséñanos a vivir en Ti, para que así nuestra alma pueda encontrar el descanso eterno feliz."

Capítulo 26

CB

LOS EFECTOS DE LA ETERNIDAD EN TU VIDA SOCIAL

"Considerad los lirios, cómo crecen; no trabajan, ni hilan; mas os digo, que ni aun Salomón con toda su gloria se vistió como uno de ellos"
(Lucas 12:27)

Donde vivo hay un hermoso lago, existen peces, tortugas y patos; y todo aquel paisaje está embellecido por palmeras, árboles y plantas florales, haciendo el panorama muy acogedor para caminar y disfrutar de la belleza de la creación de Dios. Todo en la naturaleza vive en perfecta armonía, cada cosa existe dependiendo mutuamente de otra.

Así deberíamos vivir nosotros, como la naturaleza, que vive conectada perfectamente, trayendo beneficios a su alrededor. Tú y yo no somos islas, todos estamos conectados, y tenemos una influencia directa o indirecta con cada ser humano. Somos seres sociales, que vivimos interrelacionados, comenzando con nuestra familia y siguiendo con nuestros amigos y con todos aquellos con quienes nos relacionamos a diario.

Existimos para afectar a todos los que nos rodean. De hecho, nuestra vida influye, sea para bien o para mal, y de esto no nos podemos escapar. Así lo declaran las Sagradas Escrituras: *"Porque ninguno de vosotros vive para sí, y ninguno muere para sí"* (Romanos 14:7).

¿Para qué existimos? ¿Qué diferencia hacemos en el lugar donde vivimos? ¿Cómo dejaremos el ambiente el día que nos mudemos, mejor o peor? El resultado depende de nuestra forma de vivir. ¿Para quién vivimos? Si vivimos para nosotros mismos, de seguro nuestra contribución a los demás no será de mucho valor, porque el egoísmo produce fricción, incomodidad, distancia y aislamiento. Los seres humanos que no tienen los principios universales de Dios, no pueden ejercer una influencia de bendición eterna.

Las personas que más han influenciado en mi han sido cristianos comunes; entre ellas recuerdo muy bien a una señora que no sabía leer ni escribir, pero ¡qué corazón lleno de Jesús tenía! En realidad,

nuestra contribución positiva, según Dios, no depende de nuestra cultura refinada o de nuestro conocimiento, sino más bien depende de la calidad de relación que tenemos con el glorioso Jesús. Nuestra intimidad con Él es la clave para traer bendición a todos los que nos rodean. Nuestra buena influencia depende de nuestro bienestar interior, es decir, lo que realmente somos como resultado de estar viviendo con Jesucristo.

El ser humano sin Cristo es un muerto en vida, podrá impresionar a la gente quizás por su físico, por sus talentos, por sus palabrerías, o por su apariencia, pero todo esto será de poca durabilidad. Todo lo que reflejemos, como producto de nuestra humanidad sin Cristo es dañino y por consiguiente temporal. Nuestra buena y perdurable utilidad hacia los demás será según el nivel de relación que hayamos desarrollado con nuestro amante Salvador Jesús.

Para que una planta pueda crecer, dar flores y frutos, y embellecer su medio ambiente, tiene que estar bien sembrada, de lo contrario se debilita y muere. De igual manera así es nuestra vida. Necesitamos vivir arraigados y cimentados en Cristo para poder embellecer nuestro ambiente social. Viviendo Él en nosotros es como se producirá la imagen de Dios en nuestros corazones, y así, inconscientemente, reflejaremos sus virtudes sobre los demás.

Este principio lo expresa claramente el escritor Oswald Chambers, cuando dice:

"Las personas que tienen más influencia en nosotros no son las que nos detienen y nos hablan, sino las que viven sus vidas como las

estrellas del cielo y los lirios del campo, perfectamente sencillas y sin afectación. Estas son las vidas que contribuyen a amoldarnos." [1]

¿Cómo dejaremos el mundo cuando dejemos de existir aquí? Todo depende para quién vivimos: si vivimos para nosotros y para los valores enfermos de este mundo, no dejaremos absolutamente nada; pero si vivimos para Jesús y su reino, dejaremos a muchas personas tocadas con el amor eterno de Dios, y esto sí vale la pena, porque es lo único eterno.

Los lirios del campo no se esfuerzan por crecer, ni se preocupan por embellecer su ambiente, simplemente existen espontáneamente. Este es el secreto de la vida espiritual influyente: vivamos silenciosamente contemplando al Cordero de Dios, nuestro glorioso Jesucristo, que murió y resucitó y vive intercediendo por nosotros, y quien muy pronto en gloria vendrá para buscar a los que viven para Él.

Mientras esperamos ese glorioso día, no te esfuerces por ser bueno o trates de impresionar a la gente. Vivamos nuestra vida escondida bajo la sombra de la cruz de Jesucristo, porque así es como los hombres verán su gloria en nosotros y glorificarán a nuestro Padre celestial.

"Oh Dios, tú eres quien embellece la naturaleza entera, trayendo hermosura y vida a todo lo que nuestros ojos ven y nuestras manos tocan. Deseamos vivir así, conectados al corazón de tu glorioso Hijo Jesús, para que nuestra influencia pueda traer honra y gloria a tu divino nombre ahora y por la eternidad. Amén".

Referencias:

1. Oswald Chambers, *En Pos de lo Supremo,* (Bogotá, Colombia: Centro de Literatura Cristiana, 1979), pág. 139.

Capítulo 27

☙

PLENITUD DE VIDA

"Porque de su plenitud tomamos todos,
gracia sobre gracia"
(Juan 1:16)

L a vida tiene un propósito definido: vivir a plenitud. Pero para vivir la vida a plenitud debemos de vivirla en reposo y en paz con nuestros seres queridos, con nuestro prójimo, con nosotros mismos y, por supuesto, con nuestro Creador, nuestro Señor Jesucristo. Pero nos preguntamos: ¿Cuántos hoy poseen tales características? Si la vemos, son muy pocos los que la tienen. Hoy en día existe una gran necesidad de ella. Cada ser humano la necesita y la busca como un ingrediente básico de su existencia. Pero, ¿a dónde va para encontrarla?

Personalmente ya he vivido lo suficiente, he estudiado, y además cuento con muchos años de servicio a nuestra sociedad como ministro de Jesucristo. Y basado en esta experiencia, creo que ya puedo presentar algunas conclusiones correspondientes a la condición de nuestra sociedad y sobre el estado mental de los seres humanos.

Te presento a continuación mi conclusión determinante y afirmativa: el ser humano, si no está conectado en una viva experiencia con nuestro Señor Jesucristo, entonces vive detrás de su estructura mental triste, desorientado, insatisfecho, inseguro, atemorizado y sumamente preocupado por su existencia. Socialmente vive alejado de la gente, sospechoso de las intenciones del otro, y en un estado de desequilibro matrimonial, familiar y religioso.

Las estadísticas sociales y sicológicas hablan por sí solas. Hoy se vive una vida desmantelada en medio de la abundancia económica, con sus comodidades, placeres, entretenimiento, y aun dentro de nuevas experiencias religiosas. La paradoja de esta sociedad moderna es que, mientras más educada está y materialmente superada, sus problemas sociales y sicológicos se agravan más y más.

Entonces, si pensamos un poco, surge una pregunta muy importante, la pregunta que todos nos hacemos muchas veces en el silencio del alma: ¿Por qué estamos tan mal? ¿Qué es lo que está pasando con el hombre postmoderno educado y avanzado tecnológicamente? ¿Cuáles son las causas que provocan todos estos males sociales, síquicos y espirituales que nos rodean?

Evidentemente la búsqueda es desesperada. El hombre postmoderno se ha lanzado a buscar solución en la religión, en las ciencias esotéricas, en nuevos procedimientos sicológicos, en nuevas experiencias de placeres visuales, audibles y sensuales, y por supuesto, en buscar más dinero y más comodidades. Pero lamentablemente su alma sigue todavía vacía, y dicho círculo vicioso se vuelve más grande y más complejo. Es demasiado evidente: el hombre de hoy se encuentra desesperado en un callejón sin salida.

Por mi parte yo no quiero confundirte. Y por eso quiero darte una respuesta muy simple que aun un niño la puede entender: lo que tú y yo necesitamos, en verdad, es un nuevo encuentro con la "Abundancia" de la vida... con JESÚS, el Dios Creador, el buen Pastor, el Príncipe de Paz, la Perla de gran precio y el Suficiente Salvador. En Él está la plenitud de vida que hoy necesitamos. Pero buscar vida abundante fuera de Él es fatal, porque todo es una fantasía y un engaño. En mi caminar por la vida me he encontrado con muchas personas acaudaladas, educadas, acomodadas, religiosas, en todos los niveles sociales, y ¿qué he encontrado muchas veces? Te diré: personas insatisfechas, divorcios, hijos por malos caminos, lágrimas, vicios destructivos, dolor y angustia.

Escúchame, por favor. Jesús tiene lo que tú necesitas; Él tiene suficiente gracia para ti, regalos tan abundantes que llenarán completamente las expectativas de tu vida. Pero Él te ofrece, no lo que el mundo te da, sino más bien te ofrece el mayor regalo de esta vida...

a sí mismo, con toda su gloriosa y encantadora Persona, para que vivas con Él ahora y por la eternidad. ¿Lo deseas?

Escucha su voz: "Si alguno tiene *sed*, venga a *mí* y beba. El que cree en mí, como dice la Escritura, de su interior correrán ríos de agua viva." […] "…yo he venido para que tengan vida, y para que la tengan en *abundancia.*" (Juan 7:37-38; 10:10).

No hay placer en este mundo que supere a Jesús viviendo íntimamente contigo; y no existen riquezas que puedan superar su gloria en ti. Él es insustituible. ¿Sabes lo que te estoy hablando? Una cosa es cierta, sólo cuando recibas a Cristo en tu vida y experimentes una relación diaria con Él, sabrás lo que estoy diciendo, y entonces podrás decir con toda convicción: ¡Jesús es en verdad la plenitud de la vida!

"Oh Dios, danos más de Jesús y desearemos menos nuestra posición y reputación social; desearemos menos las riquezas y los placeres terrenales. Con Él nos sentiremos satisfechos, realizados y completos".

Capítulo 28

CB

UN REMEDIO EFICAZ

"Estas cosas os he hablado para que en mí tengáis paz. En el mundo tendréis aflicción; pero confiad, yo he vencido al mundo"
(Juan 16:33)

En estos días he estado muy ocupado trabajando con personas que tienen situaciones muy complejas y difíciles. Noté que estas personas desean profundamente encontrar una salida a esas dificultades y luchas que mantienen sus corazones sobrecargados de ansiedad, de temor y dolor. Y los comprendo, yo también las he vivido.

Cada vez que termino una de esas visitas, salgo con el corazón triste por esas almas preciosas que se encuentran desorientadas y perplejas. Y pienso, ¿cómo sería la vida sin la presencia poderosa de Jesucristo? He concluido afirmativamente que este mundo no tendría ningún propósito si no fuera por la presencia de nuestro maravilloso Jesús. Él es quien hace la diferencia en esta vida, y con Él sí vale la pena vivir.

¡Oh, cómo nos ama Jesucristo! ¡Cómo desea nuestro bienestar en este mundo lleno de complejidades y luchas! Su presencia con nosotros es el único elemento de esperanza, de sanidad, de transformación positiva y de salida victoriosa a las aflicciones que nos atormentan. Todos los seres humanos sufrimos, y se hace notorio en todos los niveles: en los pobres y en los ricos, en los educados y sin educación, en los incrédulos y los religiosos, y en todas las culturas y razas.

Cuando Jesús vino a vivir en nuestro medio, encontró las mismas necesidades que hoy nosotros vivimos. Por un lado observó los ciudadanos romanos saturados de preocupaciones por el poder político y económico que habían conquistado. Por otro lado notó a su pueblo hebreo viviendo oprimido por el control tirano de sus invasores y con su abandono de las realidades del Dios vivo. Y a los demás pueblos los encontró en una triste oscuridad de vida.

Jesús no fue indiferente a nada. Contempló la pobreza, la discriminación, la opresión, las luchas económicas, sociales y religiosas, y con ello todo el desequilibro que produce: ansiedad, temor, depresión, separación de familias, infidelidad matrimonial, violencia doméstica, divorcios, abortos... y así podríamos seguir añadiendo decenas de consecuencias destructivas.

Es en este contexto en el cual Jesús habló y dijo: *"Estas cosas os he hablado para que en mí tengáis paz"* (Juan 16:33). Notemos que Jesús no enviaba a la gente a buscar paz en los recursos humanos, ni mucho menos en ellos mismos, sino los dirigía hacia él.

Venir a Jesús era y es el secreto de la verdadera paz. Los seres humanos van en busca de muchas cosas para encontrar una salida a sus angustias y necesidades, pero Jesús lo hace muy simple: es en "MÍ", dijo, donde se encuentra la paz auténtica. ¿Por qué esta sugerencia funciona? Funciona porque está respaldada por lo que Él mismo pasó y sufrió en nuestro lugar, venciendo todos los obstáculos de la vida. Y es por su experiencia que hoy te puede decir a ti y a mi: *"En el mundo tendréis aflicción; pero confiad, yo he vencido al mundo"* (Juan 16:33).

¿Habrá un ser humano que haya vivido en esta tierra que haya vencido al mundo, sus pruebas, sus dificultades y tentaciones como Jesús? Yo no lo conozco; el único ha sido Jesús. Pero en realidad *"venir a Él"*, a la persona de Jesús, es muy difícil para nosotros. Nosotros preferimos hacer cualquier otra cosa que ir a Él. ¿Por qué? Porque esto nos parece demasiado elemental y sencillo, es como si fuera un insulto a nuestra inteligencia educada y confiada en sí misma y en sus recursos. Es ahí precisamente donde estriba el problema del hombre postmoderno y especialmente del hombre religioso... preferimos "otra cosa".

Pero, no importa lo que pensemos y sepamos; Jesús es y será la verdadera respuesta a las aflicciones de esta vida. Si confiamos nuestra vida a Él, podremos sacar fuerza, sanidad, sabiduría y gracia en cada experiencia ardua que nos toque vivir.

Recuerda, si acudimos a otra fuente, seguro quedaremos chasqueados, porque todo lo que el ser humano ofrece como salida es falso. **Jesús es el remedio seguro.** Él conoce todas nuestras necesidades, y para cada una de ellas tiene una solución apropiada. Vivamos siempre atentos a la voz tierna de Jesús, que constantemente nos invita: **"Venid a mí".**

Capítulo 29

CΒ

PIENSA BIEN...
PIENSA EN JESÚS

"Tú guardarás en completa paz a aquel cuyo pensamiento en ti persevera; porque en ti ha confiado".
(Isaías 26:3)

¿Qué te parece este pensamiento? *"Cuando pensamos mucho en nosotros mismos, nos alejamos de Cristo, la fuente de la fortaleza y la vida."* [1]

La vida cristiana es en realidad un cambio de mente. Es decir, dejamos de pensar en nosotros y pasamos a pensar más y más en Jesús, nuestro glorioso Salvador. Este es el comienzo de la fe verdaderamente efectiva. Cualquier otro enfoque que no sea éste es engañoso, porque estará basado en nuestros intereses naturales, y estos siempre son egocéntricos.

Necesitamos entender que nuestra forma de pensar es siempre contraria a la de Dios: *"Porque mis pensamientos no son vuestros pensamientos, ni vuestros caminos mis caminos, dijo Jehová"* (Isaías 55:8).

Nuestros pensamientos malos no son los únicos malos, también lo son nuestros pensamientos buenos; en otras palabras, son nuestros pensamientos de apreciación propia los que causan a veces la mayor dificultad en nuestra relación con Dios. Nuestro yo vive activo, concentrado en las cosas adquiridas a través de la religión, el status social, el dinero y la educación. Ninguna de estas cosas es mala en sí, sino más bien que ellas se convierten en un obstáculo entre Cristo y nosotros.

Hoy, en nuestra era postmoderna, los humanos se concentran locamente en ellos mismos. La estima propia, la realización propia, los intereses personales, los talentos y la belleza exterior, es donde están concentrados los pensamientos. Parece ser que el hombre postmoderno no tiene otra cosa que pensar en él y solamente en él. Este fenómeno también se ha filtrado con ímpetu en nuestro círculo religioso, y esta tendencia es bastante peligrosa. Recordemos, todo lo que el hombre piensa y hace de su corazón carnal, por bueno que parezca, sigue siendo todavía humano, producto del yo egoísta.

Jesús desea ayudarnos a corregir esta tendencia natural. Para ello él vive llamándonos a que hagamos un esfuerzo para poner nuestros pensamientos concentrados en él: *"He aquí, yo estoy a la puerta, y llamo..."* (Apocalipsis 3:20).

Pero ¿en cuál Cristo debemos pensar? ¿En el Cristo del lenguaje religioso, o el Cristo de la Biblia? Hoy se usa el nombre Jesús o Cristo como un nombre conocido dentro de la cristiandad, pero el verdadero Jesús, el de la Biblia, no es necesariamente el pensamiento central de los que repetimos casualmente su nombre. El Cristo de hoy es un Cristo de la imaginación natural, de nuestro gusto, o el de la religión o de la cultura cristiana moderna; pero éste no es el Cristo que las Sagradas Escrituras nos revelan.

El Cristo de la Biblia es un Cristo que trasciende nuestra conciencia natural. El Jesús que vemos revelado en las Sagradas Escrituras se propone cambiar nuestra cultura, nuestra tradición religiosa y nuestros deseos. Él desea transformar nuestra mente carnal a una mente que se enfoca en sus intereses eternos, los cuales siempre están en oposición con los nuestros.

Necesitamos contemplar de nuevo al Jesús que las Sagradas Escrituras nos revelan. Su personalidad es tan gloriosa que es muy diferente a la nuestra. Él desea crear en nosotros una nueva forma de pensar que trascienda de lo carnal a lo espiritual, de lo temporal a lo eterno, de las cosas de esta tierra a las cosas del cielo, de nosotros a Él.

Este cambio es urgente que lo experimentemos porque el enfoque hacia nosotros mismos es lo que está causando toda la desgracia que vemos en los matrimonios, las familias, la iglesia y la sociedad. Pensar mucho en nosotros debilita nuestra fuerza espiritual, nos hace vulnerable a las tentaciones, y nos causa irritación, inseguridad, temor, angustia y depresión.

Por esta razón volvamos a tomar tiempo para meditar en la grandeza y la gloria de Jesucristo. Apartemos un espacio en nuestro diario vivir para mirar hacia arriba, de donde viene nuestra redención y transformación. Vayamos a las Sagradas Escrituras para encontrar al verdadero Jesús, y no para simplemente entender un concepto teológico o doctrinal o para conocer más de las cosas del hombre. Eleva tu mente al sacrificio de Jesús y a la belleza y perfección de su carácter.

Es pensando en Jesús como gustamos el encanto de estar en su presencia y podemos abandonar el pensar tanto en nosotros mismos. Por cierto, pensar siempre en Él es mucho mejor y más saludable que pensar en nosotros y nuestras cosas. Trata de hacerlo y sabrás de lo que estoy hablando.

"Oh Dios, tú eres el pensamiento de todo lo creado. Tu gloria es el encanto de todo el universo. Te necesitamos. Enséñanos a llevarte en nuestros pensamientos. Guíanos más y más cerca de ti, para así poder vivir en paz y en armonía contigo y con nosotros mismos. Amén".

Referencia:

1. Elena White, *El Camino a Cristo*, (Mountain View, California: Pacific Press Publishing Association., 1961), pág. 71.

Capítulo 30

 CZ

CUIDA TU CORAZÓN

"Sobre toda cosa guardada, guarda tu corazón;
porque de él mana la vida"
(Proverbios 4:23)

Hoy el ser humano ha conquistado el espacio, ha desarrollado una extraordinaria tecnología electrónica, utiliza los elementos químicos en forma abundante y eficiente; sin embargo ha contaminado su medio ambiente tirando los desperdicios al aire, en los lagos, ríos, mar y tierra, creando así muchos desajustes negativos en la forma de la vida natural, causando un sinnúmero de enfermedades físicas. Es un hecho, todos los avances científicos también tienen su alto precio destructivo. Esta es una realidad histórica incuestionable.

Junto con todo esto, también el ser humano está teniendo un avance filosófico increíble, sin precedente en la historia; pero así como ha contaminado su medio ambiente ecológico, también está haciendo algo peor: está contaminando su mente, su corazón y su espíritu. Y esto sí es un asunto serio, con consecuencias muy graves y dañinas.

Hoy los corazones de los hombres están sobrecargados de las basuras que produce el mercado humanista, es decir, un hombre sin Dios y sin principios. Esta situación está destruyendo lentamente la sociedad, la familia, la iglesia y la persona. ¿Qué notamos en nuestra cultura? Corrupción en los líderes de la sociedad, matrimonios deshechos, juventud emocionalmente desajustada, y una iglesia débil, casi muerta, con muchos de sus miembros moral y espiritualmente desmantelados y sin muchos recursos para impactar positivamente esta sociedad moderna y enfermiza.

Permíteme decirte la realidad de toda esta crisis, aunque es una verdad que a veces no deseamos declarar y que la mayoría de las veces no deseamos confrontar, porque quizás preferimos esconderla debajo de la alfombra, o simplemente la ignoramos. Esta es la raíz de todo el asunto: hoy las personas están abandonando al Dios creador del cielo y de la tierra, el creador de nosotros mismos, a nuestro Señor Jesucristo, y lo están sustituyendo por el mismo hombre, adoptando sus valores, con sus ideas temporales, enfermizas, y destructoras.

Es un hecho que cuando sacamos a Jesús del corazón, todo se contamina, todo se enferma y todo se va destruyendo. Algunos religiosos opinan que éste no es necesariamente el caso, lo que necesitamos, según ellos, es más educación, más información, más terapia, más consejería, más seminarios, o sea, más orientación intelectual. Si este fuera el caso, los países más desarrollados y las culturas más civilizadas serían el modelo de una alta moral y de una fe más ferviente en Dios; pero lamentablemente las evidencias demuestran todo lo contrario.

Por supuesto que no estamos en contra de todos los esfuerzos educativos que se puedan utilizar, siempre y cuando ellos estén saturados de la Palabra de Dios y fundamentados en los eventos gloriosos de Jesús y de su muerte en la cruz por nosotros.

Esta es la única manera en que podemos ser ayudados; pero seguir otro tipo de orientación sin Cristo es una pérdida de tiempo, de dinero y de esfuerzo, y sin ningún beneficio.

Hago estas observaciones debido al caos enfermizo en que nos encontramos como sociedad y como iglesia. Mi deseo al decir esto es para crear conciencia y que volvamos arrepentidos a Dios, buscando humildemente su rostro y su sabiduría, e iniciemos, por su gracia, estrategias espirituales que puedan traer sanidad a las enfermedades que confronta nuestra iglesia. Y por supuesto, con la ayuda divina podamos traer luz a los corazones desorientados, y también poder divino a nuestra membresía necesitada.

Entiendo perfectamente, y creo no estar equivocado al decirlo: esta es una lucha de vida o muerte, de luz o de tinieblas, de sanidad o de enfermedad, de paz o de guerra, de gozo o de tristeza, de santidad o de impiedad, de fe o de incredulidad, de pureza o de suciedad, de triunfo o de derrota; en realidad no existe término medio; y el que crea que existe un término medio, simplemente desconoce el gran conflicto de los siglos entre el bien y el mal, entre Dios y su archienemigo Satanás.

Hoy, como nunca antes, la lucha está bien definida y muy clara: ¿Quién controla tu mente: Dios o Satanás? ¿Quién está en tu corazón, Cristo o el mundo? En este terreno no podemos ignorar las fuerzas prevalecientes; y si lo hacemos, lo haremos al costo de nuestra vida, de nuestro bienestar y nuestra felicidad, tanto personal como colectiva.

¿Cómo podemos guardar el corazón libre de la contaminación de este mundo incrédulo e infiel? Te sugiero dos alternativas básicas e importantes:

1. Contempla más y más a Jesús, y mucho menos al hombre. *"...puestos los ojos en Jesús, el autor y consumador de la fe..."* (Hebreos 12:2).

Jesús es el remedio por excelencia para mantener la mente limpia de toda contaminación. Él es insustituible. Si contemplamos al ser humano, nuestra mente no se beneficiará; por el contrario, se corromperá más y más. Por lo tanto Jesús debe ser la Persona, el Dios en quién debemos poner nuestros mejores pensamientos, nuestros esfuerzos de estudios y contemplación. Es así, con Jesús, como nuestro corazón podrá mantenerse puro y libre de las ataduras de este mundo enfermo.

2. Atesora en tu corazón la Palabra de Dios, no los conceptos de los hombres. *"En mi corazón he guardado tus dichos, para no pecar contra ti"* (Salmos 119:11).

Hoy hay muchas voces que desean nuestra lealtad; pero tú y yo sabemos mejor que nuestro refugio está en guardar la Palabra de Dios en nuestros corazones. Los valores de los hombres, sin Cristo, siempre son torcidos y traicioneros, que apelan al egoísmo, a la vanidad, al materialismo y al desequilibro moral y espiritual. Los de Dios no son así; sus Palabras ponen un círculo de protección alrededor del corazón, y lo guardan de su autodestrucción.

Dichosa es la persona que escucha y guarda la Palabra de Dios; florecerá en el desierto y dará sus frutos a su debido tiempo. Es así; guardando nuestro corazón en Dios es como se puede vivir una vida mejor espiritual y moralmente saludable. Jesús anhela limpiar y santificar nuestro interior, nuestro corazón. Ahora mismo Él está tocando a la puerta de tu corazón, y solamente tú puedes abrirle. Es tu decisión. ¿Le abrirás?

"Oh Dios, hoy el mundo vive en tinieblas, destruyéndose por abandonarte a ti. Guarda mi corazón bajo la sombra de tu amorosa presencia. Ayuda mis oídos para que siempre estén atentos al sonido de tu poderosa y eterna voz. ¡Amén!"

Capítulo 31

ɑ

PODER ABUNDANTE

"Toda potestad me es dada
en el cielo y en la tierra"
(Mateo 28:18)

E l poder es algo que nos atrae, que nos fascina de forma extra-ordinaria. ¡Cuánto anhelamos obtenerlo! Si solamente tuvié-ramos poder para sanar el cáncer, la tensión alta, el sida o hasta resucitar a un muerto, seguro que nos haríamos famosos en un instante, porque la gente vendría por multitudes a solicitar nuestra ayuda.

El poder es control, grandeza y soberanía, que hace al poseedor importante y valioso. Sin embargo, el poder en manos humanas es muy peligroso, porque el hombre, debido a su egoísmo y orgullo, lo usa para su propio beneficio, vanagloria y autodestrucción.

Existe poder para hacer grandes cosas, pero todo ese poder está solamente en la persona de Jesucristo. Las Sagradas Escrituras establecen que Jesucristo tiene todo el poder que existe en el cielo y en la tierra (Mateo 28:18; Hechos 10:38). Pero es de notar que ese poder inherente de Jesús está controlado por su perfecta sabiduría y no por los dictados o deseos de sus criaturas, es decir, nosotros.

Muchos cristianos desearían que Jesús se convirtiera en un Dios de sanidad física, que sanara todas las dolencias y enfermedades, como si ésta fuera la mayor evidencia de su presencia entre nosotros. Cuántas veces hemos visto enfermar a alguien que apreciamos, e inmediatamente se inicia una cadena de oración con el propósito de que Dios use su poder para sanarlo. En ese caso Jesús es buscado y solicitado con el único fin de que realice un milagro. No debería hacer así, sino que debemos de buscarlo con el fin de conocerlo íntimamente y confiar que Él hará su buena voluntad en nosotros.

En esta era moderna, muchos cristianos buscan un Cristo que calme o elimine el dolor, las penas, las dificultades y las enfermedades. Pareciera ser que ese Cristo que profesamos es un Cristo para nuestra conveniencia física y no necesariamente un Cristo que nos salve y transforme.

¿Dónde está la mayor evidencia de que el verdadero Cristo está con nosotros? ¿En qué sana a los enfermos? ¿En que soluciona tal problema o tal situación? ¡No! La mayor evidencia de que Cristo está con nosotros es que vemos vidas salvadas y transformadas a su semejanza.

Cuando Jesús dijo que *"Toda potestad me es dada en el cielo y en la tierra"* (Mateo 28:18) se estaba refiriendo a ese poder que Él tiene de convertir a sus hijos de sus caminos desviados y destructivos y llevarlos a un estado perfecto de santidad. Para lograrlo, tiene que manifestar su poder en la mente humana, transformándola de orgullosa a humilde, de egoísta a generosa, de carnal a espiritual y de incrédula a creyente. Es en estos factores donde se demuestra la mayor evidencia del poder de nuestro Señor Jesucristo. Sanar el cuerpo de una enfermedad o resucitarlo de la muerte, no es para Él ningún esfuerzo; pero cambiarlo de adentro hacia fuera, transformándolo a su semejanza, es una tarea que requiere más trabajo y más uso de su poder.

Es cierto que cuando Jesús vino a la tierra sanó a los enfermos y resucitó a los muertos, pero su primer trabajo como Dios encarnado consistió en salvar a los hombres. Esta salvación significa sanar al hombre de la culpabilidad mediante el perdón de los pecados, y sanarlo de sus defectos de carácter mediante la transformación interna. Este era y es el único fin de Jesús al venir a la tierra.

La gente se admira mucho al ver sanidades físicas porque son fenómenos que llaman la atención y que también producen mucha felicidad al beneficiado y, por supuesto, a Jesús le agrada ver a los seres humanos felices; pero la mayor felicidad de Él es ver personas salvadas, participando de una amistad con Él y siendo transformadas a su semejanza por su poder divino. Como sabemos, la sanidad física puede deteriorarse de nuevo, quizás por malos hábitos, influencias genéticas o del medio ambiente. Pero la transformación interna, si cooperamos con Dios diariamente, es un proceso de crecimiento continuo; y esta experiencia está garantizada y puede elevarse por encima de nuestras necesidades materiales y físicas.

Si hay un poder que a Jesús le gusta usar es el poder de transformar y de salvar. Él tiene poder para hacerlo porque vivió una vida santa y perfecta en medio de esta raza perversa, y entregó su vida en sacrificio vivo en la cruz del Calvario para comprar nuestra salvación.

¡Qué extraordinario es Jesús! Nunca usó su poder para sí mismo, ni para liberarse del sufrimiento ni de la muerte. En todo ese proceso de agonía, era en nosotros en quien estaba pensando. Por sus llagas fuimos nosotros curados y por su muerte fuimos nosotros salvados (Isaías 53:4-6). Él, por esta entrega humillante, es reconocido como el único ser digno de recibir todo tributo, honor y alabanza en el universo:

"El Cordero que fue inmolado es digno de tomar el poder, las riquezas, la sabiduría, la fortaleza, la honra, la gloria y la alabanza. Y a todo lo creado que está en el cielo, y sobre la tierra, y debajo de la tierra, y en el mar, y a todas las cosas que en ellos hay, oí decir: Al que está sentado en el trono, y al Cordero, sea la alabanza, la honra, la gloria y el poder, por los siglos de los siglos" (Apocalipsis 5:12-13).

Estimado lector o lectora: ¿Por qué deseas a Jesús? ¿Para que resuelva tus problemas y sane tus enfermedades? ¿O lo deseas para que te salve y te transforme?

¿Deseamos ver ese poder en acción? Dejemos que Jesús obre en nosotros *el querer como el hacer por su buena voluntad* (Filipenses 2:13). Hoy, Él anhela manifestar su abundante poder en ti y en mí. ¿Dejaremos que lo haga?

Capítulo 32

 og

EL CORAZÓN
DE LA FE

"Porque nadie puede poner otro fundamento
que el que está puesto, el cual es Jesucristo"
(1ª Corintios 3:11)

E l corazón de la fe cristiana es únicamente Cristo y éste crucificado. Allí, en la cruz de Cristo, está todo lo que necesitamos
para esta vida y para la vida venidera. Allí se encuentran todos los misterios del carácter de Dios y sus propósitos para con nosotros y el universo.

El tema de la cruz es inagotable. Mientras más se piensa y se escribe de ella, más bellezas se le encuentran. Hay en la cruz una fuente infinita de sabiduría esperando a cualquier persona que desea penetrar los misterios del amor divino. Cada uno de nosotros tiene el
privilegio de explorarlo y analizarlo. En mi caso, lo único que yo
puedo hacer es estimularte para que lo estudies y lo contemples.

La cruz de Jesucristo debe ser el tema de nuestras mejores con-
versaciones, el tema en donde debe girar todo el estudio de la fe, y
en donde se debe gastar nuestras mejores energías mentales.

Es la cruz de Cristo la ciencia de toda ciencia. Así lo afirma la escritora cristiana Elena White:

"Hágase de la cruz de Cristo la ciencia de toda educación, el
centro de toda enseñanza y estudio. Entre en la experiencia diaria
de la vida práctica." [1]

Las imágenes de las escenas del Calvario graban en nuestra mente
los verdaderos valores de la vida y sus propósitos aquí en la tierra.
Vivir sin este enfoque de fe es vivir engañado por otras filosofías de
vida.

Si Cristo no es el centro de nuestros mejores pensamientos, otros
asuntos ocuparán su lugar. Claro está, la mente no funciona en un
vacío, siempre está ocupada día y noche en conceptos, análisis, juicios, deseos, planes, etc. Por lo tanto, poner a Cristo en el pensamiento debe ser nuestro esfuerzo constante. Por cierto, no se logra

esa experiencia sin pasar por una fuerte lucha, porque nuestra

tendencia natural es resistir a pensar en la gloria de Cristo, su cruz y sus propósitos para con nosotros. El enemigo de nuestras almas trabaja incansablemente para mantenernos distraídos con muchas cosas, las cuales son insignificantes para nuestro bienestar y felicidad. A fin de cuentas, todo lo que roba el lugar de Cristo en la mente no nos trae ningún beneficio, sino desencantos, amargura, dolor y frustración. La única forma de romper con este círculo vicioso es contemplando la escena del Calvario. Allí, ante la cruz, nos humillamos y reconocemos los valores auténticos de la vida y adoptamos las virtudes del reino de Dios. Es cierto, ante la grandeza de la cruz de Cristo, todas las demás cosas quedan absorbidas.

¿Qué beneficios recibiremos al hacerlo? A medida que nos esforcemos en hacer de la cruz de Cristo nuestro enfoque favorito, Jesús se convertirá en la canción de nuestro corazón, el tema de nuestra mejor meditación y el gozo de la vida terrenal. Además, encontraremos paz en medio de la tristeza, poder para no pecar, perdón para nuestros errores, firmeza en la debilidad, seguridad en la incertidumbre y esperanza de vida aun en la muerte. ¿Cómo yo sé que todo esto es verdad? Porque soy, entre muchos creyentes, un testigo de esta realidad. ¿Qué sería de nosotros sin la cruz de Cristo?... ¡Ni pensarlo!

Referencia:

1. Elena White, *Ministerio de Curación*, (Mountain View, California: Pacific Press Publishing Association., 1961), pág. 365.

Capítulo 33

౪

HE VISTO SU GLORIA

"...porque la vida fue manifestada, y la hemos visto, y testificamos, y os anunciamos la vida eterna, la cual estaba con el Padre, y se nos manifestó; lo que hemos visto y oído, eso os anunciamos"
(1ª Juan 1:2-3)

Contemplar la vida de Jesús es la gloria de la vida. ¡Es maravilloso ver como Él impacta y transforma a las personas! He notado que cuando Él está presente en nuestro medio ambiente, las personas son renovadas con tan solo una vislumbre de su realidad divina. Es un hecho, la sequía y hambre espiritual solamente pueden ser satisfechas por la presencia poderosa de Jesús; y la descomposición social y moral de los hombres solamente pueden ser transformadas por el toque divino de la presencia de Jesús.

Ninguna filosofía humana, por científica que aparente ser, puede sustituir la sabiduría y el poder de Jesús. El hombre postmoderno, en su ignorancia y debido a su soberbia intelectual, ha eliminado a Jesús de su estructura mental, y esto lo ha llevado a vivir una vida falsa y artificial, causándole la ruina matrimonial, familiar, mental y lo peor de todo, lo ha dejado espiritualmente anémico y paralítico.

La escritora Elena White, expone esta realidad de la siguiente manera:

"En presencia de semejante Maestro [Jesús], de semejante oportunidad para obtener educación divina, es una **necedad** buscar una educación fuera de él, esforzarse por ser sabio, fuera de la Sabiduría [Jesús]; ser sincero mientras se rechaza la Verdad [Jesús]; buscar iluminación aparte de la Luz, y la existencia sin la Vida; apartarse del Manantial de aguas vivas, y cavar cisternas rotas que no pueden contener agua".[1]

Gracias al Cielo, Jesús todavía nos sigue invitando: *"Si alguno tiene sed, venga a mí y beba. El que cree en mí, como dice la Escritura, de su interior correrán ríos de agua viva"* [...] *"...y el agua que yo le daré, será en él una fuente de agua, que salte para vida eterna"* (Juan 7:37-38; 4:14).

Yo he visto esta realidad de la gloria de Jesús. Él vive. Él habla. Él transforma. Ante Él, nosotros experimentamos la grandeza del poder transformador que brota de su increíble persona. Así lo afirma también el escritor cristiano Richard Foster:

"Él está resucitado, y está trabajando en el mundo. Él no está inactivo, ni tampoco ha desarrollado laringitis. Él está vivo y vive entre nosotros; es nuestro Sacerdote para perdonarnos, nuestro Profeta para enseñarnos, nuestro Rey para gobernarnos, nuestro Pastor para guiarnos".[2]

Mis viajes misioneros, mis predicaciones y enseñanzas, me confirman cada vez más la realidad del poder extraordinario que surge cuando testificamos únicamente de Jesús. Yo veo como las almas, religiosas y no religiosas, reaccionan ante el poder penetrante del evangelio de Jesús.

Es evidente que donde quiera que se predique o se enseñe el verdadero evangelio, es decir, a Jesús y sus obras, el resultado sigue siendo siempre el mismo: las mentes cambian, los corazones se enternecen, el pecado es abandonado, y la soberbia, la vanidad y el egoísmo desaparecen, y con ellos los efímeros y temporales valores terrenales son reemplazados por los valores eternos de Jesús, los cuales son los que verdaderamente ennoblecen y embellecen la vida humana.

Ser un discípulo de Jesús contiene un gran honor y una sencilla tarea: es presentar solamente a Jesús ante la gente. Nuestra misión no es hablar de nuestras buenas estructuras religiosas, ni de nuestras creencias doctrinales, ni mucho menos hablar de las cambiantes ciencias humanas, sino levantar en alto la verdadera ciencia, la ciencia de la cruz, donde murió nuestro Señor Jesucristo. Sólo esta enseñanza es la que puede transformar al pobre y enfermizo corazón humano.

Ahora bien, es cierto que el lenguaje que utilizamos es desafiante y penetrante, pero es convincente y poderoso, porque está saturado de Jesús, y ésta es la única razón por la cual nuestra comunicación verbal es efectiva, que influye, que impacta y que penetra el alma como si fuera una espada de dos filos, rompiendo con el materialismo, el secularismo y con lo mundano y religioso.

Claro está, el lenguaje lleno de la gloria de Jesús no entretiene a la gente, sino por el contrario, lo cautiva y lo lleva a ver la vida tal como es; además lo ayuda a entender su verdadera necesidad, y por fin lo lleva a entender y aceptar la única y auténtica verdad: *Cristo en nosotros es la esperanza de gloria, y nosotros en Cristo la certeza de la victoria.* ¿Lo crees? Espero que sí.

Referencias:

1. Elena G. de White, *La Educación,* (Mountain View, California: Pacific Publishing Assoc. 1974), pág. 79.
2. Richard J. Foster, *Celebration of Discipline*, (New York, N.Y.: Harper Collins Publishers, 1988), págs. 18-19.

CONCLUSIÓN

Estimado viajante de la existencia: como has notado, *¡Jesús es la gloria de esta vida!;* si deseamos vivirla a su máxima expresión es necesario conocerlo, amarlo y servirle. Recuerda, viviendo separados de Él no encontraremos vida verdadera, sino apariencias exteriores que finalmente pierden su valor, dejándonos chasqueados, desesperados y vacíos.

Jesús, en cambio, nos ofrece plenitud de vida: *"Yo soy... la vida"* (Juan 14:6); *"En él estaba la vida, y la vida era la luz de los hombres"* (Juan 1:4); *"...yo he venido para que tengan vida, y para que la tengan en abundancia"* (Juan 10:10). Si aceptamos su oferta descubriremos, como millones lo han hecho, que realmente **Jesús es la fragancia de esta vida,** la gloria y el gozo perfecto de la vida venidera. Ven, acompáñame, vivamos nuestra vida conectada al glorioso Jesús; es la única manera que vale la pena vivirla.

Mientras me encontraba en un avión viajando con destino a la ciudad de New York, observé a través de la pequeña ventanilla un maravilloso atardecer. Mi mente quedó extasiada en la contemplación del cielo, el sol y las nubes, y la indescriptible gama de colores azul, amarillo, anaranjado, violeta, verde y rojo.

El escenario celestial frente a mí era majestuoso, y mi mente se explayó en un arranque de inspiración; como si estuviera contemplando al mismo **Jesús,** comencé a escribir estos pensamientos de tributo a mí amado Salvador y Señor:

MI TRIBUTO A JESÚS

¡Oh, Jesús, cuántos se han inspirado en ti,
ofreciendo a tu honor sus dones
de pintura, poesía, escritura, música y canción!
Recibe este regalo de mi agradecido corazón.

En parte, ahora entiendo el por qué.
¿Cómo no darte loor, tributo y honor?
¿No eres acaso tú ¡oh Dios!,

el originador de esta gloriosa creación?
Realmente no hay otro como tú, que gobierna con
perfecta armonía, justicia y amor
este vasto universo acogedor.

Siendo grande te hiciste pequeño.
Tu vida de condescendencia es la corona de
tu magnificencia y majestad.
Con razón te sirve alegremente toda la creación,
pues tú nos has servido con infinito amor.

Tú, siendo la perfecta justicia,
pagaste con tu vida nuestras injusticias.
Tú, siendo la máxima expresión de santidad,
tu pureza nos trasforma enteramente.
Tú, siendo la expresión del perfecto amor,
nos amaste hasta morir en la cruz.

Cuando caminaste por la tierra,
dichosos fueron los oídos que te escucharon,
los ojos que vieron tu rostro divino,
y los receptores de tu toque de amor.

¿Quién como tú?
que ama como nadie ama,
que cuida como nadie cuida,
que sustenta como nadie sustenta,
que aconseja como nadie aconseja,
que guía como nadie guía.
que salva como nadie salva.

Tú eres único, majestuoso, y perfecto,
la belleza por excelencia.
El único Dios todo omnipotente,
omnisapiente y omnipresente.

Nadie podrá sustituirte ni igualarte.
Los grandes quedan pequeños ante tu grandeza,
los sabios quedan ignorantes ante tu sabiduría,

Jesús, la Fragancia de la Vida

los fuertes quedan débiles ante tu poderío.

Oh, Jesús, tú eres el latido de nuestro corazón,
el amor de nuestro amor,
la vida de nuestra vida,
la canción de nuestro corazón.
¡Gloria, honor y alabanzas sean para ti,
ahora y por toda la eternidad! ¡AMEN!

—Manuel Fernández

EL VERDADERO CRISTO

¡CONTÉMPLALO! - ¡CONÓCELO! - ¡ÁMALO! - ¡COMPÁRTELO!

MANUEL FERNÁNDEZ

EL VERDADERO CRISTO
Copyright © 2013 por Manuel Fernández
Derechos reservados

Diseño de la portada: Amner Fernández
Diseño interior: Manuel Fernández

Las referencias bíblicas han sido tomadas de la Antigua Versión de Casiodoro de Reina (1569), revisión de 1960, y de la Reina Valera actualizada (1989).

Lo enfatizado por medio de *cursivas* o **negritas** sólo refleja la intención del autor de hacer resaltar algún pensamiento fundamental.

Distribuido por
Manuel Fernández
1218 Cressford Place
Brandon, FL 33511
Correo electrónico: Jesus213@juno.com

(Para información de cómo ordenar este libro, véase la última página)

EL LIBRO CON UNA MISION DIVINA: Todos los fondos de la venta de este libro serán utilizados exclusivamente para ayudar a estudiantes pobres de nuestra América Latina, que desean prepararse para servir en la obra de Cristo.

Impreso y encuadernado por Versa Press, Inc. East Peoria, Illinois
Primera edición, 2013, 2,500 ejemplares
Categoría: Cristología Apologética y Vida Cristiana
Printed in U.S.A.

ISBN-10: 3-3778-8234-0
ISBN-13: 978-3-3778-8234-9

CONTENIDO

Lo que alguien dice:

"Cuando Moisés y Elías aparecieron para acompañar a Jesús en aquel llamado Monte de la Transfiguración, los discípulos circunstantes quedaron tan fascinados por aquella extraña epifanía que Jesús, su Maestro, pasó a un segundo plano ante los ojos de ellos. Entonces vino la corrección divina en la forma de una voz del cielo que decía: *"Éste es mi Hijo amado, en quien tengo complacencia; a él oíd... [...] Y alzando ellos los ojos, a nadie vieron sino a Jesús solo"* (Mateo 17:5- 8).

Desafortunadamente, muchos en la Iglesia hoy parecen ver a Moisés solo. Para ellos todo es ley, precepto, deber y obligación. Pierden de vista que la finalidad de la ley es Cristo (Romanos 10:4). Otros ven a Elías solo. Para estos últimos todo es profecía, cálculos matemáticos y una mórbida preocupación por persecuciones futuras. Se olvidan que toda profecía bíblica es mesiánica, útil solamente en la medida que nos dirige al Nazareno, nuestro único Refugio, presente y futuro.

Esta magnífica obra del pastor Manuel Fernández nos invita a mirar por una ventana cuyos diáfanos y enfocados cristales nos regresan la óptica salvadora, la que colma el alma de vida y poder, la que levanta el ánimo y sublimiza el espíritu, la que prende, cautiva y derrite el corazón, la que ve a . . ."Jesús solo"."

—Dr. Frank González
Orador Emérito de La Voz de la Esperanza

250

DEDICATORIA

A
ANA Y GERMÁN FERNÁNDEZ

En memoria de mis Padres amados, quienes descansan en la paz de Dios, esperando la mañana gloriosa de la resurrección, cuando nuestro Señor Jesucristo se manifieste en gloria sobre las nubes de los cielos. Todavía recuerdo a mi padre diciéndome cuándo partía hacia Puerto Rico para estudiar teología, a la edad de 19 años: *"Hijo, yo deseo que tú estudies para que hagas lo que yo no he podido hacer bien por falta de educación: que prediques y enseñes acerca de nuestro Señor Jesucristo"*.

Que Dios bendiga este esfuerzo literario para que se pueda cumplir efectivamente el deseo noble y divino de mi padre cristiano.

RECONOCIMIENTO

Ningún libro es producto de una sola persona. En mi caso, ha sido un conjunto de varias personas muy especiales, y de las cuales estoy eternamente agradecido, pues gracias a la relación con ellos fue como pudo surgir esta obra.

A MI SEÑOR JESUCRISTO

Mi maravilloso Dios, quien mantiene mi corazón latiendo. El creador y sustentador de todo lo que soy, de todo lo que tengo y de todo lo que seré. Pues fue Él quien me inspiró, motivó y proporcionó las personas, las ideas y los recursos para publicar esta obra. ¡A Él sea la gloria!

A MI FAMILIA

A mi amada esposa, *Elisa*, quien ha sido mi fiel compañera y una madre ejemplar para mis tres hijos: *Claribel, Melissa y Amne*r (quien me hizo la excelente portada de este libro), a quienes también les agradezco intensamente su cariño y apoyo a mi ministerio Cristocéntrico.

A MIS AMIGOS

Aquellos amigos especiales, a quienes Jesucristo ha colocado en el camino de mi vida, que además de compartir mis convicciones Cristocéntricas, han sabido amarme aun con mis defectos, particularmente a *Omar Tielves*. A *César Perea*, quien me ha ayudó con la expresión del español y por su ejemplo de fe arraigada en Cristo. A *Teresita Pérez*, quien me ayudó desinteresadamente con la redacción. A *Nelson Bernal, Rolando de los Ríos* y *Alma Kirksey-Quiles* por hacer con mucho gusto la corrección final. A *Ervin Briones* y a *Nelson Bernal,* quienes me han servido de apoyo en momentos difíciles y de estímulo para mantener mi mente concentrada en Cristo. A los miembros de mis iglesias de *Northwest, Miami Beach, Westchester y West-Dade*, y los que oran por mi vocación ministerial. Los discípulos del *Centro de Discipulado*, quienes siempre me han estimulado al estudio y al desarrollo espiritual. Y a los fieles cristianos de todas mis iglesias hasta el presente que continúan orando por mí.

PRÓLOGO

Para poder entender el cristianismo con todas sus implicaciones, hay que ir a los análisis internos de las posibles afecciones que causan el relacionarse con el único y expreso fundador de tan magna obra realizada en el ser humano.

Jesucristo vino a salvar al mundo, pero también vino a decirnos que hay una relación que es vital para llevar a efecto este acto. Él desea que esta oportunidad sea factible, dándonos a entender que sólo Él es el guía y consumador, y nos presenta a través de su estancia en este mundo, que el valor real y verdadero se manifiesta en la práctica y no sólo en teoría.

Al leer las páginas de este libro, encontramos de una forma magistral como la voz del Señor clama, para que no pasemos por este mundo como las vírgenes que al creer que estaban listas para las bodas encontraron que las provisiones que poseían estaban solamente contaminadas con sus buenas intenciones y por ende el esposo no las pudo identificar.

En este preciso siglo, en que creemos que la unión definitiva con la vida nueva prometida con todos sus atributos por el Dios del cielo está más cerca, nos encontramos más comprometidos con el mundo que queremos dejar.

La ciencia nos está retando y nos entretiene, y todo parece indicar que no hay suficiente espacio para las cosas espirituales. Y Jesús reclama la participación activa en todas nuestras inquietudes, y notamos que apenas poseemos información suficiente de las mismas, Él aparece en el apéndice, como una añadidura.

La pena más grande de Jesús es ver cómo Él no puede encontrar un espacio más amplio en nuestras vidas para darnos a entender la preciosidad más hermosa que ser humano alguno pueda poseer: **La Perla del Gran Precio, a Jesús**.

Nelson Bernal
Comerciante y Periodista Cubano
Amigo del autor
Miami, Florida

INTRODUCCIÓN

Todas las cosas buenas y de mucho valor a veces nacen cuando uno menos la espera. Son como las frutas que vemos en un árbol, ellas nacen y crecen sin que podamos con nuestros ojos observar su desarrollo, pero sí podemos disfrutar del fruto cuando se madura. Un ejemplo parecido a éste es el libro que tienes en tus manos. Surgió cuando yo menos esperaba que naciera; simplemente no había planificado publicarlo. Pero ahora Dios lo trae a la existencia en el momento oportuno.

Por esta razón estoy aprendiendo a aceptar la realidad de que es Dios el que tiene control absoluto de todo lo bueno que nace en la vida. Nuestra parte es sólo dejar que Él haga en nosotros su obra misteriosa, natural y perfecta.

Este libro entra en esos planes maravillosos del poder de Dios. Nació en el *Centro de Discipulado* que formé en mi Iglesia Adventista de Northwest y Westchester, en Miami, Florida (1996-2003). La mayoría de los capítulos en este libro se originaron durante mis enseñanzas allí, y otros a través de los años. Surgieron porque sentí la necesidad de enfatizar en forma consistente y con diferentes matices la importancia de mantener en el centro de nuestra fe cristiana a nuestro Señor Jesucristo. Cada capítulo fue escrito con el propósito *exclusivo* de presentar la necesidad de reubicar a Jesús en el lugar que le pertenece y además como el factor fundamental de la fe cristiana. Por consiguiente, Jesucristo es el punto y el contenido central de este libro.

Debido a la experiencia con los alumnos, los discípulos, ahora puedo asegurar que mantener a Cristo en el centro de la fe es el componente más poderoso que jamás he visto. Soy testigo del resultado maravilloso que ha causado presentar dichas convicciones Cristocéntricas. Mis estudiantes han sido impactados grandemente. Entre ellos hay adultos y jóvenes, algunos tienen educación académica avanzada, y otros con poca educación. Mis oídos han escuchado los testimonios de cómo el entendimiento de la gracia de Cristo ha producido nuevos valores y actitudes de vida más elevados, llevándoles también a tener una nueva disposición de dar a conocer a nuestro Señor Jesucristo a sus familiares y amigos.

Debido a este maravilloso resultado, me he sentido motivado a publicar mis pensamientos. Por lo tanto, me es ahora de grata satisfacción presentarte, para tu consideración, las convicciones de mis pensamientos de fe Cristocéntrica. **Esta es una literatura apologética**, es decir, **es una defensa de Cristo y de nuestra fe solamente en Él.** Considero el esfuerzo hecho para publicar este libro como un tiempo muy bien aprovechado, porque lo utilicé con el fin de presentarte la imprescindible necesidad de conocer, contemplar y de vivir arraigados únicamente en Jesucristo. ¿Habrá algo más importante que esto? ¡Lo dudo!

Espero en Dios que al leer estas páginas te sirvan de mucha reflexión, estímulo y de grata bendición espiritual, especialmente cuando ya se acerca la gloriosa y gran manifestación de nuestro amado, esperado y maravilloso Dios, **Jesucristo.** ¡AMEN!

Manuel Fernández
Pastor
Brandon, Florida

Capítulo 1

ARRAIGADOS EN CRISTO

"Por lo tanto, de la manera que
habéis recibido al Señor Jesucristo, andad en él;
arraigados y sobreedificados en él,
y confirmados en la fe..."
(Colosenses 2:6,7)

Es un hecho incuestionable que Jesucristo es la figura central de la historia de la iglesia cristiana, así como también la figura central de todo lo que es verdadera vida espiritual. A nosotros los cristianos se nos ha dado el privilegio de colocarlo y mantenerlo en el centro de la fe; pero si no lo hacemos, la fe que aceptamos tendría sus raíces en la superficie, estando así expuesta a debilitarse, secarse, y finalmente desaparecer.

Como cristianos necesitamos volver a colocar nuestras raíces de fe arraigadas y profundizadas en la persona de Cristo, pues es en Él donde nos encontraremos seguros, firmes, alimentados, creciendo y viviendo eternamente.

Considero urgente que volvamos a poner a Cristo en el lugar que le corresponde en la vida y en el pensamiento cristiano. **Establecerlo en el centro y mantenerlo en el centro no es un capricho, una opinión, o una idea dislocada, sino más bien una necesidad, y una necesidad urgente para todos nosotros que profesamos el cristianismo de hoy.** En realidad, estamos desesperadamente necesitados de Jesús, de volver a enfatizarlo con todo el esfuerzo del pensamiento de la fe. Existen dos razones básicas que hacen urgente esta gran necesidad:

El Verdadero Cristo

PRIMERO: CONFUSIÓN SOCIAL

Nuestra sociedad humanista, despersonalizada y secularizada está desordenada y confundida. Los educadores postmodernos no encuentran qué hacer para disminuir el aumento del crimen, el robo, la violación sexual de las mujeres y de los niños, la delincuencia juvenil, el consumo de las drogas, la fragmentación familiar y el aumento de las enfermedades mentales.

Aquellos que tenían sus esperanzas puestas en la educación científica, en nuevas leyes sociales, en los políticos y en el aumento de la economía nacional como los factores de estabilidad social, simplemente han quedado chasqueados. Nada de esto les ha funcionado. Parece ser que a los seres humanos se nos hace muy difícil aprender la gran lección de la vida: *no podemos ni podremos vivir sin Dios y sin Cristo.*

La historia ha demostrado que, tratar de manejar la sociedad sin Dios y sin Cristo, es conducirla hacia la ruina. ¿Qué más se podría decir que no se haya dicho? ¿Qué más se podría inventar que no se haya inventado? ¿Qué más se podría pensar que no se haya pensado? ¿Qué espera la sociedad para resolver sus problemas descontrolados? ¿Un nuevo maestro? ¿Un nuevo filósofo? ¿Un nuevo psicólogo? ¿Un nuevo líder político? En fin ¿qué será lo que esperan?...

La realidad es muy obvia, hoy por hoy los humanos no saben qué decir, qué hacer o qué esperar. Y aquellos que todavía viven esperanzados en una respuesta que venga del hombre mismo, no se dan cuenta que mientras viven esperando y esforzándose en descubrir nuevos conceptos que lo salven, más se les va complicando la situación social. ¡Qué triste realidad! Prácticamente la sociedad moderna se encuentra en un callejón sin salida. ¡Oh, si pudieran dejar de mirarse a sí mismos y a su alrededor, y miran hacia arriba, a su Creador! ¡Qué cambio sucedería!

SEGUNDO: INESTABILIDAD EN LA IGLESIA

La iglesia siempre fue considerada como el centro de protección de los creyentes, donde las fuerzas destructivas del maléfico y perverso mundo no penetrarían; pero la realidad es otra. Como nunca antes, el mundo, con todas sus fuerzas, ha infiltrado las murallas protectoras de la iglesia, dejando sorprendidos a los cristianos. Es muy común el divorcio en la iglesia, las relaciones premaritales entre los jóvenes, los vicios, la vanidad, el materialismo, el divisionismo y la discriminación. En fin, todo lo que el mundo consume a diario, desafortunadamente, también lo encontramos en la iglesia.

Actualmente la iglesia, para llamar la atención y atraer a los incrédulos y a los fríos espirituales, ha adoptado la nueva farándula de adoración, con música secular y escandalosa; mucho "show" por actores sin experiencia con el Cristo real. Una vez más, se repite la triste historia y la realidad mencionada por el mártir Dietrich Bonhoeffer (1906–1945): **"Cristianismo sin Cristo"**[1]; un cristianismo sin arrepentimiento, sin confesión, sin entrega seria al costo del discipulado de Cristo, de cristianos que no reflejan la imagen de Cristo. Cuando la iglesia copia los valores o la cultura del mundo, es porque ya ha dejado de ser la iglesia verdadera de Cristo. Si es que deseamos ser cristianos genuinos, debemos ajustar nuestra vida a la invitación tierna de Jesucristo:

"No améis al mundo ni las cosas que están en el mundo. Si alguno ama al mundo, el amor del padre no está en él; porque todo lo que hay en el mundo, los deseos de la carne, los deseos de los ojos y la soberbia de la vida, no proviene del Padre sino del mundo. Y el mundo pasa, y sus deseos; pero el que hace la voluntad de Dios permanece para siempre" (1ª Juan 2:15-17).

Si realmente somos honestos con nosotros mismos, tenemos que admitir que aun dentro del círculo pastoral y entre los educados académicamente se encuentra el mismo desequilibrio personal, matrimonial, familiar y espiritual. No podemos seguir escondiendo esta realidad, así como no podemos tratar de tapar el sol con un dedo. Los problemas de hoy afectan todos los círculos sociales, educativos, económicos y religiosos. Así lo revelan las estadísticas.[2] Simplemente, los títulos académicos no están cambiando los corazones para mejor. Esta situación se ha convertido en un dilema serio para los predicadores, maestros y creyentes en general y... ¿Cómo se sentirá Dios observando todo esto?

Lo triste del caso es que muchos pensadores cristianos *todavía* siguen creyendo que los nuevos descubrimientos en la ciencia de la psicología y la sociología contienen la clave que podría salvar la iglesia. Esta idea está totalmente fuera de la realidad; simplemente es una fantasía engañosa. Seamos realistas: si esto no le ha funcionado al mundo, ¿cómo es posible que algunos pensadores cristianos crean que funcionará en la iglesia?

Es cierto que la educación académica le provee al profesional un mejor estilo de vida (dinero, casa, carro, ropa, comodidades, prestigio social, habilidad en el idioma, etc.), pero en lo que concierne a su corazón, lo puede dejar desamparado y desprovisto de fuerza moral y espiritual.

Si seguimos conduciendo a los creyentes en esa dirección sin Cristo, seguiremos aumentando la crisis espiritual de la iglesia. ¿Cómo es posible que a estas alturas nosotros, como cristianos, nos dejemos llevar por las corrientes humanistas sofisticadas? ¿Será que consideramos a Cristo menos eficiente que los hombres y por lo tanto tenemos que acudir a ellos en busca de soluciones? ¡Hasta dónde hemos llegado! Nuestra incredulidad nos está llevando a la ruina como iglesia y como individuos. **Necesitamos un cambio drástico e inmediato, no hacia el hombre, sino hacia Jesucristo.**

Por otra parte, es muy cierto que decimos y creemos que Jesús es la gran necesidad y la solución; pero muchos percibimos oculta su presencia en la comunicación de la fe cristiana. Es obvio que existe una contradicción muy grande entre lo que creemos y proclamamos. Decimos que Cristo es lo que necesitamos, pero es de Él de quien menos hablamos. ¡Qué ironía! ¿Qué estará sucediendo con nosotros?

Es evidente que demasiados razonamientos humanos luchan por sustituir el preeminente lugar de Cristo en la iglesia. En dichos razonamientos tenemos los de la psicología, la sociología, la filosofía y hasta nos atrevemos a incluir la teología cristiana. No nos equivocamos al señalar que muchas veces la historia de la redención efectuada por Cristo en el Calvario brilla por su ausencia en la predicación, las enseñanzas y particularmente en la literatura cristiana.

Hoy, el Cristo de la religión es un Cristo acomodado a la mente moderna secular, el Cristo de la cultura prevaleciente que deja al hombre igual que antes, sin tocar su egoísmo, su orgullo y sus pasiones perversas. ¿Quién quiere un Cristo así? Lo cierto es que la mayoría lo prefiere así; pero tal Cristo no sirve absolutamente para nada.

Y lo peor del caso es que algunos que proclaman su divino nombre, viven vidas que son totalmente incompatibles con el costo del discipulado de Cristo. La realidad es que, si fuéramos a comparar el cristianismo de hoy con el cristianismo de la era apostólica, ciertamente nos causaría vergüenza. ¡Cuán opuestos son ambos!

Por supuesto que esta triste situación no se ha presentado de la noche a la mañana. Hemos venido acumulando y asimilando esas tendencias peligrosas y dañinas durante muchos años. En parte, la culpa la tiene nuestro sistema educativo, porque tanto en la iglesia local como en nuestras escuelas, colegios y universidades, no estamos siguiendo muy de cerca el consejo inspirado que dice: **"Hágase de la cruz de Cristo la ciencia de toda educación, el centro de toda enseñanza y estudio".**[3]

No sé hasta qué punto seguimos esta importante recomendación; pero lo cierto es que también el apóstol Pablo quiere dirigir nuestra atención hacia lo mismo, al decir:

"Porque nadie puede poner otro fundamento que el que está puesto, el cual es Jesucristo. Y si sobre este fundamento alguno edificare oro, plata, piedras preciosas, madera, heno, hojarasca, la obra de cada uno se hará manifiesta; porque el día la declarará, pues por el fuego será revelada; y la obra de cada uno cuál sea, el fuego la probará" (1ª Corintios 3:11-13).

Esos minerales y elementos que menciona Pablo son referencias a las ideas, conceptos, proposiciones, conclusiones, ideologías y filosofías de los hombres. Algunas de ellas parecen ser muy brillantes y aceptables, pero si no están fundadas en la obra redentora de Cristo, tarde o temprano desaparecerán ante la prueba perfecta de la gracia de nuestro Señor Jesucristo.

Lamentablemente parece ser que a cada generación le pasa lo mismo. Los creyentes se olvidan vez tras vez del Centro y ponen su énfasis en otras cosas. Si en los tiempos de los apóstoles estaba ocurriendo dicha tendencia (1ª Corintios 2:8), ¿cómo será hoy en día? Estamos peor que antes, porque el ser humano, mientras avanza en el tiempo, se vuelve más incrédulo. Y en vez de poner su confianza en Cristo, pone su confianza en su conocimiento, o sea, tiende a depositar su fe en las enseñanzas que tiene acumuladas en su mente, sean éstas de doctrinas, obras, filosofías o ritualismos, en vez de tener una experiencia personal con el Cristo viviente.

Pero en medio de esta falsa condición disfrazada como real, Dios está haciendo su obra misteriosa de sembrar la fe auténtica en muchos corazones. A veces este proceso de Dios pasa desapercibido para la mente humana; pero cuando ocurre, tenemos evidencias de su manifestación. Sucede de la siguiente manera:

-Cuando hacemos el esfuerzo de poner y mantener a nuestro Señor Jesucristo como el centro de nuestros pensamientos, comenzamos a notar que nuestra vida cristiana toma un giro diferente. Entendemos que el cristianismo no es solamente un cúmulo de doctrinas que aceptamos racionalmente, sino que comenzamos a asimilar el cristianismo como una experiencia real, viva y penetrante con el Dios personal que se llama Jesucristo.

-Nuestra mente comienza a asimilar cosas en cuanto a Jesús que antes nuestra razón no entendía y aun le parecían locura. Vemos su vida en contraste con la nuestra muy reveladora, y nos damos cuenta de nuestros pecados como producto de nuestra arrogancia intelectual y suficiencia propia. Simplemente ante Jesús reconocemos que no existía nada en nosotros que sirviera para cambiar nuestro corazón, y mucho menos para cambiar nuestra iglesia y la sociedad.

-Al contemplar a Jesús, por una parte nos sentimos derrotados, pero por otra parte sentimos que hemos encontrado el secreto de la victoria para todos los males personales, familiares, eclesiásticos y sociales.

-Una luz, o mejor dicho, un entendimiento diferente, envuelve nuestra mente, el cual está en oposición a lo que nos decían los libros de los considerados educados y sabios de hoy.

-Realmente ante Jesús nos lamentamos por haber desperdiciado tanto tiempo valioso buscando respuestas y soluciones en las cisternas rotas del pensamiento humano. ¡Qué tontos y ciegos fuimos realmente!

-Ahora, por su gracia, sí podemos decir que Dios es el Dios de cosas nuevas y eternas. Su plan no es de hacer remiendos ni remodelaciones, sino que es un plan de hacer transformaciones perfectas. Su gozo consiste en tomar las cosas maltratadas, feas, descompuestas y viejas, y crearlas de nuevo mediante el conocimiento de su maravilloso Hijo Jesucristo (2ª Corintios 5:17).

Ante la grandeza del poder y la sabiduría de Cristo vemos los puntos de vista humanos muy pequeños e insignificantes. Somos cautivados mucho más por el triunfo de Cristo en su vida terrenal, su muerte y su resurrección, que por los aparentes triunfos de los logros y los elaborados conceptos humanos.

-Aceptamos y sentimos que estamos ahora adheridos a un fundamento más sólido y más permanente. Al estar arraigados en Cristo y solamente en Él, comprendemos que nuestro compromiso es más fuerte y más exigente que el de nuestra estructura eclesiástica, el de nuestra cultura, o el de nuestro propio sentido de moralidad. Ahora, por su gracia, podemos vivir los desafíos de su discipulado porque es Él quien nos llama y también nos capacita para ser sus verdaderos discípulos.

Observaba una mañana en mi patio como las plantas que desarraigué el día anterior estaban secándose, y pensé: *"Así es nuestra vida separada de Cristo, simplemente se muere"*. Es un hecho que ninguna planta podrá vivir separada de la tierra, como tampoco nosotros podemos vivir separados de Cristo. Solamente en Él tenemos vida, y vida abundante y eterna (Juan 10:10;15:1-5).

Necesitamos aprender a vivir arraigados en Cristo; pero para ello necesitamos conocerlo muy bien. Cuando uso la palabra "conocerlo", no me refiero a un saber acerca de Él, sino a una experiencia real con Él. **Recordemos, la fe cristiana verdadera es de naturaleza "empírica", es decir, de experiencia, no solamente cognitiva, es decir, del saber o de filosofía académica solamente.** Por lo tanto, si lo conociéramos como Él desea que lo hagamos, disfrutaríamos mejor esta vida, mientras esperamos con gran emoción una eternidad de felicidad inexplicable a su lado. Para ello sería bueno que comencemos ahora a conocerlo muy de cerca, pues es a Él a quien estudiaremos durante la eternidad. Y si toda la eternidad será dedicada al estudio, al conocimiento y la contemplación de Jesucristo, y especialmente a la relación con Él, ¿por qué no comenzamos a disfrutar de esa eternidad desde ahora mismo? ¿Qué te parece? ¿Me acompañas?

"Oh, Dios, es a tu Hijo a quien necesitamos. No podemos seguir viviendo sin Él. Perdónanos por haberlo tenido en el olvido, o quizás como una segunda alternativa. Haz que se produzca en nosotros un nuevo despertar de fe en tu Hijo Jesucristo. Enséñanos a estar arraigados en Él. Estamos a tu disposición, úsanos como instrumento de tu gracia para realizar el último movimiento que proclame: Cristo es el fundamento de la fe y de todo. Amén".

El Verdadero Cristo

Notas y referencias:

1. Véase el excelente libro, *El Costo del Discipulado*, escrito por Dietrich Bonhoeffer.

2. Véase la investigación realizada por la Iglesia Adventista sobre la influencia de la familia, la iglesia y la escuela en los jóvenes. Tanto el estudio estadístico *Valuegenesis* (1990), conducido en la cultura americana y como también *Avance* (1994), dirigido a los Hispanos, han demostrado hasta cierta medida la situación real de nuestra juventud. Dichos análisis revelan actitudes, valores y conducta muy deficientes en nuestro círculo de iglesia. Véase también el análisis de *Avance* en el artículo del Dr. Edwin Hernández, "The Browning of Adventism" (El oscurecimiento del Adventismo), *Spectrum* (Diciembre 1995), págs. 29-47.

3. Elena G. de White, *Ministerio de Curación*, (Mountain View, California: Pacific Press Pub. Ass., 1959), pág. 365.

Capítulo 2

¿POR QUÉ JESUCRISTO?

"Porque en él vivimos, y nos movemos, y somos"
(Hechos 17:28)

Por qué necesitamos a Jesús hoy más que nunca? ¿Qué es lo que está pasando en nuestro medioambiente cristiano que hace tan necesario una experiencia más viva y real con Él? Veamos a continuación algunas de las razones:

1. Actualmente la creencia en Dios está muy distorsionada.

¿Por qué hay personas que reaccionan positivamente ante la presentación de Jesucristo, mientras que otras reaccionan en forma contraria? Entre estas personas se puede hablar de Dios en el aspecto general, pero en el momento en que se introduce a Jesús en la conversación, algunos o prefieren cambiar el tema o simplemente no hablar de Él. Esta realidad es muy particular entre los incrédulos; pero nos causa sorpresa que también exista entre los que profesan ser cristianos. Nos preguntamos por qué reaccionan así y cuál será la causa.

¿Por qué se puede hablar de Dios, pero no de Jesús? Hoy por hoy, hablar de Dios es generalizado. Todas las religiones pueden hablar de Dios porque la palabra "Dios", en forma impersonal, es parte del vocabulario de todos los religiosos. Se puede hablar de Dios porque Dios puede ser un dios cualquiera, uno que se ajusta a los conceptos y a los sentimientos comunes que todos los humanos tenemos. Aun los hechiceros, adivinadores, psíquicos, santeros, los de la Nueva Era y los paganos pueden utilizar la palabra Dios indistintamente sin ningún problema. Mencionar el nombre de Dios no encierra ningún compromiso con nadie ya que es un nombre que envuelve una serie de imágenes extrañas.

El nombre de Dios se usa, pero no necesariamente para hablar del Dios bíblico, sino para hablar del dios de nuestra propia imagen, el de nuestros propios criterios e ideas, el de nuestras pasiones religiosas, un dios que se acomoda a nuestra personalidad, cultura y gusto. En fin, es un dios que existe en nuestra imaginación humana, un dios que no está fundamentado en la perfecta y única realidad del verdadero Dios, el Padre de nuestro Señor Jesucristo.

Me pregunto por qué será que entre los cristianos profesos existe cierto rechazo a la persona de Jesucristo, siendo que en el cristianismo no hay otro Dios sino Él como su fundador. ¿Será que en nuestro interior realmente no queremos conocerlo o aceptarlo? ¿Será que dudamos? ¿O que simplemente en el fondo de nuestro ser somos incrédulos? La siguiente situación es verdaderamente una señal indiscutible de que estamos viviendo en el tiempo del fin: muchos cristianos hoy en día desean saber menos y menos de Jesucristo. Esta situación es incomprensible para los humanos y Dios es el único que puede entender a fondo esta realidad presente entre los que profesan la religión cristiana de hoy.

2. Hoy por hoy la propagación de temas sin Cristo en nuestro medio religioso está alimentando la incredulidad y la descomposición en los corazones humanos.

Tenemos que ser muy realistas. Las evidencias hablan por sí solas. Simplemente los temas que han reemplazado a Jesucristo están dejando a las personas confundidas, desorientadas, con más problemas personales y corriendo de aquí para allá en un callejón sin salida y sin solución. Es evidente que las relaciones interculturales, raciales, familiares y matrimoniales se agravan cada vez más a pesar de toda la orientación que recibimos de los expertos en dichas materias. Si esas orientaciones hubieran sido eficientes, sin duda alguna tendríamos mejores matrimonios, familias, escuelas, iglesias e instituciones, y aun más, quizás ya estaríamos en el cielo. Pero la realidad es otra. Si el problema del corazón no mejora, todos los lugares en donde viven y trabajan esas personas también serán lugares contaminados por conflictos y confusión. Donde llega el corazón desprovisto de Cristo, allí llega también el desorden, el distanciamiento entre las personas, la inseguridad, la duda y la intriga, llega todo tipo de situación contraria al plan de Dios para la felicidad del ser humano.

Parece ser que la información que estamos recibiendo de todos los colores y sabores, no está encaminando nuestras vidas hacia lo mejor, pero sí manteniéndonos muy entretenidos y subyugados a una pintoresca fantasía espiritual, que de cierto nos dirige a un fin lamentable y triste.

En todos mis años de ser cristiano y criado en la iglesia, he visto demasiada descomposición espiritual en muchos miembros que se criaron conmigo. Algunos en la actualidad no están viviendo en Cristo; otros están viviendo entre dos aguas; y sólo una pequeña minoría ha permanecido en la fe. Nos preguntamos qué fue lo que pasó. ¿Será que fueron malos oidores, malos alumnos o simplemente tuvieron una orientación desprovista de Cristo?

Hoy, después de tantos años, recuerdo muy bien todos los seminarios y charlas sobre todo tipo de tópicos (matrimonio, familia, profecías, doctrinas fundamentales y otros), pero ¿qué pasó con los compañeros que escucharon todo aquello? En mi caso, hasta donde recuerdo, puedo decir que realmente Cristo brillaba por su ausencia. Pero gracias a Dios que la gracia de Cristo me alcanzó, llevándome a conocerlo más, ya que mi corazón se encontraba vacío y sin saber por qué. Ahora sí comprendo qué faltaba en mi vida. Carecía de Jesús. Y ahora siento que mi alma tiene una necesidad permanente de Jesucristo.

Lo interesante en toda esta situación es que aquellos que desean y piden que volvamos a los tiempos de énfasis doctrinal, profético, moralista, etc., *pero sin Cristo*, muchas veces reflejan características bastante opuestas a la vida de Jesucristo. Muchos de ellos sufren de infidelidad en su mayordomía cristiana, desobedecen los mandamientos de Dios, son intransigentes, intolerantes, rudos, sin afectos, fanáticos en sus convicciones, sospechosos de las ideas de otros, imponentes, sembradores de rencillas entre los hermanos, y de muchos otros males que causan un daño profundo al cuerpo de Cristo, su iglesia. ¿Qué será lo que necesita esta clase de personas para cambiar dichas actitudes? De seguro no será lo que estaban recibiendo, pues no les ha servido de mucho. Necesitan algo más eficaz y más poderoso: la presencia de Jesucristo. Y si alguno piensa que no es Jesús lo que se necesita, ¿podría decirme, por favor, lo que es?

Basta ya de respuestas y de énfasis antropocéntricos, es decir, énfasis humanos, pues ellos simplemente carecen de realidades auténticas. Claro está que los seres humanos han experimentado con todo, y simplemente las almas han quedado igual o peor que antes. No dejemos que nos sigan engañando. Jesucristo, el Dios/hombre, es la solución permanente; y la historia lo ha comprobado una y otra vez.

JESUCRISTO, NUESTRA MAYOR NECESIDAD

1. Para nuestra vida interna

"Engañoso es el corazón más que todas las cosas, y perverso; ¿quién lo conocerá?" (Jeremías 17:9).

Tanto el corazón del hombre como el de la mujer están llenos de pasiones y deseos contrarios al carácter perfecto de Dios. Aun los mejores deseos de ser buenos, nobles y santos pueden estar motivados por impulsos puramente egocéntricos. En realidad, nuestra moralidad, por más buena que sea, no está ni estará jamás a la altura de los requerimientos del carácter divino.

Los humanos siempre han pensado que la información, el estudio, los títulos académicos y las nuevas leyes sociales, lograrían llevar al enfermo corazón humano hacia algo mejor. Pero esa idea se ha desmoronado ante sus propios ojos. ¿Cómo están los corazones hoy? Están llenos de complejos, inseguridad, duda, temor, vanidad, rebeldía, materialismo e inmoralidad.

Es demasiado evidente que sólo por el hecho de estar informado el corazón, no cambia; es necesario tener a Cristo. El ser humano no se transforma por lo que escucha, lee o sabe. Para poner su vida en armonía con la información que entra en su cerebro, necesita un poder fuera de sí mismo, un poder mucho más fuerte que el que por su buena voluntad podría ejercer. Ese poder transformador, el único que puede ejecutar ese cambio, es el Todopoderoso, nuestro Señor Jesucristo.

El apóstol Juan dice en relación a Cristo: *"En él estaba la vida, y la vida era la luz de los hombres"* (Juan 1:4). Los hombres sin Cristo mantienen su corazón en tinieblas y no pueden ver más allá de lo que esas tinieblas le permiten ver. En realidad, el hombre sin Cristo cree que su corazón está bien, y aún mejor cuando lo compara con otros; pero en realidad está viviendo engañado de su propia perversidad.

¡Oh, cuánto necesitamos a Jesús! Él es la luz que alumbra nuestro oscuro corazón. Lo glorioso de Jesús es que a medida que nos va iluminando el corazón, también lo puede ir purificando mientras nos lava en el agua cristalina y pura de su sangre. Su perdón restaurará nuestra memoria de fracasos, dolor y tristeza. Su presencia santificará nuestro inestable presente. Y su compañía constante será la esperanza para nuestro incierto futuro.

2. Para nuestra familia

"Si Jehová no edificare la casa, en vano trabajan los que la edifican..." (Salmos 127:1).

Jesús vino para restaurar la familia humana. Ese es su supremo objetivo. El hogar es la influencia mayor de la sociedad. Pero ¡cuán descompuestos están los hogares de hoy! Sin Jesús no hay esperanza para aquellos que desean tener hogares estables y felices. Él es el refugio por excelencia para cada miembro de la familia. La juventud moderna vive en promiscuidad sexual, en rebeldía contra sus padres y la sociedad, habituada a vicios tales como el cigarrillo, el alcohol y las drogas. Y para que la situación sea más compleja, las cosas eternas ya no son parte del pensamiento de la mayoría, incluso de aquellos que nacen y se forman en la iglesia. ¿Qué se espera de los hogares del mañana? El futuro cercano estará mucho más oscuro que el triste presente: La infidelidad será lo normal, la virginidad y la abstinencia sexual desaparecerán del mapa, niños y jóvenes estarán más desequilibrados emocionalmente. En fin, el hogar del futuro será como una casa abandonada por más de cien años.

Si existe un tiempo en cual necesitamos volver a Jesucristo urgentemente, es éste. Él es el único que puede reedificar los cimientos debilitados, las paredes torcidas, las ventanas rotas, la madera llena de hormigas, y el techo lleno de huecos. Él es el que volverá a unir los corazones de los casados con lazos de amor más permanente y hará la relación con los hijos mucho más saludable.

3. Para la iglesia y las instituciones

"...Cristo amó a la iglesia, y se entregó a sí mismo por ella, para santificarla, habiéndola purificado en el lavamiento del agua por la

palabra, a fin de presentársela a sí mismo, una iglesia gloriosa, que no tuviese mancha ni arruga ni cosa semejante, sino que fuese santa y sin mancha" (Efesios 5:25-27).

Si los hogares de hoy en día no se pueden mantener unidos, cuánto menos los miembros de la iglesia y los que trabajan en nuestras instituciones religiosas. Las relaciones humanas son muy complejas y difíciles de mantener en armonía cuando los corazones están llenos de problemas y los hogares están pasando por dificultades. Esta crisis repercute en todos los círculos sociales y especialmente en la iglesia.

Es por esta razón que la única salvaguarda de la iglesia de hoy es Jesucristo. La iglesia que intente subsistir sin Cristo en el centro de la vida de sus feligreses será definitivamente aniquilada por las fuerzas destructoras del mal.

Hay que entender que la verdadera iglesia la establece Jesucristo, no el hombre. La iglesia no es un movimiento político, social o cultural, sino una comunidad de cristianos que mantiene a Cristo como el centro de sus pensamientos. Allí nadie existe para sí mismo ni necesariamente para el grupo, sino exclusivamente para Jesucristo. **Jesús es el único que puede purificar la iglesia, eliminando de ella las contiendas, prejuicios y discriminación. Ni el pastor, ni las juntas, ni los concilios podrán mantener las relaciones humanas en armonía; no importa cuántas leyes, regulaciones y normas se establezcan. Sin Cristo los corazones no podrán mantenerse unidos. Cristo es la clave para una unión permanente.**

Los discípulos de Jesús vivían divididos entre sí hasta que finalmente entendieron quién era Él y lo aceptaron como el Dios encarnado. Por supuesto, presentar y tener a Jesucristo no elimina todos los problemas de interrelaciones humanas, pero sí será el elemento catalizador por excelencia. A medida que los miembros de un grupo hagan de Cristo el centro de sus pensamientos, el "yo" aprende la tolerancia, la paciencia, el tacto, la misericordia, la compasión y el amor.

Esta experiencia genuina con Cristo fue el ingrediente que pudo mantener la primera iglesia unida, activa y dinámica en medio del oprobio, la persecución y la muerte. Solamente vidas transformadas por la gracia de Cristo podrán vivir juntas. De lo contrario cualquier iglesia será fragmentada por el orgullo y el egoísmo de las personas sin Cristo.

¿Será posible que todavía haya algunos que pretenden mantener a la iglesia sin Jesucristo? Es demasiado obvio que tal intento ha fracasado. Lo único que nos queda ahora es volver de nuevo a Él, quien es la santificación, la gloria y, finalmente, la eternidad de la iglesia.

En resumen, necesitamos a Jesucristo, porque Él siempre ha sido el todo para cada uno de nosotros, el todo para la familia y el todo para todos. **Él es nuestra mayor necesidad, nuestra gloriosa esperanza y nuestra única solución.** Así también lo declara la canción inspirada del cantante dominicano, Juan Ernesto Tejeda:

> **"La esperanza no es un hombre.**
> **La esperanza no es el dinero.**
> **La esperanza viene del cielo.**
> **La esperanza es Jesús."**

Ciertamente Jesucristo es nuestro Emmanuel, Dios con nosotros (Isaías 7:14; Mateo 1:23).

Gracias al Cielo que hoy todavía podemos escuchar el tierno eco de su voz diciéndonos:

"Venid a mí todos los que estáis trabajados y cargados, y yo os haré descansar" (Mateo 11:28).

Capítulo 3

EN BUSCA DEL VERDADERO CRISTO

"...buscad y hallaréis; llamad, y se os abrirá"
(Mateo 7:7)

¿Dónde estará el Cristo que los cristianos proclamamos conocer? Es posible que las respuestas que se formulen surjan de las siguientes condiciones humanas: nacionalidad, cultura, nivel económico, nivel educativo, raza, sexo y la religión. Siendo que, debido a estos factores, la respuesta puede variar de persona a persona, entonces ¿dónde buscaremos al Cristo de hoy? (Trataremos de aclarar esta respuesta al final). Por ahora pasemos a analizar donde <u>no</u> se encuentra el verdadero Cristo.

El Cristo de hoy es un Cristo multifacético y complicado. Refleja muchas cosas que son producto de la invención humana; en otras palabras, un Cristo que proyecta una imagen de aspecto meramente social. Debido a que la sociedad es un producto de los seres humanos, la respuesta no sería muy confiable. Analicemos entonces el por qué en los siguientes tres aspectos:

1. El Cristo religioso.

Hoy sabemos que la religión es un sistema de origen humano. Los hombres han creado las estructuras que hoy definimos como religión. A dichas religiones le damos nombres para poder distinguirlas entre sí. En la actualidad existen en el mundo ocho religiones predominantes: el judaísmo, hinduismo, budismo, shintoismo, taoísmo, islamismo, confusionismo y el cristianismo, la cual es la más conocida en nuestro continente americano. Por supuesto, cada una de estas religiones está subdividida. En el cristianismo existen los católicos y los protestantes. Dentro de los protestantes existen más de 300 denominaciones; tal parece que existiera una iglesia para cada gusto.

Si le preguntamos a un protestante ¿dónde está el Cristo?, posiblemente la respuesta que recibamos esté dentro del marco de la propia denominación. Este Cristo está encerrado en la muy común expresión "tenemos la verdad". Esta "verdad" se encuentra dentro de sus doctrinas, las cuales han sido analizadas y revisadas hasta el punto y la coma; y para su fundamento, se apoyan en sus tradiciones, su historia, sus concilios eclesiásticos, y sus eruditos teólogos, los cuales les dan una aparente estabilidad por su meticuloso análisis profesional. Todo esto podríamos resumirlo como "el orgullo del dogma eclesiástico". Este orgullo tiene su raíz en su abundante membresía, sus logros institucionales, su sólida economía y sus obras filantrópicas. Todo esto es normal y aceptable en nosotros, es decir, no hay nada de malo en todo esto. Pero ¿queda la pregunta contestada? No; la respuesta está muy lejos de la realidad.

Muchas veces los religiosos confunden al verdadero Cristo de la Biblia con el Cristo religioso. Esta lamentable situación ha contribuido para que los filósofos ateos continúen con más fervor declarando que el Cristo religioso es solamente una idea del hombre con el fin de explotar las masas con un propósito exclusivamente materialista. Entonces ¿será el Cristo una creación de la mente humana? ¿Estará el verdadero Cristo dentro de las paredes de una iglesia o de una religión o tal vez de una denominación? ¿Estará el verdadero Cristo controlado por un sistema religioso?

2. El Cristo cultural.

La cultura desempeña un papel muy importante en la identidad de la persona. Esta es la que hace el impacto más profundo en la comprensión de las realidades de nuestra existencia. Con la palabra cultura nos referimos a nuestros sistemas de valores sociales, nacionales, raza, idioma y otros. Existe un orgullo natural en nuestra identificada cultura. Esta realidad también se filtra y se mezcla en la percepción del verdadero Cristo, al punto que Cristo llega a convertirse en un Cristo producto de la cultura. ¿Será éste el Cristo que estamos buscando?

En la cultura americana, el Cristo proyectado es un reflejo de una sociedad progresista, próspera y apegada a sus logros y sus éxitos.

En dicha cultura, el Cristo que se transmite y se refleja es el Cristo de la prosperidad, del progreso y de los logros económicos. Ese Cristo es de ciertos grupos que han avanzado en su nivel socioeconómico, y se mide la bendición de Dios en base al automóvil del año, a la ropa de clase y a las amistades. Las iglesias se convierten en el reflejo de dicha cultura próspera, con sus edificios majestuosos, ventanas decorativas, alfombras costosas, órganos y pianos de la mejor calidad, etc., todo bajo el argumento "lo mejor para Dios".

¿Estará en todo esto la evidencia del Cristo real? ¿Será un Cristo americano o hispano, en donde se refleja una cultura avanzada, floreciente, educada y económicamente de clase social media o alta? ¿Será el Cristo americano, cubano, puertorriqueño, nicaragüense, colombiano, dominicano, alemán, etc.? Cuántos no desearían que fuera de su nacionalidad; quizás para ellos fuera de mucho prestigio.

Para muchos que profesan el cristianismo de hoy, Cristo es un Cristo cultural. En sus apariencias culturales está el Cristo conocido. En otras palabras, identificaríamos al creyente cultural más o menos de la siguiente forma: "americano cristiano", "cubano cristiano", "argentino cristiano", "dominicano cristiano", etc. El cristianismo cultural significa que el Cristo que buscamos es uno con similitud a nuestros valores culturales de raza, idioma, hábitos o estilo de vida. Es decir, el Cristo que deseamos es el Cristo que "queremos" en vez del Cristo que verdaderamente es. ¿Estamos buscando un Cristo creado a nuestra imagen y semejanza? ¿Será este el Cristo, el adaptado a nuestros propios valores, el que estamos buscando?

3. El Cristo académico.

La educación es necesaria para cada ser humano. Cada persona debiera tener la oportunidad de aprender a leer y a escribir, y de avanzar en estudios académicos. Tanto el gobierno como las iglesias deberían ofrecer a sus ciudadanos y feligreses la oportunidad de ser educados. La educación libera al ser humano de las presiones sociales, políticas, económicas y también religiosas. La verdadera educación debe llevar al estudiante a que no sea un mero reflector de los pensamientos de otros, sino un creador de sus propios pensamientos.

Con lo poco dicho anteriormente, en cuanto a la importancia de la educación existen también en ella sus serios peligros. Siendo que la educación conlleva al ser humano en ser racional, intelectual, lógico y filosófico, estas realidades del sistema educativo también se entremezclan con el Cristo real.

Para la persona secular intelectual, Cristo llega a ser la opinión filosófica abstracta de la religión, o tal vez meramente una experiencia mística del fanático religioso que no contiene sustancia real porque no ha pasado por el filtro del método científico de la investigación moderna. Para el religioso, que es miembro de una denominación reconocida por sus seminarios teológicos acreditados, Cristo llega a ser la opinión del teólogo eclesiástico. La iglesia presenta el Cristo de la reflexión de aquel que posee los estudios teológicos avanzados.

Hoy estamos acostumbrados a dar respuestas a las problemáticas teológicas (Dios), escatológicas (eventos finales), soteriológicas (salvación), eclesiásticas (iglesia) y aun Cristológicas (Cristo), según el avance de las ciencias filosóficas, sociológicas y psicológicas. Esta tendencia desencadena una polémica entre la razón y la fe. Pero todo esto es puramente otro esfuerzo más de la mente racional e intelectual. En realidad, no existe mucha diferencia entre el educado secular y educado religioso, pues al fin y al cabo, todo se convierte en "una opinión".

El Cristo que se busca hoy es un Cristo educado, universitario, profesional, que habla nuestro lenguaje, fino o sofisticado. Y si no lo encontramos allí, entonces ¿a dónde iremos para encontrar el Cristo verdadero? ¿Esperaremos que el clero educado nos dé la respuesta o la última declaración oficial de la iglesia a la cual pertenecemos? ¿Dónde estará el verdadero Cristo?

En resumen, lo que está pasando es que el cristianismo de hoy refleja muchas apariencias sociales. Este factor está distorsionando la apreciación de Cristo, del Cristo verdadero. Pero, el Cristo que queremos conocer está por encima de estos factores humanos. A continuación presentamos el lugar donde estamos convencidos que se encuentra el verdadero Cristo con todas sus atractivas características.

EL CRISTO BÍBLICO

Si quieres encontrar el Cristo real, no lo encontrarás en la literatura del arte, de la historia, o de la filosofía; es más, ni aún en los escritos teológicos filosóficos. El Cristo que estamos buscando lo encontraremos mejor en las Sagradas Escrituras, en la Biblia. Allí se nos presenta el verdadero Cristo. En ella se dan las imágenes y matices de un Cristo diferente al Cristo religioso, cultural y académico. Miremos en forma resumida al Cristo bíblico.

La Biblia fue escrita dentro de un marco cultural hebreo y a través de una sociedad que, hasta cierta medida, era diferente a la nuestra, pero con las mismas necesidades espirituales que las de hoy. La Biblia nos enseña que Jesús nació dentro de la cultura hebrea, cuando ya ésta había sido influida por la cultura greco/romana. Sin embargo, notamos en los Evangelios que Cristo nunca se identificó con los valores de dicha sociedad.

La religión reconocida, el judaísmo, en la cual Jesús creció, era para Él un sistema religioso desviado de las realidades espirituales. Él notó que las sectas predominantes del judaísmo (Fariseos, Escribas y Saduceos), reflejaban un orgullo intensamente marcado en sus tradiciones, en sus doctrinas y en su ritualismo. Cristo era para ellos un revolucionario peligroso porque, además de no identificarse con ellos, señalaba sus enseñanzas desprovistas de profundidad espiritual. Para Jesús, la religión debería de existir únicamente para dar a conocer y asimilar los valores espirituales, los cuales se revelan en el carácter y en la misión del Enviado Hijo de Dios.

Por lo tanto, notaremos en el relato bíblico que Cristo no es un Cristo religioso según la sociedad lo define. Él, a través de sus enseñanzas, no estaba creando otro sistema más de religión, pues sabía muy bien que la religión establecida no estaba satisfaciendo las necesidades espirituales de las multitudes; es decir, las gentes se sentían vacías con la madre religión.

"Y al ver las multitudes, tuvo compasión de ellas; porque estaban desamparadas y dispersas como ovejas que no tienen pastor" (Mateo 9:36).

El formalista religioso, con su énfasis en sus rituales, en su credo y en sus tradiciones, estaba seco y sin vida. No existía una corriente de agua fresca que oxigenara el sistema de la religión reconocida. Vez tras vez Jesús confrontó este mal: *"Este pueblo de labios me honra; mas su corazón está lejos de mí"* (Mateo 15:8).

En una entrevista privada con un experto y educado religioso, Nicodemo, Jesús le dijo:

"De cierto, de cierto te digo, que el que no naciere de nuevo, no puede ver el reino de Dios" (Juan 3:3).

Específicamente, Jesús le estaba indicando a Nicodemo que la religión era mucho más que un asunto de sentirse a gusto con las tradiciones heredadas o estudiadas. Para Jesús la religión era una nueva vida engendrada en el interior del corazón, pero motivada en base del descubrimiento de su divina Persona. En otras palabras, para Jesús la religión es Él, y religión es relación con Él; nada más.

El *Cristo bíblico* no se conforma con que el creyente se sienta cómodo con su membresía eclesiástica. El *Cristo bíblico* es radical en su requisito: *"Ven y sígueme"*. Él nos llama, no a seguir una denominación en particular, sino a seguirlo a Él. Los requisitos de Jesús son mucho más elevados que los que una denominación religiosa pudiera establecer y exigir. Es negarnos además a nosotros mismos; renunciar, si es necesario, a nuestras raíces religiosas para poder seguirlo a Él. Es convertirnos en sus discípulos para así aprender a vivir con Él, como Él y para Él.

En contraste, el Cristo religioso es aquel que motiva a las personas a cambiarse de una iglesia a otra, semejante a aquel que cambia su ropa con el único propósito de lucir a tono con la moda, pero sin tener ni hambre ni sed de Dios. Estas clases de personas buscan una religión que no les inquiete su comodidad espiritual, que los deje vivir su vida a su manera y a su antojo. Pero el *Cristo bíblico* confronta al hombre en sus valores distorsionados, en su confianza, en su independencia y en su propia glorificación dentro de las paredes de la religión. Cristo se propone no a cambiar a la persona por fuera, sino de dentro hacia fuera; no en modificarlo sino en transformarlo. Es un Cristo que nos llama a un plano mucho más elevado; notemos su llamado:

"Y decía a todos [religiosos y no religiosos]: Si alguno quiere venir en pos de mí, niéguese a sí mismo, tome su cruz cada día, y sígame. Porque todo el que quiera salvar su vida, la perderá; y todo el que pierda su vida por causa de mí, éste la salvará" (Lucas 9:23-24).

Jesús llamaba a las gentes hacia Él; no los llamaba a un mensaje o a una estructura religiosa, sino a su propia Persona.

Para Jesús religión es la morada de Él en el corazón; es una amistad mutua y sincera con Él, sin tratar de cubrir nuestras necesidades espirituales bajo un vocabulario meramente religioso.

La mujer Samaritana tenía el concepto que la verdadera adoración se efectuaba en un lugar específico, y se lo dejó saber a Jesús cuando le dijo: *"Nuestros padres adoraron en este monte, y vosotros decís que en Jerusalén es el lugar donde se debe adorar"* (Juan 4:20). Y Jesús le contestó:

"Mujer, créeme, que la hora viene cuando ni en este monte ni en Jerusalén adoraréis al Padre. Mas la hora viene, y ahora es, cuando los verdaderos adoradores adorarán al Padre en espíritu y en verdad; porque también el Padre tales adoradores busca que le adoren. Dios es Espíritu; y los que le adoran en espíritu y en verdad es necesario que adoren" (Juan 4:21,23-24).

En esta declaración, Jesús señala que la verdadera adoración religiosa tiene que ver más con la actitud hacia su Persona que hacia un determinado lugar. En "verdad" no es una doctrina correcta, sino más bien la "verdad" es una actitud de *sinceridad y honestidad* ante Dios. Así es la religión de Cristo: **"La religión de Cristo es la <u>sinceridad misma</u>".**[1] Y **"Sinceridad significa que la apariencia y la realidad son exactamente lo mismo".** [2] ¡Qué desafío para nosotros!

En nuestra adoración no tenemos nada más que presentar que nuestra necesidad de Él. Allí se realiza la verdadera adoración a Dios. Para Jesús la adoración religiosa va más allá de un formalismo ritual, tiene que ver con el corazón; ésta es la religión de Jesús. Éste es el Cristo que la Biblia nos presenta, y es realmente el que estamos buscando y necesitando; un Cristo que nos desafía hasta el punto máximo, es decir, a Él como nuestro Salvador, Señor y transformador.

Otra característica del Cristo de la Biblia es que Él hace comprensible y sencillo el fundamento de la salvación, Él dijo: *"El que cree [confía] en mí, tiene vida eterna"* (Juan 6:47); mientras que la religión dice: "Haz esto y aquello, entonces tendrás vida eterna". Esta enseñanza pretende distorsionar el método que el Cielo ha creado para salvar a cada persona. Por eso es bueno que recordemos siempre que **la salvación no es considerar lo que somos o hacemos,**

sino es considerar siempre quién es Cristo y sus obras por nosotros. Allí, en Él, está nuestra garantía de salvación.

El Cristo religioso deja a las personas con apariencias de santidad, buscando la perfección, pero desprovistas de verdadera transformación y de paz en el alma. No queremos a un Cristo así, una clase de Cristo que nos deja con la dulzura externa, con sus formas de moralidades, servicios, sacramentos, orden eclesiástico, ortodoxia y aún filantrópica. Estas cosas muchas veces llegan a ser nuestros ídolos religiosos, y la confianza en ellos toman el lugar de la fe en el Cristo viviente.

El Cristo religioso no está funcionando bien hoy porque deja a las personas confiadas en sus oraciones piadosas y en sus cultos sofisticados y emocionales sin tocar la raíz de los males del corazón. Por el contrario, el *Cristo bíblico* confronta la atrevida inclinación humana de reemplazar su gracia divina por la enfermiza justicia humana, cubierta con su manto de religiosidad. Jesús puede señalar estos males porque conoce las motivaciones íntimas de nuestras almas; pero también puede limpiarnos de esos males, mientras que la religión nunca podrá hacerlo.

El *Cristo bíblico* es Dios; como Dios conoce nuestro corazón, el cual necesita nueva iluminación para entender las realidades espirituales; nueva luz para iluminar nuestros caminos torcidos, nuevo discernimiento para apreciar los valores eternos. Hablando de sí mismo, dijo:

> *"Yo soy la luz del mundo; el que me sigue, no andará en tinieblas, sino que tendrá la luz de la vida"* (Juan 8:12).

Este es precisamente el Cristo que estamos buscando. Un Cristo que nos saque del formalismo religioso, presentado a veces con legalismo, fanatismo, emocionalismo o conformismo, y aún el antinomianismo (sin ley) y que nos lleve a un plano más elevado, más genuino: a Él y solamente a Él. Esta obra és muchas veces compleja y dolorosa para nosotros, porque encierra cambios y abandonos que no deseamos. Pero, si dejamos que el Divino Alfarero haga del barro su obra maestra, sin duda alguna terminará con una hermosa vasija para su gloria. Un cristiano ferviente compartió conmigo el siguiente pasamiento, el cual lo considero inspirado por el Espíritu de Cristo:

El Verdadero Cristo

"La religión mata, Cristo da vida. La religión esclaviza, Cristo da libertad. La religión embrutece, Cristo da sabiduría."[3]

El *Cristo bíblico* también tiene mucho que enseñarnos en cuanto a nuestros valores culturales. Jesús nunca se identificó como un judío nacionalista, sino como el Hijo de Dios. En una ocasión les hizo la siguiente pregunta a sus discípulos: *"¿Quién dicen los hombres que es el Hijo del Hombre?"* (Mateo 16:13). La gente lo identificó con ciertas personas importantes, pero a Él no le interesó el calificativo, sino más bien quién era Él: *El Cristo, el Hijo del Dios viviente* (Mateo 16:16). Él no buscó su identidad en su cultura de nacimiento, su nivel social, ni en la de su raza. No era patriótico, ni tampoco admirador de los valores culturales de sus contemporáneos. En los relatos bíblicos no vemos a Jesús darle crédito a los avances culturales de su nación, a la prosperidad o al cómodo estilo de vida. Por el contrario; lo vemos presentando nuevos valores que estaban opuestos a su sociedad, y decía: *"Mi reino no es de este mundo"* (Juan 18:36).

Jesús vio que el materialismo estaba destruyendo la vida de las gentes, y con ello el matrimonio, la familia, la moral y toda la sociedad. La gente pensaba que la verdadera felicidad consistía en acumular bienes, disfrutar de las comodidades y del prestigio que trae tener dinero y la posición social. Él vio como la filosofía existencialista, materialista/individualista, hacía a los seres humanos más egoístas y orgullosos. Sus enseñanzas dirigían a la gente a un estilo de vida simple y sencilla, les decía:

> *"Mirad, y guardaos de toda avaricia; porque la vida del hombre no consiste en la abundancia de los bienes que posee"* (Lucas 12:15).

Para Jesús la vida consistía en servir, y servir a todos por igual. Él no veía raza, nacionalidad o cultura mejor que otra, sino a individuos, ya que nada de esto hace a una persona buena en sí misma. Inclusive, señalaba que los males existían en el corazón de todos:

> "Porque de dentro, del corazón de los hombres, salen los malos pensamientos, los adulterios, las fornicaciones, los homicidios, los hurtos, las avaricias, las maldades, el engaño, la lascivia, la envidia, la maledicencia, la soberbia, la insensa-

tez. Todas estas maldades de dentro salen, y contaminan al hombre" (Marcos 7:21-23).

No existe cultura, raza o clase social que no sufra de estos males internos. En cierta ocasión un hombre me dijo: "¡Qué pena que tú no eres....!" (y me dijo su nacionalidad). Con esta sugerencia él me insinuaba que existía alguna virtud en pertenecer a su cultura; pero francamente pregunto: ¿No existirán los mismos males en esa cultura como en la mía? ¿Qué beneficio existirá en el orgullo cultural, nacional, social y racial? A Cristo no le interesa nada de eso, sino el interior, el alma.

El *Cristo bíblico* era una persona formalmente educada; pero su formación fue muy diferente a la acostumbrada; su maestra fue su madre María y el Espíritu Santo de Dios. Nunca estudió en una universidad reconocida, ni tenía un grado doctoral; sin embargo era un excelente educador. Sus enseñanzas reflejaban una dimensión muy diferente a los métodos pedagógicos que se utilizaban. Se nos dice que:

"...la gente se admiraba de su doctrina; porque les enseñaba como quien tiene autoridad, y no como los escribas" (Mateo 7:28,29).

Su autoridad, como educador del pueblo, consistía en que sus enseñanzas penetraban todas las clases sociales; todos entendían, desde los más viejos hasta los más jóvenes, desde los más educados hasta los analfabetos. Pero, más aún, sus enseñanzas tenían un poder transformador inexplicable; las mentes quedaban inquietas y los que la recibían comenzaban a cambiar sus valores y estilo de vida. Él dijo: *"...las palabras que yo os he hablado son espíritu y son vida"* (Juan 6:63).

Un profesor de la Universidad Internacional de la Florida, en Miami, decía en una de sus clases: *"La educación está fracasando debido al aumento de la descomposición social. No sabemos lo que está pasando que, mientras más educados estamos, menos podemos controlar el crimen, la violencia, el robo, los asaltos y la violación de las mujeres y los niños".* Lo que este profesor no ha descubierto en sus estudios avanzados es que la educación escolástica no transforma al ser humano por dentro.

Es cierto que la educación le informa, pero no le transforma; hace al educado tener una mente más iluminada, despierta, abierta, un mejor vocabulario, poder entender la sociedad y la psicología humana, ganar más dinero y crearle prestigio social; pero eso es todo, no puede hacer nada más, por mucho que se estudie.

Debido al orgullo postmoderno de la educación científica, el ser humano ha dejado a un lado a Jesucristo y su Palabra. Con razón la sociedad educada va a la deriva y, lamentablemente, muchos de los educadores religiosos se encuentran en la misma complejidad.

No hay otra solución; si los seres humanos no acuden al *Cristo bíblico,* definitivamente no habrá cambios en el corazón enfermo de los hombres, y por ende, en la sociedad. **Es muy simple: Cristo o nada.** Es volver a entender que necesitamos un poder exterior para cambiar al ser humano. Ese poder lo tiene solamente el *Cristo bíblico.*

Cristo es la solución al descontrolado aumento del divorcio, al crimen, a la violencia, a los vicios y a todos los males que vemos en las ciudades y en los suburbios. La sociedad es un sistema demasiado complejo. No podemos darnos el lujo de esperar que los sociólogos y los psicólogos nos den la última información que, según ellos, resolverá los problemas sociales. La discriminación, los prejuicios y todos los abusos sociales son producto del egoísmo y del orgullo humano. Estos son los síntomas del corazón enfermo. **La psicología moderna puede orientar a las gentes para modificar su conducta, pero jamás podrá transformar al ego.**

Cristo sabía mejor que los educadores de su tiempo y también aún más que los de hoy. Él sabía que los políticos y los educadores de la sociedad no tenían los recursos que cambiarían el corazón. Si Él hubiera tratado de cambiar la sociedad atacando sus males exteriores, hubiera sido un fracaso total, pérdida de tiempo y de energía.

Pero Jesús, como educador, lo sabía mejor, pues todas sus enseñanzas iban dirigidas a penetrar las mentes con nuevos conceptos que jamás se habían escuchado en los colegios y universidades de su tiempo. Conceptos que pretendían cambiar la psiquis egocéntrica humana. Él dijo: *"Venid a mí todos los que estáis trabajados y cargados, y yo os haré descansar"* (Mateo 11:28). La filosofía de Cristo era más que filosofía académica o mística religiosa o seudomoralista, era filosofía práctica, pero más que filosofía, era Él, pues decía: **"Venid a mí"**. Él solo se proponía traer los cambios que los seres humanos buscaban y necesitaban.

Como en el pasado, también hoy necesitamos el *Cristo bíblico,* ya que sabemos que toda educación sin Cristo es barata. Pero la educación de Él es la de más alta calidad, pues es totalmente confiable y garantizada, porque toda proviene de la misma mente de Dios.

Apreciado lector, espero que estas reflexiones te hayan motivado a mirar más allá del horizonte de la religión, la cultura y la educación.... **a mirar a Jesús**, el Cristo que la Biblia nos presenta. En ella se encuentra el verdadero Cristo, sin sustituto ni sabor artificial, todo completamente natural. Un Cristo que, por ser Dios, desea profundamente llevarte a un plano de experiencia espiritual más elevado del que tu propia cultura, educación y religión pueden hacer. Él es un Dios maravilloso, lleno de amor, comprensión y aceptación.

Jesús se goza en tomar personas como tú y yo, llenos de imperfecciones, y revelarnos la belleza que irradia su divina Persona, para así establecer una relación íntima y especial con Él, que hará que nuestros ídolos sociales pierdan su valor. Si estás cansado y frustrado con el Cristo social, entonces el *Cristo bíblico* es la receta para tu alma necesitada. Te aseguro que, si lo buscas de corazón en las Sagradas Escrituras, de cierto lo encontrarás, pues la promesa hecha por el mismo Jesús es:

"Pedid, y se os dará; buscad, y hallaréis; llamad, y se os abrirá. Porque todo aquel que pide, recibe; y el que busca, halla; y al que llama, se le abrirá" (Mateo 7:7).

Referencias y nota:

1. Elena White, *El Deseado de Todas las Gentes,* (Mountain View, California: Pacific Press Publishing Association, 1961), pág. 377.

2. Oswald Chambers, *The Complete Works of Oswald Chambers* (Las obras completa de Oswald Chambers), Michigan: Discovery House Publishing, 2000), pág. 1449.

3. Fernando Fernández, mi hermano carnal, quien tiene una experiencia significativa con el Espíritu de Cristo, y quien ha sido un instrumento de Dios para fundar una iglesia poderosa y creciente en North Miami Beach, Florida.

Capítulo 4

¿QUÉ SUCEDE ANTE LA PRESENCIA DE CRISTO?

"Estad quietos, y conoced que yo soy Dios..."
(Salmos 46:10)

En nosotros, los seres humanos, son muy normales los sentimientos que se despiertan cuando nos encontramos ante la presencia de un presidente, gobernador, juez, artista, rey o, en fin, delante de cualquier persona cuya categoría esté muy por encima de nuestra posición social, económica, religiosa o profesional. Dichos sentimientos pueden variar de una persona a otra, pero los más comunes son de admiración y respeto, y en algunos casos pueden estar combinados con tributos de adoración y alabanza. Sea cual fuere la reacción, lo cierto es que estas manifestaciones son parte de nuestra naturaleza humana, porque existe en nosotros un espíritu de admiración por todo aquello que es importante, grandioso, famoso y poderoso.

Al introducir a Jesucristo dentro de este tema, el primer dilema que confrontamos es que Él no es un ser visible como lo somos nosotros los humanos. Entonces ¿es posible sentir la sensación de su divina presencia? ¿Sobre qué evidencias podemos justificarlas? En realidad, Él está presente ante nosotros aunque no lo veamos. Él es Dios y es precisamente su naturaleza vivir junto a sus amadas criaturas; es un Ser al cual le agrada relacionarse con nosotros y compartir su vida con la nuestra.

Cristo no solamente llega a nosotros cuando estamos en la iglesia, sino que también comparte nuestro diario vivir. Si hasta ahora no lo hemos percibido, se debe quizás a que nuestros sentidos están adormecidos a causa de vivir acostumbrados a lo temporal, a lo terrenal, al trajín de la vida y a los sonidos escandalosos de la época moderna. Lo cierto es que Jesús vive, y vive permanentemente envolviendo nuestra persona, ya sea en el ámbito religioso o en el común de la vida.

¿Cómo sabemos cuándo en verdad es Jesús el que está presente? ¿Qué sentimos cuando nos encontramos ante su divina presencia? Veamos a continuación algunas evidencias que, a mi parecer y basado en las Escrituras, son las que revelan su maravillosa y cautivadora presencia en forma clara y genuina.

1. Nace una actitud de silencio en nuestro corazón.
"Entonces Moisés, apresurándose, bajó la cabeza hacia el suelo y adoró" (Éxodo 34:8).

El encuentro con Cristo es sin duda alguna una experiencia maravillosa e inolvidable. Es un sentimiento que sobrepasa todo entendimiento. Ante su presencia experimentamos reacciones que son mucho más significativas que aquellas que sentimos ante la presencia de cualquier ser humano.

Cuando Jesucristo nos encuentra, la primera reacción que fluye en forma natural es el silencio. Sí, es el silencio el que sobrecoge al corazón humano y no el bullicio atormentador. Esto era exactamente lo que le pasaba a Moisés cada vez que Jesús se le presentaba (Éxodo 34:1-10). Moisés simplemente enmudecía ante la absorbente grandeza de Jesús. ¿Qué podía hacer o decir ante tan incomparable presencia? Absolutamente nada. El silencio era su primera reacción. Allí, con su cabeza agachada, su mente se encontraba cautivada, anonadada y subyugada ante la Majestad Divina. Esto era muy normal que sucediera, pues era nada menos que el Todopoderoso, el Eterno, la misma Santidad, que se encontraba frente a Él. ¿Qué podría hacer la criatura ante su Creador? Nada. Por lo tanto, el silencio es la primera reacción legítima que sentimos ante la incomparable presencia del Gran Yo Soy.

Existe hoy en día una gran confusión entre aquellos que practican el cristianismo. Ha surgido la idea o el concepto de que Dios está presente cuando aparece el sonido, el ruido y el movimiento físico. Hoy existen predicadores y maestros cristianos que están conduciendo a las gentes hacia las reacciones emocionales, físicas o vocales, como si fueran éstas las evidencias verdaderas de que Dios está en medio de ellos. Lo cierto es que esto es un engaño fatal. Estos fenómenos aceptados como legítimos dejan a la gente vacía, desorientada y la conducen a vivir un cristianismo falso y estéril. Es triste notar como muchas iglesias han caído en esta lamentable condición.

Una característica del ser humano caído es el anhelo de sustituir lo verdadero con lo falso. Es su naturaleza exaltar todo aquello que es de su propia creación. Dicha conducta es simplemente una demostración más de su distanciamiento del Dios verdadero. El ruido no va de acuerdo al espíritu legítimo de la experiencia con el evangelio; pero, lo cierto es que hoy muchos cristianos están habituados a lo espectacular, a lo excitante; y cuando ocurre lo apacible, lo consideran aburrido, monótono, cansador y sin gusto. Hay que entender que la verdadera adoración de Dios está muy por encima de aquellos fenómenos excitantes que notamos en nuestro medio ambiente cristiano. Muchos quieren justificar dicha conducta con la idea de una nueva cultura cristiana acondicionada al hombre contemporáneo con el fin de atraer a los inconversos. Tal argumento es puramente humano y no divino. Dicho argumento simplemente es totalmente opuesto a lo que sucede verdaderamente ante la presencia de Dios. Si seguimos conduciendo a la masa cristiana en esa dirección, el futuro del cristianismo será mucho más débil de lo que ahora es y, por lo tanto, será incapaz de producir una piedad auténtica. Si seguimos por este camino, tendremos un cristianismo en bancarrota y por consiguiente incapaz de transformar los corazones a la semejanza de Dios.

La verdadera adoración a Dios se inicia siempre en el silencio y con el silencio, y este silencio es completamente distinto al que los humanos pueden crear. Es un silencio de origen divino, donde el alma cae postrada ante la presencia de Dios. Este es su llamado: *"Estad quietos, y conoced que yo soy Dios"* (Salmos 46:10). Él, con su divina presencia, produce la quietud y el silencio, eliminando la perturbación que pueda tener el alma, y creando así un espíritu apacible y tranquilo en su tierna y subyugadora presencia.

Elena de White lo expresa así:

"Cada uno de nosotros ha de oír la voz de Dios hablar a su corazón. Cuando toda otra voz calla, y tranquilos en su presencia esperamos, el silencio del alma hace más perceptible la voz de Dios. Él nos dice: 'Estad quietos, y conoced que yo soy Dios' (Sal. 46:10). En medio de la presurosa muchedumbre y de las intensas actividades de la vida, el que así se refrigera se verá envuelto en un ambiente de luz y paz. Su vida exhalará fragancia y dará prueba de un poder divino que alcanzará los corazones."[1]

El silencio legítimo es producto de una realidad: las criaturas, es decir, nosotros, nos sentimos pequeños ante la grandeza de la presencia de Jesús. Por supuesto, el silencio al cual me refiero es el silencio del alma, ella es el templo donde Dios se manifiesta y es ella quien está callada ante Dios. *"Mas Jehová está en su santo templo; calle delante de él toda la tierra"* (Habacuc 2:20). El "templo" al cual se refiere el profeta es el "alma" y no un edificio hecho de mano, ya que Dios *"...no habita en templos hechos por manos humanas"* (Hechos 17:24). Así también lo enseñó nuestro Señor Jesucristo cuando le dijo a la Samaritana:

"Mujer, créeme, que la hora viene cuando ni en este monte [Gerizin] ni en Jerusalén adoraréis al Padre. [...] Mas la hora viene, y ahora es, cuando los verdaderos adoradores adorarán al Padre en espíritu y en verdad..." (Juan 4:21,23).

Es un hecho incuestionable que para Jesús el encuentro de Dios con el ser humano se lleva a cabo en el mismo espíritu. Los templos e iglesias no son de ninguna manera la morada de Dios. Es en el espíritu donde se encuentra su verdadera morada. La maldición más grande que surgió en los primeros siglos del cristianismo fueron los famosos y exagerados templos. Estos edificios distorsionaron la verdad bíblica, llevando a los cristianos a creer que era allí donde se encontraba Dios, cuando no es este el caso.

Dios, en verdad, vive en el espíritu, pues es allí donde a Él le agrada morar. Por supuesto que los templos tienen su función legítima, siempre y cuando se pueda crear un ambiente propicio para experimentar su presencia. Pero para que esto suceda, tiene que exaltarse la vida y las obras de nuestro Señor Jesucristo en la predicación, las enseñanzas y la música. Todo lo que se haga o se diga en el templo debe girar en torno a Jesucristo y su sacrificio. De lo contrario no se sentirá la presencia de Jesús en el ambiente, no importa cuán bello sea el templo y sus servicios.

El espíritu es el enfoque y el punto de interés y esfuerzo de la Divinidad. Por cierto, el espíritu vive siempre rodeado de la presencia de Dios, pero en la mayoría de los casos no está consciente de esta realidad porque vive muy ocupada con sus propios intereses. Simplemente no se percata de la continua presencia de ese maravilloso Dios que anhela tener una vivencia constante con ella. Si le diera lugar al toque divino, sin duda alguna encontraría que puede vivir constantemente ante la presencia divina, cualquiera sea el lugar donde se encuentre. De esa manera el alma vivirá contemplando lo invisible porque ya habrá aprendido que no es el lugar el que determina la presencia de Dios, sino su entendimiento consciente de que Dios siempre está a su lado.

En el silencio, el espíritu se encuentra absorto en la contemplación del Eterno Jesús. Este silencio no es producto meramente del lugar ni de las circunstancias creadas, sino más bien producto de Dios. Él es el que crea dicha actitud silenciosa en el corazón. La revelación de su majestad y la belleza de su carácter dejan al alma sorprendida y embelesada. Son las imágenes de la vida de Jesucristo y sus obras redentoras las que estimulan el silencio, llevando al ser a postrarse con un sentimiento callado de apreciación de lo divino. El silencio es obvio, porque el ser reconoce su pequeñez ante la grandeza divina, sus limitaciones ante lo infinito, su fragilidad ante lo eterno, sus impurezas ante la perfecta santidad; en fin, queda cautivado ante la admirable y sublime presencia de Aquel que está por encima de todo lo creado.

Si estas experiencias de fe no ocurren en el ambiente de la iglesia, se debe por cierto a que la predicación o las enseñanzas no tienen como centro a la persona de Jesucristo. Si Cristo no es presentado constantemente ante los oyentes, ellos no experimentarán la verdadera conversión, y el resultado de esto será una iglesia muerta, que estará envuelta en un mero formalismo religioso.

Para volver al cristianismo dinámico y duradero, tanto los predicadores como los maestros tienen que presentar constantemente ante sus oyentes la persona de Jesucristo y las escenas preciosas de su vida, siendo Él quién producirá en ellos los cambios de vida que de otra forma jamás ocurrirían.

2. Reconocemos nuestra pecaminosidad.

"¡Ay de mí! que soy muerto..." (Isaías 6:5).

¿Qué más ocurre ante la presencia subyugadora divina? Mezclado con el silencio también se produce otro factor sumamente importante: la revelación de nuestra pecaminosidad queda manifiesta.

En cada encuentro con Dios que el alma experimenta surge, sin lugar a dudas, una nueva visión de una realidad humana que antes desconocía: su pobreza. Ante la Majestad del cielo queda desnuda la humanidad enfermiza. El contraste del carácter de Dios con el del alma humana es demasiado evidente, pues reconoce el orgullo ante la perfecta humildad, el egoísmo ante la perfecta bondad, lo impuro ante la perfecta santidad, lo efímero ante lo eterno.

Esta fue la experiencia del profeta Isaías cuando se encontró con Dios:

> *"¡Ay de mí! que soy muerto; porque siendo hombre inmundo de labios, y habitando en medio de pueblo que tiene labios inmundos, han visto mis ojos al Rey, Jehová de los ejércitos"* (Isaías 6:5).

Para Isaías era demasiado claro que nuestra pecaminosidad solamente se puede reconocer ante la presencia de Dios. El ser humano no está capacitado para reconocer sus propios defectos; antes, por el contrario, permanentemente los cubre a toda costa, ya que, en realidad, él no desea que su vergüenza sea manifiesta y por eso vive cubriéndola con hojas temporales de higuera (Génesis 3:7).

Dios es el único que puede explicar las características del pecado, debido a que el pecado no solamente ataca nuestra persona sino que es una agresión específica contra el mismo carácter de Dios. Por lo tanto, es a la luz de la redención de nuestro Señor Jesucristo que logramos vislumbrar, en parte, la enorme y horrible consecuencia trágica del pecado. Contemplando el sacrificio de Jesús comprendemos claramente que Dios es el único que puede tocar al pecado y a la vez no contaminarse. Además, entendemos que solamente Él puede arrancar de raíz las consecuencias de dolor y muerte pues, al entregar a su Hijo, destruyó en el cuerpo de Jesús el pecado (Hebreos 2:14,15). Por eso es que separados de Jesús no podemos ni entender ni explicar el pecado, porque el hombre no sabrá realmente lo que es pecado hasta que no es nacido de nuevo en el reino de Dios (Juan 3:1-8).

Los humanos tienden a definir el pecado usando explicaciones de conducta externa humana, pero tales interpretaciones jamás podrán explicar bien el pecado. Para entenderlo, necesitamos la iluminación del Espíritu Santo, cuyo trabajo consiste en revelarnos las escenas del Calvario, pues es allí, ante la presencia del ensangrentado Jesús, que comenzamos a comprender lo horrible que es el pecado. Y es allí también, ante Jesús, que experimentamos lo que significa el verdadero arrepentimiento.

El arrepentimiento es contemplar a Jesús; es volver de nuevo nuestra mirada hacia nuestro Creador, dejando atrás nuestra auto-contemplación, que es la que afecta nuestra relación con Él.

En estos días existe muy poco espíritu de arrepentimiento entre nosotros los cristianos. Quizás se deba a que se predica muy poco acerca de éste, o tal vez que nuestras expectativas en cuanto a lo que debe ocurrir están confundidas. Yo me inclino a pensar que el problema radica en que Jesucristo ha sido destituido de su lugar prominente, y en vez de Él, se presentan los temas de psicología, sociología, historia o doctrinas. En otras palabras, el hombre y sus intereses son el principal centro del enfoque. De esta manera, los oyentes jamás podrán experimentar el verdadero arrepentimiento que el Cielo está esperando de ellos.

La iglesia está llamada a predicar contra las injusticias sociales, la discriminación, el prejuicio, el crimen, el robo, el aborto, la inmoralidad, como también contra todos los pecados personales: orgullo, egoísmo, materialismo, vanidad, soberbia, suficiencia y adoración propia. Pero para que la gente se arrepienta de esos males, tiene que ponerse dentro del marco del sacrificio de Jesucristo para que así la mente pueda reconocerlos y abandonarlos. De lo contrario, hablar de ellos sin presentar a Jesús y sus obras es hacer más mal que bien. Si tocamos la llaga sin Cristo, dejamos la mente más enferma y cargada de más culpabilidad. Este no es el plan de Dios. Su plan es sacar el pecado del corazón humano mediante la presencia transformadora de la gracia de Jesucristo, pues es allí, delante de Jesucristo, en donde nosotros los humanos podemos ver la escoria del pecado y a la misma vez encontrar el poder que nos libera del mismo.

Es un hecho que, ante la presencia de Jesús, quedamos convictos de pecado, porque vemos nuestra naturaleza tal como es, completamente contraria a la de Jesús. Ante Él quedamos compungidos de corazón. Es posible que en algunos casos broten de nuestros ojos las lágrimas (y el llanto es lo único que romperá el silencio), porque al mismo tiempo que sentimos nuestra lamentable realidad pecaminosa, también sentimos que somos aceptados, amados y perdonados. En realidad estos sentimientos son muy difíciles de explicar porque existe una mezcla de tristeza y alegría, y llanto y gozo, como resultado de sentir que Jesucristo nos abraza y nos perdona a pesar de nuestra lamentable situación. Y es allí en adelante que comenzamos a sentir el deseo de alabarle y adorarle por su maravillosa gracia e inmensurable misericordia para con nosotros. Y ese deseo de alabanza contiene además un elemento más importante que el simple hecho de cantar y celebrar las maravillas de Dios. Este factor importantísimo es que:

3. Reconocemos que vivimos exclusivamente para servir.
"Heme aquí, envíame a mí" (Isaías 6:8).

El encuentro con Jesucristo no deja al ser humano estático. Por el contrario, lo activa. Nace en él el deseo de darse a sí mismo en servicio a Dios y al prójimo. Comienza a reconocer que no puede vivir solamente para él, sino para Dios y los demás. Surge en él el principio que gobierna todo el universo: la ley del servicio; es decir, todo lo creado existe para beneficio de otro. Notemos lo que pasó con Isaías:

"Después oí la voz del Señor, que decía: ¿A quién enviaré y quién irá por nosotros? Entonces respondí yo: Heme aquí, envíame a mí" (Isaías 6:8).

Al ver a Jesucristo, Isaías no podía seguir viviendo en su propio egoísmo. Su encuentro con lo divino reemplazó sus actitudes egoístas con actitudes bondadosas. Se inició en él un cambio de valores: de valores humanos a valores divinos. De ahí en adelante su vida contenía un propósito específico: servir. Esta es la esencia misma de la naturaleza de Dios, la cual es implantada en aquellos hijos que le contemplan. Y es en el acto de servir donde todos los cristianos encuentran el verdadero gozo y felicidad de vida. ¡Qué privilegio y bendición tenemos en usar nuestras manos, pies, recursos y talentos para dar a conocer el nombre y la gloria de nuestro Señor Jesucristo!

Pero ese sentimiento de entrega solamente se puede experimentar estando ante la presencia de Él; y allí también seremos movidos a decir como Isaías: *"Heme aquí, envíame a mí".*

¿Qué pasa cuando nos encontramos con Jesús? Considerando lo que ya hemos analizado, suceden cosas extraordinarias que dejan al alma diferente a lo que era anteriormente. ¡Oh, cuánto necesitamos hoy esa clase de experiencia! Estas realidades son muy escasas en el cristianismo postmoderno. La causa de esto ya la sabemos: la ausencia de Cristo en los púlpitos, en las enseñanzas y en nuestra vida personal. Pero si como creyentes dejamos que Dios nos despierte con la luz de su amado Hijo Jesucristo, iniciaremos una experiencia que nunca antes hemos conocido.

Dios anhela profundamente realizar ese maravilloso encuentro contigo. Desea revelarse a ti como lo hizo con Moisés en el monte Horeb: pasar horas compartiendo contigo su voluntad; o como lo hiciera con Isaías en el templo: revelarte las grandezas de su gloria divina; o quizás lo haga al igual que hizo con el apóstol Pablo en el camino a Damasco (Hechos 9:1-6): darte una revelación de su divina persona para así enderezar los caminos torcidos de tu vida.

Sea como sea o dónde sea, Jesús quiere darte la bendición más grande de toda tu vida: el placer y privilegio de contemplar su admirable rostro divino. Ahora mismo te dice:

"He aquí, yo estoy a la puerta y llamo; si alguno oye mi voz y abre la puerta, entraré a él, y cenaré con él, y él conmigo"
(Apocalipsis 3:20).

Démosle permiso para entrar en nuestra vida y de ahí en adelante sabremos cómo explicar a otros lo que realmente sucede cuando nos encontramos en su sublime presencia. ¡Y qué bendición será para aquellos que escuchen nuestro testimonio! De seguro ellos también desearán tener lo que nosotros ya tenemos: a nuestro maravilloso Salvador Jesucristo.

Ahora quisiera dejar para tu meditación las siguientes preguntas:

¿Has sentido recientemente la presencia de Jesús en tu vida? ¿Deseas tenerlo más y más en tu corazón? Quiera Dios que sí.

Referencia:

1. Elena G. de White, *El Ministerio de Curación* (Mountain View, California: Pacific Press Pub. Assc., 1959), pág. 37.

Capítulo 5

¿QUÉ ES EL EVANGELIO?

"Vi volar por en medio del cielo a otro ángel, que tenía el evangelio eterno para predicarlo a los moradores de la tierra, a toda nación, tribu, lengua y pueblo"
(Apocalipsis 14:6)

Los miembros de la Iglesia Adventista del Séptimo Día creemos ser la iglesia identificada con el símbolo del ángel de Apocalipsis 14:6. La palabra "ángel" proviene del griego *"ággelos"* que significa *"mensajero"*, el cual es portador de un poderoso mensaje para ser predicado con absoluta convicción y plena vivencia a todo el mundo. Lo que predica es el evangelio y sólo el evangelio; nada más y nada menos.

El evangelio envuelve todo lo que Dios desea que se comunique a cada ser humano, así sea a través de la enseñanza, o la predicación, o servicios humanitarios o el testimonio personal. La palabra griega "euaggelion" significa literalmente *"buenas nuevas"*, es decir, noticias de esperanza para la humanidad desorientada.

Lo extraordinario en este cometido de "predicarlo" es que ninguna persona está suficientemente preparada para ello. Sin embargo, Dios demuestra su *valentía* en confiarnos tan inmensurable y sagrada tarea. No confiando en nuestras habilidades naturales, sino en lo que nuestra amistad con Él produce en nosotros, ya que Él es el Todopoderoso.

Sin lugar a dudas, el tiempo en que estamos viviendo es el tiempo del fin. Y en vista de esto, nuestro amante Jesús nos advierte: *"Mirad que nadie os engañe"* (Mateo 24:4); Él nos está anticipando que existe la posibilidad de un evangelio falso. Es por eso que, a continuación, deseo presentar lo que para mí **no** es el evangelio.

EL EVANGELIO NO ES DE ORIGEN HUMANO:
(Véase Colosenses 2:8; 1ª Timoteo 6:20-21; Gálatas 1:6-9;4:3;
2ª Corintios 4:18)

1. No es un mensaje de una nueva idea o ideología, ni de una nueva filosofía del pensamiento humano.

2. No es la predicación de un nuevo estilo o norma de vida o de una nueva moral.

3. No es la enseñanza de nuestros valores culturales, o la predicación de las ciencias psicológicas o de los sistemas creados por la sociedad, tales como la educación, la religión, la familia y la economía; ni tampoco es la exposición del desarrollo de la ciencia tecnológica.

4. No es la proclamación de los eventos proféticos finales, ni la condición inmoral de la sociedad, ni de los desastres naturales.

5. No es el mensaje de una institución religiosa bien organizada, con sus logros y éxitos evidenciados en sus templos majestuosos, oficinas de intensa actividad que mueven un inmenso capital operativo, al igual que una feligresía numerosa. Ni tampoco es el anuncio del prestigio social de la iglesia debido a sus abundantes servicios humanitarios.

6. No es el mensaje de la experiencia religiosa de los creyentes, que hablan de las grandes cosas ocurridas en sus vidas cuando han experimentado a Dios, sean estos milagros, éxtasis espirituales emocionales o fenómenos físicos. Tampoco es la proclamación de nuestros diversos aparentes métodos de salvación, ni de una vida moralmente estable o pura.

7. No es la exposición intelectual o racional de las doctrinas o de las enseñanzas que le han dado forma a la religión establecida.

En síntesis, lo que deseo expresar es que el evangelio no es creación de nuestra propia naturaleza humana. Es mucho más que esto. Ahora, veamos lo que verdaderamente es el evangelio.

EL EVANGELIO ES DE ORIGEN DIVINO:
(Véase Lucas 24:44-49; Romanos 1:16-17; 1ª Corintios 1:17, 18,23-24;
2:1-2)

1. El evangelio es *exclusivamente* los pensamientos de Dios, los cuales son proclamados al mundo a través del imperfecto vehículo humano.

2. Es declarar las buenas nuevas de Dios, su carácter, sus obras, sus propósitos, sus planes, y sus actos de amor revelados en Cristo y *solamente en Cristo.*

3. Es predicar la revelación máxima del Dios Padre a través de su Hijo unigénito Jesucristo. Es la proclamación de la gracia manifestada en Jesús, que vino a esta tierra para salvar a la humanidad de la pavorosa ruina del pecado. Esta proclamación debe estar señalando al amor divino como el fundamento único de tan inmerecida acción.

4. Es levantar al Cordero de Dios, a Jesucristo, en su encarnación, su vida perfecta, su ministerio, sus obras, sus enseñanzas, su entrega, su humillación, sus sufrimientos, su muerte en la cruz, su sepultura, su resurrección, su intercesión, su gloriosa segunda venida y finalmente su restauración como Rey de Reyes y Señor de Señores en el Universo (Apocalipsis 5:9-14).

5. Es hablar de los hechos históricos de la redención realizada por Cristo. Es hablar de quién es el Dios/hombre y cuáles son sus motivos y propósitos para toda la creación.

En resumen, el evangelio es el llamado de Dios al hombre para establecer una relación de amistad salvadora a través de su Hijo Jesucristo. Predicar el evangelio es el acto de hablar o modelar las buenas nuevas del Dios Padre, Dios Hijo y Dios Espíritu Santo. Ellos constituyen las *únicas y buenas nuevas* que nosotros, los seres humanos, necesitaremos escuchar mientras perdure nuestra vida aquí en la tierra. El apóstol Pablo lo expresa de la siguiente manera:

"Porque la palabra de la cruz es locura a los que se pierden; pero a los que se salvan, esto es, a nosotros, es poder de Dios. [...] Pues ya que en la sabiduría de Dios, el mundo no conoció a Dios mediante la sabiduría, agradó a Dios salvar a los creyentes por la locura de la predicación. Porque los judíos [los religiosos] piden señales, y los griegos [los intelectuales] buscan sabiduría; pero nosotros [los cristianos] predicamos a Cristo crucificado, para los judíos ciertamente tropezadero, y a los gentiles locura" (1ª Corintios 1:18,21-23).

OBSERVACIONES FINALES

El evangelio no son las buenas nuevas nuestras, pobres seres mortales, sino las buenas nuevas del ser inmortal, el Eterno, **JESUCRISTO**, el cual es en sí mismo el *"Evangelio Eterno"* (Apocalipsis 14:6). Es Él quien hace que el evangelio sea eterno, porque Él y sólo Él es el eterno; no somos nosotros, ni nuestras cosas las eternas. Sin Él no existiría el evangelio y, por consiguiente, no habría ninguna razón para predicar, pues no habría nada bueno ni relevante que pudiéramos decir.

El evangelio es la buena nueva de Jesucristo y todo lo que Él es y encierra en sí mismo. Si pudiésemos vivir mil años aquí en la tierra no nos bastarían para declarar todo lo que a la persona de Cristo se refiere; sólo la eternidad nos permitirá continuar el estudio fascinante del Evangelio, es decir, nuestro Señor JESUCRISTO.

La Iglesia fue escogida por Dios para proclamar las bellezas inconmensurables de la historia de Cristo, del Cristo presente activo y real, y del Cristo pronto a venir. No existe otro cometido; y si nos saliéramos de allí, sería traicionar el santo mandato *"y este evangelio del reino será predicado..."* (Mateo 24:14), y nos encontraríamos caminando en un terreno sin agua y sin vida, lleno de huecos, espinas y piedras.

El evangelio no es la predicación de nuestro propio reino, pues no existe tal, sino más bien la proclamación dinámica del reino de la gracia de nuestro Señor Jesucristo. Hablar de nosotros sin conectarlo directamente a la obra redentora de Cristo sería interpretar equivocadamente el evangelio en su glorioso contenido original bíblico.

Tampoco somos llamados a predicar solamente nuestra santificación o salvación, pues estas experiencias tan reales en nuestras vidas son solamente *ilustraciones* que demuestran el poder auténtico y redentor de Jesucristo realizado en nosotros. No debemos intentar reemplazar la comisión divina de predicar el evangelio de Jesucristo con el mero hecho de dar nuestros testimonios, pues éstos son solamente un complemento para la exposición del evangelio. Alguien comentó así: **"Nuestra predicación contiene demasiado de nuestras opiniones y convicciones, y muy poco de Jesucristo"** (Dietrich Bonhoeffer, *The Cost of Discipleship* [El Costo del Discipulado], pág. 36).

El Verdadero Cristo

Los frutos de la redención realizada por Cristo van infinitamente más allá de lo que realmente nosotros podemos experimentar internamente, ya sea esto perdón, paz, libertad, seguridad, santidad o vida eterna. Por supuesto que el evangelio habla verdaderamente de lo que sucede en nosotros cuando contemplamos la gloria del Padre en la imagen de Jesucristo, pero realmente el mensaje no es tanto de lo que sucede en nosotros, sino de lo que pasó y está pasando en el corazón de Dios al escoger y entregar a su Hijo para que éste sea el testimonio universal de su infinito amor.

Cristo es el gozo y la gloria del Padre; Cristo es el gozo y la admiración del universo; y Cristo es el gozo de la proclamación de los redimidos. Nosotros quedamos reducidos a *nada* ante la asombrosa magnitud de la gloria de Jesucristo.

Por lo tanto, el evangelio es exclusivamente las buenas nuevas de nuestro maravilloso Jesús. Nuestras nobles experiencias y realizaciones, nuestras fabulosas instituciones religiosas, nuestras bondadosas obras filantrópicas y nuestro ordenado ritualismo espiritual, jamás serán las buenas nuevas. El evangelio es y siempre será ¡JESÚS! ¡Alabado y glorificado sea su divino Nombre!

Podríamos ilustrar lo que encierra el evangelio usando la siguiente parábola:

Un grupo de personas se encuentra observando a través de los cristales de la sala de operaciones a un médico que está operando a su paciente. Están absortos contemplando con qué paciencia, precisión, ternura y maestría profesional está realizando el médico su labor. Cuando termina la cirugía, se llenan de regocijo al ver que el paciente ha quedado libre de su enfermedad; y felicitan con alegría al médico por la excelente labor realizada. De ahí en adelante, tanto el paciente como los espectadores, terminan hablando más acerca de la excelencia del médico que del mismo paciente ya sanado. Empiezan a recomendar al médico a familiares, amigos y hasta a desconocidos, pues son testigos de su extraordinario y eficiente servicio que se corrobora con el hecho de que hasta el presente nadie se le ha muerto en las manos, y todos los que él ha operado han quedado sanados.

También han llegado a conocer que el médico realiza su trabajo gratuitamente, ya que ningún seguro podría cubrir el alto costo de la operación. Pero lo que realmente los toma por sorpresa es saber que el médico contrajo por las operaciones la enfermedad de los pacientes, y que debido a esto muere. Pero, maravilla de maravillas, sucede lo inesperado, el médico resucita, produciendo en ellos y en otros una alegría mucho más grande que todas las anteriores. Ahora hablan de él con más entusiasmo, y no recomiendan al hospital con su moderno edificio repleto de equipos sofisticados y personal profesional altamente calificado, sino que su alegría es recomendar a lo más grande y maravilloso de todo: el *Médico, nuestro Señor Jesucristo.*

Este maravilloso Médico nos ha dejado su legado de amor, su santo evangelio. Quiero a continuación presentar un breve análisis de su contenido, que considero de vital importancia.

EL EVANGELIO, NUESTRO SEÑOR JESUCRISTO, CONTIENE DOS ASPECTOS MUY IMPORTANTES:

1. Aparentemente es una mala noticia.
(Véase Romanos 3:10; Isaías 64:6; Juan 15:6)

La primera impresión que percibimos con la llegada de Jesús a nuestra vida es de cierta intranquilidad e incomodidad y tal vez, sospecha, porque desconocemos sus intenciones para con nosotros. Todo esto nos parece una mala noticia, pues Él llega perturbando nuestra comodidad e interrumpiendo nuestros acostumbrados placeres que, según Él, nos roban nuestra paz y felicidad. Así lo establece la predicación de su evangelio: *"...es puesto para caída y para levantamiento de muchos..."* (Lucas 2:34).

Jesús dijo hablando de sí mismo:
"No penséis que he venido para traer paz a la tierra. No he venido para traer paz, sino espada" (Mateo 10:34).

Como notamos, la presencia de Jesús produce, sin duda alguna, una reacción negativa al corazón humano. Su presencia nos revela nuestra condición totalmente opuesta a la suya; nos vemos ante Él desnudos, malos, injustos, impotentes y enfermos. Vemos que nos encontramos en una deplorable condición, sin esperanza y, lo peor de todo, es que por nosotros mismos no podemos hacer nada, *absolutamente nada* para cambiarnos o para salvarnos. Es por esta razón que el evangelio nos parece una mala noticia, porque sin Él estamos irremediablemente condenados y perdidos, no porque seamos malos en nosotros mismos, sino porque no creemos en Él:

"...pero el que no cree, ya ha sido condenado, porque no ha creído en el nombre del unigénito Hijo de Dios" (Juan 3:18).

2. Es una maravillosa y buenísima noticia.
(Véase Juan 3:16, 10:9-11; Lucas 4:16-21; Efesios 2:4,5,8-10)

La presencia de Jesús, aunque en cierto modo es confrontativa, es la más beneficiosa para nosotros, pues trae consigo luz y esperanza al corazón que antes se encontraba en tinieblas y totalmente desorientado. Jesucristo llega para curar y libertar a todos los que creen en Él. Como Salvador, Él es quien llega para salvarnos de nosotros mismos y de una muerte eterna inminente. Es muy importante que recordemos que es Jesús a quién se le llama el Salvador y que no somos nosotros los que poseemos dicho atributo.

Jesús vino y vive para ser el único remedio para nuestra perniciosa complejidad humana. Él es el evangelio, la buena noticia de que Dios no nos ha dejado ni solos ni desamparados. Su presencia en este mundo y en nuestra vida nos confirma en forma categórica que Dios nos ama y nos busca a pesar de...

Dios nos amó primero, mucho antes que nosotros pensáramos en amarlo a Él. Y está más interesado en nosotros que nosotros en Él. Y de hecho, Jesús siempre está más interesado en nosotros que aun nosotros en nosotros mismos. Él no viene para condenarnos sino para justificarnos (hacernos justos ante Dios); no viene para juzgarnos sino para santificarnos (hacernos santos ante Dios); no viene para destruirnos sino para salvarnos. Viene para dar lo mejor de todo, darse a sí mismo para que lo disfrutemos ahora, al máximo y por la misma eternidad.

Jesús constituye lo mejor de lo mejor para el pecador. No existe un regalo más perfecto y más completo que la entrega propia de su maravillosa y divina persona, constituyéndose a sí mismo en el único sustituto y reconciliador entre Dios y nosotros.

Por lo tanto, afirmamos en forma categórica y conclusa: **JESUCRISTO es el mensaje, la doctrina y la sustancia misma del evangelio, tanto para el impío como también para el creyente.**

Capítulo 6

SALVACIÓN
¿QUÉ ES?

"Y en ningún otro hay salvación, porque no hay
otro nombre debajo el cielo [Jesús], dado a los
hombres, en que podamos ser salvos"
(Hechos 4:12)

Si hay un tema que despierta mucho interés es el tema de la salvación. Y esto es lógico, porque desde la antigüedad los seres humanos han vivido con la incógnita de cómo salvarse o, mejor dicho, cómo llegar a vivir con Dios y para siempre. Para lograr este noble objetivo, los hombres han acudido a un sinnúmero de métodos. Pero la salvación, como se entiende o se experimenta hoy, no es realmente lo que la Palabra de Dios nos quiere enseñar.

Es cierto que hasta cierta medida existe una ansiedad de ser salvos, pero continuamente surgen preguntas como las siguientes: ¿salvo de qué? ¿Salvo por quién? ¿Salvo para qué?

La palabra "salvación" del griego "sotería" significa salud, seguridad, preservar, socorrer, rescatar y liberar. También incluye todos los beneficios y bendiciones que los redimidos recibirán en el reino eterno de Dios después de haber pasado por todas las pruebas y penas de este mundo rebelde y triste. Tomando en cuenta estos sinónimos de salvación, miremos en forma simple lo que encierra en sí el concepto de salvación en el pensamiento de la fe cristiana a la luz de las Sagradas Escrituras.

El Verdadero Cristo

1. SALVADOS POR

(Véase Éxodo 14:13; Sal. 3:8; Isaías 61:10; Mateo 1:21; Lucas 2:30; Juan 3:16; Hechos 4:12; Hebreos 2:9,10;12:3; Romanos 1:16; Apocalipsis 7:10; 12:10)

La salvación es una obra exclusiva de Dios. Él es quien establece la forma y el método para rescatar a los seres humanos. Se podría decir que la salvación se originó en la mente de Dios y la forma de realizarla la diseña Él mismo.

Dios es muy celoso con su método de salvación, y por esta razón no permite que nadie lo sustituya en su divino plan, ya que Él sabe muy bien que los humanos no tienen la más mínima probabilidad de conseguir por ellos mismos su propia salvación. Es evidente que el hombre no tiene ningún recurso para salir de esta desesperada situación por causa de los daños psicológicos, físicos y de muerte que el pecado les ha ocasionado. Por esta razón le tocó a Dios utilizar el único recurso disponible para salvar al hombre, el recurso de sí mismo.

Dios es el Salvador y siempre será el Salvador. Pero para salvar requiere de Él condescendencia y humillación mediante la encarnación de lo divino para así poder alcanzar al ser humano; y aún más, requiriendo la misma muerte para restaurarlo a su estado perfecto de vida eterna. Esta fue la obra milagrosa y maravillosa del Hijo de Dios, Jesucristo. Por su amor incondicional, Él dio todo lo que tenía, entregando su propia vida para morir en el insustituible sacrificio del Calvario; éste fue el alto precio que tuvo que pagar para convertirse en el único y suficiente Salvador del mundo.

¡Es increíble el regalo de amor que nos ha dado nuestro maravilloso Padre al entregarnos a su Hijo! ¡No existe otro regalo como el incomparable Jesús! Él es nuestra salvación. Al aceptarlo en nuestra vida surge en nosotros el milagro mismo de la experiencia de la salvación; en otras palabras, cuando la salvación llega a nosotros es porque Jesús mismo ha llegado a nuestro encuentro, pues la salvación no es otra más que un estrecho contacto de relación con el amoroso Jesús.

2. SALVADOS DE

A. Daños psicológicos

(Véase Génesis 3:4,5; Isaías 1:5,6,18; Jeremías 17:9; Romanos 3:9-18; Apocalipsis 3:14-17;13:18;14:9,10;16:15; Lucas 5:31).

La condición humana es desesperada y triste. No por el hecho de que su mente esté enferma y desorientada, sino porque su mayor problema consiste en que no sabe ni reconoce la profunda gravedad de su estado. En realidad, el ser humano no desea ser salvo, pues para él todo aparentemente está bien, y éste es su gran autoengaño. Y si por alguna razón se da cuenta de algún desajuste, inmediatamente crea su propio mecanismo de defensa para arreglar las cosas; esta ciega actitud es precisamente el problema más grande que posee la mente humana. El hombre prácticamente se considera un dios en sí mismo; él es el centro del universo, el creador de su propio destino y el inventor de sus propias soluciones; en otras palabras, él siente que es su propio salvador. ¡Qué fatal autoengaño!

El ego, el yo, está totalmente desconectado de la realidad y vive en un mundo de fantasías y de ilusión. Sin Cristo, el ego es como una bomba de tiempo, tarde o temprano explotará. Por lo tanto, el pobre ego en verdad necesita salvación, rescate y sanidad de sus distorsiones, y ésta es precisamente la especialidad de Dios. Él llega para salvar al ser humano de sí mismo; Él sabe que si lo deja solo, utilizando sus propios métodos, se destruirá a sí mismo. Dios, por lo tanto, salva al hombre de su autodependencia, autoconfianza, auto-glorificación y de su autodestrucción. Toda esta obra, ciertamente imposible para nosotros, la realiza Él a través de un Salvador llamado Jesús, el Salvador más que suficiente y eficiente.

Jesús no solamente perdona nuestras actitudes pecaminosas, sino que además está capacitado para restaurar nuestra relación con Él y sanar aun las heridas que provocaron las enfermedades a nuestro ego (Juan 1:7). En otras palabras, Él llega a ser todo lo que nuestra alma necesita (Lucas 4:18-19; 1ª Corintios 1:30).

El escritor Oswald Chambers, explicando la experiencia de la salvación, lo resume así:

> *"La salvación no significa meramente liberación del pecado o la experiencia de la santidad personal. La salvación que viene de Dios significa ser totalmente liberado de sí mismo y llevado a una perfecta unión con él [Jesucristo]."* [1]

B. Opresiones humanas
(Véase Lucas 4:18-19; Gálatas 3:27-8)

Así como es totalmente cierto que Jesús nos salva y nos sana de nuestras enfermedades psicológicas, también es muy cierto que Él necesita salvarnos de todos aquellos que tratan de controlar y oprimir nuestra existencia. El ser humano sin Cristo es malo y cruel hasta con su propio semejante. Esta realidad social es producto de la enfermedad del egoísmo y el orgullo que los humanos llevamos en nuestros corazones. Son notables, en la historia de la humanidad, los incontables casos de opresión y destrucción de los débiles, los pobres, los que no tienen educación, los de diferente raza, cultura y religión, etc.

La historia ha dejado bien en claro que, si el hombre es dejado en abandono, sin ayuda y sin rescate, continuaría su acostumbrada conducta de opresión, esclavitud, dictadura, control, y en caso extremo aniquilamiento sin discriminación de todos los que considere como indeseables e inútiles.

La discriminación y el prejuicio son actitudes contrarias y opuestas al carácter de Dios. La sociedad siempre ha estado llena de este espíritu diabólico y destructivo. Pero Dios no se queda con los brazos cruzados cuando ve las injusticias sociales. Él considera dichos actos malsanos, como actos en contra de su misma persona, pues afectan destructivamente algo muy suyo: su preciosa creación. Por consiguiente, Él viene a su encuentro con liberación, tal como lo realizó sacando a Israel de la esclavitud Egipcia (Éxodo 6:1-7). A través de los siglos Él ha estado activo en la liberación de las mujeres del control destructivo del hombre, en libertar a los pueblos de fuerzas extranjeras y en la liberación de los negros de la esclavitud y discriminación de los blancos.

Ha habido mucha sangre derramada y agonía humana por hombres que han sido crueles y brutales con sus semejantes por razones de prejuicio racial, cultural, religioso, etc. La escritora Elena White señala este horrible pecado, al decir:

"La inhumanidad del hombre para con el hombre es nuestro mayor pecado." [2]

Por lo tanto, el mensaje evangélico incluye una confrontación directa con este gran mal social. Como cristianos, no podemos ni debemos en ninguna manera ser indiferentes y ciegos a esta abominable situación pecaminosa. Somos llamados a hacer nuestra parte para eliminar o por lo menos disminuir este horrible mal que todavía contamina a la sociedad.

Por consiguiente, la salvación de Dios incluye también la liberación de la humanidad, del hombre opresor, porque nadie tiene derecho absoluto sobre nadie. Dios reclama su soberanía sobre el ser humano. Todos hemos sido creados a su imagen y semejanza, teniendo en sí los mismos derechos, privilegios y responsabilidades. Esta obra también está inherente en la redención de Cristo, el supremo libertador (Lucas 4:18-19). Por supuesto, Él selecciona a una o varias personas para esta *peligrosa y delicada misión*, tan necesaria para la paz de los pueblos, raza, cultura y género.

Mediante los creyentes, Jesucristo elimina las enemistades, las distancias, reconciliando al hombre con el hombre, con espíritu de igualdad, justicia y respeto mutuo. La iglesia, el cuerpo de Cristo, es llamada a realizar esta magna obra. Por su gracia podemos mirar a cada ser humano como una persona de valor, no por sus apariencias sino por lo que es: una creación única y sagrada de Dios.

Teniendo los ojos de Jesús, somos motivados y capacitados para apreciar a cada ser humano, no por la influencia de sus exterioridades, como la ropa, su origen cultural, su estado físico, su color, su nivel económico, su educación, su tamaño, su sexo, su estilo de vida o su religión, sino porque son personas al igual que nosotros, compuestas con las mismas necesidades que tiene todo ser humano, sean estas físicas, emocionales o espirituales. Ciertamente el evangelio son buenas nuevas no solamente para todos los pueblos, sino también para cada individuo en particular (2ª Corintios 5:17-19; Gálatas 3:27,28).

La obra de Jesús es maravillosa en cada persona. Para Él no hay indeseables; todos son de suma importancia. Para Él es lo mismo salvar a un presidente de una nación como salvar a un limpiabotas, salvar a un médico como salvar a un drogadicto, salvar a una artista como salvar a una sirvienta de casa, salvar a un rey como salvar a un pordiosero. A Dios no le importa a quien salva, ya que para Él las categorías y las condiciones humanas son irrelevantes. Y es en este contexto que nuestro Señor Jesucristo nos llama a servir como sus discípulos en su obra redentora de recuperación y renovación de cada ser humano.

C. De la muerte
(Véase Juan 11:25,26; 1 Corintios 15:51-57; Apocalipsis 1:17,18)

La muerte física y la muerte eterna son el producto directo del pecado; pero para Cristo éste es un problema ya solucionado. En su ministerio Él resucitó a Lázaro, demostrando así su poder sobre nuestro aguijón, la muerte física (Juan 11:43-44). Pero para la muerte más difícil, que es la muerte eterna, Él murió en la cruz, eliminando así este problema. Su muerte y su resurrección abrieron la puerta hacia la eternidad, pues Él tiene la llave para abrir el sepulcro y conducirnos a la vida eterna (Apocalipsis 1:17-18). Es un hecho que somos salvos mediante su vida, su muerte y su resurrección. ¡Qué maravilloso es saber que viviendo en Él no existe tal cosa como la muerte, porque en Él solamente hay vida y vida siempre abundante!

3. SALVADOS PARA
(Véase Mateo 10:7-8, 28:19; 2ª Corintios 5:15,19,20)

¿Para qué somos salvos? ¿Qué es lo que Dios se propone al salvarnos? Es cierto que nuestra salvación produce un sentimiento de seguridad paz y tranquilidad. Ya no sentimos la ansiedad de si seremos salvos o no; tampoco sentimos miedo de Dios; por el contrario, nos sentimos confiados en Él, pues sabemos que su acercamiento hacia nosotros no es de guerra sino de paz, no de condenación sino de perdón, no de destrucción sino de restauración, no de opresión sino de liberación.

Pero la salvación de Cristo va mucho más allá de los sentimientos de complacencia propia. El propósito y el fin de la salvación son para llevar al salvado a vivir para Cristo y servir al prójimo (2ª Corintios 5:15). Todo aquel que es salvado se convierte en un testigo transmisor de la gracia redentora de Cristo, pues de lo recibido gratuitamente, él ahora se complace en darlo en la misma forma, para que así otros también disfruten de las aguas frescas que salen del manantial de vida de nuestro Señor Jesucristo.

Si la persona no ofrece nada de sí mismo es porque simplemente no ha sido salvada. En el reino de Dios no existen salvados con consentimientos egoístas, porque dicha actitud sería totalmente contraria al espíritu generoso y bondadoso del cielo. Toda la creación vive para dar, y el propósito de la eternidad será exclusivamente para servir a nuestro Creador Jesucristo y a su maravillosa creación.

CONCLUSIÓN

La salvación siempre será un producto de Dios, no importa lo que los hombres piensen, opinen, hagan o inventen. El hombre no tiene ni puede dar absolutamente nada en el acto de salvar, excepto el de dejarse salvar, y aún ese mismo acto de entrega de su voluntad es también un producto del amor maravilloso y cautivador de Dios. La salvación no es considerar ni presentar lo que nosotros hacemos, sino más bien es considerar lo que Dios ha hecho y está haciendo en la vida de su amado Hijo. La salvación está centralizada en Jesús, nunca en nosotros. **Salvación es: siempre Jesucristo.**

Lo que garantiza nuestra salvación no es lo que hacemos o dejamos de hacer. Salvar es un atributo inherente y exclusivo de Dios. El hombre no debe pretender que contribuye con algo, así sea poco o mucho, pues en sí mismo no tiene nada bueno para ofrecer. De hecho, el hombre no quiere ni desea ser salvado. Dios es quien se interesa y actúa para salvarlo. Si la salvación fuera por motivación de nosotros mismos, nadie se salvaría, ni aún la persona más "buena" que existiera.

Jesús ha sido, es y será la esperanza de toda persona, tanto para la vida como para después de la muerte. Él es el Salvador, el Justificador, el Santificador y el Resucitador; sin Él no habría salvación, ni tampoco existiría nada, tanto en el cielo como en la tierra, aparte de Él. La salvación de Cristo abarca todos los aspectos de la vida del ser humano, sean estos espirituales, psicológicos, fisiológicos, sociales, educativos y económicos.

Jesucristo es en verdad la única seguridad y el único salvavidas para todos los humanos en todas las edades, ya que cada uno de nosotros necesita ser rescatado de todos los pecados existentes, tanto los del corazón, como también de los pecados de la sociedad. *"Gracias Jesús, por todo. Tú eres nuestra salvación."*

Referencias:

1. Oswald Chambers, *My Utmost for His Highest*, (New York: Dodd, Mead & Company, Inc., 1935), pág. 73.
2. Elena G. de White, *El Ministerio de Curación*, (Mountain View, California: Pacific Press Pub. Ass., 1959), pág. 121.

Capítulo 7

POR FIN
¿QUÉ ES LA VERDAD?

"...y conoceréis la verdad, y la verdad os hará libres"
(Juan 8:32)

E l ser humano siempre ha buscado la verdad. Cuando usamos las palabras "verdad" nos referimos a una proposición innegable, que nos presente la realidad de las cosas y no a un concepto abstracto que dé lugar a la duda. La "verdad" para ser verdad tiene que dejarnos convencidos de la realidad y por supuesto, esa realidad tiene que dejarnos convencidos para siempre. En resumen "la verdad" es una realidad inmutable que se mantiene inalterable bajo cualquier presión del pensamiento humano.

En el mundo religioso, la muy usada palabra "verdad" parece ser que ha creado más confusión que claridad y, debido a este problema religioso, quiero compartir contigo mi concepto de lo que considero que es en realidad la verdad.

El fundador del cristianismo, Jesucristo, ha sido el único ser humano que ha hecho sencillo y comprensible el concepto de la "verdad". Él dijo: *"Yo soy el camino, la verdad y la vida..."* (Juan 14:6). Notamos en la declaración de Cristo que la verdad no es una declaración filosófica, sino más bien la verdad es una Persona, Él mismo. Este pensamiento de Cristo fue un concepto muy revolucionario para su tiempo. Para los intelectuales griegos, la verdad estaba envuelta en una declaración filosófica de conceptos académicos. Para los religiosos, la verdad era la declaración de un concepto doctrinal dogmático de la iglesia. Pero Jesús anuló todas esas llamadas "verdades" diciendo *"Yo soy la verdad".* Él, por lo tanto, personificó la verdad.

Él era la verdad, se podía ver, tocar, oír y conocer su nombre y su persona.

Es por esta razón, notamos, que Jesús no contestó la pregunta de Pilato en su juicio: *"¿Qué es la verdad?"* (Juan 18:38), porque la verdad era su persona, no un argumento filosófico al cual Pilato estaba acostumbrado. Jesús guardó silencio para que Pilato se diera cuenta de que delante de él estaba la verdad visible, su divina Persona. Qué pena que Pilato no vio la realidad y dejó que su intelectualismo y su razón le impidieran ver la "Verdad", o sea, a Cristo Jesús.

Hoy está sucediendo lo mismo en el mundo del cristianismo. Las denominaciones religiosas definen la verdad con declaraciones doctrinales que son verdades teológicas, pero no son muy Cristológicas, o mejor dicho, no están centralizadas en Cristo. Lo que Cristo nos quiso enseñar cuando dijo *"Yo soy la Verdad"* era que cualquier declaración religiosa tendría que tener como objeto la persona de Cristo. Fuera de Cristo no existe verdad. El escritor cristiano Oswald Chambers lo explica excelentemente al decir:

"La Verdad es un Persona, no una proposición; si pongo mi fe en un credo lógico, llegaré ser desleal al Señor Jesús"[1]

Cristo es la verdad porque Él constituye todo lo que nosotros realmente buscamos y necesitamos, por dos razones básicas:

Primero. Cristo es el único que nos conoce como somos realmente. A medida que nosotros conocemos y experimentamos a Cristo, comenzamos a descubrir nuestra naturaleza. Sin Cristo vivimos en un mundo de fantasías e ilusiones que nos causan desequilibrio emocional y destrucción espiritual. Cristo es la verdad porque Él sabe que somos seres necesitados. Lo opuesto a la verdad es la mentira y, por consiguiente, Jesús quiere revelarnos lo falso e inestable que es confiar en nosotros mismos para dirigir y controlar nuestra existencia. Cristo conoce nuestra descomposición psicológica cuando nos dice:

"Si decimos que no tenemos pecado, nos engañamos a nosotros mismos, y la verdad no está en nosotros" (1ª Juan 1:8).

Nosotros no estamos capacitados para ver la gravedad de nuestro orgullo y egoísmo; pero Jesús lo está. Nosotros sufrimos tanto porque escogemos caminos torcidos (decisiones, acciones y conducta).

El Verdadero Cristo

Es por este principal motivo que Jesús se convierte en un ser sumamente necesario e importante. Él es el único que puede penetrar la profundidad de nuestro ego, porque Él "*...no tenía necesidad de que nadie le diese testimonio del hombre, pues él sabía lo que había en el hombre*" (Juan 2:25). Él nos presenta un diagnóstico perfecto y también una solución maravillosa a nuestra pobreza humana. Pero esto no es todo; veamos la otra razón por la cual Cristo es la verdad.

Segundo. Jesús es la medicina apropiada para nuestra enfermedad espiritual. Notemos que Jesús no nos está diciendo que Él nos enseñará la verdad, sino que Él mismo es la Verdad. ¿Dónde podemos ver a Jesús como la verdad? Lo vemos en su vida y en su muerte en la cruz del Calvario. Cristo en la cruz es la verdad desnuda en su estado perfecto. Por esta razón se nos dice: "*...la gracia y la verdad vinieron a través de Jesucristo*" (Juan 1:17). Para Jesús ser la verdad, Él no podía dar declaraciones de conceptos filosóficos y abstractos, Él tenía que dar algo concreto y visible. Para lograrlo, Él se dio a sí mismo como la medicina sanadora para nuestras enfermedades internas.

En la cruz Cristo tomó nuestra vergüenza al darse a sí mismo por nosotros, "*por su llaga fuimos nosotros curados*" (Isaías 53:5). Él tomó nuestro orgullo y egoísmo destructor. Es cierto que nuestros pecados se parecen a un pulpo, con sus tentáculos por todas partes y con miles de formas y tamaños; pero en la cruz vemos la verdad en cuanto al pecado y vemos la verdad en cuanto a la solución del pecado. Jesús es la verdad porque tomó nuestro lugar y además es la verdad porque soluciona nuestro problema; nota lo que Él nos dice:

"*El ladrón no viene sino para hurtar y matar y destruir; yo he venido para que tengan vida, y para que la tengan en abundancia. [...],...el buen pastor su vida da por las ovejas*" (Juan 10:10,11).

Tú y yo somos seres importantes para Cristo a pesar de nuestra condición.

Miremos la "Verdad" desnuda, sangrando y diciendo: "*Mi Dios, mi Dios, ¿por qué me has abandonado?*" Miremos la "Verdad" con sus brazos abiertos, diciéndonos: "*Te amo como nadie más te ama, porque Yo Soy la Verdad*".

Te invito ahora mismo a aceptar la **"Verdad"**, que es *Jesucristo*. Él está en este instante tocando la puerta de tu corazón: **"Recíbelo"**.

Referencia:
1. Oswald Chambers, *The Complete Works of Oswald Chambers* [Las Obras Completa de Oswald Chambers], Grand Rapids, Michigan: Discovery House Publishers, 2000, pág. 385.

Capítulo 8

DE LO COMPLEJO A LO SIMPLE

"Yo soy el camino, y la verdad, y la vida;
nadie viene al Padre, sino por mí"
(Juan 14:6)

Después de haber vivido muchos años, he comenzado a darme cuenta que todo lo que concierne a la existencia humana se mueve de lo complejo a lo simple. Me explicaré. Cuando yo era niño, recuerdo que para cocinar había que buscar leña y afanarse mucho para cocinar; hoy es muy simple, con un botón se enciende la estufa y se cocina sin mucho trabajo. Antes, como medio de transporte se utilizaba el caballo, la mula, el burro y las carrozas incómodas; hoy simplemente nos subimos en un carro o un avión y viajamos cómodamente de un lugar a otro.

Anteriormente, como medios de comunicación utilizábamos el telégrafo o el correo; hoy tenemos la facilidad del teléfono, y lo último, el teléfono móvil, el cual podemos llevar a cualquier parte. Antes, para conservar lo escrito, teníamos una acumulación de papeles en archivos; hoy tenemos la facilidad del ordenador para guardar millones de datos, y verlos en una fracción de segundo.

Hoy no existe una rama de la ciencia que no se esté moviendo de la complejidad a la simplicidad. En verdad, la ciencia con sus tremendos adelantos, ha hecho bastante cómodo nuestro estilo de vida.

Como vemos, hoy todo se hace más fácil y cómodo a través de la tecnología moderna, y continuará así en el futuro. Todas las ciencias naturales, sociales y filosóficas existen para simplificar lo complejo, hacer comprensible lo incomprensible. En otras palabras, todas debieran de existir para que la mente humana viva más libre de la complejidad que causa la ignorancia de las cosas.

Todo lo que concierne al hombre es una ciencia que necesita estudio, con el fin de simplificar la vida, es decir, la salud mental, física y social. Dentro de la salud mental existe el factor espiritual, siendo éste uno de los ingredientes más importantes en el desarrollo y bienestar psicológico del ser humano.

La parte espiritual está dentro del estudio de la ciencia de la religión, que es también uno de los temas de la sociología. La religión debería simplificar la complejidad de la espiritualidad humana. Pero como sabemos, no ha sido fácil para los analistas religiosos simplificarla. Me parece que aquellos que la estudian se han ido por la tangente, o sea, la han complicado más de lo que está. Se continúa analizando la religión como un sistema social de estructuras eclesiásticas, dogmas, ritos y tradiciones de los hombres. ¡Claro! y tienen razón. Pero si queremos ser fiel al estudio de la ciencia de la religión, debemos de movernos de lo complejo a lo simple. Deseamos que la religión simplifique las realidades de lo invisible, o sea, de Dios, al punto que hasta los niños puedan entender y experimentar su beneficio. Esta literatura es un intento sincero de ayudar a simplificar las cosas.

¿Dónde buscaremos ayuda para entender la sencillez de la religión? Solamente encontraremos un único líder religioso, si es que pudiésemos llamarlo así, aunque no lo fue, puesto que Él no vino a establecer una religión como la vemos hoy día, sino vino a hacer sencillo lo que siempre ha sido demasiado complejo para nosotros; y, por supuesto, me estoy refiriendo a **Jesucristo**.

Analicemos el papel importante que desempeña Jesús en el campo de la religión. Cuando Él llegó al escenario humano, la religión era un sistema de complejidades absorbente. Las gentes estaban tan confundidas que la religión prácticamente había perdido su vitalidad. Vivían como ovejas perdidas en el valle de la religión (Mateo 9:36). Los estudiantes de su tiempo, en su empeño de aclarar las cosas, sin saberlo, la complicaban más y más. Todo se hacía más misterioso, más difícil, más complejo. Las tradiciones religiosas aumentaban y con ello la religión se convertía en un fenómeno tan complicado que sólo quizás los más educados podían comprenderlo. Pero lo cierto era que aún ellos se sentían perplejos. ¿Cómo pretende un ciego guiar a otro ciego?.... ¡Imposible! (Mateo 15:14).

La crisis era terrible, y sin aparente solución para los humanos confundidos por el enredo de la vida religiosa. Se escuchó una voz de tonos diferentes y con sencillez de palabras. Simplemente decía: *"Yo soy el camino, y la verdad y la vida..."* (Juan 14:6). La reacción a estas palabras fue obvia, pues se preguntaban: "¿Cómo es que este Jesús se denomina como el camino y la verdad? Nosotros pensábamos que existía otro camino u otra forma diferente para llegar a Dios". Todo parecía y sonaba muy extraño para la multitud; pero a medida que Jesús hablaba, la complejidad se iba desapareciendo. Todo se tornaba más simple, por supuesto, para aquellos que ponían atención. ¿Habrá complejidad en seguir a una persona? Ninguna. No hay que romperse la cabeza para entender lo sencillo. Jesús simplemente decía "Sígueme".

En realidad, Jesús con sus enseñanzas estaba haciendo todo lo que concierne a la sencillez de la religión. Para Jesús la religión era el acto de seguir su Persona y nada más. Por consiguiente, los ritos, las tradiciones y el formalismo comenzaron a quedar sin base. Como si una fuerza mayor lo empujara de su sitio, antes inmóvil e impenetrable. Todo el mensaje de Cristo estaba entretejido con su Persona. Esto era prácticamente nuevo para la mayoría de la gente. Ellos vivían habituados a las ceremonias, los ritos, las oraciones largas, lo místico, y los conceptos elaborados y complejos del clero y de los maestros de la religión.

Contrario a lo establecido, el lenguaje de Jesús era totalmente personal: *"Yo soy la puerta", "Yo soy el Pan", "Yo Soy la Vida", "Yo soy el Pastor", "Yo soy la Verdad", "Yo soy el que Soy"*. Este lenguaje no se podía interpretar mal. Todo lo que concernía a la religión, según Jesús, se iniciaba con un pronombre "Yo" "Mí", o sea, Jesús. El problema era que los religiosos habían sustituido a Jesús por otras cosas, y aún por obras que ni ellos mismos podían cumplir. Este era el obstáculo que se oponía a la sencillez de la verdadera religión. Cada intento de reemplazar a Jesús con una religión formalista era un retroceso, era un volver a lo complejo, a los remiendos de la religión impersonal, ritualista, vacía y sin vida.

Jesús sabía que la religión de su tiempo era como un rompecabezas, que aun aquellos que se suponía que fueran los maestros, sentían también sus propias mentes confundidas. Para ellos, Dios era un Dios distante y difícil de complacer por sus exigencias demasiado elevadas. Para llegar a Él, según ellos, tenía que hacerse a través del esfuerzo humano. Pero al llegar Jesús al drama de la religión, inició un cambio que antes se desconocía, llevando a los oyentes de lo complejo a lo simple: Él y solamente Él es el todo de la religión. ¡Qué sencillo!

Jesús es la verdadera religión; sustituirlo, sin duda alguna, es volver a complicar las cosas de nuevo, es caminar hacia atrás como el cangrejo. ¿Cómo podemos ser capaces de hacer tal cosa, estando tan cercana Su venida? Y si no es Cristo, entonces ¿qué o quién podría tomar el lugar de Cristo para hacer sencilla la religión? En verdad yo no he encontrado nada que pudiera ayudarlo, y mucho menos reemplazarlo. **Cristo es el todo de la religión.**

Es posible que alguien que esté leyendo esta literatura se esté preguntando: "¿Será esto verdad, será Jesús el todo de la religión? Esto es demasiado increíble y simple para aceptarlo." Quizás también se esté preguntando: "¿Cómo explicaremos entonces lo que envuelve y significa la vida espiritual y el sistema de la iglesia?"

Pasemos a analizar brevemente lo psicológico de la religión, lo espiritual y lo social de la religión: la iglesia:

LO QUE ES UNA PERSONA ESPIRITUAL
(Véase Efesios 1:3; 1ª Corintios 1:30; Colosenses 2:2-3, 6-7, 10; 2ª Pedro 1:3)

No sé si te encuentras en la misma situación en la que yo estuve. Antes, lo que era correctamente espiritual para mí, era lo que yo hacía: orar, ayunar, estudiar la Biblia, ir a la iglesia y hacer obra misionera. Al hacer todo esto y otras cosas que me recomendaban, era como me sentía un hombre espiritual. Pero no entendía lo que me pasaba; aun haciendo todo aquello, me encontraba vacío espiritualmente. Era todo una confusión. Me preguntaba qué más necesitaba hacer para sentirme más espiritual. Todo era un caos, difícil de unir sus partes. *En realidad, es muy complicado para nosotros distinguir entre lo que es espiritual y lo que no es espiritual fuera de Cristo.* Existen muchas personas que se consideran espirituales sin ser cristianas, basan su espiritualidad en la meditación, visualización, contactos con "un mundo sobrenatural", y otras cosas señaladas como tales.

Descubrí, por la gracia de Dios, que no existe esa cosa a la que el mundo llama "espiritualidad". Lo cierto es que Dios no nos da espiritualidad, Él nos da a su Hijo Jesucristo. ¿Podrá existir algo que sea más espiritual que Jesucristo? Cristo es nuestra espiritualidad. Nuestro enfoque religioso nos lleva a mirar lo que es espiritual según lo que hacemos, los dones y las bendiciones que recibimos, en vez de mirar a Jesús. Cuando Dios quiere darnos espiritualidad, nos da a su Hijo Jesús; cuando quiere darnos perdón, paz, gozo y amor, también nos regala a Jesucristo.

El problema nuestro es que buscamos sustancia espiritual fuera de Cristo. Buscamos experiencias, obras, éxtasis emocionales, manifestaciones y virtudes como si éstas fueran las cosas espirituales de la vida. Pero Dios no da cosas o experiencias. Lo único que Él tiene para ofrecernos es Jesucristo y nada más. ¿Podrá existir algo más importante que Cristo? No, no existe. "En Cristo" tenemos todas las bendiciones, los beneficios de la vida y de la salvación.

Hay que recordar que Jesús no vino para explicar la "espiritualidad" del ser humano; vino más bien para explicar quién era su Padre y sus obras para salvar al hombre a través de Él (Juan 17:3). La espiritualidad de Jesús tenía que ver con su relación de confianza con su Padre y su constante empeño de revelar el carácter de Dios a los hombres caídos en pecado. De igual manera, si queremos catalogar a alguien espiritual (aunque no vemos mucha necesidad de ello) tendrá que ser porque la persona vive concentrada en los hechos de la vida de Cristo y el amor de Dios y, además, porque su carácter refleja la imagen de Jesús. Describir a alguien como espiritual porque asiste mucho a la iglesia, ora, ayuna, estudia, hace obra misionera o por alguna manifestación emocional, es un error. Todo eso no lo hace más espiritual, ni mucho menos cristiano. Todo eso también lo hacen los musulmanes, los budistas y otros sin conocer ni tener a Cristo.

El hombre no es espiritual porque se dice que su cerebro contiene una parte espiritual, sino que se convierte en espiritual cuando contempla la vida de Cristo, su carácter y sus obras de redención. Somos espirituales cuando tenemos a Cristo morando en nuestro corazón; de lo contrario somos meramente carnales. Llamar al hombre espiritual por otras cosas no es parte de la fe cristiana; puede ser parte de otra filosofía religiosa, pero no del verdadero cristianismo. Para nosotros los cristianos, lo espiritual de la religión tiene que explicarse **únicamente** en relación a Jesucristo. *Fuera de Cristo no existe tal cosa como religión, porque Él no vino con el propósito de crear otra religión; Él vino para ser nuestro Salvador.*

Y hablando sobre Cristo y la religión, mi teólogo favorito, el mártir Dietrich Bonhoeffer aclara excelentemente:

"Cristo no es el que trae una nueva religión, mas bien es quien nos trae a Dios." [1]

"Jesús llama a la gente, no a una nueva religión, sino a la vida [la vida en Él]." [2]

Hoy necesitamos cambiar el lenguaje. *Debemos hablar menos sobre lo que es la religión y hablar más de lo que es relevante: la vida de nuestro Señor Jesucristo.* El cristiano no debe buscar ser más espiritual, lo que debe buscar es a Jesucristo y mantener una relación con Él. En verdad no se puede ser más espiritual que eso. La mejor definición que he encontrado sobre lo que es verdaderamente una persona espiritual, la escribió Oswald Chambers (mi escritor devocional favorito); él lo explica así:

"La característica permanente de **un hombre espiritual es la habilidad de entender correctamente el significado del Señor Jesucristo en su vida**, y la capacidad de explicarle a otros los propósitos de Dios. **La pasión que gobierna su vida es Jesucristo.** No permitas nunca que algo te desvíe de tu discernimiento de Jesucristo. Ésta es la prueba si eres espiritual o no".[3]

¡Qué simple es la espiritualidad con Cristo!, y que complejo es el mundo espiritual humano. En resumen, *el hombre espiritual es aquel que tiene a Cristo y Cristo lo tiene a él.*

LO QUE ES LA IGLESIA
(Véase Efesios 5:23,27; Mateo 16:18; 1ª Corintios 3:11-13)

Según entendemos, la iglesia es el aspecto social de la religión. Las personas forman lo que entendemos que es la iglesia, y le damos el nombre para distinguirla entre otras. En dicho grupo celebramos el culto de adoración, formamos coros, y muchas otras actividades importantes para fortalecer la confraternidad y el servicio humano. Esta constante relación con otros nos ayuda a definir nuestra identidad como personas. También nos proporciona un sentido de pertenencia, el cual es muy saludable para nuestro bienestar social y psicológico.

Pero todo aquello se puede hacer sin ser cristiano. Podríamos reunirnos por causa de nuestra cultura, idioma, raza, nivel económico, nuestra profesión, educación, y por muchas otras razones de índole puramente social, sin tener en mente a Cristo como la razón principal. Entonces, ¿qué es lo que hace a la iglesia cristiana diferente del concepto común de la iglesia?

Jesús formó su iglesia cuando llamó a sus discípulos. La iglesia la originó Jesús, no sus discípulos. Para Jesús, la iglesia es iglesia cuando Él es el centro. Es decir, para nosotros la iglesia se convierte en iglesia, no por lo que hacemos o lo que somos culturalmente, sino cuando tenemos en todo lo que hacemos la vida de Jesucristo. Todos los congresos, convenciones, retiros y seminarios serán utilizados, no para fomentar nuestra socialización o cultura, sino más bien para fomentar nuestra compresión del carácter y la vida de Jesús.

Se puede dar el caso de que un grupo que se llame "cristiano" exista para su propia conveniencia social. Se relaciona con los políticos, los ricos, los influyentes y los educados, con el fin de buscar su desarrollo y permanencia. En tal caso, Jesús no sería el **centro**, sino los hombres con su prestigio y poder social. Tal iglesia no es según Cristo, sino una religión con fines puramente humanos. La iglesia en la Biblia no revela ninguna de esas características. **La iglesia de Cristo tiene un sólo propósito: Jesucristo, y únicamente Jesucristo.** ¡No podría existir otro propósito más legítimo que éste!

En resumen, la iglesia es Cristo, y como grupo social simplemente nos reunimos con el propósito exclusivo de *conocerlo, amarlo, servirle y adorarlo.* Las diferencias sociales del grupo, aunque son importantes socialmente hablando, en el fondo son irrelevantes, ya que en Cristo no existe diferencia entre la mujer y el hombre, entre tal persona y otra; somos todos humanos con las mismas necesidades psicológicas y sociales, las cuales son suplidas por la hermosa presencia de Cristo en el alma.

En conclusión a todo lo dicho, terminamos diciendo: *Para nosotros los cristianos, la religión tiene que explicarse únicamente en relación a la vida y a las obras de Jesucristo.* Porque aparte de Cristo no existe ni se entiende tal cosa como religión en el sentido pleno de las Sagradas Escrituras. Por supuesto que aceptamos la explicación social de la religión dada por los sociólogos como correcta. Ellos hacen un análisis simplemente humano, pero no en el sentido pleno cristiano.

Recordemos: con Cristo y en Cristo siempre estaremos moviéndonos de lo complejo a lo simple. ¡Qué bueno, de lo humano a lo Divino! **¡De la religión, a la relación con Jesucristo!**

Referencias:

1. Dietrich Bonhoeffer, *A Testament to Freedom* (Un Testamento hacia la Libertad), (New York: Harper Collins Publishers, 1995), pág. 53.
2. Id, pág. 509.
3. Oswald Chambers, *En Pos de lo Supremo,* (Colombia: Centros de Literatura Cristiana, 2003), Abril 2.

Capítulo 9

¿INFORMACIÓN
O CONTEMPLACIÓN?

"Dulce será mi meditación en él;
yo me regocijaré en Jehová"
(Salmos 104:34)

¿Cuál es la raíz del verdadero cristianismo? La respuesta siempre será tener una comprensión y una constante relación con su Autor: Jesucristo. Creemos firmemente que fuera de Él no existe cristianismo, pues es Jesús quien proporciona la razón y el propósito a todo lo que la vida cristiana significa y envuelve.

Ahora bien, ¿cómo podemos llegar a experimentar a fondo esta esencia del cristianismo? Existen varios métodos. Los más comunes y más utilizados son el estudio analítico y la contemplación. Por supuesto, hay entre ambos algunas diferencias que hacen que uno sea más legítimo y eficiente que el otro. Analicemos lo que queremos decir.

A. EL CRISTIANISMO POR INFORMACIÓN.
"Mirad que nadie os engañe por medio de filosofías y huecas sutilezas, según las tradiciones de los hombres, conforme a los rudimentos del mundo, y no según Cristo" (Colosenses 2:8).

Este tipo de cristianismo toma su base en el esfuerzo humano. Su punto de partida es el estudio de la literatura cristiana con el fin de llegar a conocer lo que significa ser cristiano. El propósito del estudiante en este caso es descubrir y analizar todos los datos o información relacionados con la comprensión del cristianismo. Se estudia la

319

historia, las profecías, las doctrinas y la estructura de la iglesia en donde se promueve la fe cristiana. Lo que el estudiante desea es "saber" con el fin de "entender" y de esta forma poder explicar mejor todo lo relacionado con su religión.

Este método tiende a convertirse en un esfuerzo puramente filosófico, es decir, un ejercicio intelectual abstracto de la doctrina del cristianismo. Aquí la persona no involucra de ninguna manera su corazón, sino que utiliza solamente su razón, lógica y su intelecto. Y por supuesto, mientras más intelectual es la persona, más información desea para ejercitar su análisis racional. Para esta clase de persona los pensamientos escritos de los demás son el fundamento de su entendimiento y convicción religiosa, construyendo ese fundamento con lo que dicen las personas importantes del pensamiento tradicional de la religión. Las tradiciones, o sea, las creencias y prácticas pasadas, desempeñan un papel muy importante y, a veces, casi absoluto en la vida de esta clase de cristianos.

A este tipo de cristiano se le hace muy difícil funcionar bien en la vida cristiana si no tiene la información y conocimiento de la otra persona. Para él, la educación es el todo y, sin la educación formal de quienes comunican la fe cristiana, no puede existir un buen cristianismo. Se establece una marcada diferencia entre el educado y entre el no educado. Y se llega aun a creer que una persona sin educación es prácticamente ignorante, incapaz de una comprensión genuina, y que dicha persona necesita la orientación de aquel que está formalmente instruido.

Y, por supuesto, en muchos de los casos, al educado se le hace a veces muy difícil aceptar las ideas, entendimientos y reflexiones de aquel sin educación. Esto sería para él muy degradante. Finalmente, para la persona que camina en el cristianismo por información, sus conceptos de fe y de conducta religiosa vendrán mayormente a través de las declaraciones oficiales de los concilios eclesiásticos y de los teólogos reconocidos.

En forma de resumen, Thomas Kelly, un escritor cristiano, lo establece así:

> "El énfasis protestante, comenzado tan noblemente en el principio por Lutero, se ha *convertido exteriormente en racionalista, humanista y egocentrista.* Dogmas y credo y el cierre de la revelación del canon completado, ha reem-

plazado el énfasis de mantenerse cercano a la fuente fresca de la Vida Interna."[1]

Pasemos ahora a analizar el método por excelencia, el cual nos permitirá entrar más suavemente a la vida de fe y también nos ayudará a mantener una experiencia sólida dentro de la fe cristiana.

B. EL CRISTIANISMO POR CONTEMPLACIÓN
(Véase Salmos 1:2; 63:6, 119:97,102,148; Génesis 24:63)

"Despedida la multitud, [Jesús] subió al monte a orar aparte; y cuando llegó la noche, estaba allí solo" (Mateo 14:23).

El cristiano contemplativo toma un camino diferente, sin desechar del todo el estudio formal. **Su espíritu de contemplación es el ejercicio de su corazón, no de la razón.** Contemplar significa que el cristiano dejará espacio en la mente para que el Espíritu Santo trabaje sin obstáculo humano. La contemplación es una reflexión constante de las cosas invisibles. Es dejar que la mente se concentre en los grandes misterios de la Deidad. La persona de Cristo llega a ser el centro de la meditación y devoción.

Meditar requiere todo el corazón. Es una concentración, pero no en creencias, tradiciones, ritualismo, conducta u obras, sino más bien la meditación se concentra solamente en la persona de Jesucristo, donde su encarnación, su carácter, sus obras y su sacrificio en el Calvario son el todo del enfoque contemplativo. En realidad, en la contemplación se establece el origen de la confianza en Cristo y el deseo de vivir para Él, y también mantiene la vivencia de fe progresando.

Contemplar a Jesús requiere tiempo, y tiempo a solas, escogiendo, si se puede, un ambiente cómodo y sin ruido, y si no se encuentra dicho apropiado lugar se debe hacer un esfuerzo para poner nuestras mejores energías mentales de tal forma que lleguen a acostumbrarse a la contemplación en la rutina diaria de la vida. La contemplación es ayudada exclusivamente por las Sagrada Escrituras; de ellas nacen las mejores meditaciones del caminar espiritual. Tomar un versículo y leerlo muchas veces, hasta que quede grabado en la mente y luego meditar en éste, es más beneficioso que leer y estudiar lo que otro estudió.

APASIONADO POR CRISTO

La mente debe acostumbrarse a reflexionar en la Palabra sin la ayuda exterior, permitiéndole al Espíritu Santo refrescar la mente con su Palabra, ya que Él es el Autor de los pensamientos de las Sagradas Escrituras. En la meditación o la contemplación, lo que simplemente estamos haciendo y estableciendo es una relación más familiar y estrecha con Jesús. En el acto de meditar, escuchamos su palabra, reflexionamos en su obra y pensamos en las características de su divina persona.

Los beneficios personales al practicar el arte de la contemplación o la devoción, son:
-Un discernimiento más claro de la gracia y justicia de Jesucristo.
-La seguridad de salvación.
-Una visión más clara de la voluntad de Dios.
-Más entendimiento de las Sagradas Escrituras.
-La asimilación del propósito de nuestra vida.
-Una obediencia más espontánea a los mandamientos de Dios.
-La simplicidad de vida.
-Un deseo más profundo de servir a la iglesia y al prójimo.
-Un temperamento más sereno y tranquilo.
-La quietud y confianza ante las pruebas de la vida.
-El reposo y pureza en el alma.
-Lo Eterno tiene prioridad sobre lo temporal y efímero.

OBSERVACIONES FINALES

Cristo fundó su iglesia sin utilizar colegios, seminarios ni universidades. Él enseñaba e instruía a sus discípulos durante el caminar de la vida diaria. Los discípulos y los primeros cristianos aprendieron de Jesús el hábito de la contemplación. Éste era la fuerza y el fundamento de la iglesia primitiva. Sabemos que no existían en esa época libros ni Biblias tal como nosotros los conocemos hoy. Era muy raro encontrar un manuscrito en un hogar cristiano. Los cristianos encontraban su firmeza espiritual en la contemplación diaria de la vida y las obras de Jesucristo.

Contemplar a Jesús fue lo que hizo a la primera iglesia fuerte, dinámica, luchadora, sacrificada, firme y devota. A través de ella fluía como un manantial la gracia de Jesucristo. En esa generación idólatra e incrédula, tuvo tanta fuerza que incluso pudo sacudir al poderoso imperio Romano con su doctrina. Pero el factor predominante del impacto era la vivencia genuina de los creyentes. Era evidente en ellos una experiencia personal con el Cristo viviente. Ellos respiraban una atmósfera llena de la presencia de Cristo. Él llegó a ser para ellos la Persona de su deleite, contemplación, meditación y, por ende, lo que más querían compartir.

Después de la ascensión de Cristo, los primeros discípulos sentían su presencia más cercana que cuando Él caminaba literalmente con ellos en Palestina. Pero, desgraciadamente, antes de terminar el primer siglo, esos hermosos hábitos de contemplación de Cristo fueron lentamente reemplazados por las tradiciones, el formalismo y los credos. Al nacer la jerarquía eclesiástica educada, los cristianos fueron confiando más y más en lo que decía el obispo que en lo que ellos mismos experimentaban. La vida contemplativa fue reemplazada por la razón; la meditación fue reemplazada por el acto de creer en los dogmas de la iglesia. Y así se inició el abandono de la religión del corazón por la religión de la razón.

Este cambio destructivo continuó a través de la historia del cristianismo hasta llegar a nuestros días. El aumento de la literatura cristiana y el pastoreado educado, aunque ha sido por una parte una bendición, también ha traído su parte negativa a la experiencia cristiana. Hoy existen muchos cristianos que se conforman con simplemente leer los libros religiosos, escuchar el sermón y ojear rápidamente la Biblia. De esta forma calman su conciencia espiritual, con el simple hecho de tener acumulada suficiente información sobre los puntos doctrinales, olvidando lo más importante y necesario: la contemplación de Jesús. Espiritualmente hablando, esta situación ha creado una generación de cristianos que todo lo quieren rápido y predigerido.

Hoy casi se ha perdido el arte de la contemplación privada e individual. No hay una iglesia cristiana que no sufra de este gran mal. Muchos cristianos de hoy viven vidas anémicas por falta de experiencia privada en la vida de fe, porque se han conformado con una religión informativa de datos, conceptos, análisis y de filosofías puramente académicas, y no han tomado en cuenta la contemplación, o sea, la experiencia del alma. **Cuando el cristiano descuida la vida contemplativa, es decir, el tiempo en privado con Dios, su alma se convierte en un excelente taller para el diablo.**

Para salir de este camino sin rumbo, tenemos que hacer un esfuerzo extraordinario para volver a la práctica de la contemplación de la vida y la redención de Cristo. Tenemos que cuidarnos de muchos religiosos educados que sugieren que la información de sus descubrimientos teológicos, sociológicos y psicológicos es lo último que necesitamos conocer para acercarnos a Dios. Debemos entender que existen algunas distancias entre la educación formal y la contemplación. Una persona educada, aun en la rama de la teología, no tiene por hecho necesariamente una relación íntima con Jesucristo.

Una educación formal se adquiere mediante el uso de la razón, la inteligencia y la capacidad humana. Es por esto que las enseñanzas de muchos considerados educados se tornan huecas, vacías y sin vida, porque salen de una mente con mucha información analítica, pero sin experiencia íntima con la persona de Cristo. El posible y serio problema del cristiano educado es que podría confiar más en lo que sabe; ha leído y analizado que confiar en el ejercicio de la contemplación. Algunos podrían decir que la práctica de la contemplación es una pérdida de tiempo, un ejercicio aburrido y sin ningún beneficio; que la meditación es algo antiguo y sin fundamento para nosotros los cristianos de hoy en día. ¡Qué lástima que muchos piensan de esta manera! Quiera Dios que tú no seas uno de ellos.

Hoy, lamentablemente, tenemos en nuestro medio muchos líderes educados, pero que nunca han tomado el tiempo para sentarse a los pies de Jesús. Esta realidad por la cual estamos atravesando la estamos pagando muy cara: vemos una iglesia informada, pero que carece del vibrante dinamismo que produce Jesucristo. Simplemente los miembros de las iglesias se han vuelto consumidores y espectadores en vez de ser miembros participantes y activos de Cristo.

Sabemos que todo en la vida tiene su precio. El hecho de intercambiar la disciplina de la contemplación por la razón ha producido conformismo, formalismo y legalismo, y su contraparte el antinomianismo (sin ley), y finalmente la muerte espiritual de sus mismos promotores. Dicha ola devastadora también se llevará consigo a aquellos creyentes que deseaban un ministerio escolástico/racional en vez de ministerio devocional/Cristocéntrico. ¡Qué indeseable situación es ésta para Dios!

Hay que reconocer que los grandes reavivamientos de la historia han surgido por personas que han tenido alguna experiencia genuina en la contemplación de la vida de Cristo. **Todo lo bueno y duradero** siempre nace primero en el corazón y no en la razón. **El corazón tiene que sentir antes de que la razón pueda entender. Los ojos del alma tienen que ver antes de que la mente pueda analizar.** Nuestro Señor Jesucristo fue un verdadero ejemplo de este tipo de vida contemplativa de las realidades de Dios. Por esta razón pudo mantenerse puro e indestructible ante las fuerzas diabólicas que constantemente le rodeaban.

Damos por sobreentendido que el estudio cuidadoso de las doctrinas cristianas es importante y necesario, pero abandonar la práctica de la contemplación del corazón por la razón humana crea un abismo oscuro. Hay que aprender a mantener un balance entre estas dos áreas del caminar cristiano, pues las dos se ayudan mutuamente.

Una de las más grandes necesidades de hoy es volver a contemplar a Jesucristo como lo hicieron los primeros cristianos. Esta práctica traerá nueva energía y vida a nuestro cristianismo postmoderno y moribundo; sanará y restaurará los vínculos matrimoniales casi en bancarrota; curará las enfermedades morales y nos llevará a vivir la piedad primitiva de los cristianos del primer siglo. Esto es precisamente lo que Cristo está esperando y anhela hacer con todas las ovejas descarriadas de su rebaño. Y cuando le permitamos que haga su obra en nosotros, de seguro veremos muchos resultados inesperados de extraordinarias bendiciones espirituales. El propósito de estas experiencias es preparar a un pueblo para el pronto advenimiento del Rey de reyes y Señor de señores: **nuestro Amado Jesucristo.**

"Señor, mis ojos se han acostumbrado a mirar más a lo material que a lo Eterno, más a lo intelectual que a lo devocional, y mi mente se ha habituado a aceptar más lo racional que lo que es de fe. Reconozco mi gran necesidad de ti. Enséñame a vivir en este mundo de tanta información, a mirarte más con el corazón que con la razón. Ayúdame a contemplar lo Invisible, así como vivió contemplándote el patriarca Abrahán. Amén".

Referencia:

1. Thomas R. Kelly, *A Testament of Devotion,* (New York, NY: Harper & Brothers, 1941), págs. 6-7.

Capítulo 10

¿NATURAL O ARTIFICIAL?

"Como todas las cosas que pertenecen a la vida y a la piedad nos han sido dadas por su divino poder, mediante el conocimiento de aquel que nos llamó por su gloria y excelencia"
(2ª Pedro 1:3)

En el campo de la salud física, los nutricionistas han concluido que el cuerpo humano funciona mejor cuando consume lo natural, lo orgánico; o sea, cuando se alimenta con productos naturales, así tal cual salen de la tierra. Estos incluyen los granos, los alimentos vegetales, frutas y legumbres. Por el contrario, la dieta adulterada, o sea, aquella que es del reino animal, como la leche, el queso, el huevo, la carne, y todos sus derivados, causan un sinnúmero de trastornos fisiológicos que provocan el cáncer, la artritis, las enfermedades al corazón y muchas otras más.

Estas enfermedades son muy comunes en los países más desarrollados debido a que la dieta en ellos proviene mayormente del reino animal, mientras que en los países en desarrollo y en donde la dieta es de reino vegetal, estas enfermedades son menos conocidas.

Así como sabemos que las partes fisiológicas son afectadas positiva o negativamente por la clase de alimentos que se consumen, de igual manera también son afectadas las partes psicológicas, para bien o para mal, por la clase de conceptos o ideas introducidas en la mente humana. Sabemos que el hombre es prácticamente un ser psicológico, pues así como piensa, así también funciona. Y es por esta razón por la cual es muy importante que se mantenga una dieta de información de conceptos sanos, de origen divino, y no de conceptos humanos artificiales que puedan causar daños psicológicos.

La religión es considerada como uno de esos factores que desempeñan una función muy importante en el desarrollo y bienestar de la salud mental. Si la religión presentara correctamente la información necesaria, sin duda alguna causaría un rico bienestar espiritual, porque de lo contrario, si lo hace mal, de cierto le hará mucho daño a la mente.

Basado en mi experiencia de estudios, prácticas religiosas y en décadas de trabajo pastoral, he podido observar que la religión moderna no está contribuyendo mucho a la salud espiritual de los creyentes, porque se ha desviado bastante de su objetivo principal, el cual debería ser mantener un enfoque sencillo y Cristocéntrico de la experiencia espiritual. En su lugar, la religión de hoy está utilizando demasiados conceptos e ideas artificiales, es decir, conceptos puramente humanos y no según Cristo.

Las cosas de origen humano tienden a ser artificiales, mientras que las de origen divino son naturales. Por supuesto que es muy difícil para nosotros distinguir entre lo natural y lo artificial, debido a que nuestra naturaleza humana ha sido desviada de su estado perfecto original, colocándola en un estado defectuoso. Ahora bien, ¿por qué está pasando este fenómeno indeseable? ¿Qué es lo que lo produce? y ¿qué podríamos hacer para ayudar a corregir este mal?

Analicemos algunos de esos elementos artificiales que la religión está consumiendo hoy y que a su vez nos alejan más y más de la vida saludable en el aspecto espiritual:

1. EL INTELECTUALISMO Y EL RACIONALISMO
(Véase Colosenses 2:8)

Nuestra "razón" es básicamente lo que nos distingue del reino animal. Dios nos dotó de raciocinio. Tenemos el maravilloso privilegio de pensar, analizar, juzgar y actuar según el dictado de nuestra conciencia. Sin embargo, este extraordinario don hay que utilizarlo con suma delicadeza, pues podría ser mal utilizado, causando de esta manera destrozos espirituales. Existen muchas cosas que están fuera de nuestra comprensión racional, que simplemente hay que aceptarlas por fe, o sea, poner completa confianza en el Dios que las dio.

Hoy, nuestra cultura se ha vuelto más intelectual, más racional, más analítica, porque vivimos en una sociedad saturada de información y de nuevos conceptos filosóficos/religiosos. Esto ha llevado al ser humano a ser más confiado en su propia sabiduría, hasta tal punto que se vanagloria de vivir en una cultura civilizada, culta y próspera. Pero no se ha puesto a pensar si estos avances del pensamiento son beneficiosos o dañinos. Parece ser que nos hemos hecho consumidores de las ideas de los hombres sin detenernos a pensar ni siquiera hasta donde nos están llevando las ideas humanistas.

X Hay que mantener muy claro que la mente humana es muy traicionera, pues puede tomar caminos equivocados que parecen ser caminos muy sabios a primera vista, pero son caminos que conducen al dolor, a la miseria, a la tristeza, a la desgracia y, finalmente a la muerte, tanto en el aspecto individual como colectivo.

Nosotros los religiosos tenemos que cuidarnos de no endiosar la razón, de no convertirla en el factor más importante en la comprensión de las cosas espirituales. Tenemos que aceptar que nuestra mente, en su esencia, es meramente carnal. Por lo tanto, siempre estará necesitada de iluminación exterior, o sea, iluminación de Dios. Él es quien quiere penetrar nuestros desviados pensamientos con su pensamiento y su propósito eterno para con nosotros. La siguiente cita aclara el punto:

> *"Dios desea que el hombre haga uso de su facultad de razonar, y el estudio de la Sagrada Escritura fortalece y eleva la mente como ningún otro estudio puede hacerlo.* **Con todo, debemos cuidarnos de no deificar la razón, que está sujeta a las debilidades y flaquezas de la humanidad."**[1]

Hoy muchos creyentes desean el punto y la coma para aceptar y creer en las cosas de origen divino. Y muchas veces se concentran en puntos de fe que son irrelevantes, que no tienen nada que ver con nuestra salvación. Pasan su tiempo gastando energía mental en especulaciones sobre tal o cual punto. Finalmente, todo ese tiempo gastado no hizo ningún impacto en el corazón, el cual debe ser lo más importante en la vida de la fe. A mí me parece que esta tendencia racional es simplemente otro esfuerzo mental para evitar entender lo esencial de la fe: Jesucristo y el costo de ser sus discípulos.

En entender y conocer a Jesucristo es donde debemos gastar nuestras mejores energías mentales. **Todo tipo de conjeturas y ensayos intelectuales sobre profecías, eventos y doctrinas, dejando a Cristo fuera del marco del pensamiento, es una pérdida de tiempo, y esto es precisamente lo que el enemigo de nuestras almas desea que hagamos.**

Nuestra razón debe ser utilizada con humildad cuando tocamos con nuestra mente las cosas de Dios. Ella debe postrarse ante el Gran Yo Soy, reconociendo la infinita inmensidad de Dios en contraste con nuestra mente finita. Hay que recordar que Dios es más grande que nuestra razón y nuestro intelecto, y que la verdadera conversión a Dios comienza primero en el corazón, y después en el intelecto. Dios fue quien creó la razón y el intelecto, y debiéramos dejarle siempre el espacio que corresponde a Él, ya que *"El principio de la sabiduría es el temor a Jehová..."* (Proverbios 1:7).

2. EL RITUALISMO
(Véase Salmos 51:15-17; Juan 4:23-24)

Todo lo que el ser humano hace en la religión lo hace dentro del contexto de edificios, programas, ceremonias y de personas. Todas estas ceremonias, cuando se repiten muchas veces, se convierten en un ritual. Tales actos al principio son muy significativos para el practicante, pues contienen en su nacimiento un fondo emotivo. Pero a medida que pasa el tiempo, haciendo lo mismo vez tras vez, se va perdiendo la emoción y también el significado por el cual se hacía tal ceremonia. A esta situación se le llama formalismo. El formalismo es algo que se hace sin entender por qué se hace, y se hace porque eso es lo que se espera que se haga, y ya es un hábito y se convierte en un estilo de vida.

Por lo tanto, los ritos religiosos no son malos en sí, sino que llegan a convertirse muchas veces en la mente humana en actos meritorios, porque cree que de esta forma se llega a Dios y se le agrada. Sin embargo, ante Dios el ritual no es la esencia de la fe cristiana. Las ceremonias religiosas simplemente son un medio, no un fin en sí mismas, o sea, ellas deben existir como actos sociales de fe entre los creyentes, y no pensar que tales actos envuelven todo lo que el alma necesita practicar.

Los ritos no son la base de nuestra fe. La vivencia con Jesucristo lo es. Se puede dar el caso que se practiquen tales ceremonias, mientras la mente está muy lejos de Dios durante y después del rito. Hasta se puede mencionar el nombre de Cristo; pero el Cristo que se adora no es el Cristo bíblico, puede ser el Cristo de la razón, el de la conveniencia personal y de la cultura religiosa.

Y pensando sobre este grave problema, nuestro Señor Jesucristo lo apuntó con estas palabras:

"Este pueblo de labios me honra; mas su corazón está lejos de mí" (Mateo 15:8).

Lo anteriormente dicho es exactamente lo que está pasando en las iglesias de hoy. Las ceremonias religiosas han reemplazado la vivencia de fe y de corazón con Cristo en el diario vivir de los creyentes. Después que pasan las solemnes ceremonias, muchos religiosos vuelven a su vida diaria como si Dios no existiera. Tal situación es la enfermedad crónica de muchos cristianos de hoy. Lo triste del caso es que también muchos líderes de las iglesias se encuentran en la misma situación. No existe experiencia real con Jesús.

Hay que entender que no existe santidad en las ceremonias. **La santidad se obtiene solamente cuando el Cristo viviente vive y mora en el corazón del creyente.** Si Cristo no está en el corazón, los ritos no pasan de ser más que ceremonias sin sentido, vacías y muertas; ante Dios es como si ellas nunca se hubieran realizado. Lo que Jesús pide del adorador, sea en el templo, en el patio de su casa o en su privacidad, es que se le adore en "verdad", es decir, porque realmente lo siente, y en "espíritu", es decir, una actitud sincera ante su presencia (Juan 4:23).

Afirmamos a todo lo dicho que: Jesucristo es más importante que todos los ritos que podamos inventar. Nada podrá sustituir su presencia en la vida diaria de nosotros los creyentes. Volver a contemplarlo y tenerlo en la vida personal diaria es el *rito más sagrado* que podamos experimentar. Recordemos, Cristo es lo natural, mientras que lo artificial son los ritos sin Cristo en la vida personal.

3. EL FANÁTICO, EL LIBERAL Y EL CONSERVADOR
(Véase Mateo 9:35-37)

Los cristianos religiosos de hoy se describen a sí mismos en tres categorías: los fanáticos, los liberales y los conservadores, y cada uno contiene una dieta muy peculiar.

1. El fanático, es aquel que se alimenta de sus actos, de sus obras y de sus convicciones dogmáticas arraigadas. Para él, 'creer' es creer en una proposición correcta de una doctrina. La "verdad" está definida por los análisis detallistas de los intelectuales. También la vida cristiana la mide por el estilo de vida rígido, siguiendo al pie de la letra lo establecido por el grupo, apoyándose en forma muy marcada en las normas y tradiciones.

2. El liberal, en el otro lado, está cansado del formalismo fanático religioso. Él prefiere el otro extremo... la libertad de las personas y de las cosas. Él se considera cristiano, pero cristiano a su manera. No existen para él normas de vida, ni leyes qué obedecer, ni parámetros qué seguir. Se apoya mucho en su individualismo y en su propia conciencia liberada de toda atadura. Para él, todo se puede si su conciencia no le causa molestia. Este cristiano sigue visitando la iglesia, pero sin ningún compromiso con la congregación; según él, su compromiso es sólo con Dios.

A veces es muy difícil distinguir entre el fanático, el liberal y conservador, porque cada uno se apoya en proposiciones bíblicas, tradiciones religiosas o quizás en ideas de algún líder. Pero podríamos definir en forma simple al fanático como un cristiano infeliz, que desea que otros compartan su infelicidad; nunca se encuentra reposado o conforme, y vive en un estado de inseguridad con Dios.

Por otro lado, el liberal es aquel que vive en constante movimiento como las olas del mar, no sabe cómo está, ni sabe lo que quiere, y ni sabe para dónde va; y cuando de improviso llega al final de su recorrido, se desvanece en espumas nada más.

3. El conservador, por el contrario, es aquel que no desea parecerse ni al fanático, ni al liberal, desea mantenerse en el medio, tratando por sus propias fuerzas mantener un "balance" según la profesión religiosa adquirida.

Pero, al final de cuenta, tanto el liberal, el fanático, como también el conservador, representan una distorsión del carácter de Dios ante mundo. Ningunos de los tres son útiles para los propósitos de Dios en la tierra. Lo que tiene valor en la vida cristiana es que reflejemos las virtudes de nuestro Señor Jesucristo (1ª Pedro 2:9), no el partido religioso de nuestro gusto o preferencia.

Es importante observar que mientras Jesús estuvo en la tierra, se le hizo más difícil trabajar con el fanático y el conservador religioso que con el liberal. La razón era que el fanático y el conservador se apoyaban y confiaban en lo que hacían y sabían, mientras que el liberal no tenía nada que ofrecer, excepto una vida desorganizada. Pero ambos eran amados por Jesús de igual manera, y a varios de ellos los pudo salvar de sí mismos. Como ejemplos bíblicos podemos mencionar a Nicodemo, el conservador, y a María Magdalena, la liberal. Ambos nacieron de nuevo cuando se encontraron con Jesús y lo aceptaron como el Mesías, el Hijo de Dios y el Salvador.

Hace un tiempo atrás, un pastor me hizo una pregunta inesperada: "¿Qué eres tú, un conservador o un liberal?" En el momento me quedé sorprendido. Mi mente pensó rápidamente y le contesté: "En la realidad no deseo catalogarme ni conservador ni liberal, eso para mí es irrelevante. He descubierto que yo soy un cristiano que vivo apasionado por conocer y por vivir para Cristo. Quizás alguien piense que soy conservador o tal vez liberal, pero eso no tiene importancia. Lo que tiene importancia es de quién y para quién son mis mejores deseos, motivos y pensamientos. En mi caso quiero entregárselos a Jesús." Con esa respuesta el pastor no encontró nada más que decirme y ahí se terminó el punto que deseaba discutir.

En realidad, no debemos marcar a nadie con etiquetas, sino más bien lo que deberíamos hacer es compartir la experiencia de vida que tenemos con Jesús, pues es así como mejor lo revelamos. Y eso es lo más importante, no nuestro prefabricado estilo de vida.

En realidad, tanto el fanático como el liberal están alimentándose de una misma dieta: llevan simplemente una alimentación sin Cristo. Lo que necesitan es definitivamente encontrarse con Jesús, y de seguro el enfoque de la vida cristiana cambiará para lo mejor; los frutos serán naturales por la morada de Cristo en el corazón. La ausencia de Jesús altera toda la mente, pero ahora *en y con Cristo,* la vida se vive equilibrada.

El cristianismo auténtico no se mide por las verdades que intelectualmente aceptamos o por el estilo de vida que vivamos; se mide por nuestra compenetración y vivencia con Jesucristo. Si Él es nuestra pasión, seremos considerados por el Cielo como verdaderos discípulos de Cristo. ¡Qué privilegio y que responsabilidad!

EL REMEDIO: *"El que come mi carne y bebe mi sangre, tiene vida eterna... [...] porque mi carne es verdadera comida, y mi sangre es verdadera bebida"* (Juan 6:54,55).

Para ayudar a cambiar el curso de las tendencias humanas equivocadas, tenemos que volver a consumir lo natural, es decir, a Jesucristo. Existe mucha gente así como yo, que en un momento de nuestra vida nos encontrábamos débiles y enfermos en nuestra forma de pensar. En aquel tiempo vivíamos consumiendo aquellos conceptos que eran ficticios, artificiales y desviados de la realidad espiritual.

Pero ahora, al descubrir lo natural, a Jesucristo, no queremos volver a consumir los conceptos refinados y artificiales de los hombres, ni tampoco las ideas de nuestro propio pobre corazón. ¿Cómo podemos retroceder a los antiguos remiendos y filosofías humanas huecas y sin vida? ¡Jamás, por la gracia de Dios! Jesús es el producto integral que deseamos consumir. En Él se concentran todos los ingredientes que nuestra mente necesita para funcionar bien, con energía y vitalidad espiritual. Recordemos: Cristo es la verdadera dieta, la verdadera comida; el que come de Él siempre tendrá vitalidad y buena salud, ya que en Él no hay nada artificial, todo es natural.

"Oh, Señor, al conocerte reconozco que viví consumiendo lo artificial; acepto que mis enfermedades espirituales eran causadas por tenerte ausente de mi vida. Perdóname. Quiero ahora alimentarme de tu Pan y beber de tus Aguas. Llena mi mente con los pensamientos de tu Divina persona. Haz de mí un cristiano natural, donde los frutos abundan para la gloria de tu nombre. Amén".

Referencia:

1. Elena G. de White, *El Camino a Cristo,* (Mountain View, California: Pacific Press Pub. Ass., 1961), pág. 110.

Capítulo 11

DOCTRINAS ¿PARA QUÉ?

"Pero tú habla lo que está de acuerdo con la sana doctrina".
(Tito 2:1)

Cuando el apóstol Pablo aconsejó a Tito (su hijo espiritual) que hablara "de acuerdo con la sana doctrina", era porque existía en su ambiente un sinnúmero de enseñanzas que eran contrarias a las doctrinas de Jesucristo; o sea, había muchas creencias que no contenían a Cristo como el centro de la enseñanza. Para Pablo, las doctrinas son legítimas cuando Jesucristo ocupa el centro de su contenido, porque, al final de cuentas, solamente Cristo es la finalidad más importante de las Sagradas Escrituras. Todo en la Biblia llega a ser relevante cuando Cristo es encontrado. Así lo declaró el mismo Jesús:

"Escudriñad las Escrituras; porque a vosotros os parece que en ellas tenéis la vida eterna; y ellas son las que dan testimonio de mí" (Juan 5:39).

Por lo tanto, los exégetas y exponentes de las enseñanzas bíblicas debemos mantener este principio vital, ser Cristocéntricos. Y si así no sucediera, se debe a que básicamente el maestro, pastor o evangelista tiene una experiencia pobre con Jesucristo, **"porque de la abundancia del corazón habla la boca"** (Lucas 6:45).

La palabra "doctrina" (del griego: διδασκαλία "didaskalia", διδαχή "didache"), significa literalmente enseñanza, instrucción, precepto. Una enseñanza es la combinación de varios conceptos que en conjunto establecen una doctrina central. Las doctrinas generalmente pasan por un proceso de tiempo y de discusión; pero una vez que el grupo se pone de acuerdo, se establece la doctrina, y luego es compartida con el resto de los creyentes para su acatamiento y obediencia. Todas las iglesias pasan por un proceso de evolución en su comprensión doctrinal. Muchas veces las doctrinas se mantienen invariables por muchos años, pero se puede dar el caso que éstas reciban algún tipo de cambio en su lenguaje, contenido y enfoque.

Hoy, como en el pasado, también necesitamos mantener las sanas doctrinas que están reveladas en las Sagradas Escrituras. Por supuesto, mantenerlas limpias de contaminación nunca ha sido fácil para los cristianos a través de la historia. Siempre surgen personas que quieren alterar las creencias básicas de la fe, añadiéndoles ideas y conceptos nuevos que son puramente de origen humano y no según Jesucristo.

Lamentablemente, hasta en los concilios de la iglesia organizada se filtran a veces las ideas distorsionadas de los eruditos reconocidos. Esto fue precisamente lo que le pasó a la iglesia cristiana al principio. Cuando ciertos intelectuales, que habían sido formados en la filosofía griega, comenzaron a ingresar a la iglesia cristiana, comenzaron a aplicar los métodos de esa filosofía a la religión; como resultado le dieron más importancia a las definiciones abstractas acerca de Dios que al desarrollo de una experiencia con Él. Paulatinamente la religión fue enfocándose en credos y dogmas, y se fue dejando de lado la "vivencia" que era la base para nutrir una relación con Dios y el prójimo. Para muchos creyentes esto siempre ha sido una tentación y han caído presa del enemigo. Esta triste situación ocurre debido a que existe entre los humanos la tendencia a pensar que mientras más educadas académicamente sean las personas, mejor deben saber las cosas, en comparación con los menos educados formalmente. De esa forma se han vendido las enseñanzas sencillas de la fe cristiana por nuevos conceptos sofisticados que son prácticamente espurios a la fe establecida por Jesucristo y continuada por sus apóstoles.

No tenemos necesidad de elaborar mucho sobre esta realidad, porque hoy vemos literalmente el daño de este fenómeno. Así tenemos una iglesia que se autodenomina la iglesia madre cristiana, pero que es en realidad un centro de enseñanzas humanas. O, peor aún, una organización dudosa y tenebrosa, entre cuyas creencias hay muchas que carecen de fundamento bíblico y sin Cristo.

Nosotros los cristianos debemos reconocer que ninguna iglesia está libre de caer en estas desviaciones, las cuales muchas veces se presentan muy disfrazadas. Si aquellos que deben ser los guardianes de las sanas doctrinas no mantienen una experiencia viva y renovada con Jesucristo, de seguro serán víctimas del engaño y de pecados inmorales y, por consiguiente, desviarán a muchos por su poder e influencia. Nosotros los cristianos vivimos siempre en este constante peligro. ¡Pobre del cristiano que se deja llevar por las ideas y enseñanzas sofisticadas de los hombres y no por la Palabra poderosa, sencilla y eterna de Dios!

"Siendo renacidos, no de simiente corruptible, sino de incorruptible, por la palabra del Dios que vive y permanece para siempre. Porque: Toda carne es como la hierba, y toda la gloria del hombre, como la flor de la hierba. La hierba se seca, y la flor se cae; mas la palabra del Señor permanece para siempre. Y ésta es la Palabra que por el Evangelio os ha sido anunciada" (1ª Pedro 1:23-25).

El peligro disfrazado de los dogmas

[Una aclaración antes de continuar: es posible que lector piense, por lo que voy a decir a continuación, que estoy apoyando el "Movimiento Ecuménico", es decir, la unión de todas las iglesias cristianas. Pero este no es caso. No estoy de acuerdo con NADA de la agenda de este movimiento, porque es una estrategia sofisticada del mal. Este movimiento es de orden político/religioso, con el fin de tener poder, control y gloria humana. Por lo tanto, no es de Dios. El amor de Cristo, por cierto, une los cristianos genuinos, pero no al costo de la falsedad, la mentira, el engaño y la desobediencia a la ley divina, y estas son las características del presente movimiento ecuménico].

Ninguna organización religiosa puede existir por mucho tiempo sin establecer y confirmar su cuerpo de doctrinas básicas. De igual manera, el cristiano, como individuo, no podría mantenerse en el camino de la fe sin conocer a fondo los factores que iniciaron su creencia en Cristo. Precisamente los dogmas, o sea, el conjunto de doctrinas, surgen como el resultado directo del esfuerzo analítico de la fe. Generalmente los dogmas son formulados por las personas más educadas del grupo religioso, para luego ser declarados a todos los creyentes para ser aceptados como guía de fe. Todo este esfuerzo mental está correcto y dentro de nuestro deber cristiano ante Dios. ¿Existe un peligro en esto? Sí y no. No existe un peligro, porque las doctrinas son necesarias, pues sirven para dar sentido de dirección, seguridad y uniformidad. Sí pueden ser peligrosos porque, si no se comprende correctamente su propósito y función, se convierten en factores negativos a la verdadera fe que nació al principio. Me explicaré con más detalle.

De nuevo quiero afirmar que las doctrinas son necesarias para el cristiano, **pero los dogmas se convierten en un problema cuando se transforman en dogmatismo, el cual es la aceptación racional de fe sin experiencia de fe; es creer en las doctrinas sin tener ningún encuentro real y vivo con la persona de Jesucristo.** Además, el grave y mayor problema del "dogmatismo" es que el cristiano se educa y aprende la colección de doctrinas (algunas iglesias tienen 20 o más doctrinas fundamentales), pero no incluyen, ni son instruidos con los "valores o principios divinos de vida", los cuales sí son importantes y necesarios para una buena experiencia y madurez espiritual. (Para una explicación más amplia sobre este concepto, véase en Internet, en YouTube, al Dr. Joel Barrios, adventista, el cual explica y aclara excelentemente esta realidad).[1]

El dogmatismo nace cuando el creyente pone su confianza en las doctrinas que él racionalmente ha aceptado, llevándolo a pensar que en ellas se encuentra el factor básico de su fe y, por ende, su salvación. Este es el peligro de la persona dogmática: él cree que la salvación es el resultado de creer en la veracidad de las doctrinas formuladas, en vez de confiar en Jesucristo y en su relación personal con Él. **Cuando se trata de dogmatismo, hay que recordar siempre esta realidad: los dogmas son de orden intelectual, se aprenden, se memorizan y se enseñan, mientras que un encuentro con Cristo es de vivencia, de experiencia. Dios es una realidad viviente, se experimenta, no solamente un concepto intelectual.** *A Jesucristo no se le conoce por información, sino por revelación* (Mateo 16:16-17).

Este es un problema serio y difícil de entender, especialmente por el creyente que se inicia en el cristianismo sin una experiencia íntima y personal con Jesús. También le puede suceder al cristiano que lleva muchos años en la iglesia. Éste puede llegar a creer que debido a sus muchos años de experiencia en el cristianismo y la aceptación mental de las doctrinas, él está seguro con Dios. Pero en el fondo, lo que puede estar pasando es que se ha perdido el primer amor (Apocalipsis 2:4), y el cristiano, tratando de ocultar la ausencia de Cristo, pone su confianza en las creencias doctrinales, en vez de buscar una experiencia renovada y viva de fe en Jesucristo. Y esta lamentable realidad espiritual contiene, por lo menos, dos posibles causas de trasfondo:

1. De orden personal: la personalidad del creyente.

Existen personas que por naturaleza son de mente muy analítica y racionalista (quizás como producto de su familia, de su nivel académico, o por causa de su país de origen), que después de aceptar a Jesucristo por fe, son inclinados a adoptar la lógica y la razón en vez de la vida de fe solamente en Cristo.

2. De orden social: la iglesia.

Si el creyente es miembro de una iglesia de tradición legalista (énfasis en la ley) y de obras humanas (esta es la inclinación natural de nuestra naturaleza pecaminosa), y en dónde existe un énfasis educativo bien marcado dogmático y sin Cristo a través de la predicación y en la escuela bíblica, entonces la experiencia de fe en Cristo podría también ser lentamente reemplazada por el intelectualismo doctrinal.

Ciertamente estos dos factores pueden producir un "velo" que puede esconder y ocultar la presencia gloriosa y salvadora de Jesucristo (2ª Corintios 3:14). Pero gracias a Dios, que existen personas que, iluminados por su Espíritu, nos ayudan a detectar este velo. El evangelista Alejandro Bullón ha declarado con exactitud la verdad que deseo enfatizar, él dice:

"Porque la salvación no es un concepto, no es una circunstancia, ni una enseñanza. **La salvación es una persona.** Es Jesús. Fuera de Él, separado de Él, no existe salvación."[2]

Otro posible peligro del dogmatismo es que puede <u>paralizar</u>, <u>bloquear</u> y <u>suspender</u> la continua revelación de Jesucristo en la vida del cristiano. Y ocurre así: al creyente sentirse **conforme** con el conocimiento de la colección de dogmas, deja de buscar y de profundizar el contenido profundo de la Palabra de Dios. El conformismo siempre debilita la experiencia con Jesucristo, el desarrollo de la fe y el entendimiento divino. Por supuesto, esta triste realidad no ocurre con todos los cristianos, muchos salen de la prisión del dogmatismo al vasto universo de la experiencia divina, liberados por la providencia de Dios. Recordemos siempre esta realidad: **la Palabra de Dios no es estática, es decir, estancada; siempre se está moviéndose, es una fuente interminable de sabiduría divina.** Dios siempre nos quiere revelar algo nuevo y fresco de Él. ¡Qué bendición!

Y, finalmente, **el mayor peligro del dogmatismo** es que puede crear cristianos "**sectarios**". Una persona sectaria es aquella que contiene una mala voluntad en contra de todo aquel que piensa diferente a él y, por lo tanto, desconfía, odia, discrimina, persigue, maltrata, aun mataría por defender o proteger sus creencias. Y todo el mal que hace, lo hace "en el nombre de Dios", porque cree que defiende la causa de Dios, actuando, sin saberlo, como hijo del demonio. ¡Dios nos libre de este gran mal!

Como vemos en la historia del cristianismo, el dogmatismo es el padre de la desconfianza, la separación, la división, el aislamiento, las guerras y el odio entre los cristianos hasta hoy (ejemplo: la guerra más ensangrentada de 30 años en Europa, entre protestantes y católicos, 1618-1648, o la más reciente lucha con enfrentamientos sangrientos y muertes entre los protestantes y católicos en Irlanda). **Los que desconocen la "historia" están, conscientes o inconscientes, expuestos a repetirla.** En realidad, el conocimiento dogmático no santifica a su poseedor, es decir, no ha podido crear personas semejantes a Dios; y ésta es nuestra gran y urgente necesidad como cristianos. Debido al orgullo que puede crear el dogmatismo, los cristianos son fácilmente tentados a sentirse superiores y más santos a otros, o más entendidos en la verdad que otros. Esta es la raíz del odio; y el odio tiene su origen en el diablo, no en Dios. Una pregunta para meditar: ¿Cómo es que alguien que dice que "conoce la verdad bíblica" en sus dogmas, odia o desprecia en vez de amar? No existe cosa tan absurda, ilógica como ésta. Por supuesto, una verdad bíblica no deja ser "verdad" porque alguien actúe mal, pero sí queda oscurecida, y pierde su influencia y poder en quien la escucha. Hoy por hoy son pocos los profesos cristianos que armonizan su retórica, es decir, lo que hablan con su vida práctica y conducta. Como dice el antiguo adagio: **"Del dicho al hecho hay mucho trecho"**.

El cristianismo verdadero es de relación de amor con Jesucristo y con el prójimo. Aquellos llamados cristianos que mantienen y defienden sus dogmas, en realidad no saben la pobreza y el peligro que envuelve tal conducta. **Cuando las creencias que aceptamos no están saturadas de los eventos del Calvario, el amor a Dios y al prójimo no puede nacer. ¿Y qué es el cristianismo sin amor divino? NADA.** Sin embargo, cuando somos sumergidos y bañados en Su gracia y amor, varias cosas maravillosas nos suceden:

1. Asimilamos que somos salvos por obras, las obras perfectas de Cristo, y no por las mías (Véase Isaías 53; Filipenses 2:5-10).
2. Podemos vivir una vida más victoriosa sobre el pecado, el mundo y Satanás.
3. Seremos más mansos y dóciles para ser enseñados por su Espíritu.
4. Y seremos más útiles en las manos de Dios para traer a otros a los pies de Cristo.
5. Amamos inclusive aun a aquellos que no tienen la misma comprensión de las doctrinas que creemos que son las correctas.

Otro punto: los pecadores, los inconversos, no son sanados, purificados o rehabilitados enseñándoles un cúmulo de dogmas de la iglesia, porque ellas no tienen poder para ennoblecer el corazón, como lo pueden hacer la compasión, la misericordia, la gracia y el amor de Jesucristo, impartida por un creyente que tenga una experiencia viviente y real con Él, y no simplemente un conocimiento dogmático. Aún más crítico es que cuando llegan las pruebas (problemas de salud, finanzas, hijos rebeldes, quedarse sin trabajo, infidelidad o divorcio, etc.), que nos hacen dudar de Dios y de su bondad, los dogmas no tienen ningún poder para sostenernos, animarnos, o darnos el deseo de glorificar a Dios.

Además, el énfasis doctrinal, es decir, de creencias dogmáticas, impide y bloquea al cristiano para que vea y aprecie las manifestaciones y las obras de Dios en su derredor, entre sus parientes, amigos y otros, aun entre aquellos que piensan diferentes religiosamente. Este fenómeno extraño, surge debido al hábito de tener un cristianismo de conceptos, en vez de ver a Cristo como un Dios personal.

Cristo es una persona, no un concepto; Él vive fuera de conceptos religiosos. Él no está encarcelado en una caja de dogmas. Esta realidad ocurría en el tiempo de Jesús. Los sacerdotes, los fariseos y escribas se encontraban tan arraigados en sus dogmas que no reconocieron el Mesías en Jesús. Por el contrario, lo acusaron de: *"Mas los fariseos, al oírlo, decían: Éste no echa fuera los demonios sino por Beelzebú, príncipe de los demonios"* (Mateo 12:24).

Por esta razón, el cristiano dogmático, cuando enseña religión, empieza explicando las doctrinas en vez de presentar a Jesucristo, la verdad personificada. **Cristo, no solamente quiere que tengamos una buena teología o doctrina, Él quiere que lo conozcamos y tengamos una relación de amor con Él** (Juan 17:3). Amar nuestros conceptos doctrinales más que a Cristo es una indicación que ni hemos empezados a asimilar lo que es ser un cristiano. Jesucristo no es un "concepto doctrinal", Él es un Dios vivo, maravilloso, personal y poderoso, y con el cual se puede tener una amistad, una relación; pero con un concepto no se puede tener relación, porque un concepto es de orden cognitivo, es decir, de una idea mental. Un pensador cristiano, lo explica así:

"La Verdad no es algo que se tiene intelectualmente. Tu necesitas la Persona [Jesucristo] y luego recibes la verdad."[3]

Una ilustración para simplificar: en este instante mi esposa está de viaje, y yo me encuentro solo en mi casa extrañando su presencia, su compañía, su voz, su toque, su comida. Yo mentalmente sé todo lo de ella, pero no me es suficiente, la necesito en mi vida, a mi lado. Las doctrinas me pueden explicar muchas cosas de Cristo, pero no hay nada tan emocionante como tenerlo a mi lado y disfrutar la relación con Él.

Necesitamos "nacer de arriba" mediante el impacto del Espíritu de Cristo: *"Respondió Jesús y le dijo: De cierto, de cierto te digo, que el que no naciere de nuevo, no puede ver el reino de Dios"* (Juan 3:3).

Por lo tanto, el cristianismo auténtico, el que necesitamos y buscamos, contiene este factor importante: **vivencia con Jesucristo**, es decir, contiene los siguientes ingredientes de la **vivencia espiritual**:

1. Entrega/relación

"Venid a mí todos los que estáis trabajados y cargados, que yo os haré descansar" (Mateo 11:28).

2. Confesión
"Si confesamos nuestros pecados, él es fiel y justo para perdonar nuestros pecados, y limpiarnos de toda maldad" (1ª Juan 1:9).

3. Arrepentimiento
"Desde entonces comenzó Jesús a predicar, y a decir: Arrepentíos, porque el Reino de los cielos se ha acercado" (Mateo 4:17).

4. Humillación
"Porque cualquiera que se enaltece, será humillado; y el que se humilla, será enaltecido" (Lucas 14:11).

5. Sumisión
"Someteos pues a Dios; resistid al diablo, y huirá de vosotros" (Santiago 4:7).

6. Sinceridad/ honestidad/ integridad
"Pero sea vuestro hablar: Sí, sí; no, no; porque lo que es más de esto, de mal procede" (Mateo 5:37).

6. Devoción
"Una cosa he demandado a Jehová, ésta buscaré; que esté yo en la casa de Jehová todos los días de mi vida, para contemplar la hermosura de Jehová, y para inquirir en su templo" (Salmos 27:4).

7. Servicio
"Después oí la voz del Señor, que decía: ¿A quién enviaré, y quién irá por nosotros? Entonces respondí yo: Heme aquí, envíame a mí" (Isaías 6:8).

Por otro lado, el cristianismo dogmático es de orden puramente intelectual, y contiene los siguientes ingredientes:

1. Conocimiento/saber
2. Información/datos
3. Memorización
4. Razonamientos
5. Opiniones/ideas/criterios/suposiciones
6. Juicio
7. Reproducción de tradiciones

La más triste realidad del dogmatismo es que no podrá pasar la prueba final del juicio de Dios (Hechos 17:31), porque a Dios no le interesa tanto lo que sabemos, sino cómo vivimos en relación con Él, con su Hijo Jesucristo y con el prójimo. **El evangelio es siempre de**

orden vivencial con la persona de Jesucristo, no sólo de un conocimiento meramente abstracto dogmático.

Es posible que un lector se esté preguntando: Entonces, ¿podrá
existir una institución religiosa sin una colección de dogmas? Hu-
manamente no, porque ellas no pueden existir en este mundo sin una
identidad dogmática. Pero en el nuevo reino de Cristo no necesitaremos más el dogmatismo, porque eso es una creación terrenal, no
celestial. **El gobierno de Dios se fundamenta por relación de
amor, y no por dogmas o colección de doctrinas según nosotros:**
*"Y si tuviese profecía, y entendiese todos los misterios y toda cien-
cia, y si tuviese toda la fe, de tal manera que trasladase los montes,
y no tengo amor, nada soy"* (1ª Corintios 13:2).

Y de paso, tanto en el Antiguo y Nuevo Testamento no encontramos ninguna colección sistemática de dogmas, ni tampoco Cristo y
los apóstoles utilizaron el método del dogmatismo. Históricamente,
los dogmas han sido una creación religiosa de los seres humanos, y
no de Dios. **Todas las enseñanzas de Cristo giraban en torno a
"principios", y no en dogmas.** Los "principios" son reglas de conducta con Dios y el prójimo, los cuales son permanentes, invariables
y eternos, y nacen del carácter de Dios. Cuatro principios fundamentales del gobierno de Dios serían:

1. **AMOR**
*"...Dios es **amor**..."* (1ª Juan 4:16).
2. **HUMILDAD**
*"...aprended de mí, que soy manso y **humilde** de corazón..."*
(Mateo 11:29).
3. **BONDAD/SERVICIO**
*"como el Hijo del Hombre no vino para ser servido, sino para
servir, y para dar su vida en rescate por muchos"* (Mateo 20:28).
4. **LA RECTITUD Y LA JUSTICIA**
*"Te alabaré con rectitud de corazón, cuando aprendiere los
juicios de tu justicia"* (Salmos 119:7).

Los principios divinos nos establecen en la rectitud y la justicia, y
pueden ser comparables a una plomada utilizada en la construcción
de un edificio: *"Y ajustaré el juicio a cordel, y a nivel la justicia..."*
(Isaías 28:17). Para mantener la línea vertical de una construcción
cabalmente perpendicular al suelo, una pieza de plomo, o plomada,
por lo general con una punta afilada en la parte inferior, era suspen-

dida de una cuerda y se utilizaba como línea vertical de referencia en la construcción. Mientras la altura de un edificio aumentaba, la plomada se elevaba para mantener con estricta precisión la línea vertical del edificio. En construcciones de gran altura, la plomada colgaría depositada dentro de un envase de aceite para amortiguar el movimiento de balanceo. **Al igual que la plomada, los principios divinos nos mantienen alineados y verdaderamente firmes en la justicia de Cristo, sumergidos en el Aceite del Cielo, el Espíritu Santo, quien nos ayuda para no ser vacilantes.** Así es como nuestra conducta dará los frutos celestiales: *"Pero el fruto del Espíritu es amor, gozo, paz, paciencia, benignidad, bondad, fe, mansedumbre, templanza; contra tales cosas no hay ley"* (Gálatas 5:22-23).

Observe cómo este texto bíblico termina diciendo, **"Contra tales cosas no hay ley."** En otras palabras, producir los frutos de la fe es sólo posible al estar totalmente sumergidos en el Espíritu Santo de Cristo. **Y "contra tales cosas no hay dogmas," porque nuestro fundamento es el amor, el amor de Dios.** Y es Su amor en nosotros el que produce los frutos de la fe para la gloria de Dios. Por lo tanto, existen dos tipos de cristianos: los que verdaderamente buscan un nivel de relación más profunda con Jesucristo y se centran en los principios y valores de Dios, y los que simplemente desean llegar a ser instruidos de las doctrinas que abraza un cuerpo religioso. Entonces, ¿cuál es el verdadero cristiano? La siguiente cita lo revela así:

"En la naturaleza humana existe la tendencia a irse a los extremos, y de un extremo a otro, totalmente opuesto. Muchos son fanáticos. Los consume un celo equivocado por la religión, pero el carácter es la verdadera prueba del discipulado. ¿Poseen ellos la mansedumbre de Cristo, poseen su humildad y su dulce benevolencia? ¿Está el templo del alma vacío de orgullo, arrogancia, egoísmo y censura? Si no lo está, entonces no saben ellos a qué clase de espíritu pertenecen. No se dan cuenta de que el verdadero cristianismo consiste en llevar mucho fruto para la gloria de Dios."[4]

Y de los principios divinos extraemos los valores que conducen nuestro comportamiento. A modo de ejemplo, valores serían entre algunos: *amor, integridad, compasión, justica, simplicidad, humildad, respecto, bondad, servir, honestidad, sinceridad, excelencia, valor, lealtad, responsabilidad, tolerancia, empatía, gratitud, paz,* etc. Como los valores son de orden subjetivos y sociales, es decir, son formulados y explicados por nosotros mismos, debemos de buscar siempre la dirección del Espíritu de Dios para que sean efectivos.

Un cristiano que busca y desea un nivel de relación más profunda y elevada con Jesucristo, se enfoca más en vivir en armonía con los principios y los valores de Dios, que en ser simplemente un cristiano conocedor intelectual de los dogmas de su iglesia.

Un punto sumamente importante: es imposible para nosotros en nuestra humanidad pecaminosa vivir los principios y los valores divinos sin tener a Jesucristo bien arraigado y operando en nuestro corazón, *"porque Dios es el que en vosotros produce así el querer como el hacer, por su buena voluntad"* (Filipenses 2:13).

En resumen, podemos concluir que el cristiano dogmático vive un cristianismo racional, en vez de un cristianismo vivencial; un cristianismo de la mente, en vez de un cristianismo del corazón; un cristianismo que cree en el dogma, en vez de confiar en la verdad absoluta: Jesucristo. Además, se puede considerar miembro de la iglesia, pero no necesariamente es un amigo personal del Señor de la iglesia, de nuestro Señor Jesucristo.

¿Podríamos encontrar un ejemplo de esta lamentable experiencia en la Biblia? Por supuesto; ella está llena de situaciones similares en el pueblo de Dios, tanto en el Antiguo, como en el Nuevo Testamento. Analicemos algunos casos.

En el libro de Ezequiel se nos pinta un cuadro patético (Ezequiel 37:1-14). Dios le presenta al profeta Ezequiel una visión, en donde éste ve un valle lleno de huesos secos. Los huesos simbolizan al pueblo de Dios en su estado inerte, frío, indiferente y muerto. Ellos tenían doctrinas, pero no tenían experiencia; adoraban en el templo, pero no tenían una relación personal con Dios. Los huesos ilustraban la religión formalista y muerta, producida por tener a Dios inactivo en la vida íntima espiritual. ¿Podemos ver esta situación similar hoy?

Afortunadamente, había una solución a la situación decadente de los judíos. Dios le dice al profeta que les hable, y cuando los huesos escucharon la voz, comenzaron a nacerle tendones, carne y finalmente recibieron vida por el Espíritu. ¿Qué contenían las palabras del profeta para producir tal cambio? Sin duda alguna, no se trataba de conceptos elaborados; eran que las palabras estaban llenas del poder y realidad del Dios vivo.

Otro caso es el de Nicodemo (Juan 3:1-21). Este hombre representa el prototipo del hombre dogmático. Era un teólogo, maestro y un fiel protector y practicante de las creencias judías. Pero en el fondo, Nicodemo estaba insatisfecho y, por esta razón buscó entrevistarse de noche con Jesús. Posiblemente quería entrar en una discusión doctrinal con Él; pero Jesús, sabiendo lo que realmente necesitaba, le dijo: *"...el que no naciere de nuevo, no puede ver el reino de Dios"* (verso 3). De esta manera Jesús le estaba indicando que tenía que mirar más allá de los dogmas y de su razón; que necesitaba ver, descubrir y creer en el reino de Dios que estaba delante de sus ojos: la Persona de Jesucristo.

Fue Nicodemo a quien Jesús se le reveló en forma excepcional, indicándole que Él era el Mesías, el Ungido de Dios y el Salvador de los hombres (Juan 3:14-16). En esta entrevista, Nicodemo no entendió el lenguaje de Jesús. O por lo menos aparentó no haberlo entendido. Pero después que Jesús hubo muerto y resucitado, lo aceptó como su Dios y Salvador; abandonando de esta manera su vida arraigada en los dogmas, y convirtiéndose en un verdadero discípulo de Cristo.

Miremos también el ejemplo clásico, el de Pablo (Filipenses 3:5). Pablo era fariseo, un fanático de los dogmas, un judío de judíos; tan celoso por sus tradiciones que se convirtió en el perseguidor de los cristianos. ¿Qué necesitó para cambiar? Necesitó descubrir a Jesús. Esto fue precisamente lo que Jesús hizo con él: se le presentó en su gira perseguidora (Hechos 9:1-19), provocándole un cambio total a su fe. Jesús le quitó el velo del dogmatismo y le presentó la esencia de toda doctrina: su propia divina Persona. De ahí en adelante, Pablo nunca más fue el mismo religioso anterior; Jesucristo se convirtió en la figura central de su vida y enseñanzas (Filipenses 1:2; Gálatas 2:20).

Por último, comparto mi propia experiencia como testimonio de mi jornada espiritual (sacado del libro: *Ansias de Su presencia,* págs. 35-37, en esta obra).

"Para ilustrar lo que estoy tratando de decir, narraré lo que me ocurrió en el año 1986. Cuando estaba iniciando mi trabajo pastoral visitando a cada miembro de la Iglesia Adventista de Queens, Nueva York, una señora me pidió que visitara a su madre anciana. Me anticipó que estaba enferma con un cáncer en el cerebro. Cuando llegué, descubrí que la señora vivía en un apartamento pobre, aunque muy limpio. Cuando entré a su habitación, me sorprendí al ver a una niña en una cama, e inmediatamente le pregunté a la ancianita: "Hermana,

¿y esta niña?". Ella me contestó: "Es mi nieta, la he criado desde que nació, y tiene un desequilibrio mental". Luego agregó: "No puedo estar mucho tiempo de pie porque comienza a dolerme la cabeza. Tengo que sentarme en la cama". Así comenzamos a conversar y no pasó mucho tiempo sin que me diera cuenta de que la anciana tenía una confianza implícita en Dios, y un carácter hermoso, lleno de ternura, amor y compasión.

En la conversación, ella comenzó a hablarme de su experiencia con Cristo. Me dijo que lo había conocido en Puerto Rico, y que había llegado a ser un Dios maravilloso en su vida; que sentía su presencia y compañía, y disfrutaba de sus bendiciones y protección. Recuerdo que me dijo estas palabras: "Yo siento la presencia de Cristo aquí en este cuarto, y aunque este dolor de cabeza no se me quita, yo sé que cuando muera Él me resucitará y veré su rostro".

Esta conversación fue maravillosa para mí, y mi mente comenzó a reaccionar. Entonces pensé: "¡Qué extraño! He aquí esta anciana que no sabe leer ni escribir, hablándome de su hermosa experiencia con Cristo, y yo, todo un pastor, con una maestría en Divinidad, conocedor de la teología sistemática, con ocho años en el ministerio, y no conozco a Cristo como ella; ¿qué es lo que ella ve que yo no veo? ¿Cómo es que ella tiene esta vivencia con Cristo y yo no?" Mientras ella me hablaba, comencé a sentir necesidad de Cristo, quería conocerlo y poseerlo como ella. Cuando me despedí, le dije: "Hermana Sonia, nosotros los pastores siempre oramos por los miembros antes de irnos, pero esta vez yo le quiero pedir a usted que ore, y ore por mí". Recuerdo que al cerrar mis ojos y mientras la ancianita comenzaba a orar, sentí que el cuarto se iluminó, y la presencia de Dios lo llenaba todo. Ella oraba como si Cristo estuviera delante de ella. Era una oración de confianza y de seguridad. Cuando comenzó a orar por mí, no entendía lo que me pasaba. Comencé a llorar. Me sentía compungido de corazón, y a la misma vez sentía que Cristo me aceptaba y me amaba. Una paz inexplicable inundó mi corazón. Cuando terminó la oración, y mientras me secaba las lágrimas, ella me preguntó: "¿Qué le pasa pastor que está llorando?". Yo le contesté: "He sentido y he visto a Dios aquí con usted." Al salir le di un fuerte abrazo y un beso, y me sentía como si no estuviera en este mundo.

Después de guiar mi carro un corto trecho, sentí el deseo de estacionarme y de hablar personalmente con Dios. Allí, a solas, estuve unos 20 minutos disfrutando de una relación íntima y hermosa con

Cristo. Dos meses después Sonia murió, y en el servicio funeral que me tocó oficiar, no vi en el ataúd simplemente una persona muerta, sino a una mujer que le aguardaba la certeza de ver al Autor de la resurrección y la vida. Mientras contemplaba su cadáver, elevé una oración silenciosa al Cielo: "Oh, Señor, enséñame a conocerte como te conoció Sonia".

Esta experiencia cambió definitivamente el enfoque de mi vida espiritual. Gracias a Sonia llegué a conocer más de Cristo que en todos mis años anteriores de estudios teológicos. Aprendí a mirar más allá de mi intelecto y de mi razón. Hoy puedo decir que Cristo es una realidad en mi vida. ¡Qué lástima que no vi la Luz antes! ¡Cuántas frustraciones espirituales me hubiera evitado!"

Los ejemplos mencionados son suficientes para enfatizar el punto que deseo dejar bien claro: el verdadero cristianismo siempre estará basado en una experiencia real con su fundador, Jesucristo, y esta experiencia podrá mantenerse viva, firme y creciendo utilizando el mismo método: un nuevo encuentro con Jesús cada día.

Es en vano profesar el cristianismo basado en una aceptación intelectual de las doctrinas cristianas. Quizás a alguien le surja la duda: ¿eliminaremos las doctrinas por causa de la experiencia de fe del corazón? De ninguna manera; por el contrario, establecemos las doctrinas. Como a modo de ilustración: así como un cuerpo humano necesita huesos y carne para existir, así también **la fe necesita huesos, las doctrinas, y también la carne, es decir, a Jesucristo, cubriéndola para poder existir. Además, la carne es lo que le provee la estética y la belleza a los huesos. Un esqueleto sin carne no sirve para mucho, y se ve feo.**

Afirmamos que las doctrinas son muy buenas cuando se aceptan con todo el corazón y no solamente con la razón. Así lo establece la siguiente cita:

"La percepción y apreciación de la verdad, dijo [Jesús], dependen menos de la mente que del corazón. La verdad debe ser recibida en el alma; exige el homenaje de la voluntad. Si la verdad pudiese ser sometida a la razón sola, el orgullo no impediría su entrada. Pero ha de ser recibida por la obra de la gracia en el corazón; y su recepción depende de que se renuncie a todo pecado revelado por el Espíritu de Dios".[5]

348

Necesitamos volver a las doctrinas sanas, a las doctrinas que sobreabunden con la persona de Jesucristo. De esta manera se producirán los cambios necesarios en los cristianos que vivimos en esta era contemporánea intelectual. **La historia de la fe cristiana ha demostrado que cuando se enfatizan más los dogmas al costo de la experiencia del corazón con Cristo, el cristiano pierde su vitalidad espiritual y, por consecuencia, no tiene poder para vencer sus propias debilidades carnales y las cosas de este mundo (la vanidad, el materialismo, las malas pasiones).** Por lo tanto, nosotros los cristianos de hoy debemos evitar caer en la triste situación de un mero formalismo e intelectualismo religioso. Para ello necesitaremos siempre volver a la contemplación de Cristo Jesús, la única solución constante y segura.

El uso incorrecto y abusivo de la razón siempre ha oscurecido a Cristo, la figura central del mensaje evangélico. Aquellos que analizan el cristianismo como un cuerpo de doctrinas, parece ser que todavía no han entendido que el cristianismo es una Persona, nuestro Señor Jesucristo, y no una simple lista de dogmas. Jesús siempre será más importante e interesante que cualquier doctrina racional. También es importante señalar que aquellos que utilizan los sentimientos como base de su fe, también se encuentran en caminos torcidos. Cristo no es la creación de nuestras emociones, ni tampoco la creación de nuestra razón. Ambas tendencias subsisten en arena movediza.

Hoy sabemos que nuestra cultura cristiana es demasiado racional. Profesa el nombre de la iglesia cristiana y sus doctrinas, mientras Cristo vive ausente del corazón. De esa manera jamás estaremos preparados como iglesia o como individuos para la venida de Cristo. Necesitamos ser despertados del sueño del dogmatismo y volver a la simplicidad del evangelio, que es: *contemplar, contemplar y contemplar a nuestro Redentor Jesucristo* (por supuesto, la práctica contemplativa debe ser guiada por su Espíritu (Juan 16:13-14), y no por nuestra pobre humanidad). Él es nuestro excelente remedio. Por su gracia, rompamos con el ciclo vicioso histórico del dogmatismo, y volvamos a la experiencia genuina de contemplar solamente a Jesucristo, el mejor modelo de vida contemplativa desde su nacimiento hasta su muerte en la cruz. Este es nuestro gran desafío. Quizás no será fácil para muchos de nosotros, porque por décadas nos hemos acostumbrados en ser simplemente dogmáticos, sin ser cristianos fervientes basados en las enseñanzas Cristocéntricas de la Biblia.

Cambiar nunca ha sido fácil para nosotros, y más cuando el enemigo de nuestras almas trabaja arduamente para que no veamos a Cristo en cada doctrina, porque él sabe muy bien que, si eso ocurre, perdería su influencia y poder sobre nosotros. Pero debemos humillarnos ante Dios y aceptar los cambios que Él desea hacer en nuestra forma de pensar. No le tengamos miedo al cambio que Dios desea realizar. Recordemos que: *"...el perfecto amor hecha fuera el temor..."* (1ª Juan 4:18). Por la gracia de Dios volvamos a creer en lo esencial, así como lo establece el siguiente pensamiento:

"Colgando en la cruz Cristo era el evangelio. Ahora tenemos un mensaje, 'Mirad al Cordero de Dios, quien quita los pecados del mundo.' ¿No podrán nuestros miembros de iglesia mantener sus ojos fijos en nuestro crucificado y resucitado Salvador, en quien se centralizan todas sus esperanzas de vida eterna? **Él es nuestro mensaje, nuestro argumento, nuestra doctrina, nuestra amonestación al impenitente, nuestro ánimo para el entristecido y la esperanza de cada creyente".**[6]

Debemos definir la fe cristiana, no en términos de conceptos para ser aceptados intelectualmente, sino más bien definir las doctrinas como experiencias de fe, pero experiencias con la persona de Jesucristo. Lo cierto es que hoy necesitamos enseñanzas muy claras y bien fundamentadas en las realidades de Cristo y de su redención.

Pregunto: ¿Cuál ha sido el resultado que ha producido la línea del pensamiento sistemático doctrinal ortodoxo, ausente de vida contemplativa de Cristo y su Calvario? Observemos nuestro derredor, ¿qué ocurre en las iglesias?: adulterio, fornicación, adictos pornográficos, amante a la intemperancia, vanidad, violencia doméstica, familias disfuncionales, cristianos con máscaras, falta de compromiso espiritual, manifestado en poca participación en la misión de Cristo, inacistencia a los servicios regulares de la iglesia, desamor e iglesias divididas, etc. (Pueden existir otras causas de este mal, pero ésta es para mi la causa principal después de haber trabajado por más de 40 años como pastor).

Un detalle muy importante: por buenos que sean los dogmas, ellos no tienen poder para convertir el alma. Solamente lo que sucedió en el Calvario (el sacrificio de Cristo en la cruz) puede hacerlo. **La historia del Calvario es un evento, un suceso, un drama de amor, de un Dios encarnado; es la única historia bíblica que cuando se relata, se transforma real y viva ahora, que tiene el poder de enternecer, tocar y conquistar el corazón y convertir el alma al instante, con arrepentimiento y confesión real. Ningún dogma puede sacar lágrimas o compungir al pecador, sólo el Calvario puede realizar este milagro de conversión a Jesucristo.** En todos mis años como cristiano y pastor, nunca he visto una persona compungirse o entristecerse al saber "que los muertos nada saben" o "que el séptimo día es el sábado del Señor". Lo que quiero decir es que, si queremos impactar a la gente con nuestras doctrinas, tenemos que decorarlas o saturarlas con la tragedia y la gloria del Calvario (para ver cómo se conecta la doctrina del sábado con el Calvario, véase en este libro el capítulo 18 *"Quiero Descansar"*). Si las doctrinas no están conectadas a los sufrimientos de Jesucristo, ellas no podrán convertir al pecador; pero sí lo podrán hacer un buen religioso, no un cristiano apasionado por Jesucristo.

Otro cristiano comenta así:

"Una persona bien adoctrinada puede llegar a hacer un buen miembro de la iglesia (digo "puede" porque es decisión voluntaria); pero una persona no evangelizada con el mensaje de la cruz es imposible que entre al reino de los cielos. La doctrina cambia la persona de ideología, pero no lo hace nacer de nuevo".[7]

El gran asunto final de la historia del cristianismo no es meramente tener dogmas correctos, o pertenecer a una iglesia en particular, sino tener LA VIVENCIA CORRECTA, es decir, tener la vida semejante a la de Cristo. Cuando Cristo vino, los hebreos tenían doctrinas correctas, pero muchos eran corruptos, incrédulos, cínicos, y desobedientes a la gran ley del amor. Por ser Cristo como era, fue una amenaza a la hipocresía de ellos y por eso le crucificaron el viernes, y el sábado estaban en el templo adorando como si no hubieran hecho nada malo. Hoy se está repitiendo la misma historia, indicando la pronta venida de nuestro Señor Jesucristo.

Actualmente, la ausencia de Cristo en los profesos cristianos de hoy es terrible, aun sabiendo dogmas correctos. El cristianismo falso contiene dos caras: doctrinas sin Cristo y vida sin Cristo; y como resultado: religiosos viles, crueles, cínicos, corruptos

y malhechores. ¿Qué se podría esperar de un corazón sin Cristo?... Solamente los frutos de la carne:

"Y manifiestas son las obras de la carne, que son: adulterio, fornicación, inmundicia, lascivia, idolatría, hechicerías, enemistades, pleitos, celos, iras, contiendas, disensiones, herejías, envidias, homicidios, borracheras, orgías, y cosas semejantes a estas; acerca de las cuales os amonesto, como ya os lo dicho antes, que los que practican tales cosas no heredarán el Reino de Dios" (Gálatas 5:19-21).

Realmente necesitamos con urgencia a Jesucristo profundamente en nuestros corazones, para que puedan ocurrir los cambios necesarios para estar preparados para Su venida. **Lo relevante al final del tiempo, previo a la venida de Jesucristo, no se trata de traje y corbata, ni de sotana religiosa, ni de estatus sociales, ni de diplomas académicos (BA, MA, MDiv, DMin, PhD) o de posiciones de liderazgo en la iglesia, ni de excelente reputación social.** Estas cosas que nosotros consideramos importantes aquí en la tierra, al final serán insignificantes para Dios. Entonces ¿qué será lo que necesitamos?

Dios le pidió a Abrahán que fuera al monte Moriah a sacrificar a su hijo Isaac (Génesis 22:1-14). Mientras viajaban, el joven Isaac notaba que faltaba algo muy importante para el sacrificio, y le dice a su padre: "papá, tenemos la leña y el fuego, pero ¿dónde está el cordero?" Abrahán le contestó: "hijo, no te preocupes, Dios proveerá". Y así sucedió. En el momento preciso Dios proveyó el cordero que se necesitaba para el sacrificio.

Hoy también nosotros tenemos la leña, nuestros conceptos doctrinales muy elaborados; también tenemos el fuego, las experiencias religiosas con sus emociones y entusiasmo, pero **¿dónde está el Cordero?** ¿Lo podremos encontrar en nuestra vida y experiencia de fe? ¿En todas nuestras enseñanzas o doctrinas?[8]

En verdad Dios ha provisto el Cordero, lo regaló y lo puso en el altar de sacrificio, en el Calvario. Allí, puesto en el centro, entre el cielo y la tierra, está nuestro necesitado Cordero y nuestra doctrina por excelencia: **Jesucristo.** ¡Qué bendición es contemplarlo de nuevo!

Notas y referencias:

1. Joel Barrios, es un Doctor en Ministerio, graduado de Andrews University, Michigan (de origen argentino). Su tesis doctoral, A PRINCIPLE-BASED MODEL OF DISCIPLESHIP TO SHAPE THE CHURCH AS AN ORGANIC COMMUNITY OF BELIEVERS (Un modelo de principio básico de discipulado para formar la iglesia como una comunidad orgánica de creyentes), es producto de una extensa investigación sobre este dilema en el Adventismo. Actualmente se puede ver y escuchar sus enseñanzas en Internet, en "YouTube". *Vale la pena verlo, alumbra en la oscuridad.*

2. Alejandro Bullón, *Jesús, tú eres mi vida*, (Buenos Aires, Argentina: Asociación Casa Editora Sudamericana, 1993), pág. 20.

3. T. Austin Parks, *The Centrality of Jesus Christ* [La Centralidad de Jesucristo], (Saragen, Georgia: SeedSowers Publishing House, 1997), pág. 18.

4. Elena White, *Testimonios para la Iglesia*, tomo 5, (Mountain View, California: Pacific Press Pub. Assn.), pág. 285).

5. Elena White, *Deseado de Todas las Gentes,* (Mountain View, California: Pacific Press Pub. Assn., 1955), pág. 419.

6. *Seventh-day Adventist Bible Commentary*, vol. 6, pág. 1113.

7. Julio Candori, un buen amigo, de Córdoba, Argentina.

8. Véase el excelente artículo de Mervyn A. Warren, *"Christ-Centered Pulpits for Christ-Centered People"*, Journal of the Adventist Theological Society, (Vol. 2, 1991), pág. 186.

Capítulo 12

¿QUÉ ES LA IGLESIA DE JESUCRISTO?

"...Cristo es cabeza de la iglesia, la cual
es su cuerpo, y él es su Salvador"
(Efesios 5:23)

Qué es lo primero que viene a nuestra mente cuando pensamos en la palabra "iglesia"? ¿Un edificio, una organización religiosa, una institución, o una denominación eclesiástica? Posiblemente relacionamos la iglesia con estos diferentes tipos de imágenes.

Hoy existe un sinnúmero de respuestas acerca de lo que significa la iglesia. La mayoría concluye que la iglesia es un grupo de personas que tienen y practican ciertas creencias religiosas. Esta respuesta, unida a otras, ha producido hasta cierto punto bastante confusión en el ambiente religioso, puesto que aun hasta los mismos cristianos a veces no saben con exactitud lo que verdaderamente es la iglesia de Cristo en la tierra.

Como sabemos, éste es un tema muy amplio y delicado. Por consiguiente, merece un sencillo pero cuidadoso análisis que nos ayude a hacer más claro el concepto en lugar de complicarlo más de lo que está. Roguemos la ayuda de Dios mientras tratamos de simplificarlo bíblicamente.

1. LA IGLESIA ES CRISTO
(Véase Mateo 16:18; Hechos 2:47; Colosenses 1:18)

En el empeño de definir la iglesia, a veces se comienza hablando primero del ser humano. Creo que, principalmente y debido a este enfoque humanista, esta es la razón por la cual existe la confusión de lo que verdaderamente significa la iglesia. Por supuesto que entendemos muy bien que la iglesia está compuesta de personas. Ella es en verdad una identidad personificada; pero a ésta hay que mirarla en su perspectiva bíblica para llegar a una imagen correcta de la iglesia de Dios.

Lo primero que debiéramos entender en cuanto a la iglesia es que ésta no tuvo su origen en el pensamiento o en la creatividad humana. La iglesia comenzó cuando Jesús llegó y llamó a su primer discípulo. Por lo tanto, Jesús es el creador del concepto legítimo de iglesia. Él fue quien tomó la iniciativa de crear su grupo de discípulos (Mateo 4:18-22). Este hecho indica que la iglesia es Cristo unido a sus discípulos. Según la Biblia no existe iglesia sin Cristo. Y si Cristo no es el centro, entonces lo que tenemos en este caso es simplemente una sociedad o una institución meramente religiosa creada por la misma iniciativa del hombre, y con fines lucrativos o egocéntricos.

La palabra iglesia, del griego "ekklesía", significa "llamados fuera de", "asamblea", "congregación". Jesús no llamó a sus discípulos para crear una institución religiosa, sino más bien una comunidad de creyentes comprometidos a vivir con Él y para Él. Los discípulos se convierten en una iglesia cuando únicamente Jesucristo está presente en medio de ellos. Su propósito al llamarlos es para apartarlos del mundo, es decir, sacarlos de los destructivos valores egocéntricos para así unirlos a Él. Pero, al mismo tiempo, Él los lanza al mundo con el propósito exclusivo de que ellos llamen a otros para que se conviertan en discípulos de Él.

El llamado de Jesús es lo que produce la iglesia como una comunidad de creyentes en Cristo. Ellos viven con Cristo y Cristo vive para ellos. En los relatos bíblicos, la iglesia no es solamente una institución religiosa, sino más bien es la continuación de la presencia de Cristo a través de la comunidad de sus discípulos.

Por lo tanto, la iglesia no es en sí ni un edificio, ni una organización, ni una entidad mercantil, sino que es una serie de personas que mantienen una vivencia real con el Cristo vivo. Si los seres humanos no tienen una relación viva y genuina con Jesús, lo único que tendrán es nada más que una simple religión. Y, dicho sea de paso, esto sería para Dios un sistema inútil e inservible. Afirmamos que la religión, como religión, nunca ha sido ni será la iglesia de Cristo. Aún el cristianismo, como una religión reconocida, puede estar viviendo sin Cristo; esto también incluye cualquier denominación cristiana que todavía no ha tomado en serio el alto costo que requiere el discipulado de Jesucristo.

Por consiguiente, la iglesia la constituyen aquellas personas que se relacionan con Cristo y están comprometidas solamente con Él y no con un sistema humano. Para Jesús formar su iglesia tuvo que allegarse a varias personas, las cuales llamó para que fueran sus verdaderos discípulos, es decir, sus alumnos y amigos. Los discípulos fueron aquellas personas que el mismo Jesús escogió para formar su iglesia; pero aún más, esta unión significó un compromiso mayor para Él, ya que tuvo que entregar hasta su propia vida por aquellos a quienes Él amaba con un amor incondicional. Por esta razón es que decimos que Jesús es el creador de la iglesia, porque ningún ser humano, antes ni después de Él, ha hecho lo que Él hizo por sus discípulos y aun también por nosotros, es decir, morir por cada ser humano.

2. CRISTO SOSTIENE, MANTIENE Y UTILIZA SU IGLESIA
(Véase Mateo 28:18-20; Hechos 1:8; Colosenses 1:24-29; Efesios 2:19-22; 1ª Corintios 3:9-13)

Siendo que Jesús creó y formó su iglesia, Él está entonces comprometido eternamente con ella. Él no abandonó a sus discípulos después que partiera hacia el cielo. Por el contrario, les prometió guiarlos, orientarlos, educarlos, equipándolos con su Santo Espíritu para que mantuvieran así una relación permanente y estrecha con Él. La promesa cumplida del derramamiento del Espíritu Santo capacitó a sus discípulos para la labor de discipular a otros y así formaran parte de su cuerpo, es decir su iglesia (Hechos 2:1-4). Siendo que Jesús no está visible con nosotros hoy, su presencia se hace realidad en sus discípulos a través de varios elementos:

Primero, existe la Palabra, o sea la Biblia, donde están las imágenes del Cristo vivo y real. La Palabra viviente es la continuación de Cristo con nosotros. Él sostiene su iglesia con el pan de vida, es decir, su Palabra, donde se registran las facetas de su preciosa Persona. Todo el contenido de la Biblia es Jesucristo; y si no lo encontramos en cada una de sus páginas hemos fallado con el propósito principal de todas las Escrituras. Cristo es el tesoro escondido en la Biblia y es mediante las enseñanzas y la predicación de los hechos históricos de Cristo, cómo se provee la presencia de Cristo a la iglesia (Hechos 2:42).

Las enseñanzas de los profetas y los apóstoles en relación a Jesucristo son el fundamento en el que la iglesia está edificada, siendo

Jesucristo la piedra de ángulo principal (Efesios 2:20). Esto significa que solamente cuando la Palabra es comunicada y centralizada en Jesucristo es cuando Él literalmente se hace presente, aunque esté invisible para nuestros ojos.

Segundo, están los ritos representativos o simbólicos de Jesús. Me refiero al bautismo y a la santa cena. El bautismo nos conmemora la muerte, la sepultura y la resurrección de Cristo (Romanos 6:3-5). El acto bautismal lleva a la persona a formar parte del cuerpo de Cristo. Mediante el bautismo la persona no es ya un ente separado, sino que ahora está incorporado al cuerpo visible de Cristo, su iglesia.

La Santa Cena, la comunión, nos recuerda su cuerpo maltratado y ensangrentado por nosotros en la cruz del Calvario. Este rito nos conecta con la realidad de su Persona. Él se hace presente en forma patente y real cuando los creyentes participan en esta comunión memorial.

Tercero, existe la comunión de los creyentes. Esta confraternidad entre un discípulo y otro establece la realidad del cuerpo de Cristo. Cada uno compone una parte en Él, y por lo tanto es en esta unión y relación como simbolizamos su maravillosa realidad. La comunidad de creyentes es la manifestación de Cristo en el mundo. Qué pena que existen algunos profesos cristianos que todavía no aprovechan este gran privilegio divino. Se están perdiendo una de las bendiciones más extraordinarias de la vida cristiana, debido a ese concepto individualista de tener un cristianismo privado y egocéntrico.

Pero es muy importante establecer que la comunidad no es una iglesia por el simple hecho de que están juntos. Los seres humanos tienen un sin número de razones por las cuales estar juntos, tales como su cultura, su profesión, su nivel económico y educativo, etc. Pero, el Cristo real se hace presente cuando los congregados están centralizados en unidad en los hechos históricos de su redención. Esta es la única forma que establece y mantiene la comunión de los santos. Por supuesto que existirán diferencias culturales, raciales, de sexo y de otras más, pero nada de esto los separará, ya que esta comunión genuina se hace posible únicamente mediante la obra maravillosa del Espíritu de Jesucristo.

Cualquier otro elemento que no sea según la vida ejemplificada de Cristo no podrá, ni mantendrá ninguna unanimidad por mucho tiempo. Los factores de unión humana son muy frágiles, pueden romperse en cualquier momento. Pero cuando Jesús es el ingrediente básico, siendo Él quien reina en las mentes de los congregados, es cuando se forma una comunidad visible y permanente de confraternidad humana, donde las circunstancias adversas no prevalecerán. Allí los cuerpos de los creyentes actúan, trabajan, gozan y sufren en comunión con Cristo. Debemos siempre recordar que la iglesia no es perfecta, porque está compuesta de pecadores necesitados de la gracia divina, para ser transformados de gloria en gloria por el Espíritu de Cristo. (2ª Corintios 3:18)

Cuarto, la comunidad no existe para los beneficios del grupo solamente. Ellos tienen una misión claramente marcada y establecida por Cristo. Él los ubica en el mundo para que sean la luz del mundo (Mateo 5:14-16), y no solamente por el hecho de tener un cuerpo de verdades bíblicas correctamente interpretadas, sino porque además su función es social, es decir, necesitan relacionarse con otros seres humanos. Ellos tienen el deber de compenetrarse con todos, porque es a través de esta relación que los incrédulos podrán tener un encuentro con Cristo.

Jesús no desea que su iglesia sea egocéntrica, encerrada en sí misma ni para sí misma. No; la iglesia tiene que identificarse con los abandonados, los pobres, los enfermos, los discriminados, los odiados, los marginados, los oprimidos y los perseguidos. Esta es la verdadera razón de su existencia; tiene que socorrer y ayudar de cualquier forma a los necesitados, ya que también a través de ellos Jesús se hace presente en el mundo. Ésta es una de las formas en que se hace evidente si estamos tomando en serio nuestro compromiso con Él.

Ser indiferente a las necesidades de la sociedad es negar a Cristo, y es una demostración de que vivimos fuera de su gracia. Los verdaderos discípulos de Cristo también confrontarán las injusticias sociales dirigidas a individuos o a cualquier grupo, porque dichas actitudes son contrarias al carácter de Cristo. Ellos participarán en traer mejorías en los derechos de igualdad y de justicia para todas las personas sin importar de dónde vienen ni para dónde van. Esta conducta del discípulo cristiano puede traer malos entendidos, oprobio, persecución y aun la misma muerte quizás; pero la motivación que los mueve es Cristo y solamente Cristo. Lo que los hombres digan o hagan es irrelevante, y no debería detener nuestra misión sagrada en favor de Cristo Jesús.

Hemos establecido que la iglesia es: los discípulos de Cristo, que mantienen una interacción y un compromiso total con Él. La iglesia no es una religión social, sino es una interacción de personas con personas y con Cristo, bajo la dirección exclusiva del Espíritu de Cristo. Es una comunidad de creyentes establecida por Cristo. Él se hace visible en su medio fraternal mediante el estudio y la predicación de la Palabra, la comunión fraternal en el bautismo y la santa cena, y también en la participación de las actividades sociales, tanto en el lugar de la congregación como también en la vecindad.

La tarea o la misión de la iglesia es la de hacer discípulos para Cristo mediante vidas que reflejan las actitudes y valores semejantes a los de Él, como también realizando servicios abnegados al prójimo. El fin de la comunidad de creyentes es servir, servir y servir. Su vida es para Cristo y sus talentos son para el servicio a la humanidad. Sirviendo, cumplimos la ley de Dios establecida en todo el Universo, que es la ley del servicio. El servicio abnegado es el eslabón que une nuestro corazón al de Dios, ya que Él también existe solamente para servir a su creación. Sirviendo es la manera como nosotros sus discípulos demostramos su imagen ante los incrédulos.

Es necesario señalar que los servicios sociales de la iglesia no son un fin en sí mismo, sino que el propósito de la participación es que la gente vea nuestra buena conducta y obras, y glorifiquen a Cristo, y por este medio también lleguen a ser discípulos de Él. La iglesia, para ser iglesia, tiene que dedicarse a hacer discípulos para el reino de Cristo. Hacer discípulos requiere relación con los incrédulos y, mediante la amistad sincera, guiarlos a creer y vivir para Cristo. La iglesia cumple la función como iglesia cuando vive haciendo discípulos para *Jesucristo* y no para que sean simplemente miembros de una organización más.

LA IGLESIA AL FINAL DEL TIEMPO
(Un llamado y desafío a la consciencia cristiana de la iglesia)

[Antecedentes: Es muy importante que el lector sepa que esta última parte (que no estaba incluida cuando escribí este capítulo por primera vez) fue escrita (11/13/2014) de la siguiente manera: me desperté un día a las 2:46 AM, y recibí en mi mente, como un rayo de luz, el capítulo 2 de Lucas. Estos versículos fueron los que revolucionaron mis pensamientos, a tal extremo que, en esa misma noche

escribí tres páginas de este documento y luego, durante dos semanas consecutivas, el Espíritu me decía: escribe, escribe; y así fue como surgió esta parte final, la cual la incluyo en este capítulo con el único fin de despertar y bendecir a la iglesia amada de nuestro Señor Jesucristo].

La iglesia de Jesucristo, previo a su venida, tendrá características muy diferentes a lo que nosotros actualmente estamos acostumbrados a ver en ella. Como sabemos, las crisis finales serán terribles, y como resultado, transformarán la forma que nosotros funcionamos como iglesia. Hoy nos hemos habituado a mirar la iglesia como una institución; pero la crisis final cambiará ésta acostumbrada realidad. El plan de Dios es llevar la iglesia moderna institucionalizada a convertirse de nuevo en la iglesia apostólica del nuevo testamento, un movimiento poderoso, que nadie podrá parar. Vamos a analizarlo un poco, ya que estamos en la etapa final de la historia humana. (Entiendo perfectamente que este es un tema muy complicado, difícil y controversial. Por lo tanto, los señalamientos y observaciones que hago a continuación no son con el fin de criticar, sino de alertar y despertar la consciencia de todos mis hermanos en la iglesia, la cual amo entrañablemente, y quiero su bienestar).

Es importante afirmar que la iglesia de Jesucristo no es una mera institución. Cuando los hombres la convierten en una "institución", la hacen vulnerable en su funcionamiento eficiente como iglesia. **Por supuesto que Dios necesita la institución, pero siempre como un medio, y no como un fin en sí misma, ya que existen muchas cosas buenas y útiles en ella para hacer su obra.** Aclaramos: no creemos en la anarquía, un pueblo sin dirección está condenado al fracaso. Pero cualquier institución religiosa puede ser tentada a traicionar la misión de Cristo, y convertirse en una empresa con fines propios, gastando los recursos en su propia existencia en vez de utilizarlos exclusivamente en la propagación del Evangelio. Hay que recordar siempre este importante detalle: los edificios costosos y muchas cosas más de la institución no ganan almas; las almas se ganan a través de las iglesias locales; por lo tanto es allí donde se deberían usar más los recursos de nuestro Señor Jesucristo. **Además, por grande y eficiente que podría considerarse una institución religiosa, ella es, en realidad, un granito de arena en el gran océano de la obra de Dios.**

Necesitamos como cristianos conocer bien el corazón de nuestro Señor Jesucristo, y para entender bien dónde Él tenía su corazón, hay que leer de nuevo los Evangelios y el libro de los Hechos. Si es que realmente queremos ser considerados discípulos de Jesucristo, tenemos que, como líderes y miembros de la iglesia, parar lo que estamos haciendo y mirar detenidamente como Jesucristo vivió e hizo su ministerio. El descuido de contemplar a Jesús es la causa principal por la cual estamos como estamos. **Pregunto para meditar: ¿Se parece la iglesia de hoy a la iglesia apostólica?** Si somos honestos con nosotros mismos, tenemos que admitir que estamos muy lejos de esa realidad. Y, por lo tanto, necesitamos un "arrepentimiento" sincero. La historia ha demostrado vez tras vez, que muchas iglesias que comienzan como un movimiento, y luego se transforman en institucionales, terminan abandonando la causa de Jesucristo. *"Vosotros [la iglesia] sois la sal de la tierra; pero si la sal desvanece, ¿con qué será salada? No sirve más para nada, sino para ser echada fuera y hollada por los hombres"* (Mateo 5:13); y lo que le espera lamentablemente es el juicio negativo de Dios (Véase Apocalipsis 13,17-18).

Cuando una institución eclesiástica gasta sus recursos financieros en su propia existencia, descuidando o abandonando la ganancia de almas, es considerada por el Cielo como una traición a Jesucristo.[1] Un alma, sí, una sola alma tiene un valor y un precio incalculable, porque costó la sangre de nuestro Señor Jesucristo. La gloria de una institución jamás podrá compararse con la gloria de un alma salvada para el reino de Cristo. Y es allí donde se deben gastar cada centimo. **¿Te podrías imaginar cuántas almas podrían ser salvadas con solo un millón de dólares?** La escritora inspirada lo establece de la siguiente manera:

"El alma redimida y limpiada del pecado, con todas sus nobles facultades dedicadas al servicio de Dios, es de un valor incalculable" (Elena White, *The Signs of the Times*, 3 de abril de 1884).

Y confirmando y ampliando la anterior realidad, el pastor Jan Paulsen [presidente emérito de la Iglesia Adventista] comenta así:

"Jesús vino a salvar **personas**, no a declaraciones o doctrinas o denominaciones. Estas existen para servir a la misión de Cristo, no al revés" (Jan Paulsen, "Serving your community: Filling in the cracks," *Ministry,* septiembre 2014, pág. 10).

Las Sagradas Escrituras señalan que **la <u>única cosa</u> que le trae gozo al corazón de Cristo es cuando un alma se convierte a Él:** *"Os digo que así habrá más **gozo en el cielo por un pecador** que se arrepiente, que por noventa y nueve justos que no necesitan de arrepentimiento"* (Lucas 15:7). No existe ningún registro en las Escrituras de que Cristo se goza por ladrillos, paredes y oficinas, es decir, la creación o la compra de un edificio para administrar la obra de Dios. Nuestro Salvador no es un Dios de edificios sino de gente. Parece ser que esta realidad se le olvida a muchos líderes religiosos, porque gastan más dinero en costosos edificios que invertir en la salvación de las almas. ¡Qué locura! ¡Y qué juicio terrible les espera del Señor!

El siguiente diagrama nos ayuda a entender mejor lo que estamos tratando de explicar, porque resume las marcadas diferencias entre un movimiento genuino de la iglesia y la institución religiosa.[2]

MOVIMIENTO	INSTITUCIÓN
Tiene una gran misión.	Tiene una gran administración.
Sacrifica la estructura con tal de no sacrificar la misión.	Sacrifica la misión con tal de no sacrificar a la estructura.
La organización sirve a las personas.	Las personas sirven a la organización.
El liderazgo es compartido, espiritual y servidor.	El liderazgo es centralizado, jerárquico y demandante.
Es fiel a Dios y a su Palabra.	Es fiel a las autoridades humanas y a las tradiciones.
El objetivo de sus esfuerzos está centrado en predicar un mensaje que alcance a la gente donde esté.	Se esfuerza por competir y "ganarle" a las otras instituciones eclesiásticas. El objetivo es traer más personas a la institución.
Hay unidad en la diversidad.	Hay uniformidad compulsiva.
Está dispuesto a hacer cualquier sacrificio con tal de ser fiel a los principios divinos.	Desea mantener las cosas como siempre se han hecho.
Exhorta para adentro.	Condena para afuera.
Los cambios y reformas se realizan por medio del poder del Espíritu.	Los cambios y reformas se realizan por medio de medidas normativas o el poder de la fuerza.
Sus miembros buscan elevar a la sociedad invitándola a seguir los principios divinos.	Sus miembros buscan posiciones de status y ganancias personales y tratan de empujar a la iglesia a los parámetros en que vive la sociedad.

No hay registro de ningún caso en la historia del cristianismo en que una institución religiosa haya vuelto a ser un movimiento. Las instituciones no retroceden a su estado original, es decir, a un movimiento, y creo que esto será así hasta la venida de Jesucristo. Creemos que al final del tiempo Dios no levantará otra iglesia majestuosa, sino un movimiento interno dentro de la misma iglesia institucionalizada. Pero debemos decir, que este movimiento **no se rebelará ni atacará a la iglesia institucional**, porque esto sería pérdida de tiempo y energía innecesaria e improductiva, y provocaría la furia y la cólera de los líderes religiosos y el odio de la masa cristiana que, aunque teniendo doctrinas correctas, no han experimentado el verdadero Cristo. La colección de doctrinas correctas no transforma el carácter, es una vivencia con Jesucristo lo que transforma el carácter a Su semejanza.

Recordemos esta realidad: el odio más terrible y destructivo es el odio religioso. Muchos miembros institucionalizados, por lo general, aman más la estructura religiosa que a las personas, y no escatiman fomentar el odio, la crítica, el desprecio, la persecución y la despedida sobre todo aquel que, según ellos, es un hereje o disidente, un peligro a la existencia de la institución. Ejemplos históricos: Martin Lutero (1483–1546), William Tynsdale (1494–1536), Jan Huss (1369–1415), John Wycliffe (1320–1384), los Valdenses (siglo XVI), etc. **La intolerancia es una característica de muchas instituciones religiosas, y Dios no aprueba tal actitud, porque es contrario a su corazón de amor.** Y si un miembro de la iglesia protestante llegara a tomar tal actitud, estaría copiando el modelo de la bestia de Apocalipsis (Apocalipsis 13). Cristo no comulga con tal modelo. La violencia, el maltrato y la injusticia son del diablo, y no de Cristo. Alguien, explicando esta realidad, dice así: **"Los hombres nunca hacen el mal tan completo y animosamente como cuando lo hacen por convicción religiosa"** (Blaise Pascal, matemático, físico y filósofo cristiano francés, 1623–1662). Y si existieran enemigos de la iglesia, ¿no nos dice Jesús que debemos amar también a nuestros enemigos? (Mateo 5:44). Cristiano de hoy: ¡Despierta! **Cuando el amor a la institución oscurece o reemplaza el amor a Jesucristo, Satanás ha llegado como un ángel de luz.**

La iglesia verdadera del tiempo del fin será menos corporativa, es decir una gran empresa, porque la realidad final será: **"Sálvase cada uno como pueda".** Cada cristiano genuino tendrá que vivir personalmente conectado a Jesucristo dentro de un mundo en caos y de gran confusión religiosa.

Hasta ahora, lo único que hemos señalado de la institución cristiana es el posible mal uso de las finanzas en cosas terrenales y temporales, en vez de utilizarlas en la evangelización. Pero, también existe otro mal en que la institución puede caer: y es el de querer controlar, coaccionar y manipular la libertad de conciencia del cristiano, es decir, aquel que no se someta a sus dictados de creencias o prácticas, sea odiado y perseguido. La historia revela que las instituciones

> **Cuando el amor a la institución oscurece o reemplaza el amor a Jesucristo, Satanás ha llegado como un ángel de luz.**

religiosas han mutilado el cuerpo de Cristo, es decir, han tratado de cortar o bloquear la razón, el intelecto y el corazón de los cristianos, utilizando el terror como instrumento. La discriminación, en todos sus tipos o tamaños, es del diablo y no de Cristo. Recordemos como protestantes, la consciencia es algo propio y solamente le pertenece a Dios. Él fue quien le dio a cada hombre el derecho y la libertad de pensar y practicar su fe como a él le parezca bien. Ninguna institución tiene el derecho de obligar o intimidar a un cristiano a que piense igual que ella. Este legado de Jesucristo costó demasiada sangre para que una institución cristiana moderna quiera hoy repetir la historia. Una institución protestante que actúe como la "Bestia", sería en tal caso señalada por Dios como *"hija de la ramera"* (Apocalipsis 17). (Sobre este importante tema, véase la excelente explicación de Elena White, en su libro: *El Conflicto de los Siglos*, el capítulo *"La libertad de consciencia amenazada"*, y *El Deseado de Todas las Gentes*, pág. 505).

Creo que, si estudiáramos bien las profecías finales, nos evitaríamos caer en la misma trampa de la rebelión final contra el gobierno de Jesucristo. Recordemos: toda desobediencia y rebelión tendrá su justo pago por Dios mismo, no por la institución religiosa. El que crea defender la iglesia utilizando métodos del diablo, se cruza en rojo con Dios, porque Él no opera como nosotros lo hacemos. Sería bueno que cada cristiano, líder o no, se percatara bien cuál es la voluntad de Jesucristo, y vivamos en ella, cueste lo que cueste, para así traer gloria y honor a su gobierno santo y perfecto en esta hora final de un cristianismo desubicado, sucio y feo, por no utilizar los beneficios de la gracia y del poder del Calvario.

LA HISTORIA SE REPETIRÁ

Para la primera venida de Cristo, la iglesia hebrea institucionalizada se encontraba en oscuridad y descomposición espiritual, y había perdido la razón de su existencia, es decir, la misión de Dios para ellos (Mateo 9:36; Marcos 6:34). Sin embargo, dentro de ese sistema religioso descompuesto, había personas escogidas por Dios para recibir la noticia gloriosa de la llegada del Cristo esperado (véase Lucas 2). De igual manera sucederá para Su próxima venida. Estas son las características del remanente privilegiado que verá en vida la gloriosa venida de Jesucristo, como Rey de reyes y Señor de señores:

1. Los pastores (Lucas 2:8-20). Símbolo de aquellos que contienen en su carácter la virtud de la "humildad". (Éste es el fundamento principal para recibir revelación de Dios, y no por avanzados estudios académicos u otros).

2. Simeón (Lucas 2:21-35). Símbolo de aquellos que son señalados por el Cielo como: justo, piadoso, que esperan la consolación [Jesucristo], y son moradas del Espíritu.

3. Ana, la profetisa (Lucas 2:36-38). Símbolo de aquellos que viven la vida apasionadamente adorando y sirviendo a Dios.

Estos son los tipos de cristianos de la última generación que, en resumen, serán así:

"La mayor necesidad del mundo es la de hombres que no se vendan ni se compren; hombres que sean sinceros y honrados en lo más íntimo de sus almas; hombres que no teman dar al pecado el nombre que le corresponde; hombres cuya conciencia sea tan leal al deber como la brújula al polo; hombres que se mantengan de parte de la justicia [Jesucristo] aunque se desplomen los cielos" (Elena White, *La Educación*, pág. 54).

Es importante mencionar que, en la primera venida de Cristo, la iglesia institucionalizada no se registra preparada para recibir al Cristo esperado; lo rechazaron: *"A lo suyo vino, y los suyos no le recibieron."* (Juan 1:11), pero sí se hace énfasis en personas preparadas, queriendo decir con esto que, en la hora de la venida de Jesucristo lo importante serán las personas, no la institución establecida. Cristo viene a buscar su iglesia (sus hijos), no a ninguna institución religiosa. Lo relevante al final del tiempo no es el nombre de la iglesia que profesamos, sino si somos **"cristianos" de verdad. No existe otro honor más grande en la tierra que ser llamado "cristiano" según las características establecidas en las Sagradas Escrituras**: *"... a los discípulos se les llamó **cristianos** por primera vez en Antioquía."* (Hechos 11:26). ¿Y por qué les llamaron "cristianos"? De seguro, les llamaron "cristianos" porque se asemejaban a aquel que vivió, murió y resucitó: **a nuestro Señor Jesucristo.** ¡Qué honor! ¡Qué privilegio! ¡Qué responsabilidad! ¿Se podría decir, también hoy, eso mismo de ti y de mí?

El siguiente pensamiento nos aclara todavía más lo que implica ser cristiano:

"El discipulado significa la adherencia a Cristo, y debido a que Cristo es el objetivo de esa adherencia, debe tomar la forma del discipulado... El cristianismo sin el Cristo viviente es, inevitablemente cristianismo sin discipulado, y el cristianismo sin discipulado es siempre cristianismo sin Cristo" (Dietrich Bonhoeffer, *The Cost of Discipleship* [El Costo del Discipulado], pág. 59). Al final del tiempo, aquellos miembros institucionalizados, que amaron la institución religiosa más que a Jesucristo, recibirán el chasco más grande de su vida, al escuchar al mismo Jesús decir: *"Nunca os conocí; apartaos de mí"* (Mateo 7:23). Quiera Dios que ni a ti, ni a mí nos suceda tal cosa.

Con lo poco dicho hasta ahora, deseamos recomendar a cada cristiano que oremos por nuestra presente institución para que se hagan los ajustes necesarios y pueda recobrar la gran comisión y primaria de la iglesia, que es levantar en alto a Jesucristo, y así puedan las almas ser atraídas hacia a Él. Es muy fácil, en este mundo de pecado, perder la visión de la ganancia de almas. Nosotros, como cristianos, no creemos ni aceptamos la filosofía del escritor político italiano Nicolás Maquiavelo (1469-1527), que recomendó: "El fin justifican los medios".

Tengamos bien claro esto: el fin de la iglesia no es su grandeza institucional sino, más bien, el fin es engrandecer y perpetuar el reino de Cristo, es decir, Su persona y la salvación de las almas, no nuestro reino terrenal, con su burocracia y edificios costosos, que al final del tiempo serán todos vueltos cenizas. El hombre natural, al igual que el religioso, mide su progreso, éxito y utilidad por sus costosos edificios y templos, mientras que el estilo de Jesucristo es totalmente diferente al nuestro. Meditemos en el breve drama de Jesús con sus discípulos "desenfocados" mientras ellos se encontraban en Jerusalén: *"Cuando Jesús salió del templo y se iba, se acercaron sus discípulos para mostrarle los edificios del templo. Respondiendo él, les dijo: ¿Veis todo esto?* **De cierto os digo, que no quedará aquí piedra sobre piedra, que no sea derribada"** (Mateo 24:1-2).

Por amor a Dios, necesitamos urgentemente volver al modelo de Jesucristo y a su primera iglesia. Y si no sabemos cómo era, volvamos a leer la Biblia, ella nos dirá cómo era la cultura verdadera de la iglesia, la cual no se parece en muchas cosas a la cultura moderna de la iglesia de hoy. Como cristianos, somos llamados a estar siempre mirando y copiando el reino de Cristo; si no lo estamos haciendo, de seguro terminaremos copiando del reino terrenal. Sí, la cultura del mundo es muy atractiva al corazón. Y me atrevo a decir: muchos cristianos de hoy se parecen más a la cultura del mundo que a la cultura de Jesucristo, tanto en lo personal como institucional. ¡Señores! ¿Qué nos está pasando? **La ignorancia vivencial de Jesucristo y de las Sagradas Escrituras es la causa principal de la pobreza y la miseria de muchos de los que profesan el cristianismo actual.**

Recordemos esta realidad: la iglesia como organización y como individuo, ha sido elegida y llamada por Dios para modelar las tres virtudes primarias de Jesucristo, *"Mas vosotros sois linaje escogido, real sacerdocio, nación santa, pueblo adquirido por Dios, para que* **anunciéis las virtudes** *de aquel que os llamó de las tinieblas a su luz admirable..."* (1ª Pedro 2:9). **"Las virtudes" no son conceptos doctrinales, sino más bien son ejemplos modelados.** Estas fueron las virtudes maravillosas y modeladas de nuestro Señor Jesús:

1. AMOR

"Dios [Jesucristo] es amor" (1ª Juan 4:8). *"En esto conocerán todos que sois mis discípulos, si tuviereis amor los unos con los otros"* (Juan 13:35).

2. SIMPLICIDAD

"Jesús le dijo: Las zorras tienen guaridas, y las aves del cielo nidos; mas el Hijo del Hombre no tiene donde recostar su cabeza" (Mateo 8:20).

3. SERVICIO

"...como el Hijo del hombre no vino para ser servido, sino para servir, y para dar su vida en rescate por muchos" (Mateo 20:28).

(Estas tres virtudes se obtienen únicamente por estar conectado a Jesucristo, no por ser religioso).

No recuerdo dónde leí o quién dijo lo siguiente, y que me parece muy cierto: "Cuando la iglesia llegó a **Roma**, la convirtieron en un **imperio**; cuando llegó a **Europa**, la convirtieron en una **cultura**, y cuando llegó a **América**, la convirtieron en un **negocio.**"

La iglesia de Dios en la tierra siempre ha sido tentada a adoptar la cultura prevaleciente, cuando Dios siempre ha esperado que su iglesia transforme la cultura, no que la cultura la transforme a ella. Como cristianos somos llamados a cambiar el paradigma, es decir, el modelo que se parezca más al de Cristo y no al mundo secular, desobediente, rebelde, pomposo y ostentoso. Las demandas de Cristo a nosotros, como persona u organización, son muy altas: *"No améis al mundo, ni las cosas que están en el mundo"* (1ª Juan 2:15). Cuando Juan dijo lo anterior (95-110 D.C.), ya la iglesia se estaba asemejando al Imperio Romano. En verdad, la iglesia debiera ser un pequeño Cristo en la tierra. ¡Cuántos no creerían y se entregarían en Él si pudiéramos modelar más su vida y menos la nuestra! ¡Qué desafío!

CONCLUSIÓN:

La iglesia verdadera de Jesucristo siempre ha sido un movimiento orgánico que contiene en resumen los siguientes principios:

1. **Armonía y salud espiritual Cristocéntrica.**
2. **Un mensaje evangélico balanceado y equilibrado.**
3. **Prudencia y sabiduría del Espíritu Santo.**
4. **Valores divinos para su fundamento.**
5. **Pasión por las almas.**
6. **Relaciones personales cercanas y saludables.**

Es posible que la creación de la institución pueda debilitar el movimiento y aún darle una aparente destrucción; pero no dejará de existir. No debemos sobrestimar el poder intrínseco del Espíritu Santo en el movimiento de la iglesia orgánica de Jesucristo. El mismo Jesús declaró: *"Y yo también te digo, que tú eres Pedro, y sobre esta roca [Jesucristo] edificaré mi iglesia; y las puertas del Hades no prevalecerán contra ella"* (Mateo 16:18). Sea entendido: la iglesia a la cual nuestro Señor Jesucristo se refiere no es ninguna denominación en particular, sino Su iglesia universal, la cual no dobla sus rodillas a los baales del mundo, ni tampoco a los baales de la iglesia institucionalizada.

Cristo es la cabeza del cuerpo, es decir la iglesia. Ningún hombre tiene el señorío sobre ella, sino Cristo y solamente Cristo. **No existirá jerarquía, sino siervos.** El uso de política o agendas propias dentro de la comunidad contaminarían la iglesia con valores enfermizos humanos, llevando así a la comunidad de creyentes a salirse de la gracia de Cristo. Si se organiza una estructura eclesiástica, dicha organización debe existir exclusivamente para el bienestar de las iglesias locales, no para su propia prosperidad.

La iglesia es iglesia cuando los creyentes son Cristocéntricos en todo el sentido de la palabra. De lo contrario, no sería una iglesia, sería una institución religiosa humana creada con fines totalmente terrenales y temporales. La religión, por el hecho de usar el nombre de Cristo, no la hace de ninguna manera la iglesia de Cristo. La iglesia, para ser iglesia de Cristo, tiene que demostrar una vivencia de carácter semejante al de Cristo y además debe estar dispuesta a pagar el costo que requiere el discipulado de Cristo. Ella no debe permitir que ni los hombres, ni el gobierno, ni cualquier fuerza extranjera distorsionen su sagrada misión. **La forma de mantener la santidad de la iglesia y la misión de la iglesia es manteniendo siempre a Jesús al frente de los ojos de sus discípulos.** No hacerlo, de seguro dañaría la comunidad y la llevaría a ser una babilonia llena de confusión y de muerte.

Por lo tanto, concluimos diciendo: *la iglesia es iglesia cuando Cristo es el centro de la comunidad de creyentes,* porque Él es quien constituye la cabeza, el Nombre sobre todo nombre, el Líder de los líderes, el Pastor de los pastores y el Maestro de cada discípulo.

Notas:

1. Mi escrito no tiene el propósito de presentar una explicación detallada del estado financiero y del mal uso de las finanzas de nuestra institución. Para ello, véase el siguiente artículo sobre esta problemática en la revista *Ministry*, diciembre 2010: *Reflections on the future of the Seventh-day Adventist Church in North America: Trends and challenges (part 1 of 2)*, (Reflexiones sobre el futuro de la Iglesia Adventista del Séptimo Día en Norteamérica: tendencias y desafíos), por David Beckworth y S. Joseph Kidder.

2. Sacado del libro, *Los siete sellos: Zarandeo*, del Dr. Joel Barrios, Adventista. Sobre este importante y amplio tema, véase la excelente explicación del Dr. Barrios, *Los siete sellos: Zarandeo*, (Collegedale, Tenessee: College Press, 2014); y su tesis doctoral: *A principle-based model of discipleship to share the church as an organic community* (Un modelo de principio básico para formar la iglesia como una comunidad orgánica de creyentes), la cual es una obra académica excelente basada en la historia real de la Iglesia Adventista.

Capítulo 13

EL CRISTIANO
Y LAS PROFECÍAS

"No menospreciéis las profecías"
(1 Tesalonicenses 5:20)

A través de la historia de la fe, las profecías bíblicas han sido uno de los tópicos más interesantes, fascinantes y de extensa investigación de los cristianos. El estudio de las profecías está dentro de la rama de la teología sistemática, bajo el título "Escatología", que significa estudio de los eventos finales.

Dios siempre ha utilizado las profecías en su Palabra para ubicar al creyente en su contexto histórico, social, religioso y espiritual; o sea, las profecías lo orientan en cuanto a su contexto de tiempo presente y del futuro que se aproxima. El conocimiento de los eventos proféticos, tanto como los del pasado, los del presente, como así los finales, ayudan a fortalecer la confianza en la Palabra de Dios, la seguridad en la gracia de Cristo y la esperanza para el futuro. El creyente se siente confiado en Dios porque nota que Dios no lo deja en las tinieblas, en el tormentoso, complicado e inseguro presente, caminando hacia un futuro oscuro e incierto.

Las profecías son el reloj de Dios para mantener al creyente actualizado con lo que está pasando en el calendario divino de salvación y de juicio. Se propone por este medio provocarlo y convencerlo de su necesidad de vivir más cerca de Él y para Él. El Espíritu Santo es el maestro para el estudiante cuidadoso de las profecías, a quien Él dirige, manteniéndolo siempre enfocado en las obras redentoras de Dios, la gloriosa culminación de la salvación y el establecimiento final del reino de Cristo.

EL PROPÓSITO Y FIN DE LAS PROFECÍAS

Las profecías nos orientan y nos ubican en el marco de tiempo, circunstancias y fenómenos que son relevantes para fortalecer la fe en la gracia salvadora de Cristo. Pero es muy importante señalar que las profecías son significativas cuando podemos relacionarlas con las obras de redención de Dios en Cristo. Tanto las fechas, los personajes, los movimientos de los sistemas humanos y los eventos terrenales tienen que relacionarse con el carácter de Dios y su obra salvadora, sean éstas a favor o en contra. Si seguimos este principio es cuando podemos darles legítima interpretación a las profecías bíblicas.

Lo que quiero establecer es que las profecías o los eventos finales tienen como propósito directo señalar el carácter y las obras de Cristo, y por este medio así crear en nuestra alma la necesidad de su gracia salvadora y transformadora. *Estudiadas y comprendidas correctamente, las profecías conducirán siempre al estudiante a una apreciación incalculable de los hechos de gracia de Cristo en la cruz y su obra intercesora en el santuario celestial.*[1]

Sin embargo, parece ser que la historia de nuevo se repite. Los cristianos, a veces, confundimos lo primario con lo secundario. Por supuesto todo tiene que mantener su balance, pero conservar dicho balance nunca ha sido fácil para el ser humano. Para comprender esta realidad, debemos dirigir nuestra atención a la historia de los creyentes en Dios antes de la primera venida de Cristo. Los israelitas, profundos escudriñadores de los libros sagrados, podían mostrar con precisión los acontecimientos proféticos; sin embargo, estaban tan concentrados en los fenómenos y eventos terrenales, que se olvidaron hacia quién indicaban esas señales. ¡Pobrecitos! diríamos nosotros hoy; pero si somos honestos con nosotros mismos, tendríamos que concluir que nos está pasando algo parecido. Y es por esta razón que debiéramos vivir haciéndonos constantemente la siguiente pregunta: "¿Qué lugar ocupa Cristo en mi vida actualmente?"

Al acercarnos rápidamente al final del tiempo, estamos en medio de eventos catastróficos naturales, de descomposición social, de cambios político/religiosos, de desequilibrio económico, enfermedades incurables, y mucho más. Estos eventos están acaparando tanto la atención, que podemos escuchar a muchos creyentes dar el último informe, con todo lujo de detalles, de estos sucesos. Y esto no es todo; los escritores y predicadores sensacionalistas, aprovechando la tendencia humana de satisfacer la curiosidad que crean todos estos sucesos apocalípticos, mantienen el mercado saturado de literatura y anuncios, apartando así en los anaqueles del olvido los libros de la vida y obras de nuestro Señor Jesucristo. Parece ser que quisiéramos conocer más de todo aquello que de la misma persona de Jesús... ¡Qué tristeza!

¿Qué es lo que está pasando? Parecería como si Jesucristo fuera una opción en el pensamiento humano. Si somos cristianos ¿cuál debería ser la persona que sobreabunde en nuestra literatura, nuestra conversación, nuestra predicación y nuestra contemplación? Cristo, sin duda alguna. ¿No es cierto? Pero en realidad hay mucho que desear. ¿Por qué sucede esto? La Palabra de Dios nos da la respuesta correcta: *"...de la abundancia del corazón habla la boca"* (Lucas 6:45). Con razón nos revela la Palabra de Dios que es la ausencia de Cristo en los corazones lo que ha causado este desequilibrio. ¿De qué nos vale conocer las señales de los tiempos si desconocemos en forma personal e íntima a Jesucristo? Y si conocemos bien los eventos finales ¿por qué no hablamos más de su amor, su gracia, su justicia, su carácter y de sus obras de redención?

En la historia de la fe cristiana existió una persona que sí mantuvo ese balance proporcionado. Estudió las profecías que anunciaban la venida de Jesucristo, y a la vez Jesús era la ansiedad de su enfoque y de su meta. Me refiero al predicador pionero del advenimiento de Cristo durante la mitad del siglo XIX, Guillermo Miller (1782-1849). Los siguientes pensamientos nos revelan la profunda motivación que lo sacudió al descubrir y al contemplar la inefable belleza de Cristo:

"Dadme a Jesús y el conocimiento de su palabra, dadme fe en su nombre, esperanza en su gracia, interés en su amor y dejadme vestir con su justicia. El mundo podrá seguir deleitándose con todos los títulos más sonoros, las riquezas de su vanagloria, las vanidades heredadas y todos los placeres del pecado y esto será más que una gota en el océano. Sí, déjame tener a Jesucristo y desaparecerán los placeres terrenales. ¡Qué gloria nos ha revelado Dios en el rostro de Jesucristo! En Él converge todo el poder. En Él mora todo el poder. Él es la evidencia de toda verdad; la fuente de toda misericordia;

el dador de toda gracia; el objeto de toda adoración y fuente de toda luz y yo espero disfrutarlo por toda la eternidad".[2]

Dios anhela ayudarnos a mantener un enfoque centralizado en Cristo mientras miramos las señales y los eventos finales, pues de esta manera ayudará a evitar que nos suceda como le ocurrió a la generación del tiempo de Jesús. Ellos, desafortunadamente, conocieron más los *acontecimientos* que rodeaban la venida del Mesías, el Cristo, que al mismo Mesías pues, cuando Él llegó al escenario humano, no lo reconocieron: *"A lo suyo vino, y los suyos no le recibieron"* (Juan 1:11). ¡Qué tristeza! ¿Nos pasará a nosotros igual? Seamos más sabios. Cada señal debería dirigir nuestra atención hacia Jesucristo. Él es y será el único ser insondable, maravilloso y encantador de todo estudio profético. Nuestra vida entera no sería suficiente para contar lo sublime de su ser. Describir lo que Él significa para nosotros es la tarea más importante a la cual podíamos dedicarnos mientras vivamos aquí en la tierra.

La razón de nuestra existencia no es meramente considerar lo que nos afecta interiormente o exteriormente; es siempre considerar lo que Cristo ES, y lo que Él significa para nosotros. Deberíamos, pues, ser el pueblo que más testifique de Cristo en este mundo. Cristo es un personaje de matices tan extraordinarios y sublimes que el apóstol Juan dice:

"Y hay también otras muchas cosas que hizo Jesús que, si se escribieran cada una por sí, pienso que ni aun el mundo podrá contener los libros que se habrían de escribir" (Juan 21:25).

Si seguimos el razonamiento de Juan, tendríamos que concluir entonces que, la razón por la cual se escribe o se habla poco de Jesucristo se debe a que no estamos experimentando bien las cosas que Él quiere y puede hacer en nosotros. Tenemos poco que decir de Él porque vivimos alejados de Él. Por causa de nuestra incredulidad es que nuestra vida no es tocada por su infinito amor y poder. Si hoy le permitiéramos obrar más en nuestra vida, de seguro nuestro testimonio sería más abundante y más convincente para el incrédulo.

No quisiera dejar la impresión de que conocer los eventos finales no es importante. Ellos nos ayudan a definir la hora en la cual vivimos y nos alertan de la proximidad de la venida de Jesucristo; pero ellos deben ser solamente el *trampolín* que nos lance al estudio fascinante y transformador de la vida y las obras de Cristo. Y, por ende, debemos siempre conocer más de Cristo que de las mismas señales proféticas, ya que Él perdurará más que las mismas profecías (1ª Corintios 13:8).

Por otro lado, sin embargo, también quiero indicar que, mientras miramos las señales exteriores proféticas, también es sumamente importante que concentremos nuestra mirada en las señales interiores proféticas, las que tienen que ver con lo que está pasando dentro del corazón. Sí, allí también existen señales que nos indican que Cristo está muy cerca, y creo que estas son las que más indican su cercanía. Todas las profecías lo que realmente están indicando es la descomposición del corazón humano. *Los sistemas político/religiosos y los fenómenos humanos están compuestos de personas que piensan y viven contrarios al carácter de Dios.* El corazón es el problema y lo que vemos suceder alrededor nuestro es el resultado directo de la depravación de los valores, actitudes y motivos del corazón. Tristemente el orgullo y el egoísmo están reemplazando el amor a Cristo en todos los niveles sociales, culturales, religiosos, educativos y políticos. La indiferencia, la desconfianza y el rechazo del corazón al discipulado de Cristo es una de las profecías más indicadoras de que Él está pronto por venir (Lucas 18:8).

Por lo tanto, el Espíritu Santo vive constantemente indicándonos las señales más reveladoras de la venida de Jesús. Y son aquellas actitudes que irán en aumento a medida que se aproxima la llegada del Señor Jesús a esta tierra, tales como son la *confianza propia, la independencia propia, la suficiencia propia y la adoración propia.* Todas estas señales nacen por causa de la ausencia de Cristo en la vida. En esta área de nuestra vida necesitamos mucha cirugía divina, ya que son las señales que muchas veces *nos negamos a aceptar.* Dejemos al Espíritu Santo que haga su trabajo dentro de nosotros; dejémonos atraer por la ternura infinita del amor divino que transmite la cruz y de donde viene nuestro auxilio: de *Jesucristo,* el Salvador, Sanador y Transformador. *No seamos parte del problema profético, sino parte de la solución de Dios mediante la gracia de Cristo.*

Una vez que miremos estas señales proféticas en nuestro interior, nuestro mayor esfuerzo mental debería ser dirigido al estudio y la contemplación de la persona de Jesucristo. Él es el único quien nos puede ofrecer seguridad al turbulento presente, sanidad a nuestro ego enfermo y paz al futuro tenebroso. Y a medida que estudiemos su hermoso carácter, nuestros corazones serán enternecidos y subyugados por la grandeza de su amor. Llegaremos a apreciarlo más y más, al punto que lo terrenal no será ya nuestra mayor preocupación. Él se convertirá en el todo de nuestra vida y el fin de todas las profecías bíblicas.

Ese maravilloso encuentro con el Cristo viviente nos llevará a las profecías y, a su vez, las profecías nos regresan a Jesucristo. Y si así sucede, entonces concluiremos como dijera el poeta español cristiano Pedro Calderón de la Barca (1600-1681):

¿Qué quiero, mi Jesús?... Quiero quererte,
quiero cuanto hay en mí, del todo darte,
sin tener más placer que el agradarte,
sin tener más temor que el ofenderte,

Quiero olvidarlo todo y conocerte,
quiero dejarlo todo por buscarte,
quiero perderlo todo por hallarte,
quiero ignorarlo todo por saberte,

Quiero, amable Jesús, abismarme
en ese dulce hueco de tu herida,
y en sus divinas llamas abrasarme,

Quiero, por fin, en Ti transfigurarme,
morir a mí, para vivir tu vida,
perderme en Ti, Jesús, y no encontrarme.

A continuación, deseo hacer una contribución al mundo de la "Hermenéutica Bíblica" (interpretación bíblica) y, por supuesto lo hago a modo de sugerencia.

EL MÉTODO DEVOCIONAL CRISTOCÉNTRICO EN LAS PROFECÍAS BÍBLICAS

Para muchos cristianos, existe la idea que para entender y explicar las profecías hay que convertirse en un especialista de la historia.

Pero tal no es el caso. Es cierto que las profecías requieren un análisis de la historia, pero mucho más que eso se requiere una actitud correcta del corazón, del alma. Demanda "hambre y sed de Dios" y "meditación y oración", para profundizar en el texto bíblico. Es así como nuestra mente y el corazón pueden captar "el sentir" o "la esencia del mensaje" que está encerrado en los pasajes proféticos. Es a esta disciplina la que llamaremos: EL MÉTODO DEVOCIONAL.

El estudio devocional de las profecías parece ser nuevo, pero en realidad no lo es; ha sido usado por muchos cristianos sinceros a través de la historia. La palabra "devocional" viene de la palabra "devoción", que en término espiritual significa dedicación, abandono propio, consagración, fervor, entrega propia, sacrificio propio, amor. Esto quiere decir que estudiamos las profecías con un intenso interés de conectarnos con la mente de su Autor, Jesucristo, para así poder relacionarnos con Él y consagrarnos a Él, y no para simplemente hacer un ejercicio de la razón o del intelecto conociendo datos históricos, eventos, fechas y personajes. Claro está, el estudiante devocional se informa de la historia, los acontecimientos del presente y del futuro, pero sin perder de vista el gran centro de todo, al Dios Hombre, a Jesucristo. Las profecías bíblicas siempre nos conducen hacia Él. Él dijo:

"Escudriñad las Escrituras; porque a vosotros os parece que en ellas tenéis la vida eterna; y ellas son las que dan testimonio de mí" (Juan 5:39).

Por lo tanto, todas las profecías son "Mesiánicas", es decir del "Ungido" de Jehová, del Cristo del pasado, del presente y del futuro. El que dijo: *"Yo soy el Alfa y la Omega, principio y fin, dice el Señor, el que es y que era y que ha de venir, el Todopoderoso"* (Apocalipsis 1:8).

Las profecías bíblicas manifiestan dos facetas. Por un lado son visibles, exteriores, podemos ver lo que está pasando afuera; y por otro lado son interiores, podemos ver lo que está pasando por dentro, es decir, en los corazones de los hombres. Podríamos decirlo así:

1. Las profecías son **telescópicas**, vemos lo que ocurre en el mundo visible social humano y ecológico.

2. Son también **microscópicas**, nos demuestran lo que está pasando adentro del hombre, lo que lo mueve, sus intenciones, sus intereses y motivos, señalando la condición de núcleo del hombre, es a saber, el carácter.

Sabemos que el mundo interior, el psicológico, es mucho más grande y más complejo que el mundo exterior, lo físico, es decir, lo social. Por lo tanto, el análisis devocional intenta mirar el mundo interior con el interés de saber cómo las profecías:

1. Explican a Dios en su señorío, su carácter, sus planes y sus propósitos para salvar y transformar al ser humano.

2. Explican la condición del hombre o la humanidad en su estado rebelde y opuesto a Dios dentro de su propio corazón.

3. Explican la condición mental humana en cuanto a sus valores, actitudes, deseos, y las necesidades del alma en relación con su Creador.

4. Y finalmente, cómo podemos nosotros desarrollar una relación real con nuestro amante Salvador, que transforme nuestro carácter a Su semejanza y nos conduzca a hacer la obra de Dios en el mundo.

Las profecías bíblicas necesitan ser aplicadas a la vida, y específicamente al corazón humano para que puedan ser útiles para la fe y la experiencia cristiana. Notemos lo que Dios dice en cuanto al propósito de su palabra:

"Porque la palabra de Dios es viva y eficaz, **y más cortante que toda espada de dos filos; y penetra hasta partir el alma y el espíritu, las coyunturas y los tuétanos, y discierne los pensamientos y las intenciones del corazón.** Y no hay cosa creada que no sea manifiesta en su presencia; antes bien todas las cosas están desnudas y abiertas a los ojos de aquel a quien tenemos que dar cuenta" (Hebreos 4:12,13).

El pensamiento anterior deja muy claro el propósito de Dios al darnos su palabra y las profecías. El propósito de ella es penetrar nuestra consciencia, nuestro ser, revelarnos nuestra condición pecaminosa y nuestra gran necesidad de un Salvador, de un Dios que pueda transformar nuestra vida interna, nuestros pensamientos, haciendo por nosotros lo que nosotros no podemos hacer por nosotros mismos. **Esto sí es "devocional".** Por el contrario, el estudio profético exterior, es decir, que explica solamente los eventos exteriores de los hombres, no producen el reavivamiento espiritual que Dios desea que suceda en sus hijos. Deja la mente informada, pero puede dejar el alma fría, indiferente a su gran necesidad de Dios.

Al estudiar las profecías sin hacer aplicaciones devocionales, es decir, aplicándola a la vida y al corazón, debilita el poder de las Escrituras, cosa que Dios no desea. Si sabemos muchos datos históricos, estos deberían de llevarnos a una tremenda y determinante conclusión: El hombre sin Dios es un fracaso total, un problema, un intruso, un perverso, un traidor, un egoísta, un soberbio, un rebelde a través de todos los siglos, sentenciado a una muerte segura y eterna por su incredulidad. Su religión no lo ha cambiado, ni su ciencia lo ha mejorado, y su final será triste, de dolor y de fracasos a menos que se deje tocar el corazón por el poderoso amor de Dios revelado en la vida, las obras, y el sacrificio de Jesucristo en la cruz del Calvario.

Por esta razón, el estudio profético, para que sea legítimo y correcto, tiene que estar saturado de Jesucristo, porque Cristo es el gran centro de atracción y la ciencia de toda la Biblia. La escritora Elena White, lo declara así:

"Hágase de la cruz de Cristo la ciencia de toda educación, el centro de toda enseñanza y estudio; entre en la experiencia diaria de la vida práctica" (Elena White, *El Ministerio de Curación*, pág. 365).

¿Qué pretenden hacer las profecías? Ellas nos revelan un paralelo o una comparación entre las características del hombre (después de la caída) y las características de Dios. Por ejemplo:

1. Los reinos del hombre son temporales, el reino de Dios es eterno (Daniel 2:1-49).
2. El carácter del hombre es descompuesto y perverso; el carácter de Dios es perfecto (Daniel 8-9).
3. La religión del hombre es opresora y esclavizante; la religión de Dios es libertadora y transformadora (Apocalipsis 13 y 14).
4. El corazón del hombre es soberbio y egoísta; el corazón de Dios es todo amor y bondad (Apocalipsis 16-22).

Las profecías nos demuestran a un Dios que se introduce en la historia de la humanidad, queriendo decir con esto, que también Él **está interesado en introducirse en nuestra historia personal y privada.** Él estuvo en el pasado bregando con los corazones, y hoy también está deseando manifestarse en nuestros corazones. Su campo de operación es el interior, el alma, el carácter; es allí donde Él hace profecía, revelando nuestra condición y la solución. *"Dame, hijo mío, tu corazón, y miren tus ojos por mis caminos"* (Proverbios 23:26). **Dios no cambia naciones o instituciones; Él cambia corazones. Tampoco cambia iglesias, cambia individuos. Cuando Él** transforma el corazón, cambia la vida, el matrimonio, la familia, la iglesia, y la sociedad. Nunca al revés. Su trabajo más difícil está en el interior, tocar la voluntad humana en sus deseos y motivos. Y es ahí donde Él inicia su sagrada labor.

El conocimiento de las profecías, sea político, religioso, económico, o de fenómenos naturales, no es suficiente. El reino de Jesús no es de teorías, de conocimientos o de creencias, sino de experiencias del corazón con el Cristo de la resurrección. Él habla al corazón y nos invita a un encuentro genuino con Él: *"He aquí, yo estoy a la puerta y llamo; si alguno oye mi voz y abre la puerta, entraré a él y cenaré con él, y él conmigo"* (Apocalipsis 3:20). Sin esta experiencia, el conocimiento sería vano y la religión una sombra, desprovista de la Realidad de Jesucristo, el centro de la fe. Por esta razón, Dios dice:

"Hablad al corazón de Jerusalén; decidle a voces que su tiempo es ya cumplido, que su pecado es perdonado; que doble ha recibido de la mano de Jehová por todos sus pecados. Voz que clama en el desierto: Preparad camino a Jehová; enderezad calzada en la soledad a nuestro Dios. Todo valle sea alzado, y bájese todo monte y collado; y lo torcido se enderece, y lo áspero se allane. Y se manifestará la gloria de Jehová, y toda carne juntamente la verá; porque la boca de Jehová ha hablado" (Isaías 40:2-5).

Como a modo de ejemplo solamente, y de manera sumamente breve, describo la profecía de Daniel 2, devocionalmente:

-La cabeza de oro=Babilonia (605-538 A.C.), símbolo del **"orgullo"**.
-Los pechos y brazos de plata=Medo y Persia (538-331 A.C), símbolo del **"egoísmo y la avaricia"**.
-El vientre y muslos de metal=Grecia (331A.C.-168 A.C.), símbolo del **"humanismo" (el hombre es el centro, el todo).**
-Las piernas de hierro=Roma (168 A.C-476 D.C.), símbolo de la **"hipocresía" (la unión del estado con la iglesia).**
-Los pies mezclado de hierro y barro=Europa (476 D.C.-Presente), símbolo del **"hombre carnal"** (Gálatas 5:19-21).
-La Piedra=Jesucristo, el único quien puede sanar, cambiar y transformar nuestro corazón y nuestra vida (Efesios 2:20; 1ª Pedro 2:4).

Como vemos en el ejemplo anterior, lo que significan los imperios reales del pasado, también existen hoy en el presente y estarán activos hasta que Cristo venga. **Practica con este modelo devocional Cristocéntrico, y te encontrarás descubriendo una ventana grandísima hacia el universo perverso del corazón humano, el cual necesita la intervención del Reino poderoso de nuestro Señor Jesucristo.**

Recordemos siempre esta realidad al estudiar las profecías: **En las profecías, los imperios, las bestias, los cuernos, etc., están compuestos de seres humanos, y es el corazón de ellos lo que los hace actuar como actúan.**

Gracias a Dios que las profecías bíblicas nos tocan la médula y el corazón, que son el centro de la gran controversia que se inició en el Cielo y continúa aquí en la tierra. **Recordemos que el gran enemigo de Dios en el Universo es el "yo incrédulo y rebelde",** y la solución de Dios es "Cristo en nosotros" (Colosenses 1:27). En conclusión, todas las profecías se concentran en esta gran verdad permanente: **Dios es todo y nosotros nada. Todo lo nuestro es un fracaso, todo lo de Dios es un éxito. Todo es mentira; Jesús es la Verdad eterna, tanto para las naciones como para nuestros corazones.** Te dejo para meditar esta pregunta: ¿De qué valdría saber el pasado, el presente y el futuro, si desconocemos íntimamente a Jesús en nuestra historia personal?

****

FACTORES NECESARIOS
PARA HACER UN ESTUDIO DEVOCIONAL:

Se necesita orar mucho, leer y meditar, leer y meditar, leer y meditar.

Preguntas que debemos de hacernos al estudiar la Biblia:

1. ¿Qué es lo que Dios está diciendo en el texto?
2. ¿Cómo es que lo que estoy leyendo es verdad en mi propia vida?
3. ¿Cómo me desafía este texto a mí?
4. ¿Qué nueva dirección de vida me ofrece el texto?
5. ¿Qué debo hacer para poner en práctica lo que estoy leyendo?
6. ¿Cómo puedo tomar la Palabra para que sea una realidad en mi vida privada?

APASIONADO POR CRISTO

****

"La historia de los hombres es siempre la misma historia. Lo único nuevo y refrescante es la historia de Jesús. **El corazón se descompone cuando la vivencia con Jesús no es propia.**"

—**Nelson Bernal**

"No es suficiente con tener en mis manos un libro inspirado, debo tener un corazón inspirado. ¡La verdad tiene un alma como un cuerpo!"

—**A.W. Tozer**

Nota y referencia:

1. Esta sección ha sido tomada del capítulo *"Quiero Verlo"* del libro *Ansias de su Presencia*, escrito por Manuel Fernández. Algunas partes han sido revisadas y ampliadas.

2. James R. Nix, *"Give Me Jesús",* Review and Herald, (Enero 6, 1994), pág. 13.

Capítulo 14

CÓMO DESPERTAR
AL CRISTIANO DORMIDO

"Vosotros sois la luz del mundo; una ciudad asentada
sobre un monte no se puede esconder"
(Mateo 5:14)

uando las personas se encuentran con el verdadero Cristo por vez primera, entran al Reino de Dios con mucho entusiasmo, alegría, felicidad y con mucha energía de vivir con Cristo y para Cristo. Pero a veces esta hermosa experiencia no dura mucho tiempo: desaparece el entusiasmo, el fervor, y surge lentamente la apatía, la rutina, la indiferencia y la frustración. A estos cristianos se los describen como tibios o fríos, dormidos, flacos, nominales, inactivos, carnales, apagados, o muertos.

Lamentablemente estas características son muy evidentes en muchos de los cristianos de hoy. Creo que en algún momento de nuestro caminar como cristianos todos hemos sentido la sensación de que nuestra luz se está apagando. Esta incómoda experiencia se puede presentar en cualquier persona y etapa de la vida, aun en aquellos que trabajan para la iglesia, como pastores, administradores, evangelistas, maestros, ancianos y líderes en general.

Cuando esta enfermedad se presenta, le quita al cristiano la vitalidad y el entusiasmo, aunque se esfuerce por mantenerse a flote usando todas las ideas que le vienen a la mente. Muchos, en su empeño de reavivar la experiencia cristiana, asisten a congresos, seminarios, retiros y conciertos o se acogen a estudios avanzados para ver si de esa forma se les carga de nuevo la batería del caminar cristiano. Sin embargo, nada sucede, todo sigue igual, continúan la indiferencia y el aburrimiento. Entonces surge la pregunta: ¿qué otra cosa podría-

383

mos hacer? ¿Será que necesitamos escuchar más sermones o leer más libros? ¿Qué será lo que necesitamos para poder salir de este dilema? Algunos, dándose al fin por vencidos, abandonan las filas de la fe cristiana y se van a caminar al incierto y peligroso mundo secular.

A veces no podemos explicar la razón de este fenómeno indeseable; pero lo cierto es que existen muchas causas que lo provocan. Entre ellas, una es la principal, y que presentaré a continuación.

Como yo he pasado por esta experiencia, entiendo perfectamente esta realidad. Es por esta razón que deseo presentar a continuación el factor que hizo posible que se encendiera de nuevo el fuego y el entusiasmo en mi vida cristiana.

DESCUBRIR DE NUEVO A JESUCRISTO

Aunque busquemos todo lo que queramos, el ingrediente único y definitivo para despertarnos del sueño religioso es *Jesucristo*. Es precisamente su ausencia la que pone a dormir nuestro cristianismo. ¿No nos hemos dado cuenta de que todo lo demás fuera de Él es pasajero, y sin duda alguna desaparecerá tarde o temprano tal como llegó? Por el contrario, con Jesús y en Jesús todo es permanente y fructífero. Hay algo dinámico en descubrir de nuevo la persona de Jesús. No entendemos ni podemos explicar todos los aspectos de ese encuentro, porque verdaderamente no está al alcance de nuestra mente finita; pero lo cierto es que, cuando miramos la persona de Jesús, todo cambia: vuelve la vida, la energía y el entusiasmo, como si fuera un relámpago o una explosión de dinamita que haya tocado nuestra vida. ¿Lo dudas?

Te presentaré mi historia como testimonio. Cuando descubrí que el cristianismo es Cristo y solamente Él, mi corazón se animó de nuevo. Él fue la chispa que reavivó mi fuego casi apagado, el multivitamínico que revivió y nutrió con nueva energía mi vida cristiana. Puedo asegurarte que mientras más lo conocemos, más entusiasmo tiene la vida cristiana.

En mi caso lo descubrí, no escuchando a un predicador, o estando en un retiro o congreso, o en un concierto cristiano, o estudiando teología, psicología y sociología avanzada, sino más bien en la lectura de libros devocionales, que son los que presentan a Cristo y nuestra vivencia con Él. Ellos fueron los instrumentos que Dios tuvo a bien utilizar para encender mi vela. Mi caso era desesperado, pues era pastor de iglesia. Mi angustia era doble, porque tenía que predicar y enseñar. Muchas veces no sentía el deseo de hacerlo porque sabía que mi corazón estaba vacío y seco, pero me obligaba la responsabilidad de mi trabajo. ¡Qué horribles fueron aquellos días para mí; por poco lo dejo todo!

Lo que pasaba era que yo creía que la literatura teológica y los análisis de los expertos producirían el cambio en mi vida. Para mí, la verdad del cristianismo estaba envuelta en lo racional, en la lógica fría e intelectual. Pero sin darme cuenta me estaba volviendo seco, indiferente, conformista, y me sentía satisfecho porque podía explicar mejor que otros los dogmas o las doctrinas de la iglesia. Sin embargo, en lo profundo de mi corazón, sentía que el vacío se agrandaba. No entendía lo que me pasaba; estaba confundido y desesperado. Tenía conocimiento, pero no disfrutaba de vida ni de energía espiritual.

Ignorando que el cristianismo era todo lo opuesto, es decir, que el cristianismo brega exclusivamente con el corazón humano, me encontraba en un callejón sin salida, buscando lo que yo mismo no entendía ni sabía. Así viví por muchos años, hasta que un día Dios puso en mi camino a un joven cristiano que me prestó un libro devocional, *El Secreto de una Vida Feliz* por Hannah Whitall Smith; no había terminado de leer el segundo capítulo cuando deseé comprarlo para mí.

Luego fui introducido al excelente libro matinal, *En Pos de lo Supremo* por Osward Chambers. Y así sucesivamente llegaron otros, *The Pursuit of God* [La Búsqueda de Dios], por A. W. Tozer, *Living: We've Just Begun* [Vivir: Solamente hemos Comenzado] por Douglas Cooper, *El Camino a Cristo, Palabras de Vida del Gran Maestro*, por Elena G. de White, *Experimente las Profundidades de Cristo* por Jeanne Buyon; y la lista se hizo grande. Así comencé a saciar mi hambre y sed en la vida cristiana. ¡Es increíble como Dios hace las cosas!

De esta manera mi corazón vio las bellezas inmensurables del Evangelio. Descubrí que todo el significado del cristianismo estaba envuelto en la divina encantadora persona de Cristo. ¡Qué glorioso fue encontrarlo! ¡Bendito sea su Santo Nombre! La apatía, el aburrimiento y el conformismo comenzaron a desaparecer en mí sin darme cuenta. Me fue devuelto el gozo, la seguridad de la salvación, el entusiasmo, la convicción alegre... en fin, encontré la vida del cristianismo de la cual hablan los escritores bíblicos. Por supuesto, a veces se me escapan esos sentimientos, pero yo ya sé dónde buscarlos: en Jesucristo. Pero más que sentimientos, lo que busco es a Jesucristo. Él es más grande que los mismos sentimientos.

Quiero decirte que la experiencia cristiana no se basa en los sentimientos, aunque ellos son parte del caminar cristiano, sino que se basa en los hechos auténticos de nuestro Señor Jesucristo. En otras palabras, tenemos evidencias concretas de la realidad de Cristo en su vida, muerte y resurrección. Es en Él, y solamente en Él, donde surge y se concentra el calor y la energía de la fe.

Además de cambiar el enfoque del cristianismo, esta experiencia con Cristo nos lleva a quitar nuestros ojos de nosotros mismos. El cristiano cansado o aburrido, muchas veces está preocupado por sus necesidades o sus problemas. En vez de pensar en otros, vive para sí. Pero descubrir a Cristo cambia las actitudes y valores de la vida, eliminado así las causas que provocan el formalismo religioso, la apatía y el aburrimiento. Encontrarse con Él lanza al creyente a mirar más allá de sí mismo. Le nace el deseo de dar a conocer a otros cuán precioso amigo ha encontrado en Cristo. Y así se cumple en él lo que dijera el sabio Salomón: *"El alma generosa será prosperada; y el que saciare, él también será saciado"* (Proverbios 11:25).

He podido comprobar que la experiencia de dar a otros lo recibido contribuye tremendamente a mantener el fuego ardiendo, porque uno mismo ve y escucha en aquellos que reciben nuestro testimonio el mismo resultado glorioso. Esto confirma en nosotros que nuestra experiencia es auténtica con el Cristo viviente. Nos lleva además a entender que, para encender a otros, uno mismo debe estar encendido en fuego. Así se cumple en nosotros la realidad de que nadie puede dar lo que no tiene.

Aprendemos también que comunicar el Evangelio es muy simple; pero dicha experiencia está llena del poder del Espíritu Santo, provisto por el Señor Jesucristo. Al mismo tiempo, también la Biblia tiene otro sabor; ya no la vemos como un libro para adquirir conceptos o información religiosa, sino para encontrar y ver el tesoro escondido en todas sus páginas: a Jesucristo. Asímismo comenzamos a entender que el cristianismo no es tanto lo que hacemos, sino lo que somos; no lo que hablamos, sino lo que vivimos. No se trata de un cambio exterior, sino interior; no es un cambio de una religión a otra, sino un cambio de nuestra persona a la Persona de Jesucristo.

¡Qué sencillo es el Evangelio! *"Mirad a mí y sed salvos, todos los términos de la tierra..."* (Isaías 45:22). Además, dice el Señor: *"He aquí, yo hago nuevas todas las cosas..."* (Apocalipsis 21:5). De seguro que descubrir a Cristo enciende la luz, trayendo vida, entusiasmo, energía, gozo y salud a otros que se encuentran en el camino durmiendo o quizás casi muertos.

Por supuesto, cada experiencia de despertar en la vida cristiana no es igual en todos, aunque existen ingredientes similares. Dios se propone, a través de Cristo, hacer de ti, no una fotocopia de otro, sino algo original, con tus características peculiares, pero que reflejan la única imagen verdadera, la de Jesucristo. Vuelve a contemplarlo y de seguro te sucederá lo mismo que a otros en los cuales Él se está manifestando en este mismo instante. Ya sabes el camino: es contemplar y conocer a *Jesucristo*. Apresúrate, *no dejes para mañana lo que puedes hacer hoy.*

Capítulo 15

Y TÚ ¿QUÉ VES?

"Mirad a mí, y sed salvos, todos los términos
de la tierra, porque yo soy Dios, y no hay más"
(Isaías 45:22)

El regalo de la vista es uno de los maravillosos atributos de nuestra naturaleza física. La vista nos une con la realidad exterior del mundo físico. Podemos ver los colores, tamaños, formas y diseños de todos los objetos que nos rodean. La práctica de la contemplación enriquece y ennoblece nuestra vida. Por supuesto, a veces los ojos se cierran o la mirada se desvía en otra dirección para no observar algo que resulta desagradable.

Sin embargo, no todos los que tienen la vista poseen el mismo grado de apreciación. Y esto se debe a que son nuestros valores internos los que determinan el grado de apreciación de las cosas que estamos observando. En este caso el corazón ve más que los ojos, pues es el corazón quien determina el valor de las cosas y, en última instancia, viene a ser en verdad el que más observa.

Una amiga mía, no vidente, me dijo una vez algo que jamás podré olvidar: *"El corazón ve mucho más que los ojos"*. Pensándolo bien, he llegado a creer en esa verdad.

1. ¿Qué ves? ¿Lo temporal o lo eterno?

¿Qué es lo que más te agrada ver? ¿La ropa, los carros, las casas, los muebles, las joyas, el dinero, la televisión, tu rostro o la gente? En otras palabras, ¿estás llenando y gastando tu vida observando lo terrenal, mirando aquellas cosas que tarde o temprano dejarán de existir? (Lucas 12:15).

¿Se te hace difícil percibir lo que tus ojos no pueden ver? Me refiero a aquellas cosas que son abstractas, tales como la fe, la gracia, el amor, en otra palabra, contemplar lo eterno: a tu Creador, nuestro Señor Jesucristo (1ª Corintios 13:13). Él también puede ser contemplado al igual que las cosas materiales. Él te dice: "Mirad a mí" (Isaías 45:22). Él no te lo pediría si no fuese posible. Tú puedes contemplarlo si lo deseas. Él te ha dotado de esa maravillosa facultad, y Él quiere que tú la experimentes. Pero, quizás te estés preguntando, ¿cómo puede ser esto posible? Lo cierto es que, aunque no lo veas, no significa que Él no existe. ¡Él vive!, esto es una realidad.

Cristo está siempre presente a tu lado, tratando de darte una vislumbre de su persona. Él anhela que tú lo contemples y que disfrutes de su belleza cautivadora, encantadora y sublime. Él sabe muy bien que tus ojos interiores están cerrados; de hecho, nacieron así; y es precisamente por eso que no lo puedes contemplar. Pero si intentaras abrirlos, aunque sólo fuera por un instante, verías su rostro divino contemplándote, amorosamente.

¿Se te hace difícil creer lo que hasta ahora has leído? Te comprendo muy bien, es muy normal. A mí también me sucedía lo mismo. ¿Y sabes por qué? Porque existen muchos ladrones que nos han robado, arrebatándonos la única realidad de la vida, a Jesús (Juan 10:10).

Nuestros ojos se nos han acostumbrado a vivir fijos en lo temporal, en lo efímero, pues creen desde que nacieron que lo único que existe es lo que está delante de la vista. Pero lo cierto es que la realidad es otra. Detrás de esa cortina invisible, que no nos permite ver, existen cosas reales. Las que se ven son las temporales, más las que no se ven son las eternas (2ª Corintios 4:18). ¿Por qué no podemos verlas? Porque existe un velo que no nos permite mirar al Eterno. Este velo se llama pecado; este es el intruso, el que nos impide ver la realidad de las cosas eternas, el que se interpone entre nosotros y lo invisible (Isaías 59:2).

El pecado vive y reina supremo en nuestros corazones. Claro está que el pecado no es un objeto, sino más bien una forma de vida, o sea, una forma de pensar (Santiago 4:17). El pecado es una actitud interna de prioridades y de valores que preestablece cuáles son las cosas más importantes. Nos hace creer que lo importante es lo que se ve y se palpa con nuestras manos, que es allí donde hay vida. Así pensamos todos. Pero esa es una pura ilusión óptica, un sofisma de distracción engañadora.

En esencia, el pecado se podría definir de la siguiente manera: es un sentimiento de auto-gratificación que involucra nuestros instintos de placer y de todo aquello que nos causa satisfacción. Es sentirse dueños de nosotros mismos, bajo un control totalitario de nuestra vida; como si fuéramos nosotros el centro del universo, mini-dioses, auto-creadores de nuestra propia existencia y de todo lo que nos rodea (Romanos 7:15-20).

La descripción anterior no es conclusa, hay mucho más que se podría decir de lo que es el pecado. Intentaremos resumirlo de la siguiente manera: el pecado es el "yo". Éste es el engañador verdadero. El yo vive consumiéndose tras lo temporal. Es él el que vive afanado por sobrevivir a toda costa, sin importarle en lo más mínimo lo eterno, porque en su interior el "yo" piensa que él es el eterno. Pero, como ya sabemos, ésta no es la realidad pues, de aquí a unos años, nuestro apreciado ego dejará de existir, quiera o no, y todo lo que vio, anheló y consumió, ya no estará más delante de sus ojos; él mismo perecerá. El yo es su propio engañador por excelencia. Cuesta creerlo. Sí, el yo es finalmente su propio destructor (Romanos 6:6).

Ahora bien. ¿Existe un "YO" eterno fuera de nosotros? Sí. Es el "Gran Yo Soy", nuestro Señor Jesucristo (Éxodo 3:14). El que fue, es, y será. El principio y el fin (Apocalipsis 1:8). El que mora en luz inaccesible (1ª Timoteo 6:16). La luz que alumbra a todo hombre que nace en la tierra (Juan 1:9). El que no mora en lo temporal sino en lo eterno. Quien creó el grandioso e incomprensible universo, y quien creó nuestro pequeño "yo" (Isaías 44:21), para que viviera bajo la sombra del Gran Yo Soy. Es a Él a quien nuestro pequeño yo debe contemplar más que todo lo temporal, ya que es en Él donde encontraremos de nuevo nuestro valor de existencia y, por supuesto, nuestra deseada existencia eterna.

Nota lo que sucede: el yo vive engañándose a sí mismo; él cree que la felicidad está en el tocar, ver, tener y consumir lo temporal. Pero la realidad es otra; hay un mundo extraordinariamente más bello que lo temporal, un mundo que nuestros ojos internos pueden ver y disfrutar. ¿Desearías tú verlo y tenerlo? ¿Crees que es un imposible? Claro que no. Este sueño se puede realizar fácilmente. He aquí el secreto: contempla a Jesucristo, solamente a Él (Colosenses 3:1-

3). Cristo tiene la capacidad de transformar tus valores temporales en valores eternos. Por cierto, este milagro lo ha hecho en muchos "yos". ¡Oh, qué alivio es pasar de lo temporal a lo eterno!

¡Qué gozo y felicidad se siente en su encantadora presencia! En un instante Él nos traslada de una vida a otra (2ª Corintios 5:17); de ésta hacia una vida mucho más abundante donde ya lo temporal y pasajero queda relegado a un plano inferior, dejando así de ser nuestro amo, pues es ahora el Eterno quien dirige nuestras vidas. El Gran Yo Soy se convierte en la fuente de vida, el que satisface los mayores anhelos y sueños del corazón. Lo que tus ojos no han visto, ni tu mente ha pensado, son las cosas que el Eterno Jesucristo tiene reservadas para ti (1ª Corintios 2:9).

Quiero recomendarte lo siguiente: mira más allá de lo temporal. Mira más allá de lo imperfecto y efímero, mira a Jesucristo, quien también te está contemplando con ternura y amor. Él es tu verdadero Tesoro, tu Luz, tu Gloria, tu Vida, tu Eternidad. Recuerda: todo lo demás es temporal, incluyéndote a ti mismo. Él es quien te dice: "Contémplame sanando a los ciegos, a los paralíticos, a los leprosos, a los oprimidos, los trabajados y cargados. Contémplame en la cruz muriendo por ti. Contémplame resucitando de la tumba, solucionando el problema de tu muerte. Contémplame viniendo por ti. Contémplame viviendo contigo por la eternidad. Contémplame, Yo Soy el que Soy, tu YO Eterno".

2. ¿Qué ves? ¿La iglesia o a Jesucristo?

Esta pregunta está dirigida a alguien que confiesa una religión o una denominación, o cualquier estructura eclesiástica en particular. Es un hecho irrefutable que existe una inmensa necesidad de que nos hagamos esta pregunta precisamente en esta época cuando es evidente la gran confusión que existe entre nosotros, los que profesamos el cristianismo de hoy. Muchos creyentes viven mirando su colección de doctrinas, sus obras sociales y religiosas, su teología, el mensaje o el movimiento de su iglesia, como si fueran el todo de la religión.

Para muchos la experiencia religiosa ha llegado a convertirse en una experiencia mecánica, llena de programas, métodos, organizaciones y actividades que simplemente ocupan el tiempo, pero que van dejando el alma insatisfecha. Lo superficial de esta experiencia externa espiritual está transformando a muchos en un desierto árido, y sin vida. Ellos, en su empeño de llenar ese vacío, acuden a las grandes concentraciones, a lo excitante y a lo espectacular pensando, quizás, que allí encontrarán aquello que los llene. Pero ésta es una señal más de la incredulidad crónica existente. Lo cierto es que cuando la fe es defectuosa, no importa lo que se haga, el resultado siempre será el mismo: inercia, letargo, insensibilidad y parálisis.

Quizás las descripciones anteriores no describen tu caso. Y si no es así, considérate bienaventurado. Pero lo cierto es que, si somos sinceros con nosotros mismos, ésta es una posición de fe en la cual nos ha tocado vivir a muchos alguna vez. Así como el incrédulo, que nace mirando lo temporal en vez de lo eterno, hay también muchos creyentes que nacen mirando lo que hacen o tienen, en vez de mirar al cristianismo como a una Persona; es decir, a un Dios que siente, piensa, goza, llora, ama y fundamentalmente desea, como cualquier otra persona, compartir su maravillosa vida con nosotros. Su reino está siempre rodeando, abrazando, tocando, hablando a nuestra persona, esperando que lo reconozcamos como un Dios vivo y esencialmente personal.

¿Una Persona? dirás tú. ¿Cómo puede ser esto? Quizás ahora mismo estás dudando de lo que digo... Te comprendo. Yo también pasé por ese mismo dilema, incluso me molestaba si alguien me sugería que el cristianismo no era un mensaje, o las obras, o las actividades de la iglesia. Yo pensaba que eso era todo. En realidad me sentía inquieto e inseguro porque se me estaba derrumbando mi plataforma de fe.

Para mí esos fueron tiempos de grandes luchas y confusión interna. Claro está, así fue como se me enseñó; pero no puedo culpar a aquellas personas sinceras que me dieron mi estructura de fe; eso fue también lo que ellos recibieron. Así son todas las etapas del desarrollo de la fe. Todos, de una manera o de otra, pasamos por esa experiencia. Lo curioso del caso es que pensábamos que esa era la verdadera etapa final. Pero lo cierto es que Dios entiende dichas pruebas y nos deja pasar por ellas para así poder crecer hacia mejores esferas.

Descubrir nuevos mundos internos son sensaciones muy lindas, llenas de gran gozo. Así es nuestro desarrollo desde que nacemos. El gozo del bebé es descubrir nuevas sensaciones físicas y emocionales, hasta que un día descubre que tiene una identidad única, con su propia personalidad, gustos y características peculiares. Así pasamos la vida descubriendo nuevas etapas de vida. Cada una de ellas trae consigo felicidad y también trae sorpresas indeseables, tales como el temor, la inseguridad y la tristeza. Pero, gracias a Dios, nuestra mente no tiene que quedarse allí estancada, Dios la puede sacar hacia otras dimensiones de mayor estabilidad y felicidad para nosotros.

Ahora bien, ¿cómo son las etapas espirituales? Iniciamos nuestra vida, la que nosotros llamamos espiritual, concentrándola totalmente en lo exterior. Lo que vemos y hacemos es muy agradable a nuestro interior, sean estas moralidades, culturas, servicios, sacramentos, orden de iglesia, dogmas o filantropías. En otras palabras, aquella llamada fe, considerada genuina, está centralizada en lo que hacemos y creemos en nuestra razón carnal. Allí es donde nos encuentra Dios por primera vez: mirando nuestras obras, actividades, conocimientos teóricos y la iglesia. En realidad, no hay nada malo en todo eso. Son cosas que tienen su lugar en la vida. La dificultad consiste en que por naturaleza nosotros ponemos toda nuestra confianza en ellas, y llegan a ser, si se puede decir, los ídolos religiosos de nuestro corazón. Ellas llegan hasta el punto de tomar el lugar del Cristo viviente. Pero si miramos la realidad tal como es, ese tipo de cristianismo mantiene nuestro corazón frío, estático y sin vida, debido a que nuestros ojos espirituales no están contemplando a Jesucristo sino a nosotros mismos. La verdad es que todo enfoque en nosotros es engañoso y fatal.

Cuando Jesús vino a esta tierra encontró ese mismo problema dentro de su pueblo. Era una condición difícil de explicar, porque si hubo un pueblo que tenía suficiente luz de la verdad de Dios, era el pueblo hebreo. Las Escrituras, desde el Génesis hasta Malaquías, revelan en forma categórica que Dios es el todo de la religión, no nosotros ni nuestras cosas. Presenta a un Dios personal que anhela tener una amistad íntima con nosotros. Los creyentes tenían que mirar más allá de la mera colección de creencias y de formalismos religiosos. Pero lo triste del caso es que fueron muy pocos los que experimentaron la belleza de la religión del alma, la morada de Dios en el corazón, el crecimiento en la gracia, la transformación y las actividades espirituales sanas (Juan 1:11).

Hoy vivimos en una era privilegiada y maravillosa. Tenemos suficiente evidencia de que Jesús vino y vivió entre nosotros; *"...vimos su gloria, gloria como del unigénito del Padre, lleno de gracia y de verdad"* (Juan 1:14). Quien dio su vida por nosotros, y vive actualmente abarcando nuestra vida. Quiere darnos el gozo de pasar de lo externo a lo interno, donde le agrada morar, para llevarnos a sentir que estamos completos en Él (Colosenses 2:10). Desea eliminar nuestros ídolos religiosos, porque sabe que nos hacen vivir una vida intranquila y de incertidumbre espiritual. Sí, es Él quien en realidad es nuestra justicia, nuestra santificación, nuestra gloria y redención (1ª Corintios 1:30). Todo lo demás, simple y llanamente, no podrá sustituirlo. Ni iglesia, ni posición religiosa, ni obras, ni formalismos podrán reemplazarlo por más buenos que aparenten ser. Lo cierto es que el alma solamente queda satisfecha en los méritos y la gracia de Jesús. ¿Entiendes lo que estoy tratando de decir? ¿Arde en ti la realidad de Jesucristo? ¿Es Él la pasión de tu alma? Si es así, estás viviendo una de las etapas más maravillosas de la vida espiritual: descubrir el Cristo vivo y personal viviendo en tu corazón.

Lo creas o no, esta experiencia no es una mera ilusión psicológica (como algunos desean calificarla); es en verdad un encuentro con un Dios que estaba fuera de nosotros, pero que ahora vive en nosotros. Tampoco es un asunto de nuestra imaginación o de una emoción mística (como algunos la quieren llamar). No, mil veces no. Jesucristo es una persona, una realidad existente, con el cual podemos experimentar los mismos sentimientos que con aquellas personas importantes de nuestra vida. Notemos algunos de ellos: podemos escucharlo, *"Mis ovejas oyen mi voz..."* (Juan 10:27); podemos gustarlo, *"Gustad, y ved que es bueno Jehová..."* (Salmos 34:8); y podemos verlo, *"Bienaventurados los de limpio corazón, porque ellos verán a Dios"* (Mateo 5:8).

¿Quién es el incrédulo que dice que nuestro maravilloso Jesucristo es una idea, un concepto, una reacción química de células cerebrales? ¡Cuán pobre será el alma de tal persona! Si sólo pudiera abrir sus ojos por un instante, ¡qué gozo y bendición sentiría!

Te pregunto: ¿qué ves tú? ¿Iglesias, servicios, doctrinas u obras? Si estás en esa etapa, te tengo buenas nuevas. Jesús conoce muy bien tu condición y está haciendo planes ahora mismo para sacarte de ese vacío espiritual; pero no quiere dejarlo para mañana, la noche está muy avanzada, Él quiere realizarlo ahora mismo. Él conoce la búsqueda de tus realidades espirituales. Él sabe que todos nacimos con nuestros ojos espirituales mal enfocados. Pero Él no quiere verte más así. Quiere darte una nueva visión, una visión que enfoque perfectamente hacia Él, el todo de la fe, la religión y la vida. Allí, con Él y en Él, gozarás de estabilidad, desarrollo y de actividades espirituales nunca antes conocidas.

La hora está muy avanzada. Al mundo y sus habitantes les queda poco tiempo de vida. La promesa de Jesús está al punto de cumplirse: *"...vendré otra vez..."* (Juan 14:3). Si es que queremos ir al Cielo y vivir la eternidad con Cristo, es urgente y necesario que sigamos el consejo del apóstol Pablo: *"...puestos los ojos en Jesús, el autor y consumador de la fe, el cual por el gozo puesto por delante de él sufrió la cruz, menospreciando el oprobio, y se sentó a la diestra del trono de Dios"* (Hebreos 12:2).

Si de verdad miramos a Jesús, recibiremos seis hermosos y sublimes beneficios: [1]

1. **"Puestos los ojos en Jesús".** Mirándolo, aprendemos el deber y la razón de la entrega completa e incondicional de nuestra alma a la voluntad y al servicio a Dios.

2. **"Puestos los ojos en Jesús".** Mirándolo, se nos muestra la culpa del pecado y cuán odioso es a la santidad de Dios.

3. **"Puestos los ojos en Jesús".** Mirándolo, aprendemos a crecer mejor en el amor a Dios, y ser más afectuosos y tiernos con los demás.

4. **"Puestos los ojos en Jesús".** Mirándolo, nos damos cuenta que no merecemos su amor, y nos da vergüenza de nuestro servicio; y disminuye nuestro orgullo y la opinión que teníamos de nosotros mismos. Aprendemos a ser más humildes.

5. **"Puestos los ojos en Jesús".** Mirándolo, nos damos cuenta cuán corto e inseguro es el tiempo, y la vanidad de la vida. Perdemos la ambición y la gratificación de las cosas.

6. **"Puestos los ojos en Jesús".** Mirándolo, aprendemos a seguirlo como el autor y consumidor de nuestra fe; aprendemos a conducirnos según el modelo de nuestro amado Señor. Así podemos ofrecerle una adoración y servicio digno del mundo celestial.

Ahora mismo Jesús te está diciendo: "Contémplame, deséame, yo soy la verdadera religión, tu iglesia, tu fe y creencia. Contémplame y romperé todas las ataduras de confianza exterior. Contémplame y haré por ti lo que nunca habías pensado que sucediera en tu vida".

¿Cuál ha sido tu decisión? ¿Lo contemplarás? Espero que sí. Bienvenido al grupo de contempladores, yo también estoy contigo; caminaremos juntos al lado de Jesucristo hasta el final de nuestros días. Sea siempre este tu deseo y el mío: *"Abre mis ojos a la luz; tu rostro quiero ver, Jesús"*.

Referencia:

1. William Wilberforce, *Real Christianity* [Cristianismo Real], (Portland, Oregon: Multnomah Press, 1982), págs. 131, 132.

Capítulo 16

JESÚS, EL CENTRO DEL MATRIMONIO

"Quisiera, pues, que estuvieseis sin congoja. El soltero tiene cuidado de las cosas del Señor, de cómo agradar al Señor; pero el casado tiene cuidado de las cosas del mundo, de cómo agradar a su mujer. Hay asimismo diferencia entre la casada y la doncella. La doncella tiene cuidado de las cosas del Señor, para ser santa así en cuerpo como en espíritu; pero la casada tiene cuidado de las cosas del mundo, de cómo agradar a su marido"
(1ª Corintios 7:32-34)

De todas las experiencias de nuestra corta vida, una de la que más nos impacta es el matrimonio. Es evidente que el matrimonio produce en nosotros los mejores sentimientos, como también los peores. Por esta razón, el apóstol Pablo introduce una realidad que debe ser muy bien entendida por nosotros los cristianos, para así ayudarnos a mantener nuestra experiencia matrimonial y nuestra experiencia con Cristo, cada una en el lugar que le corresponde.

Según las Sagradas Escrituras, el matrimonio que se vive hoy es una experiencia meramente de este mundo: *"Pero la casada tiene cuidado de las cosas del mundo, de cómo agradar a su marido".* ¡Cuán real es esta verdad! El matrimonio es una relación de dos seres que deciden vivir juntos por intereses puramente humanos, no necesariamente divinos. Claro está, el matrimonio sirve para mantener nuestras pasiones dentro de un círculo sano, de mutua satisfacción sexual y emocional, evitándonos así que *"os tiente Satanás a causa de vuestra incontinencia"* (1ª Corintios 7:5).

Siendo que el matrimonio se ha tornado en una experiencia más de este mundo de pecado, su experiencia saludable y su influencia positiva, tanto para los hijos, la familia y el mundo, debe conducirnos a lo que fuimos llamados a vivir: vivir en intimidad con Jesucristo. Este punto de Jesucristo no debe considerarse de ninguna manera como otra opción más dentro del pensamiento filosófico del campo empírico, es decir, del estudio de las experiencias físicas, intelectuales y emociones que vivimos. No; Jesucristo debe ser el foco constante de la experiencia matrimonial, tanto de la esposa como del esposo. Ellos deben vivir concentrados en Él para poder protegerse de los azotes destructivos del corazón carnal.

Por lo tanto, quiero afirmar que **el quebrantamiento del matrimonio de hoy no se debe a la poca información que recibimos sobre los aspectos fisiológicos, psicológicos, sexológicos y sociológicos antes de casarnos o después de casados. Sino, más bien, que la ola de descomposición matrimonial moderna se debe a un descuido voluntario de no hacer énfasis en el personaje central del matrimonio, Jesucristo.** Conocer íntimamente al Creador más que la criatura debe ser el punto central de la vida matrimonial. El asunto no es entender que si *"Los Hombres son de Marte, y las Mujeres son de Venus"*, (éste es el título de un libro muy conocido). Es mucho más saludable y sabio para nosotros conocer al que creó a "Marte y Venus", nuestra complejidad mental, física y emocional, a nuestro Señor y Redentor Jesucristo.

Si el matrimonio, según Pablo, tiene su connotación "de las cosas del mundo", ¿cómo es que pretendemos atacar los males del matrimonio sin mantener a Jesucristo delante de nuestros ojos y oídos? Nosotros, como profesos cristianos, no somos llamados por Dios solamente para educar la mente de los casados en el campo filosófico de la personalidad, la comunicación, la sexualidad, etc. No; ésta no es la labor principal de la iglesia. Somos llamados a enfatizar las vivencias con Jesucristo; éste es el fundamento de todos los cambios positivos que deseamos que ocurran en nuestro matrimonio. No hacerlo así pone en peligro el matrimonio, a tal extremo que ni psicólogos, ni pastores, ni especialistas matrimoniales podrán corregir, a menos que ellos mismos puedan explicar por experiencia propia la gloria iluminadora y transformadora de las vivencias con Jesucristo. Los libros de este mundo, con todas sus explicaciones científicas, no han podido cambiar la mente humana como lo ha hecho nuestro poderoso Dios, Jesús.

De una vez, dejemos las cosas bien claras: los problemas matrimoniales siempre han sido y serán producto de una personalidad egocéntrica y orgullosa, aun en sus mejores intenciones. Para este tipo de enfermedad, la mejor medicina es la divina, la experiencia sincera y honesta del toque de Jesucristo. Él sabe manejar, con sus propios códigos divinos, nuestra mente, produciendo dentro de la complejidad de la experiencia matrimonial mansedumbre, humildad, tolerancia, abnegación y comprensión. Y, sobre todo, crea una visión clara que sobrepase nuestros deseos carnales, que nos lleva a experimentar los deseos divinos, los cuales son los únicos que pueden garantizar la estabilidad matrimonial y familiar en este siglo extremadamente humanista.

Es un hecho, **Jesucristo siempre ha sido y será la respuesta a nuestras mayores necesidades,** sean estas físicas, emocionales, económicas, sociales, de estima propia, de realización propia, etc. Éste no es un pensamiento filosófico más, sino la única realidad auténtica suprema. Vivamos más en Él y así aprenderemos a vivir menos en, por y para nosotros. Pasemos a considerar el siguiente punto vital.

JESÚS Y NUESTRA PERSONALIDAD
"Porque habéis muerto, y vuestra vida
está escondida con Cristo en Dios"
(Colosenses 3:3)

El matrimonio, correctamente llevado, es la fusión de dos personalidades distintas, que a su vez mantienen su identidad propia. Dicha relación íntima no puede realizarse mediante el esfuerzo humano; por más que tratemos por nosotros mismos, no podremos mantener una relación conyugal saludable y permanente; tarde o temprano se quebrantará.

¿Cómo lograr que dos personas distintas puedan mantenerse sanamente unidas a pesar de las marcadas diferencias? Hoy por hoy, los expertos en la materia viven recomendando un sinnúmero de prácticas y conceptos que podrían ayudar a los casados a vivir unidos, pero los fracasos hablan por sí solos.

Simplemente no puede existir una relación saludable entre dos personas sin relación real con el viviente Jesucristo. La relación con Él es la clave para una relación sana con nuestro cónyuge. Cuando

Él no es la pasión central de la mujer o del hombre, ellos son vulnerables a las técnicas humanas del control y la manipulación. Este mal produce una cadena de incidentes que finalmente destruyen los vínculos conyugales, que originalmente eran producto de las pasiones naturales, el estatus socioeconómico, la cultura, etc. Estos factores, por buenos que aparentan ser, se derrumban fácilmente bajo la presión del egoísmo del corazón humano.

Ninguna persona puede identificarse a un nivel íntimo con su cónyuge sin estar convertido y centralizado en la obra redentora de Jesucristo. Nuestra identidad natural toma su raíz de la cultura, el estatus socioeconómico, la herencia, etc. Pero para el cristiano, la identidad de la mujer y la del hombre están fundidas en la identidad del Dios/hombre, Jesucristo. Es de Él de donde tomamos los valores que identifican nuestra personalidad y definen los propósitos de nuestra vida terrenal.

Bienaventurado es el hombre y la mujer que pueden decir: *"El gusto de Jesús es mi gusto, sus deseos son mis deseos, sus propósitos son mis propósitos, su vida es mi vida"*. Una persona que piense así, tendrá las herramientas para hacer su matrimonio sólido y saludable.

Es a medida que nuestra personalidad se funde con la personalidad de Jesucristo, que podemos cumplir fielmente con nuestro voto matrimonial. Las hostilidades que aparecen en los hogares, pueden ser corregidas cuando los cónyuges aprenden a experimentar el poder de los hechos redentores de Jesús en sus vidas. Estas experiencias de fe, entrega, sumisión, abnegación y humillación a Jesús son los ingredientes que nos ayudan a vivir compenetrados con nuestro cónyuge a un nivel más profundo y significativo.

Es un hecho. Cuando Jesús está en nuestras vidas, nosotros, los casados, crecemos en amor y entendimiento mutuo. También nos ayuda a respetar y honrar la personalidad del otro, evitando así las discordias, los pleitos, la tiranía y un posible divorcio. Además, nuestra vivencia con Jesús es el mejor regalo que podamos ofrecer a nuestros amados hijos. Esto les servirá de salvaguarda a su estado emocional, mental y espiritual.

Es maravilloso saber que Jesucristo es capaz de unirnos con lazos más fuertes que lo que nuestra pasión natural podría hacerlo. Y cuando surjan los problemas, por causa de nuestra naturaleza caída, Él estará allí para perdonarnos y limpiarnos de esos errores, pues para eso vino Él, para deshacer las obras de nuestra personalidad distorsionada por el pecado.

Realmente no hay nada mejor para los casados que experimentar al glorioso Jesús en la vida. Esto es precisamente lo que necesita el matrimonio de hoy, estar escondido en Él. No aceptes otro sustituto, ni de tu instinto natural, ni del más brillante de los hombres.

"Oh Señor, como casados te necesitamos. Anhelamos honrarte en nuestra mi vida matrimonial. Enséñanos a vivir como pareja en ti, concentrados en tu vida y tus obras, para así poder vivir por tu gracia tus propósitos eternos. Amén".

Capítulo 17

LOS MEJORES
MAESTROS DE CRISTO:
LOS POBRES

"Bienaventurados vosotros los pobres, porque
vuestro es el reino de Dios"
(Lucas 6:20)

"Soy pobre". ¿Quién podría sentir orgullo en tal condición? Seguramente nadie. La pobreza trae muchas imágenes socialmente indeseables a nuestra vista y oído. La pobreza es sinónimo de aislamiento social, suciedad, desnutrición, enfermedad, falta de educación, abandono, ropa vieja y remendada, vivienda incómoda, servidumbre, duro trabajo o poco salario, escasez, mendigar, pocos amigos, objeto de abusos e injusticias y de muchas otras cosas negativas.

Realmente la pobreza es una condición indeseable porque degrada la estima propia humana. El pobre se siente rechazado, visto con desprecio y muchas veces con lástima. Económicamente, el pobre siempre se siente como una víctima de los egoístas y oportunistas de la sociedad, y de muchas otras circunstancias que están fuera de su control.

Personalmente puedo hablar de algunas de estas realidades porque tengo raíces en ellas. Hasta donde recuerdo de mi niñez, mi padre era agricultor, un campesino que vivía de lo que la tierra le producía. Siempre lo miraba con su vestimenta vieja, con su machete en la cintura y con olor a tierra y animales. Mi mamá la recuerdo cocinando en un horno de leña, cuidando a mis seis hermanitos, limpiando el patio y el suelo de la casa con una escoba de cana, lavando la ropa a mano, y en muchas ocasiones la vi enferma con asma, a veces creí que se moría.

Mis hermanas, las recuerdo limpiando la casa, buscando agua en el río y yo me pasaba correteando las gallinas, los perros, los gatos, jugando con piedras y con otras cosas que inventaba mi hermano mayor. No recuerdo haberme puesto un par de zapatos ni ropas nuevas, y cuando llegaba la navidad, siempre recibía lo mismo, un lápiz y un cuaderno, y aunque no entendía por qué, siempre dejaba hierbas debajo de mi cama para los camellos de los Reyes Magos. Pero en medio de todo aquello, lo cierto era que me sentía feliz, protegido, seguro y amado en ese ambiente natural sin cemento, sin luz eléctrica, sin radio, sin televisión, sin teléfono y con nuestro único medio de transporte, los pies, el caballo o el burro.

En realidad no siento ninguna vergüenza en mencionar mi pasado pobre; por el contrario, siento gran satisfacción por lo que aprendí (de esto hablaré más adelante), aunque en el fondo no deseo repetir ese pasado, ni tampoco deseo ver a nadie vivir en circunstancias semejantes. Lo que sí desearía es que todos pudieran tener la educación, las comodidades y la familia que Dios, en su bondad, me ha permitido tener hasta hoy.

La pobreza tiene razones por las cuales ha existido y todavía continúa existiendo en esta época moderna; entre ellas creo que hay dos factores básicos:

1. Es una actitud mental

La mente desempeña una función muy importante en el desarrollo y el mantenimiento de la pobreza. A la persona nacida en la pobreza se le desarrollan actitudes de vida que no le permiten mirar más allá de su condición socio/económica. Piensa que éste es su destino o, si es cristiano, a veces piensa que ésta es la voluntad de Dios. Por consiguiente, vive la vida sin hacer ningún esfuerzo para salir de su situación. Aunque podrán existir oportunidades de desarrollo, mentalmente no tiene ninguna motivación, ni interés para aprovechar dichas oportunidades. Simplemente se conforma con seguir viviendo como está, y esta actitud mental tiende a pasar de una generación a la otra.

Una de las causas de esta actitud se debe quizás a que el pobre no ha recibido ninguna educación formal, siendo (esta educación) imposible recibirla porque la persona pobre pasa la mayor parte de su tiempo trabajando o inventando para poder sobrevivir con lo básico. En tal situación, la mente entra en un ciclo estático, porque no entiende ni asimila su potencial mental, producto, en la mayoría de las veces, de la falta de orientación y educación.

2. Un mal creado por la misma sociedad.

Aunque es cierto que en muchos casos la pobreza es un producto de la actitud mental, también hay que reconocer que existen sistemas sociales que promueven la pobreza y la mantienen. Los gobernantes y la clase social alta, muchas veces son los que producen el desequilibrio económico, llevando a los pobres a convertirse en más pobres. Muchas veces los gobiernos burocráticos solamente cuidan los intereses de la clase rica, olvidando la masa pobre del país. Es muy notable que la mayoría de los gobernantes que existen no demuestren interés en crear sistemas de desarrollo educativo, agrícola o industrial para que los pobres puedan tener oportunidades de avance económico.

En todo este dilema, el egoísmo es el factor provocador y creador de este gran mal social. Los humanos sin Dios son y serán egoístas. Su único interés son ellos y su grupo más cercano y predilecto. Y si toman interés en los pobres, no es para ayudarlos a salir de su pobreza, sino más bien para sacarles beneficios personales y así seguir acumulando más riquezas. Éste siempre ha sido el ciclo notable de la triste historia humana. Desafortunadamente, la historia religiosa también revela que aun aquellos que se decían creer en Dios, muchos de ellos vivieron explotando a los pobres y, a veces se atrevían a argumentar que la pobreza era como un castigo de Dios a los pecadores, cuando en realidad eran ellos mismos los culpables de mantener e instigar dicha condición indeseable.

Dios nunca ha estado de acuerdo con la pobreza. La pobreza no es el plan de Dios para los hombres, sino que su plan es un plan de igualdad social y económica. **Él aborrece el abuso a los hombres causado por el mismo hombre.** La iglesia que se hace indiferente a tal condición y no confronta el egoísmo de los hombres con el Evangelio de Cristo está aislada de Dios y es en tal caso un instrumento del mal. Tal iglesia podrá hablar de Dios, pero su voz es desconocida por Él y tarde o temprano recibirá su recompensa de destrucción.

El mensaje de Jesús se propone eliminar los abusos económicos de los hombres. Dios ha levantado a muchos hombres para sacar a sus hijos de la pobreza y de todo tipo de opresión social. El Evangelio de Cristo es una de las fuerzas más que excelente para cambiar las actitudes mentales; provee fuerza moral, espiritual, creatividad y motivaciones sanas de desarrollo de vida. No hay duda, Jesucristo ha traído mucha libertad a los pobres: libertad económica, social, religiosa y sobre todo espiritual a millones que por el contrario estarían viviendo todavía hoy en condiciones muy degradantes.

Dentro de este importante tema, y por supuesto muy complejo y amplio, existe un detalle muy significativo y que es digno de que se mencione. Hablaré de éste porque he notado que se le ha dado poca importancia. Creo que ha sido un descuido grave de los escritores cristianos el no analizarlo detalladamente en la historia hermosa de la fe cristiana. Simplemente, no se le ha dado la debida mención y el crédito correspondiente a los pobres de Dios a través de la historia. Ellos, sin duda alguna, han desempeñado un papel importantísimo en la proclamación de la gracia de Dios a los incrédulos y aun a los mismos creyentes ricos. Hasta me atrevo a decir que quizás hemos ignorado a los pobres porque aun nosotros, los que profesamos el cristianismo, seguimos la acostumbrada e indeseable actitud social de los incrédulos, habituados a mencionar solamente a las personas que son de cierto prestigio social. De todas maneras, lo importante es que Dios sí tiene a los pobres registrados en la historia de su hermosa gracia.

Pasemos ahora al punto que me interesa analizar y poner en alto para la gloria de Jesucristo.

Pregunto: ¿cómo es que Dios ha enseñado a los humanos los valores de humildad, sencillez, abnegación y dependencia? Creo que uno de sus mejores maestros han sido los pobres del mundo. Ellos han sido los excelentes representantes y ejemplos de aquellas características nobles y buenas entre los humanos, y siempre han sido los mejores maestros de las virtudes divinas a través de la historia de la fe entre las clases sociales.

Jesús mencionó que *"... a los pobres siempre los tendréis con vosotros, mas a mí no siempre me tendréis"* (Juan 12:8). ¿Por qué Jesús dice que tendremos los pobres siempre entre nosotros? Básicamente existen dos razones. **La primera razón** es que los pobres, por su ejemplo, ayudan a reducir el egoísmo de los corazones humanos, ayudándolos a desprenderse de sus posesiones materiales, y de esa manera aprenden a compartir con los más desafortunados lo recibido de Dios. Dar es el principio que mantiene la felicidad y gozo en el universo entero. Es la ley que gobierna el bienestar de todas las criaturas creadas por Dios. No existe nada en la naturaleza que no sea para contribuir a la existencia de otro.

Sabemos que, por causa del pecado, el corazón nace egoísta, queriendo todo para sí. Pero Dios se propone por su gracia sacar ese destructivo mal del corazón, y mediante los pobres que viven en el mundo, Él revela la belleza de su carácter. Por supuesto que Dios no establece la pobreza; por el contrario, la detesta, porque la pobreza es una manifestación y un síntoma del pecado egoísta de los hombres.

La segunda razón es que los pobres siempre han sido aquellos que han dado a la sociedad los mejores ejemplos de mansedumbre y humildad. Jesús dijo: *"...aprende de mí, que soy manso y humilde de corazón"* (Mateo 11:29). Jesús es el único ser que se ha declarado humilde y manso. Y con razón; lo demostró con su ejemplo: dejó su gloria, su honor, su posición divina, dejando su trono y haciéndose carne, semejante a nosotros, tomando nuestra pobre humanidad y finalmente muriendo en la horrible cruz. Las Escrituras, hablando sobre Él, dicen:

"Porque ya conocéis la gracia de nuestro Señor Jesucristo, que por amor a vosotros se hizo pobre, siendo rico, para que vosotros con su pobreza fueseis enriquecidos" (2ª Corintios 8:9).

Jesús fue pobre y vivió entre los pobres de la sociedad. Su madre era una pobre campesina y la mayoría de sus amigos íntimos también eran pobres. Jesús no disfrutaba de posesiones materiales, y prácticamente vivía de la generosidad de otros (Lucas 9:58). Por eso era que se identificaba tanto con los pobres. Él decía que el reino de los cielos se iniciaba entre ellos, y que su reino les pertenecía primeramente a ellos (Lucas 6:20). Para Jesús los pobres eran el objeto máximo de su interés y amor, no tanto por la pobreza que tenían, sino primordialmente por el espíritu receptivo al mensaje de la gracia de Dios.

Es cierto que muchos lo buscaban por los panes y los peces, pero había muchos que miraban más allá de las necesidades físicas, deseaban liberación de sus angustias, temores, inseguridad, dudas, complejos, incertidumbres, culpabilidad; y Jesús les traía la repuesta perfecta a esas necesidades del corazón. Mientras que los ricos buscaban sus respuestas en las posesiones, comodidades y amistades en una búsqueda sin fin y frustrante, los pobres por el contrario encontraban en Jesús su única esperanza; ellos, en verdad, no fueron defraudados de ninguna manera por creer en Jesucristo.

La característica del pobre es su necesidad y esto es lo que los hace más disponibles a la gracia de Jesucristo. Pedir es un acto indeseable al corazón humano; éste lucha por sentirse suficiente y bajo control. Pero en el pobre, al no tener ningún recurso, su corazón aprende el arte de la solicitud, la dependencia y la fe. Y estos ejemplos de condescendencia y humillación son hoy comunicados a través de los hijos pobres de Jesús en la tierra. A través de los pobres, Jesús se encarna, revelando por medio de ellos la virtud de la humildad y la mansedumbre a los hombres.

Por supuesto que la humildad no se encuentra en la ropa ni en el lenguaje humano, sino en las actitudes y valores de vida. En este caso los pobres enseñan estas virtudes mucho mejor que los ricos. En mi experiencia, he aprendido a observar más estas virtudes en los pobres que en los encumbrados, educados y ricos de la sociedad. Por supuesto que existen personas ricas y muy educadas que son humildes, pero son muy escasas y difíciles de encontrar.

Los pobres no tienen punto ensalzado de referencia. Ellos reflejan lo que verdaderamente son, mientras que los de las otras clases sociales, los puntos de referencias son su posición económica, su nombre, su profesión, sus comodidades, su barrio, su carro, su ropa y sus amistades. El pobre, por el contrario, no tiene nada de esto, excepto la virtud de su carácter. El carácter es lo que valoriza a dichas personas. La mansedumbre de los pobres es muy notable. Son fáciles de guiar, aconsejar, listos para servir y de darse sin reservas, sin esperar nada de nadie. Muchos de ellos regalan, no de lo que les sobra, sino de lo poco que tienen. Francamente, en mi caminar por la vida, los ricos o los pudientes no me han impresionado con dichas características. Por el contrario, he encontrado en los reconocidos educados y de clase alta mucha arrogancia, soberbia, soberanía y un espíritu de exigencia a sus derechos y posición.

Por supuesto que Cristo no está de acuerdo con la pobreza, pero como Él sabe que los pobres existirán hasta el día de su venida, Él escoge mediante ellos revelar las virtudes de su humildad y mansedumbre. Su reino realmente le pertenece más a los pobres que a los ricos, porque son ellos los que están más disponibles a su gracia y señorío, y de esa manera se convierten en los mejores maestros de las virtudes divinas en la tierra.

Por supuesto que no todos los pobres son humildes y mansos, también entre ellos existe el egoísmo y el orgullo. Lo que estamos diciendo es que a Jesús se le hace mucho más fácil penetrar en sus corazones porque son más sensibles a su toque divino. Pero, por el contrario, con los ricos a Jesús le toca romper muchas barreras antes de poseer finalmente sus necesitados corazones. Las riquezas y el amor a las cosas materiales siempre han sido un obstáculo a la gracia salvadora de Cristo. No hay que ser rico para tener amor al dinero, también el pobre puede sentir la misma ansiedad enfermiza.

Jesús ama por igual a los ricos y a los educados sofisticados de la sociedad, pero su gozo lo experimenta más frecuentemente con los pobres que con los ricos. De seguro habrá muchos más pobres salvados que ricos en el reino de Dios, así lo profetizó Jesús:

"De cierto os digo, que difícilmente entrará un rico en el reino de los cielos. Otra vez os digo, que es más fácil pasar un camello por el ojo de una aguja, que entrar un rico en el reino de Dios" (Mateo 19:23-24).

Con esta declaración Jesús no estaba indicando que no se salvaría ningún rico, ni que las riquezas son malas en sí, sino que el problema de los ricos es que se apegan más a las cosas de este mundo que a la misma persona de Jesucristo. En tal caso, hay también otras clases sociales que están incluidas, porque no hay que ser rico para amar más a este mundo que a Jesús. Todos necesitamos acatar el consejo apropiado del sabio quien dijo:

"No me des pobreza ni riquezas; mantenme del pan necesario; no sea que me sacie, y te niegue, y diga: ¿Quién es Jehová? O que, siendo pobre, hurte, y blasfeme el nombre de mi Dios" (Proverbios 30:8-9).

En forma de conclusión deseo dejar establecidas algunas observaciones pertinentes:

1. Hasta ahora hemos venido analizando cómo nosotros definimos al pobre y al rico según nuestra perspectiva humana social. Básicamente el factor que utilizamos para señalar a una persona pobre y a una persona rica es simplemente sus posesiones materiales. Pero mirando al hombre desde el punto de vista de Dios, no existe tal cosa como ricos ni pobres, porque para Él son todos esencialmente seres humanos compuestos de carne y hueso, y emocionalmente contienen las mismas necesidades ante su presencia.

Para Dios no existe diferencia entre una persona y otra. Todos somos existencialmente sus hijos necesitados de restauración a su imagen sublime y perfecta. Y si para Dios existiera la pobreza, ésta sería en aquel ser humano que lo tiene a Él ausente de su corazón; y si existiera la riqueza, sería en aquel que lo tiene profundamente en su corazón. Dios siempre nos mira únicamente a través de su Amado Hijo Jesús. Nada de lo nuestro y nada de lo que nosotros hagamos tiene valor ante Él, excepto que aceptemos de todo corazón su mayor riqueza: **Jesucristo.**

2. Una advertencia: los cambios de niveles sociales, educativos y económicos afectan directamente nuestros valores y actitudes de vida para el bien o para el mal. Es cierto que la pobreza degrada la vida física; pero de igual manera, el materialismo destruye en el alma los valores divinos, tal como el amor, la compasión, la bondad y la misericordia.

Si te encuentras subiendo de nivel social, o si ya eres de clase media o alta, deseo recordarte algo: son muy pocas las personas que al subir de un nivel social a otro mantienen el mismo espíritu receptivo a las cosas de Dios que tuvieron antes. Por lo tanto, seamos vigilantes de nuestro corazón, porque es mucho mejor ser pobre, manso y sencillo con Jesús que ser adinerado o muy educado y ser de corazón duro e incrédulo a Él.

Pero, si mantenemos nuestros ojos fijos en nuestro Señor Jesucristo, el dador de todo lo que tenemos y somos, esto nos ayudará a no caer en la tentación de la prepotencia y la soberbia, cosas que Él detesta y no podrán entrar en su reino eterno.

Bienaventurados son aquellos que no se dejan lavar el cerebro por la sociedad sofisticada, opulenta, vanidosa y materialista.

3. Todos nosotros, los cristianos, debemos acercarnos a los pobres. **De hecho, si somos verdaderos discípulos de Cristo, mantendremos entre nuestros íntimos amigos a los pobres.** Si no lo hacemos, estaremos perdiendo ser grandemente bendecidos mediante esas vidas que reflejan mansedumbre y humildad. Además, mediante nuestra cercanía a ellos, aprenderemos las virtudes de ser compasivos, tiernos, amigables, perseverantes y generosos. Aprenderemos a mirar más allá de las ropas, las condiciones físicas o el estilo de vida; aprenderemos a mirar los corazones humildes y tiernos de aquellas hermosas criaturas de Dios.

Cada verdadero discípulo de Cristo debe tener entre su grupo de amistades a aquellos que son pobres, porque mediante esa amistad sincera aprenderá a ser un mejor amigo de Dios.[1] Con razón Jesús nos recomienda:

"Cuando hagas comida o cena, no llames a tus amigos, ni a tus hermanos, ni a tus parientes, ni a vecinos ricos; no sea que ellos a su vez te vuelvan a convidar, y seas recompensado. Mas cuando hagas banquete, llama a los pobres, los mancos, los cojos y los ciegos; y serás bienaventurado; porque ellos no te pueden recompensar, pero te será recompensado en la resurrección de los justos" (Lucas 14:12-14).

Por supuesto, toda verdadera amistad cristiana debe tener los siguientes importantes ingredientes para que sea de gran bendición mutua y eterna:

1. Integridad mutua.
2. Respeto mutuo.
3. Afecto visible mutuo.
4. Comunicación saludable mutua.

Este empeño de Jesús de que hagamos tal obra no es para que de esa forma nos ganemos el Cielo, sino más bien mediante ella enseñarnos las características de su propia persona. Es posible que mediante nuestro roce con estas personas, también nos encontremos más cercanos al verdadero Jesucristo, y junto a Él y con aquellos parecidos a Él, aprendamos los principios más hermosos del Cielo, que son la sencillez, la humildad, la mansedumbre y el servicio abnegado, y sobre todo: *tener confianza y una relación íntima con el Creador del universo, nuestro Señor Jesucristo.*

Recordemos: el que es amigo de los pobres también tiene a Dios como amigo.

Nota:

1. Véase las siguientes citas bíblicas sobre este importante tema:
Job 34:19,28; Salmos 14:6; 35:10; 68:10; 72:12-14; 140:12; 146:7; Isaías 11:4; 25:4; Proverbios 29:7; Mateo 11:5; Marcos 12:43; Lucas 19:8; 1ª Corintios 13:3; 2ª Corintios 8:1-5; Santiago 2:2-6.

Capítulo 18

QUIERO DESCANSAR

*"El sábado fue hecho por causa del hombre, y no el
hombre por causa del sábado"*
(Marcos 2:27)

odo en la naturaleza ha sido creado para mantener un ciclo de
actividad y otro de reposo. Así también ocurre en el proceso
de la vida humana. Ni el cuerpo ni la mente fueron creados
para mantenerse continuamente trabajando; ambos necesitan de un
período de descanso.

El descanso perdido y sus consecuencias.

En el principio, mientras el hombre se encontraba en su estado
perfecto, vivía su vida en armonía con el ciclo de la vida. Como no
tenía ningún problema con el Creador, su vida era feliz, tranquila,
reposada y equilibrada; no existía ninguna sombra de desasosiego,
frustración o depresión; absolutamente nada le turbaba ni física ni
psicológicamente. Pero, llega un intruso, el pecado, con sus consecuencias horribles. Al pecar, el hombre pierde todo, porque pierde a
Dios. El ciclo de vida, anteriormente normal, ahora está fuera de
control. La mente humana entra en un ciclo antes desconocido, y
anormal, porque desaparece el ingrediente vital del descanso mental,
su Dios; así se crea una situación de emergencia, porque el hombre
se siente como si estuviera en medio de la oscuridad de la noche
azotado por un destructor huracán, siendo tirado de aquí para allá y
sin hallar refugio en medio de la tormenta.

En esta horrible situación, el hombre reconoce que ha perdido
algo, pero el daño es tan horrible que pierde la noción de lo que es.
En su empeño de arreglar el daño, comienza a hacer cosas que, en
lugar de ayudar, empeoran en gran manera su ya precaria situación.

Se inventa obras, observa leyes y lo peor de todo, lo más absurdo: trata de sustituir el verdadero descanso de Dios por otro; pero este cambio, tristemente lo conduce a alejarse más y más de la realidad del descanso genuino. Verdaderamente la condición es triste, porque el hombre, al perder la imagen de Dios, se encuentra totalmente perdido en todas sus intenciones de corregir la crisis. Lo único que puede ayudarlo es un rescate milagroso.

El plan de Dios para restaurar el descanso.

Dios ve la horrible desgracia de sus criaturas, pero no cruza sus brazos en abandono. Por el contrario, acude con todo su equipo de rescate, usando toda su sabiduría amorosa para restablecer la relación que el hombre mismo había causado.

Lo primero que hace Dios para demostrarle al hombre que existe una solución segura al dañino sentimiento de la culpabilidad creada por su desobediencia, es la llegada de su propia Persona. El hombre, al ver a Dios acercarse, piensa que viene para castigarlo y quizás para destruirlo, y se esconde. Pero como ya sabemos, no fue así. Dios se acerca para curar, restablecer y proteger el hermoso ciclo ahora destruido; en otras palabras, viene para recuperar la relación que se había perdido con sus amadas criaturas (Génesis 3:8-11).

Dios se presenta con el propósito exclusivo de restablecer el ciclo de reposo que antes había existido en la mente del hombre. ¿Dónde encuentra Dios el punto de referencia al reposo necesario? Lo encuentra en su propio reposo. Él es el único que conoce y tiene un reposo, porque fue Él quien creó el reposo para sí y para sus criaturas. Esto se revela muy claramente en la Biblia cuando dice:

"Y acabó Dios en el día séptimo la obra que hizo; y reposó en el día séptimo de toda la obra que hizo" (Génesis 2:2).

Y ¿por qué reposa Dios? Simplemente porque Él es un Dios de ciclos, pues en todas sus funciones Él guarda un reposo. Él vive entre actividad y reposo, y en esa misma forma también nos creó a nosotros. El reposo, para Dios, es un tiempo dedicado a darse a conocer a sus criaturas, o sea, un tiempo de relación.

La encarnación: la acción de Dios para restaurar el descanso.
En el libro de Génesis, notamos que el séptimo día tiene su origen en Dios. Fue creado para enseñarnos el reposo físico y mental, que ahora el pecado distorsionó. ¿Cómo lo restablece Dios? A través de sí mismo. Tiene que tomar un camino extraño, antes desconocido inclusive por Él, y con bastante riesgo. Es el camino de la encarnación: vivir entre nosotros en carne y sangre. Vivir en el mismo fango de la desgracia humana, y a la vez mantenerse limpio en medio de la suciedad. Entre tantas cosas que se podían hacer, ¿por qué eligió ésta?

En verdad la encarnación es un hecho que encierra misterios incomprensibles para nuestra pobre mente humana. ¿Dios encarnado? Mi mente se queda extasiada y mi corazón enternecido. En realidad me quedo mudo ante tan increíble magnanimidad. Pienso que la máxima manifestación de la grandeza de Dios se expresa en que, teniendo a su disposición todo el poder para destruir en un instante al hombre y al planeta tierra por su rebeldía, escoge, por el contrario, seguir amándolo y rescatarlo. Es ahí donde estriba su grandeza: Su increíble poder es controlado por su gran amor. Y ¡qué amor! ¡Oh, qué maravilloso Dios tenemos!

Llega Jesús a la tierra. Sí, es Jesús, la extraordinaria persona de la divinidad, quien toma la iniciativa de vivir como hombre, para así demostrarnos que Dios realmente anhela restablecer el ciclo de reposo y de relación que existía antes del pecado.

Al contemplar a Jesús encarnado, lo primero que notamos es que en su vida no existían desasosiegos, frustraciones, ni depresiones; Él disfrutaba de perfecta paz y reposo con su Padre celestial mientras caminaba en esta tierra. Él vivió en carne propia nuestra vida antes de la introducción del pecado, porque reposaba confiado en la voluntad de su Padre. Por supuesto, su vida era muy activa; en realidad nadie ha trabajado como Jesús trabajó. Era incansable en demostrar con acción inequívoca que el Padre amaba a cada individuo. En su presencia llevaba liberación a los enfermos y especialmente a los enfermos mentales, quienes estaban agobiados por el horrible sentimiento de culpabilidad que el pecado produce. ¡Esto era maravilloso! Las personas que miraban y aceptaban a Jesús experimentaban el descanso de las opresiones físicas y mentales. Sentían el gustoso aperitivo que Adán y Eva experimentaron antes del pecado: reposo, tranquilidad, una vislumbre del estado perfecto.

La tumba: el descanso de Jesús.

Pero llega para Jesús el momento determinado para tomar sobre sí toda la desgracia humana, y de darle una vez y para siempre el golpe al mal. Va al Calvario, llevando sobre sí mismo todo aquello que había robado al ser humano el ciclo normal de la vida perfecta: el pecado. En su cuerpo lleva marcados los flagelos de nuestras actitudes rebeldes, como si fuera una esponja absorbiendo todas nuestras aguas sucias y contaminadas. ¡Oh, mirando a la cruz no existe duda del amor eterno de Dios! ¿Quién ha dado más para demostrar que nos ama y nos ama de verdad? Aquí en la tierra, anteriormente nadie; pero ahora, con Jesús levantado en la cruz, el Padre da todo lo que tiene: da a su único Hijo, el maravilloso Jesús.

Aun así, la cruz no es todo, falta algo más... la sepultura. ¿Por qué hay que enterrar al muerto Jesús? ¿Acaso no podía Jesús, siendo Dios, resucitar al minuto después de morir? Claro que sí, y ¿por qué no lo hizo entonces? Ahí se pone de manifiesto otra de las maravillas de la vida de Cristo. Habiendo resucitado a otros, ahora se deja enterrar. ¿Por qué? Recordemos lo que pasó en el principio de la creación: Dios reposa de todas las obras que había hecho. Para Él, su ciclo es de suprema importancia. Después de la actividad siempre viene el reposo, el descanso. ¿No había de cumplirlo ahora, después de tanta actividad y trabajo para salvar al hombre caído por la desgracia del pecado? Claro que sí. Esta es la razón por la cual Jesús se deja sepultar: descansar de su obra de rescate, de la obra de la redención. ¡Qué maravilloso es ver a Jesús descansando en la tumba durante todo el día sábado, el séptimo día!

El sábado es la restauración del ciclo de descanso.

Ahora entendemos por qué y para qué existe el sábado. Es la culminación de un ciclo de trabajo, pero no del trabajo nuestro, sino el trabajo de Jesús por nosotros. Recordemos que Jesús dijo: *"El sábado fue hecho por causa del hombre, y no el hombre por causa del sábado"* (Marcos 2:27). ¿Qué quiso Jesús decir con esto? Creo que Jesús nos está llevando al origen de la creación. Cuando Dios creó al hombre, sabía que éste necesitaba conocer a su Creador. Con ese fin dedica 24 horas, el séptimo día, para identificarse con su creación que, saliendo de sus propias manos, necesitaba conocer a fondo el carácter de su Creador. De igual manera, después que Dios hubo concluido su obra de salvar al hombre por medio de la muerte en la cruz, necesitaba descansar, ilustrando de esta manera el retorno del ciclo de reposo quebrantado al principio por el hombre.

El sábado demuestra que el hombre necesita conocer y mantener una relación con el verdadero Dios, especialmente cuando está perdido, necesitado de salvación. El ser humano es el causante del problema, mientras que el día sábado ilustra la solución de Dios: donde el hombre falló, Jesús, en carne y sangre, triunfó. Y la evidencia de su triunfo es que descansó en la tumba todo el sábado. ¡Alabado sea su Santo Nombre!

Por qué Jesús no resucitó durante el sábado.

Empleamos el tiempo en lo que nos interesa y lo que es de importancia para nosotros. El sábado tiene importancia muy especial para Jesús: Él dedica el tiempo del día sábado para descansar en la tumba de su grandiosa y excelsa obra; deja de utilizar su poder de resucitar y, en lugar de eso, reposa. Sin duda alguna necesitó mucho control propio para no utilizar su poder, y esto nos sorprende.

¿Se imaginan lo que hubiera pasado si Jesús hubiera resucitado el viernes al atardecer? Desde nuestra perspectiva, ésta hubiera sido la mejor oportunidad para exhibir su poder. Sin duda alguna, Jesús hubiera conseguido muchos adeptos. Quizás se hubieran convertido Pilato, Anás, Caifás, los escribas y fariseos, los soldados y muchos habitantes de Jerusalén. También hubieran creído sus discípulos esparcidos, atemorizados, chasqueados y llenos de duda. Hasta los ángeles de Dios estarían a la expectativa de lo que Dios iba a hacer después. Pero Jesús no resucita, se contiene, porque ha llegado el día de reposar. Él dejará su poder divino para manifestarlo después; Él considera el sábado demasiado especial para interrumpirlo con otra cosa. El trabajo ha terminado; la raza humana ha sido salvada, y ha llegado el momento para que Jesús descanse de su labor salvadora. Ahora le corresponde al universo contemplar en silencio, durante el sábado, la obra más extraordinaria jamás vista: Jesús y su redención en el Calvario.

El sábado nos recuerda el origen de nuestro descanso en Cristo.

¡Qué genial es nuestro Dios! Mediante el sábado, Él sigue enseñándonos continuamente en ciclos semanales, su interés y su amor para con nosotros. Su día sábado mantiene fresca en nuestra memoria la realidad de su Hijo Jesucristo: su vida, su muerte, y particularmente su descanso en la tumba para conseguir nuestra redención. Al entrar al reposo del sábado, cortamos con el círculo vicioso del pecado y nuestras falsas obras de descanso.

Gracias a Jesús ahora podemos descansar de la culpabilidad, de la angustia y la frustración que produce vivir separado de Dios, porque Él ha restablecido el eslabón perdido del ciclo de la vida: el descanso. Él es ahora nuestro reposo espiritual; ya no tenemos que afanarnos para llegar a tener una relación con Dios. En Cristo tenemos todo lo que necesitamos para vivir en paz y en armonía con Dios, tal como era en el principio. ¡Qué hermosa realidad envuelve al sábado!

Dios, con su infinita sabiduría, nos dio el sábado desde el principio. Él sabía que nosotros, al pecar, olvidaríamos la imagen de su hermoso rostro; pero mediante el sábado, Él nos ayuda a no olvidarlo. El sábado es el recuerdo continuo de la amistad íntima con Él semana tras semana; es un recordatorio de su amor inefable por nosotros. ¿Cómo es que algunos cristianos no ven esta realidad durante el sábado, y hasta tratan de reemplazar el sábado con otro día? ¿Por qué no reconocen que el sábado existe para nuestro beneficio? ¿Será que el enemigo de nuestras almas no desea que veamos la belleza que envuelve al día sábado?

¡Qué bendición tenemos al descansar en la obra de Jesús todo el sábado, para así comenzar a aprender a vivir con Él toda la semana y, al venir el sábado nuevamente, celebrarlo con regocijo, porque recordamos en forma más nítida a Jesús reposando en la tumba de todas las obras que hizo por nosotros! Si viviéramos este ciclo establecido por Dios, ¡cuán diferente sería nuestro cristianismo! Sin duda alguna asimilaríamos mejor lo que dijera el apóstol Pablo en relación al sábado:

"Por tanto, queda un reposo para el pueblo de Dios. Porque el que ha entrado en su reposo, también ha reposado de sus obras, como Dios de las suyas" (Hebreos 4:9-10).

Entremos en su reposo.

Jesús toma muy en serio el sábado; Él nunca se apresura con lo que concierne a su plan, simplemente no podía dejar de incluir el sábado en su obra de salvación, ya que el sábado y Él son inseparables. Durante su vida en la tierra, observó el séptimo día. Lo guardó mientras adoraba en la sinagoga (Lucas 4:16), mientras servía a los necesitados (Marcos 3:3,4), y también cuando descansó en la tumba durante el sábado. ¿No es acaso el descanso de Jesús más que suficiente para mostrarnos que el séptimo día es sumamente importante para Dios, y que por consiguiente también debería ser muy importante para nosotros?

Personalmente, después de contemplar a Jesús en la tumba todo el sábado, me siento completamente convencido de que el sábado, el séptimo día, es el día especial de Dios y de Jesús, el que trae al creyente grandes beneficios espirituales en su vida cristiana.

"Oh Señor, no tengo palabras para agradecerte por darme el día sábado. Este día es verdaderamente una foto de Jesús. Perdóname porque antes no lo veía así. Es cierto, el trabajo de mis pecados me cansa y me agobia, pero anhelo experimentar tu reposo. Llévame cada sábado a contemplar a Jesús en la tumba, para allí aprender a vivir reposado en Él. Ayúdame para entrar en el sábado semana tras semana, para así vivir disfrutando el anticipo de tu descanso eterno. Amén".

Capítulo 19

LOS LÍMITES DE LA RAZÓN

"Dame, hijo mío, tu corazón..."
(Proverbios 23:26)

Reflexionando sobre mi vida pasada, debo confesar que mi camino de fe fue muy confuso al principio. Yo pensaba que mi intelecto y mi razón eran los factores que necesitaba educar para llegar a Dios. Con este fin, me lancé al estudio teológico académico, tratando de entender bien mis doctrinas y así poder llegar a conocer y amar a Dios. Pero, sin saberlo, me encontraba muy lejos de la verdadera realidad espiritual. Poco a poco el Espíritu me ha enseñado que todo lo de Dios comienza en el corazón, no en la razón. La razón y el intelecto son buenos para muchas cosas, pero son muy pobres para crear una relación con Dios y reflejar su carácter.

LOS LÍMITES DEL INTELECTO Y LA RAZÓN

A Dios no se le encuentra primero en nuestro intelecto y razón. Él se encuentra profundamente arraigado en nuestra alma, es decir, en nuestros sentimientos, deseos, afectos y voluntad. Es allí donde se encuentra su poderosa presencia, alrededor de nuestro ser. Si lo buscamos en otro lugar, nos frustraremos en el intento de conocerlo. Dios siempre ha insistido: *"Dame, hijo mío, tu corazón"* (Proverbios 23:26), indicando que Él existe cerca del corazón, es decir, cerca de nuestros afectos y voluntad.

Todo lo de Dios nace primero en el corazón, y no en la razón. El corazón tiene que sentir antes de que el intelecto pueda entender. Los ojos espirituales tienen que ver antes de que la mente pueda analizar. La voluntad tiene que ser impactada por Dios antes que pueda consentir y actuar. (Véase Isaías 6:1-8).

APASIONADO POR CRISTO

Los afectos del corazón los creó Jesucristo, pero el pecado los llevó a amar otras cosas en lugar del Creador. La criatura ahora se encuentra enamorada de sí misma en vez de Aquel quien la trajo a la existencia. Ahora a Dios le corresponde cambiar esa tendencia peligrosa del alma. Es una obra compleja porque Él no puede usar la fuerza, la manipulación, ni su autoridad para conquistar el alma. Es con su amor incondicional que nos conquista. Y a nosotros nos corresponde darle permiso para entrar dentro de nuestro corazón y vivir allí (Apocalipsis 3:20).

Jesucristo vive tratando de salvarnos de nosotros mismos: *"Porque el Hijo del Hombre vino a buscar y a salvar lo que se había perdido"* (Lucas 19:10). Salvado significa que llegamos a amarle más a Él que a nosotros mismos. Salvación, entendida correctamente, no es darle vida al cuerpo mortal, sino que significa restaurar el corazón a su estado original, que es: amar a Jesucristo por encima de todas las cosas, y ahí comienza la vida eterna, la unión permanente con el Creador.

Antes de continuar, deseo hacer una aclaración acerca de la educación y la experiencia espiritual. Creo en la educación académica y la promuevo en mi trabajo pastoral como algo muy útil e importante para la vida, por cuatro razones básicas:

Primero, la educación nos ayuda a salir de la pobreza. El educado tiene más posibilidades de disfrutar de una mejor situación económica, y comprar sus sueños materiales, tales como casa, muebles, carro, ropa, etc.

Segundo, la educación nos libera de la opresión de los pensamientos de otros; desarrolla nuestro intelecto y nos ayuda a pensar por nosotros mismos, evitando ser meros reflectores de las ideas de otros. Es una bendición pensar por uno mismo y la educación puede crear esa posibilidad.

Tercero, la educación nos prepara para servir mejor a la humanidad. Los médicos, enfermeras, psicólogos, pastores y otros, tenemos una buena oportunidad de traer alivio y sanidad a los que sufren por enfermedades físicas, emocionales y espirituales.

Cuarto, la educación nos permite tener una mejor reputación pública. El educado es más respetado y admirado en la sociedad que los no educados; y tienen más influencia al hablar y al escribir, que usada para Dios sería muy útil. **Pero, esto es lo único que provee la educación, todas estas cuatro cosas.**

La educación académica es necesaria para este mundo, y podría ser muy útil para el reino de Dios si se usa para ese fin. En preparación para el servicio a Dios, Él depende más de la **sensibilidad del corazón** a su Espíritu que la preparación académica. Así lo revela la Palabra cuando dice:

"Pues mirad, hermanos, vuestra vocación, que no sois muchos sabios según la carne, ni muchos poderosos, ni muchos nobles; sino que lo necio del mundo escogió Dios, para avergonzar a los sabios; y lo débil del mundo escogió Dios, para avergonzar a lo fuerte; y lo vil del mundo y lo menospreciado escogió Dios, y lo que no es, para deshacer lo que es, a fin de que nadie se jacte en su presencia" (1ª Corintios 1:26-29).

Aclaremos un poco más. Por supuesto que a Dios le agrada que desarrollemos el intelecto (Véase Elena White, *Testimonios para Ministros*, pág. 194-197). Agradecemos a Dios por cada oportunidad que nos ofrece para desarrollar el intelecto; esto nos capacita para dar un mayor y mejor servicio a Dios y al prójimo. **La ignorancia no es saludable para el cristiano. Hay que estudiar, leer y leer. Los libros son buenos para informar, pero sólo la Biblia y Cristo pueden transformar al hombre a la imagen de Dios.** El mayor desafío del intelectual educado es mantenerse siempre conectado y concentrado en la obra redentora de Cristo, porque allí, en el Calvario, se encuentra la mayor sabiduría que un mortal pueda similar, y es la mejor protección contra la tentación a la exaltación propia.

Y hablando de teología (el estudio de Dios) sería bueno aclarar lo siguiente: la teología como filosofía es una educación profesional, requiere colegio, universidad, estudios, análisis y lectura de otros teólogos y la graduación. Pero la teología también se forma aparte de eso. La teología es un modo de vida, es de vivencia. Hacemos teología mientras vivimos, meditamos, observamos, reflexionamos, servimos y nos conectamos con la gente, y ponemos a Dios y Jesucristo en todas estas.

La auténtica teología no está determinada sólo a salones de clase, libros, profesores, ni religiones, sino que se desarrolla en el corazón de hombres y mujeres, que misteriosamente tienen hambre y sed del Dios vivo, de Jesucristo. La teología es más devocional (de vivencia) que académica. La experiencia con Dios es el fundamento de la verdadera teología; sin una experiencia con Jesucristo, la teología es pura especulación, opiniones y posiciones doctrinales, sin sustancia y sin poder. ¿Cómo podemos hablar de Dios si en verdad no lo conocemos por experiencia? Y la raíz de la verdadera teología es y siempre será: **Cristo y éste crucificado.**

Ahora sigamos analizando un poquito más el problema de la razón y el intelecto y cómo limita la unión con Dios. El énfasis de educar primero la mente para conocer a Dios distorsiona la verdadera fe. Esto conduce a la frialdad, a la confusión y a la incredulidad, e incluso puede producir soberbia espiritual. Usar el intelecto para conocer a Dios tiene su origen en el *instinto natural del hombre*, no en el hombre espiritual creado por el Espíritu Santo.

Con lo dicho hasta ahora, no queremos dar la idea de que rechazamos el intelecto y la razón, estos son regalos de Dios. El intelecto sirve para entender y la razón sirve para juzgar, y son necesarios en el desarrollo de la experiencia religiosa. Mediante ellos podemos escoger nuestra religión, establecer nuestras posiciones doctrinales y defender nuestras tradiciones religiosas. Todo esto es bueno e importante para la identidad religiosa, pero tienen sus limitaciones en cuanto a la fe genuina, porque las cosas de Dios necesitan ser primero aceptadas por fe antes de ser entendidas o razonadas por la mente, y la fe es un regalo que proviene exclusivamente de Dios. (Véase Romanos 10:17, Efesios 2:8).

Un enemigo de la fe podría ser el intelecto, porque busca primero entender antes de confiar. Muchos cristianos prefieren un "cristianismo científico" de mucho estudio, de mucho entendimiento bíblico, para obtener vida espiritual verdadera. Esa forma de pensar no funciona bien, y la historia es testigo de esto. Jesucristo no es una filosofía, o una doctrina, o un gran mensaje, o un gran movimiento, sino una gran Persona, un Dios personal con el cual podemos desarrollar una experiencia real de amor.

El cristianismo intelectual carece de la energía vital del Evangelio, y por eso no se ven mejores matrimonios, mejores familias o cristianos piadosos, compasivos, íntegros, fieles y dedicados a la misión de Cristo. ¿Qué es lo que necesitamos para cambiar esta realidad? ¿Serán más libros o mejores universidades o más intelectuales especializados? No lo creo. **El problema del corazón no lo cambia el intelecto educado, sino un encuentro real con el Cristo resucitado, y eso sucede en la privacidad profunda del alma, sin** ayuda exterior; es obra exclusiva del **Espíritu de Cristo** (2ª Corintios 3:18, Juan 14:23).

El mucho "saber de Dios" no necesariamente hace al instruido conocedor de Dios, como tampoco lo transforma en humilde, bondadoso, sencillo, tierno, compasivo y apasionado de Dios. Debemos decir, y con lamentación, que existen muchos "intelectuales" que desconocen a Dios, mientras que muchos sin educación formal lo revelan más. Por supuesto, si el teólogo educado tiene una vivencia real con Cristo y se manifiestan en él las virtudes de Cristo, su vida puede ser más útil en las manos de Dios que la de aquel sin educación académica, por el simple hecho de que puede hablar y escribir lo que vive con Él con más facilidad, claridad y precisión.

Confieso (y ésta ha sido mi experiencia personal) que he aprendido más acerca de Dios observando cristianos sencillos y humildes, que por los altamente educados. **El carácter no lo cambia ninguna educación escolástica; el carácter lo cambia únicamente el poder de Jesucristo, a medida que lo contemplamos y le permitimos poseer nuestro corazón y transformar nuestra mente.** El amor divino no es una concepción filosófica intelectual; puede ser visible y tangible en cualquier persona sensible a Él. Amar no requiere nada de nosotros, ni educación, ni intelecto o razón, excepto tener a Dios y a Jesucristo su Hijo en el corazón. *"El que no ama no ha conocido a Dios, porque Dios es amor"* (1ª Juan 4:8). **Hay más evidencia de Dios en un acto de servicio, de bondad, de cariño y aceptación que en el más alto concepto hablado.**

Una amiga y ferviente cristiana me dijo así: **"Recuerda, el amor es <u>verbo</u>, no es sustantivo".** [1]

El cristianismo actual ha perdido su influencia divina porque muchos cristianos de hoy prefieren estudiar y entender a Dios en vez de vivirlo y manifestarlo a los demás. La discriminación, uno de los pecados capitales de la humanidad, es también un grave problema dentro de la iglesia cristiana. El prejuicio racial, religioso, cultural, de niveles sociales, de género (mujer y hombre) no se ha podido reducir en la iglesia, aun con todos los avances del saber de la teología.

Es una fantasía humana tratar de conocer a Dios solamente mediante el intelecto; también necesitamos el corazón. Así también lo declaró el el cristiano francés Blaise Pascal (matemático, físico y filósofo, 1623–1662): **"A la verdad [Jesucristo] se llega no sólo**

por la razón, sino también por el corazón." Y la evidencia mayor de que le conocemos es que podemos amarlo, y se manifiesta a través de nosotros (1ª Juan 4:8). ¡Cuánto necesitamos a Jesucristo profundamente arraigado en nuestro corazón! (y no sólo en el intelecto). Entonces los frutos de su amor, perdón, compasión, misericordia y justicia se verán en nosotros (Gálatas 5:22).

Aclaremos un poco más: Dios es un ser, una persona real, que puede ser amado, no sólo analizado o estudiado como otra ciencia. Dios no está en un libro, sino está muy cerca de ti y de mí. Y a Él le agrada más que le amemos antes de comprenderlo con la razón y el intelecto. Por cierto, la belleza de una flor nos provoca admiración y apreciación sin nosotros saber nada de su contenido biológico o químico. De la misma forma, la belleza de Jesucristo puede ser apreciada antes de ser analizada y entendida. Y la fe es el regalo de Dios que nos permite acercarnos a Él con amor, admiración, adoración y gratitud (Hebreos 11:6).

Las cosas de Dios son más entendidas por revelación que por el esfuerzo del intelecto y la razón humana. Precisamente la Biblia es el testimonio de Dios impactando personas sin necesidad de libros, colegios o instituciones. Él existía antes de la creación de todas estas cosas. Él simplemente se revela al alma en la meditación, en la quietud y en la búsqueda. Creo que conocemos más a Dios meditando y reflexionando en Él, que leyendo libros o estudiando conceptos o escuchando a los hombres. Un amigo cristiano devoto lo expresó correctamente así:

"Lo leído o estudiado no transmite tanta luz como lo meditado. Lo meditado permite que el alma entre en comunión con el Espíritu Santo para captar, recibir y entender el sentir de la Palabra. La meditación es una relación del alma con Dios, y la lectura es algo meramente intelectual". [2]

Dios puede revelarse al analfabeto como al educado, al ciego como al que tiene vista, al sordo como al que tiene oído. Él no depende de nada del hombre para hacer su manifestación; Él lo puede hacer con cualquier persona, no importa su nivel educativo, sus circunstancias, o su edad.

Un escritor cristiano, lo aclara excelentemente:

"La fe cristiana puede ser conocida en toda su profundidad, gloria y totalidad sin escolasticismo, intelectualismo, educación avanzada, o siendo altamente dotado. Tener un elevado CI (coeciente intelectual) no tiene nada que ver con cuánto podemos conocer al Señor. Aún poder leer no es un criterio para una vida cristiana profunda".[3]

Para Dios es a veces más difícil manifestarse a un adulto racional que a un niño, porque los niños contienen un corazón más tierno y sensible al amor. Jesús declaró: *"De cierto os digo que si no os volvéis y os hacéis como niños, no entraréis en el reino de los cielos"* (Mateo 18:3); *"De cierto os digo que el que no recibe el reino de Dios como un <u>niño</u>, no entrará en él"* (Lucas 18:17). Por cierto, los niños pueden amar más con el corazón de lo que pueden entender con la razón. Ellos empiezan la vida amando a mamá y papá, sin entender todo lo que está pasando a su alrededor. Así deberíamos vivir nuestro cristianismo: amando a Jesús.

Alguien resumió la vida espiritual así: **"La vida espiritual es la vida de un niño".**[4] Sí, es así como Dios nos prefiere más, como niños, sin mucho intelecto o razonamiento, pero con mucha entrega y confianza absoluta en Jesús, quien siempre nos invita: "*...creed también en mí...*" (Juan 14:1). Él no dice: "Creed ciertas cosas acerca de mí", sino "en mí". La confianza verdadera es siempre objetiva, es decir, se enfoca sólo en la persona de Jesús, y nada más. Creer en Jesús no se aprende solamente mediante libros, estudios, o por inteligencia; la confianza nace y crece en el caminar de la vida, por experiencia. Nadie, absolutamente nadie, puede enseñar a otro a confiar en Dios; a cada uno nos toca descubrirlo solo, y la fe en Él se adquiere mientras meditamos en su palabra y abrimos nuestro corazón al toque misterioso del Espíritu de Jesús.

El resumen de todo lo dicho es este: **se necesita más corazón para conocer, amar y explicar a Dios que intelecto y razón.**

"Señor, ayúdame a confiar en ti antes que mi intelecto pueda entenderte y mi razón analizarte. Necesito que vivas en mi corazón, tómalo, es tuyo, haz tu morada en mí. Gracias. Amén".

Referencias y notas:

1. Esther de Nápoles, cristiana evangélica, hija de misioneros cubanos, quien vive impartiendo el amor de Cristo mediante servicios a los inválidos en la ciudad de Miami, Florida.
2. Conversación con José Calcano, un joven adulto, a quien bauticé en la Iglesia Adventista de Tampa y lo casé en la República Dominicana; vive su cristianismo orando, meditando y sirviendo a Dios.
3. Gene Edwards, *The Highest Life* (La Vida Suprema), Wheaton, Illinois: Tyndale House Publishers, Inc., 1993), pág. 108.
4. Oswald Chambers, *En Pos de lo Supremo* (Colombia: Centros de Literatura Cristiana, 2003), Abril 29.

Capítulo 20

PRINCIPIOS DE DISCIPULADO CRISTIANO

"Por tanto, id y haced discípulos a todas las naciones..."
(Mateo 28:19)
"...como me envió el Padre, así también yo os envío" (Juan 20:21)

Bienvenido al mundo divino de los principios que gobiernan al discipulado cristiano. Realmente es un honor para nosotros que Jesús nos haya llamado y escogido para ser sus discípulos aquí en la tierra.

Este privilegio divino trae consigo una gran responsabilidad: somos llamados a "reproducirnos" (si se puede decir así) en otra persona, que tenga como nosotros la misma fe y pasión por nuestro Señor Jesús. Cada persona que nace en el reino de Dios, nace como un misionero, un testigo, que vive compartiendo las buenas nuevas del reino de Dios. Su anhelo ferviente es que los demás descubran cuán maravilloso Salvador ha encontrado en Jesús, y que también ellos se conviertan en verdaderos seguidores de Él.

¿Cómo es un discípulo de Jesús? Si hacemos un resumen de las características de un discípulo de Jesús, podemos muy bien sacar su rasgo. He aquí su fisonomía:

A. La personalidad del discípulo (ser)
    -Es como su Maestro (Mateo 10:25).
    -No está por encima del Maestro (Mateo 10:24).
    -Es instruido por el Maestro (Mateo 11:1).
    -Es parte de la familia de Jesús (Mateo 12:48-50).
    -Es pescador de hombres (Mateo 4:19).
    -Es manso y humilde de corazón (Mateo 11:29).

B. Actividades de un discípulo (hacer)

427

-Se acerca al Maestro (Mateo 10:36).
-Sigue al Maestro (Mateo 8:23).
-Hace lo que se le manda (Juan 15:14).
-Permanece con Jesús (Juan 15:4-5).
-Hace discípulos (Mateo 28:19).
-Toma la cruz y sigue a Jesús (Lucas 14:27).
-Prefiere a Jesús sobre su familia (Lucas 14:26).
-Renuncia a sus bienes (Lucas 14:33).
-Cree en Jesús y sus palabras (Juan 2:11,22).
-Se mantiene fiel a la Palabra ((Juan 8:31).
-Ama a otros discípulos (Juan 13:34-35).

Existen principios que gobiernan nuestra reproducción y testificación, los cuales obtenemos del ministerio de Jesús. Estos principios son los que darán verdaderos resultados en nuestra labor de hacer a otros discípulos de nuestro gran Maestro, Jesús.

Antes de todo, deseo aclarar lo que es "un principio". Un principio es una verdad, un guía divino y, por consiguiente, es invariable, constante y eterno, que no cambia con el tiempo ni con las circunstancias, que al ser usado y aplicado de seguro producirá los resultados que deseamos y buscamos para la gloria de nuestro Señor Jesús.

A continuación presentamos, en forma resumida, los siete principios fundamentales para poder crear y ser verdaderos discípulos de Jesús:

PRINCIPIO NÚMERO UNO

Deseamos compartir la persona de Jesús, no a nosotros mismos ni nuestra cultura.

"Pues me propuse no saber entre vosotros cosa alguna sino a Jesucristo, y a éste crucificado" (1ª Corintios 2:2).

Todo lo que es fe o confianza en la vida cristiana está centralizado en una persona, ésta es Jesús. Es Él quien crea la confianza en Él, la alimenta y la sostiene. La fe no es un concepto racional que aceptamos, sino más bien, fe, en su sentido pleno y esencial, es Jesús. Por consiguiente, fe es relación, una intimidad de amor con la persona de Jesús, quien es el eterno Dios, quien vino y dio su vida en el Calvario, quien camina con sus discípulos y vendrá literalmente por segunda vez a este mundo a buscar a sus amados hijos. La fe bíblica es siempre objetiva, es decir, se fija en alguien fuera de nosotros, Jesús; nunca es subjetiva, es decir, concentrada en nosotros (Gálatas 3:23-26).

Por lo tanto, compartir a Jesús es comunicar a través de nuestras palabras y hechos las realidades históricas, presentes y futuras de Jesús; nada más, ni nada menos. Nosotros, sus discípulos, trataremos por su gracia no confundir su persona con la nuestra, es decir, no nos predicamos o nos compartimos a nosotros mismos, ya sea nuestra personalidad o virtudes o costumbres buenas que podríamos tener. Nuestro esfuerzo espiritual es escondernos debajo de la gloria de su persona y bajo la sombra de su cruz.

Entendemos que nuestra cultura y nuestro enfermo ego siempre será un obstáculo para nosotros poder hacer un buen trabajo para nuestro Señor Jesús. Es por esta razón que como discípulos de Él necesitamos vigilar en oración, para que nuestras cosas temporales no sean mezcladas con las cosas eternas.

Creemos que, si una persona finalmente tiene una vislumbre y un encuentro con el verdadero Jesús, es porque hicimos nuestro trabajo (por supuesto que fuimos simples instrumentos en sus manos). Nuestro trabajo consiste en motivar a una persona a gustar las maravillas de nuestro amado Jesús, el gran pastor de las ovejas, quien se encargará de llevarla a pastos verdes y aguas cristalinas, para así mantener a su recién nacido discípulo creciendo, bien alimentado y saciado en Él; y con cada experiencia de intimidad con Él, más ferviente será el amor y servicio abnegado del recién encontrado discípulo.

Alguien dijo muy bien: *"Un cristiano es un hambriento que encontró pan, y luego lleva a otro hambriento al mismo lugar donde encontró el pan. Ese pan es Jesús."*

Recordemos estos tres puntos vitales:

-Nadie puede dar lo que no tiene, y lo que tiene es lo mismo que da.

"Antes de que otras almas aprendan a tomar directamente de la vida del Señor Jesús, la tendrán que tomar por medio de ti; tú tienes que ser literalmente 'absorbido' por Dios para que los demás puedan aprender a nutrirse de Él." [1]

-En el proceso de dar a Jesús, el mayor problema para noso- tros no será el darlo, sino será *recibirlo*, y esto si nos costará mu- cho, porque tiene su alto precio, el costo del desprendimiento, el abandono de nosotros mismos, y el costo de la sencillez, la humil- dad; estas cosas no son naturales para nosotros, ellas tienen que ser creadas en nuestro corazón por el Espíritu de Dios. En la mayoría de los casos este proceso será muy doloroso, pero a su vez curativo. **Así trabaja Dios, tiene que quitar para luego ponerse Él.** Antes que la uva pueda dar su jugo tiene que ser exprimida. Cuando Cristo final- mente tome todo nuestro corazón, compartirlo con el prójimo será tan natural como lo es respirar, porque ya tenemos una **experiencia con Él**, y no un mero conocimiento intelectual. Ahora sí somos "tes- tigos verdaderos". ¡Y que gozo precioso es testificar de Cristo!

-Cuando lo trascendental de Dios es impartido al corazón hu- mano, la realidad de Jesús es como descubrir un nuevo mundo, que siempre será nuevo y encantador, porque nunca se rebaja a nuestra naturaleza caída. Una vez que gustamos la gracia de Cristo, las cosas de la tierra pierden sus atractivos y sus encantos.

PRINCIPIO NÚMERO DOS

Deseamos impartir los valores del discipulado con una persona a la vez, no a un grupo o a una multitud.

"Por tanto, id, y haced discípulos a todas las naciones..." (Ma- teo 28:19).

¿No has notado que las personas que más nos han influenciado en la vida han sido aquellas que nos trataron individualmente? Los grupos y las multitudes no impactan tan poderosamente como una persona lo puede hacer. La influencia de una persona puede más que miles de personas. Nosotros somos seres de relación, y mejor aun cuando nos relacionamos con una persona a la vez. De hecho, así mismo nos trata Dios, uno a uno.

Jesús es un Dios personal; lo notamos a través de todas las pági- nas de las Sagradas Escrituras; lo vemos creando una persona a la vez, llamando a *un* hombre, sanando, salvando y transformando a personas individualmente. Jesús escogió a sus discípulos uno por uno, y no fueron muchos, solamente 11 fueron seleccionados, y el número 12 se brindó a sí mismo, Judas el traidor.

Es de allí, de los relatos bíblicos de donde sacamos el principio de un discípulo a la vez que, aunque es cierto que crecerá y formará un mayor grupo, todavía mantendrá la *individualidad*. Un verdadero discipulado se forma, se alimenta y crece mediante el continuo encuentro de una persona con otra persona. Si deseamos hacer un trabajo efectivo y duradero para Jesús, tenemos que seguir el modelo que Él mismo nos dejó. *"Él requiere su servicio individual."* [2]

Cuando Jesús comisionó a sus discípulos: *"...id y haced discípulos..."* (Mateo 28:19-20), era porque ya ellos conocían el proceso de discipular, ya habían sido enseñados por Él mismo. ¡Y qué Maestro! La iglesia primitiva se multiplicó rápidamente, llegando a todas partes del imperio Romano. Un verdadero discípulo tiene una influencia extraordinaria; la historia del cristianismo está llena de esos ejemplos poderosos. Los estudios han confirmado que un verdadero discípulo de Cristo produce, a largo plazo, más conversos al evangelio que un gran evangelista celebrando grandes campañas.

Mi amiga Teresita Pérez, miembro de la Iglesia Adventista del Séptimo Día Miami Templo, y autora del libro TONGUES Dissecting the Gift (LENGUAS Disección del Don, disponible en www.ladyoomph.com), compartió conmigo su visión sobre este tema.

Ella explica que, si un discípulo dedica a fondo todo un año para compartir cabalmente con una sola persona la plena estatura de Cristo, entonces habrá dos discípulos. Si el año siguiente los dos comparten a Cristo con una persona cada uno, habrá cuatro. Si los cuatro hacen lo mismo el tercer año, entonces habrá ocho. Si el proceso se repite cada año, habrá 16, luego 32; y, finalmente, en el año 33, habrá más de 8 mil millones de discípulos. (Véase la tabla en la siguiente página). *¡Tal es el poder de uno a la vez! ¡Tal es el poder del toque personal!*

Generalmente una madre da a luz a un niño a la vez, y si son más de uno existe la posibilidad de complicaciones y riesgos. Es mejor un hijo a la vez, porque así la madre puede atenderlo con más facilidad. Nosotros funcionamos mejor cuando se nos trata personalmente; en grupos y en multitud no funcionamos muy bien. Por esto es necesario que se practique constantemente el principio de *"uno a la vez"*; aunque el resultado parece ser muy pobre al principio, poco a poco los frutos serán mucho más abundantes. (Es muy probable que Jesús no nos permita ver esos frutos hasta que estemos finalmente en su reino establecido).

Años	Crecer	Años	Crecer	Años	Crecer	Años	Crecer
1	2	11	2,000	21	2,000,000	31	2,000,000,000
2	4	12	4,000	22	4,000,000	32	4,000,000,000
3	8	13	8,000	23	8,000,000	33	*8,000,000,000
4	16	14	16,000	24	16,000,000		
5	32	15	32,000	25	32,000,000		
6	64	16	64,000	26	64,000,000		
7	128	17	128,000	27	128,000,000		
8	256	18	256,000	28	256,000,000		
9	512	19	512,000	29	512,000,000		
10	1024	20	1,024,000	30	1,024,000,000		
	Aprox. 1,000		Aprox. 1,000,000		Aprox. 1,000,000,000		

*La población del mundo se encuentra actualmente en 8 mil millones. El trabajo se puede acabar en nuestra vida.

He aquí algunos de los beneficios de discipular una persona a la vez:
-Es más sencillo para ejecutar.
-Se logra la confianza más rápido.
-Rompe los prejuicios.
-Levanta la estima propia.
-Ennoblece la vida.
-Se comparte a un nivel más profundo y significativo.
-Conocemos mejor las necesidades reales y desarrollamos sensibilidad.
-Aprendemos a ver a Jesús trabajando en la otra persona.
-Nos damos cuenta que necesitamos una experiencia más profunda con Jesús.
-Podemos explicar y guiar con más facilidad.
-Establecemos una amistad personal que será eterna.

Un punto muy importante: Nuestra amistad con una persona debe tener un plan muy *definido*: influirlo para la eternidad, para ver si ellos pueden captar una vislumbre del amor de Jesús a través de nosotros y se deciden a convertirse en discípulos de Jesús. Debemos tener este factor muy en claro: no debemos buscar en ellos amor, ni aprecio, ni beneficios personales, porque de esto ya tenemos suficiente en nuestra familia carnal y espiritual y, por supuesto, debemos sentirnos 100% satisfechos al tener en nuestro corazón al glorioso Jesús. Por lo tanto, nuestro acercamiento a alguien debe ser exclusivamente para Cristo, de ninguna manera para nosotros. Si confundimos esto, tendremos dificultades y fracasaremos en el intento de discipular a alguien para Cristo.

El último punto: No tratemos de hacer una gran obra para Dios; simplemente *ayudemos a una persona a la vez*, esto es suficiente. Hagamos un buen trabajo, pero uno por uno. Jesús nos enseñó y modeló este principio; lo vemos en contacto con una sola mujer, la samaritana; entre tantas mujeres que de seguro existían al igual que ella en Samaria, se limitó solamente a ésta (Juan 4:1-42). Entre tantos religiosos que había en Jerusalén, se limitó solamente a uno, a Nicodemo (Juan 3:1-36). Entre tantas personas muy necesitadas en Tiro y Sidón, se limitó a una, la mujer (siro-fenicia) (Marcos 7:24-29). Es muy notable: el mayor trabajo de Jesús fue siempre uno a uno.

Es muy cierto: *"Un granito de arena a la vez, poco a poco va llenando el saco." "El que mucho abarca, poco aprieta."*

Comienza, experimenta con este sencillo y poderoso modelo divino... ¡Créeme, funciona!

Dos pensamientos poderosos para meditar:

"Por medio de Cristo, Dios ha investido al hombre de una influencia que le hace imposible vivir para sí. **Estamos individualmente vinculados con nuestros semejantes, somos una parte del gran todo de Dios y nos hallamos bajo obligaciones mutuas.** Ningún hombre puede ser independiente de sus prójimos, pues el bienestar de cada uno afecta a los demás. Es el propósito de Dios que cada uno se sienta necesario para el bienestar de los otros y trate de promover su felicidad." [3]

"No podemos llegar a estar en contacto con la Divinidad sin estar en contacto con la humanidad. Relacionados con Cristo, estamos relacionados con nuestros semejantes por los áureos eslabones de la cadena de amor." [4]

PRINCIPIO NÚMERO TRES

Deseamos enseñar las Sagradas Escrituras saturadas de Jesús, no nuestras propias ideas o conceptos humanos.

"...siendo renacidos, no de simiente corruptible, sino de incorruptible, por la palabra de Dios que vive y permanece para siempre" (1ª Pedro 1:23).

La fe nace y afecta al ser por el oír y el leer la Palabra eterna de Dios. Las Sagradas Escrituras constituyen el instrumento más efectivo para despertar en nosotros hambre y sed del Dios vivo, nuestro maravilloso Jesús. Es importante aclarar que nosotros no amamos el libro de Dios, sino más bien amamos el dador del libro, a Jesús. La Biblia sirve para conocerlo, pero no para salvarnos; quien siempre salva es Jesús; Él es nuestra única pasión. Este punto merece que se mantenga en esta perspectiva, de lo contrario podría crearse confusión en el proceso de entender la fe bíblica verdadera.

Así como al recién nacido se le da la leche materna al principio, nosotros seguiremos el mismo proceso al discipular, poco a poco, renglón tras renglón, evento tras evento, historia tras historia. No utilizaremos la Biblia como un libro de análisis doctrinales, sino más bien la usaremos como un libro de encuentros, de interrelación, de intimidad, presentando a Dios como un Dios de relación, de Persona a persona. **La Biblia es la revelación más completa de Jesús, donde se manifiestan vívidamente los hechos gloriosos de su hermosa persona.**

Los humanos aprendemos mejor y más rápido las cosas cuando las recibimos a través de relatos e historias de la vida real; de hecho, la Biblia fue escrita de esta manera; es una historia, la historia del Dios que se demuestra incansablemente buscando a sus amadas criaturas, deseando establecer una relación con el perdido, abandonado y lastimado ser humano. Presentando la Biblia de esta manera, podremos lograr con la ayuda del Cielo que vean y gusten a un Cristo personal, vivo y real, creando así el principio fundamental de fe: **Fe es un encuentro con una persona, Jesucristo, no con un dogma o una estructura eclesiástica.**

En la vida real nosotros amamos a las personas, no amamos a los conceptos. Por lo tanto, nuestro énfasis al crear discípulos para Cristo es que puedan experimentar un encuentro vivo y real con Él. Si se logra este resultado, éste sería el fundamento más seguro y estable para el resto de la vida del nuevo encontrado discípulo.

Usando este método, también nos ayudará a evitar la muy común realidad del cristianismo de hoy: muchos profesos cristianos son simplemente miembros de la iglesia, participan en ella, conocen sus doctrinas, pero son pobres en la experiencia íntima con nuestro glorioso Jesús. Además, nos ayudará a evitar el presentar una fe racional, filosófica, de conceptos abstractos y de ideas personales, vacías y sin vida.

El cristianismo que, aunque es cierto, contiene un mensaje racional y lógico, es en primer lugar una experiencia viva de fe, es un encuentro, una amistad profunda, de corazón a corazón, con Jesús. El acercamiento racional tiende a ser pobre y sin impacto en aquellos que deseamos que se conviertan en discípulos fervientes de Cristo; podrán ser convencidos, pero no necesariamente convertidos en verdaderos discípulos de Jesús.

Para introducir a un nuevo discípulo a las vivencias de fe bíblica Cristocéntrica, recomendamos seguir el método de estudiar las historias bíblicas; esta forma será interesante y fascinante tanto para el alumno como para el maestro, porque las historias contienen los puntos vitales de la experiencia cristiana y las doctrinas que definen nuestra fe. Y se registra en la mente que Cristo no es simplemente un concepto, sino un Dios de relación. He aquí algunos ejemplos que se podrían utilizar:

-Los encuentros de Jesús con personas:
Nicodemo (Juan 3:1-36)
La mujer samaritana (Juan 4:1-42)
El llamado a Moisés (Éxodo 3:1-22)
El encuentro con Jacob (Génesis 32:22-32)
El joven rico (Lucas 18:18-30)
La elección de los discípulos (Mateo 4:12-25)
Pablo (Hechos 9:1-18; Filipenses 3:1-16)

-*Las parábolas de Jesús:*
El hijo pródigo (Lucas 15:11-32)
La oveja perdida (Lucas 15:1-7)
Jesús, el pastor de las ovejas (Juan 10:1-18)
La moneda perdida (Lucas 15:8-10)
El sembrador (Lucas 8:4-15)
-*La pasión de Cristo:*
Jesús y su obra redentora (Isaías 53:1-12)
El Getsemaní (Mateo 26:36-46)
El arresto (Mateo 26:47-56)
La crucifixión (Mateo 27:32-66)
La resurrección (Mateo 28:1-15)

Practica con estos ejemplos, y verás cuán maravilloso es estudiar la Biblia de esta manera; este sistema ilumina, convierte, transforma, edifica y confirma al creyente.

PRINCIPIO NÚMERO CUATRO

Deseamos comunicar los hechos redentores de Jesús, no nuestra religión con sus formas y tradiciones.

"Porque nadie puede poner otro fundamento que el que está puesto, el cual es Jesucristo" (1ª Corintios 3:11).

La religión y Cristo son dos cosas muy distintas. Religión es una denominación, una iglesia, formas y tradiciones, organización de hombres y mujeres, mientras que Cristo es una persona, el maravilloso Dios y Salvador. Por eso Jesucristo se convierte en el tema favorito del discípulo; lo que le agrada es hablar constantemente de los hechos de la vida de Jesús: s*u encarnación, su nacimiento, su niñez, su llamado, su ministerio, sus milagros, sus enseñanzas, su entrega, abnegación, humillación, sacrificio, muerte, sepultura, resurrección, intercesión, su venida y su reino eterno.*
Repetir y repetir estos hechos reales de Jesús parece ser para muchos aburrido y sin sentido; pero nuestra experiencia indica inequívocamente que este no es el caso, es todo lo opuesto. ¡Es una increíble bendición! Despierta en nosotros emociones profundas, enriquece la vida, fortalece la confianza, transforma la mente y el amor ha-

cia Jesús se convierte más intenso. Qué sabia recomendación se nos hace:

"Sería bueno que cada día dedicásemos una hora de reflexión a la contemplación de la vida de Cristo. Debiéramos tomarla punto por punto, y dejar que la imaginación se posesione de cada escena, especialmente de las finales". [5]

Esta experiencia, poco a poco, va creando un cuadro maravilloso en la mente del creyente. Afirmamos que escuchar de Jesús, vez tras vez, hace que dicha persona no sea la misma desde ese momento en adelante. Esta experiencia es misteriosa; no se puede explicar con palabras, pero es real y pasa desapercibida para el oyente. Así lo explicó Jesús: *"El viento sopla de donde quiere, y oyes su sonido; mas ni sabes de dónde viene, ni a dónde va; así es todo aquel que es nacido del Espíritu"* (Juan 3:8).

La semilla de Jesús, bien sembrada en el corazón, germinará, crecerá y dará sus frutos a su tiempo... La eternidad lo demostrará. Así también se inicia la escuela de la vida contemplativa de Jesús. Es así como se expone al nuevo discípulo a las experiencias más profundas de la vida cristiana, descubriendo bellezas jamás pensadas y desconocidas de la revelación de Jesús. ¡Es un encanto vivir así!

De esta manera, ahora el discípulo está capacitado para distinguir y hacer la diferencia entre la religión y las vivencias con Jesucristo. Por supuesto, él será religioso, activo en su iglesia y servicial a su prójimo, obediente a los compromisos con Dios; pero su vida siempre girará en torno a Jesús. Sabemos que el cristiano es religioso, pero no necesariamente el religioso es cristiano. En esencia, estas son las diferencias:

-El religioso mira al hombre; el cristiano contempla sólo a Jesús.

-El religioso ama su institución religiosa; el cristiano ama a su Dios personal, a su Señor Jesús.

-El religioso cumple con los requisitos de su religión como si fuera un deber; el cristiano obedece los principios de Jesús con amor y placer.

En fin, para el verdadero discípulo, Jesús es y será siempre el todo de la experiencia religiosa. Así lo resumió una devota discípula de Jesús:

"El total y la sustancia de todo el asunto de la experiencia y gracia cristiana está contenido en el creer en Cristo, en conocer a Dios y a su Hijo quien él ha enviado".

"Religión significa la morada de Cristo en el corazón, y donde él está, el alma se motiva en actividades espirituales, siempre creciendo en gracia, siempre creciendo hacia la perfección". [6]

PRINCIPIO NÚMERO CINCO

Deseamos amar la persona que deseamos discipular con un amor incondicional (ágape), sea que éste se convierta en discípulo de Cristo o no.

"Amados, amémonos unos a otros; porque el amor es de Dios. Todo aquel que ama, es nacido de Dios, y conoce a Dios" (1ª Juan 4:7).

Amar es hermoso y, a su vez, peligroso, porque puede traicionar, lastimar y aun matar. El amor nuestro, con la misma intensidad que ama, también puede odiar. La raíz de nuestro amor es siempre producto del egoísmo; parece ser sano y bueno en la superficie, pero está minado de cariños equivocados. Los lazos entre nosotros los humanos se forman de la cultura, la raza, la nacionalidad, la profesión, la familia, la religión, del nivel educativo y económico. Estos lazos son muy frágiles, se pueden romper en cualquier momento, porque así es el amor del mundo, pasajero, condicional, de apariencias y de intereses. No se puede esperar nada mejor que eso.

Nosotros desconocemos lo que somos de verdad. No debemos confiar en nuestro amor natural. Necesitamos confiar en un amor más perfecto, más sublime, inquebrantable, inmóvil, eterno... Ese amor es el amor divino, "Ágape", Jesús.

Jesús no nos da sólo amor; Él se ofrece a sí mismo a nosotros, porque Él es el amor. Tenerlo a Él es tener su amor. Es a través de Él que fluye el amor genuino, natural, espontáneo, sin prejuicios y sin discriminación. Jesús da sin esperar nada. No obliga, no empuja, no manipula, no fuerza, no controla, simplemente está y espera para ver qué sucede al nosotros recibir el impacto poderoso de su amor incondicional: *"Con cuerdas humanas los atraje, con cuerdas de amor..."* (Oseas 11:4).

Es por esta razón que el discípulo de Cristo necesita estar arraigado y cimentado en Jesucristo (Colosenses 2:7), de lo contrario no podrá nunca influir en el reino de Dios. Al vivir muy cerca de Jesús, nuestra alma genera el amor incondicional, allegándonos a las almas sin esperar nada de ellas, simplemente deseamos compartir nuestra vivencia de Jesús.

Notemos la diferencia:

-El amor humano comunica su religión, sus moralidades y cultura, mientras que el amor divino comparte solamente el evangelio eterno de Jesús.

-El amor humano enseña sus doctrinas racionales, mientras que el amor divino comparte las vivencias de fe en un Cristo real, vivo y poderoso.

-El amor humano comparte la fe como un deber, mientras que el amor divino comparte la fe espontáneamente, naturalmente, sin usar ninguna presión.

-El amor humano quiere forzar el momento, discutir y manipular la mente, mientras que amor divino espera el momento adecuado para compartir la fe.

-El amor humano aprecia lo exterior, es decir, las apariencias sociales/económicas/educativas, mientras que el amor divino ve más allá, lo interior, lo que puede llegar a ser por la gracia de Cristo.

-El amor humano ve las imperfecciones, mientras que el amor divino puede mirar más allá, a ese hombre, esa mujer, ese amigo, ese pariente perfecto en Cristo.

-El amor humano quiere que la gente se convierta en religiosa, mientras que el amor divino quiere que sean **cristianos,** seguidores apasionados por Cristo y verdaderos discípulos de Él.

-El amor humano quiere recibir, mientras que el amor divino lo único que le interesa es dar sin reservas.

Indiscutiblemente, sólo siguiendo el método de Jesús se garantiza que alguien se convierta en un verdadero discípulo de Cristo: *"Solo el método de Cristo permitirá éxito en alcanzar al pueblo. El Salvador se trataba con los hombres como alguien que deseaba su bien.*

Les mostraba simpatía, atendía sus necesidades, y se ganaba su confianza. Entonces les decía: 'Seguidme'".[7]

PRINCIPIO NÚMERO SEIS

Deseamos compartir nuestra fe y vivencia con Jesús en forma progresiva, lenta pero constante.

"Porque en esto es verdadero el dicho: Uno es el que siembra, y otro es el que siega" (Juan 4:37).

Llevar a una persona a que se convierta en verdadero discípulo de Cristo toma tiempo, en algunos casos puede ser instantáneo, pero esta es la excepción. Un ejemplo único es el caso del apóstol Pablo (Hechos 9:1-18).

Generalmente discipular es un proceso; a Jesús le tomó casi cuatro años para que sus discípulos entendieran y asimilaran su misión. Caminó, enseñó, durmió, comió, adoró, sirvió y sufrió junto a ellos. Finalmente, cuando ellos captaron quién era Jesús, no hubo quien los parara en proclamar la gloria de Él. Es una realidad, un discípulo bien hecho de seguro se multiplicará.

La mente humana necesita tiempo y espacio para entender y asimilar nuevas cosas; existen muchos prejuicios, preconceptos y experiencias previas. No solamente por escuchar es que se aprende, además se necesita observar un ejemplo. De hecho, nuestras vivencias influyen e impactan más que nuestras palabras. Jesús vivió más de lo que habló, y esto fue lo que más impactó a sus discípulos (Juan 1:14). Este principio es fundamental para nosotros los discípulos de Cristo. Es por esta razón que debemos relacionarnos con la persona en forma progresiva, permitiendo que observen como vivimos, nos vestimos, nos proyectamos, comemos, etc. ¡Esto sí toma tiempo!

Una amistad no se forma en un día; toma semanas, meses y años. No hay necesidad de vivir con la persona, pero si la recordaremos en su cumpleaños, en las navidades o en los momentos que el Espíritu Santo nos indique que nos acerquemos para compartir un momento de solaz, una comida, una caminata, una cariñosa llamada telefónica. Estas cosas y otras más van estableciendo confianza para escuchar, cercanía para seguir, y así paso por paso se va convirtiendo la persona en un discípulo de Cristo, no a nuestro modelo, sino al modelo de Jesús.

Algunos puntos importantes:

-A cada persona que Dios nos permite conocer, necesitamos verla como un discípulo potencial de Cristo, no como si fuera una simple amistad.

-Existe una realidad en cada encuentro con alguien, el Espíritu nos indicará si nosotros somos los indicados para dicha persona. Recordemos que Dios siempre pone al discípulo más apropiado para cada persona; sus propósitos no fallan. Necesitamos estar alerta a la indicación de Él.

-Nosotros no somos ajustables a todas las personas. En las relaciones humanas entra en juego nuestro temperamento, sexo, edad, cultura y previas experiencias. Pero no tenemos que preocuparnos por eso; lo más importante es estar concentrado constantemente en la Fuente, en nuestro Señor Jesús. Él se encargará de condicionar las cosas y hacer su perfecto trabajo a través nuestro. Ese trabajo no es el hacer, sino más bien *estar y estar en Él*. Mientras más cerca estamos de Él, más personas nos pondrán en el camino para discipular. Así es como funciona.

PRINCIPIO NÚMERO SIETE

Deseamos introducir al discípulo de Jesús a la confraternidad de creyentes, la iglesia, no como un mero miembro más, sino como un verdadero discípulo que se producirá en otra persona para la gloria eterna de nuestro gran Maestro, nuestro amado Señor Jesucristo.

"...sepas cómo debes conducirte en la casa de Dios, que es la iglesia del Dios viviente, columna y baluarte de la verdad" (1ª Timoteo 3:15).

El cristianismo de hoy se ha convertido en un cristianismo barato, de gracia barata y de un mensaje barato. Las iglesias están llenas de profesos cristianos que son meros espectadores y

consumidores. Y esto es muy obvio: cristianos débiles producen otros cristianos débiles. Cristianos sin discipulado producen cristianos sin vida, sin compromiso, desobedientes y parecidos a los mundanos. Si tú te encuentras en esta descripción, necesitas urgentemente volver a estudiar y contemplar la vida del Gran Discipulador, nuestro Señor Jesús.

El mal de la iglesia de hoy se debe a que se ha acostumbrado a bautizar a miles de personas sin haber provisto un proceso serio de discipulado cristiano. Los números a veces se convierten en una droga para muchos pastores y líderes. Hoy el éxito se mide por los números, por los dólares, los templos y la cantidad de miembros. Estas cosas no son malas en sí, pero pueden crear una falsa seguridad, una dudosa motivación y resultados dañinos. Este debiera ser nuestro guía: **"La pasión de salvar almas como un fin debe cesar, y combinar y fusionar la pasión por Cristo."** (Oswald Chambers). La iglesia no es un comercio, ni mucho menos un partido político de intereses burocráticos. Estas cosas son del mundo de las tinieblas, no son de Dios. Las iglesias que han perdido su influencia divina en el mundo lo deben a este gran mal.

La iglesia ha sido llamada por Dios a romper con el círculo vicioso del formalismo religioso sin vida y casi pagano. Para cambiar esta situación lamentable, necesitamos un cambio de mente, un cambio de enfoque, un cambio en la dinámica de la misión. Esto requiere que volvamos a practicar los principios del discipulado según lo vivió nuestro Señor Jesucristo. El pastor y evangelista Alejandro Bullón, aclara perfectamente la misión de la iglesia de esta manera:

"Cumplir la misión no es hacer proselitismo; no es intentar que las personas salgan de su iglesia y pasen a otra; no es hacer que las personas cambien de religión, sino de vida. Estar en la iglesia es el resultado natural de haber cambiado de vida". [8]

Los principios del discipulado son incompatibles con muchas de las prácticas que se usan hoy para traer cristianos a la iglesia. Cuando pensamos en un cristiano, estamos pensando en un discípulo de Jesús, no en un simple miembro de iglesia, sino en alguien que está involucrado en la misión de Jesús, es decir, reproducirse en otra persona. De hecho, si una persona profesa ser cristiana y no está activa en hacer un discípulo para Cristo, tal persona no es un verdadero discípulo; podrá ser miembro de la iglesia, pero no es considerada por el Cielo como discípulo de Cristo. El siguiente pensamiento lo aclara así:

"Cada verdadero discípulo nace en el reino de Dios como misionero. El que bebe del agua viva, llega a ser una fuente de vida. El que recibe, llega a ser un dador. La gracia de Cristo en el alma es como un manantial en el desierto, cuyas aguas surgen para refrescar a todos, y hace a los que están por perecer, ávidos de beber el agua de la vida". [9]

¿Cómo podemos saber si somos discípulos de Cristo? He aquí algunas señales:

- *"¿Quién posee nuestro corazón? ¿Con quién están nuestros pensamientos? ¿De quién nos gusta hablar? ¿Para quién son nuestros más ardientes afectos y nuestras mejores energías? Si somos de Cristo, nuestros pensamientos están en él y le dedicamos nuestras más gratas reflexiones. Le hemos consagrado todo lo que tenemos y somos. Anhelamos ser semejantes a él, tener su Espíritu, hacer su voluntad y agradarle en todo".* [10]

- *"Tan pronto como uno acude a Cristo nace en el corazón un vivo deseo de hacer saber a otros cuán precioso amigo encontró en el Señor Jesús".* [11]

-Vivirá entre la montaña y el valle. La montaña significa que practica la vida devocional, viviendo una vida contemplativa, mirando a Jesús en la vida privada y donde quiera que vaya; es decir, aprenderá en secreto (en el cuarto, la oficina, el parque, la playa, el bosque, el carro) la comunión con Jesús, para luego poder brillar ante los demás; nunca será al revés: la gente y después Jesús, sino **primero Jesús y luego la gente.** Antes de ir al público, necesitamos estar en privado con Jesús. El valor y la utilidad que tengo para Dios en público se miden por lo que soy en privado. El valle significa que se goza en discipular y servir; está listo para dar calor humano, ayudar al necesitado, al pobre, al doliente, a cualquier persona que Dios le presente en su camino, porque así vivió Jesús.

-No será individualista, sino más bien corporal e individual a la vez; es decir, no vive su cristianismo aislado, ni solitario, más bien comparte con otros discípulos. Va a los cultos de la iglesia y comparte la vida social con los demás. Y a la vez se desconecta para estar a solas, creando una atmósfera de solaz para meditar en Jesús y sus obras redentoras. Mantendrá bien claro en su mente que la comprensión divina es más producto de la meditación del corazón que del intelecto y la razón.

-Vivirá en sencillez, sin extravagancias materiales, manteniendo un espíritu de gratitud por todas las cosas que Dios le permite tener y disfrutar. Comprenderá que el poder de su influencia no vendrá de su dinero, su educación, su estatus social, sino de su carácter *silencioso*, sincero, abnegado, piadoso e íntegro.

-Vivirá deseando de Dios pureza mental, social y la del corazón: *"Bienaventurados los de **limpio corazón**, porque ellos verán a Dios"* (Mateo 5:8). Lo que anhela es que Jesús sea glorificado en su espíritu, alma y cuerpo.

En resumen, un discípulo cristiano es aquel que tiene una amistad con Jesucristo, y desea vivir para Él y servirle. El discipulado es una experiencia de relación humana, pero de uno a uno, con el sólo propósito de bendecir al otro, presentándole a Jesucristo, nuestra única esperanza. Y si finalmente alguien se convierte en un verdadero discípulo de Jesús, entonces nuestra vida valió la pena.

Me encontraba regresando desde Puerto Rico a Miami, después de dirigir por cuatro días un seminario de discipulado cristiano, y pensaba: "Por fin voy a descansar un poco en el avión." Al llegar el momento de abordar al avión, fui y tomé el asiento asignado. No pasaron dos minutos cuando llegó un hombre a sentarse a mi lado, quien me saludó tímidamente; yo, a la vez, le contesté amistosamente, y sin más detalles, el avión tomó la pista y comenzó su vuelo rumbo a Miami, Florida.

Al poco rato, el señor me interrumpió de nuevo y me preguntó qué clase de trabajo hacía. Pronto noté que el hombre realmente quería establecer una conversación conmigo, e inmediatamente me animé a dialogar con él. El me dio su nombre, me dijo que era puertorriqueño, casado, tenía una niña, y que estaba regresando a su trabajo en Fort Lauderdale, Florida.

Pero eso no fue todo. Descubrí, entre tantas cosas, un detalle muy significativo. Noté, entre líneas, que llevaba dudas, dudas de Dios y su forma de obrar, y además tenía inquietudes muy profundas en cuanto a todo lo que le estaba pasando. Su vida había cambiado de un día para otro. Su esposa, una mujer profesional, se encontraba ahora en cama enferma, casi inválida, por causa de una droga que recibió al dar a luz a su hija, causándole un daño permanente al cerebro. Ahora se encontraba sólo viviendo en un apartamento, sin su familia y su querida niña quien vivía con su abuela en Puerto Rico, y lamentándose por no haber terminado sus estudios como doctor en economía.

Ahora entendí por qué Dios me había ubicado en ese avión y específicamente en ese asiento; Él me puso allí para poder ministrar e influir a un ser humano que necesitaba una nueva vislumbre del amor de Jesús. ¡Qué gusto sentí! Nuestra experiencia con Jesús es realmente muy útil para poder traer ánimo, consolación y esperanza al corazón que sufre, que duda y se siente inseguro en cuanto al futuro y desconoce los propósitos de Dios para la vida. Realmente no existe un gozo más precioso que el que podamos compartir con otros la gloria de nuestro maravilloso Jesús.

Qué bendición fue para mí notar cómo este señor escuchaba atentamente mis palabras de orientación divina... Y cuando vine a darme cuenta, ya el piloto estaba anunciando nuestro descenso a Miami. Me despedí de él, llevando una bendición muy grande por haberlo conocido; él me dejó su dirección y teléfono, para luego enviarle un libro que le ayudaría a conocer mejor a nuestro glorioso Salvador y Señor Jesucristo.

Con esta experiencia y con muchas otras más que he tenido, he concluido que nuestra vida aquí en la tierra tiene sentido sólo cuando nos dejamos utilizar por Cristo para beneficiar a otros. Nosotros somos necesarios para Él. Somos sus discípulos esparcidos por todas partes, sea en la oficina, en la fábrica, en el taller, en las tiendas, en la calle; donde quiera que estemos, allí nuestra voz y nuestra vida pueden influir para Él.

Posiblemente yo no volveré a ver más a mi compañero de viaje. Pero una cosa es segura, Jesús seguirá trabajando en él. La semilla de Su gloria, sembrada en el corazón, germinará y producirá fruto para la eternidad.

APASIONADO POR CRISTO

Hay miles de personas a nuestro alrededor que necesitan urgentemente conocer la gracia sanadora y redentora de Jesús. Nuestra función, como sus discípulos, es estar disponibles para influir a otros. Ahora bien, nuestra influencia no la determinan nuestros talentos o nuestro equipaje material, profesional, físico, cultural, racial, ni religioso. Estos factores, si bien es cierto que impactan a las personas, influyen por corto tiempo, porque son temporales; ellos no tienen poder para bendecir al corazón necesitado, y si llegaran a impresionar, son inútiles para los propósitos eternos de Cristo.

El verdadero discípulo de Cristo vive para influir a su prójimo, para enseñarles cómo vivir la eternidad con Jesús. Para afectar a las gentes necesitamos algo mucho más poderoso que nuestra personalidad, necesitamos al Cristo viviente morando profundamente en nosotros. Si no tenemos esa experiencia con Él, simplemente no seremos un instrumento de salvación. Es Jesús quien debe hacer la diferencia en nuestra vida, y entonces así seremos como la sal de la tierra (Mateo 5:13), que dará sabor de vida a quienes se acercan a nuestro círculo personal. Es cierto que las personas podrán cuestionar o rechazar nuestra lógica, nuestro razonamiento, aun nuestras doctrinas religiosas, pero no podrán rechazar nuestro testimonio de vida con Jesús. Es allí y únicamente allí donde está nuestra verdadera influencia.

Apreciado discípulo de Cristo, quiero dejarte un principio muy importante: En nuestro intento de discipular a otros para Jesús, Él prefiere que estemos más interesados en estar conectados a Él que en influir en la gente. Mientras más lo conocemos, más lo amamos y más nos abandonamos a Él, más poderosa será nuestra influencia.

Nuestra capacidad de influir en otros siempre será en proporción a nuestro nivel de relación con Jesús. Tratar de sustituir la influencia poderosa de Cristo en nosotros por otro elemento de nuestra pobre humanidad, sería una señal de debilidad en nuestra fe, la cual el Espíritu Santo deseará corregir en nosotros (véase Lucas 10:17-24).

Finalizando, dejo para tu consideración algunos factores importantes en la tarea de influir en los demás para Jesús:

—En el silencio de tu vida, vive con integridad y obediencia delante de Dios; tu experiencia en privado con Jesús será revelada en público a su debido tiempo mediante el poder del Espíritu Santo.

-No te preocupes por influir en mucha gente; con uno que puedas influir a la vez para Cristo es suficiente.

El Verdadero Cristo

-*"Nunca hagas de tu experiencia un principio; deja que Dios sea tan original con otras personas como lo es contigo".* [12]
–Una vida semejante a la de Jesús es el argumento más poderoso a favor del Reino Eterno de Jesús.

En resumen, un verdadero discipulo de Cristo *es y vive apasionado por Cristo*; esto significa que:

1. **Conoce por experiencia a Cristo.**
2. **Crece en Cristo.**
3. **Demuestra con su vida a Cristo.**
4. **Le encanta compartir a Cristo.**

Recuerda: nuestra influencia a favor de Cristo es la contribución más importante que podamos hacer en esta vida, y es la única que tendrá beneficios eternos. **La pasión por Cristo mueve la misión de Cristo.**

"Oh Dios, gracias por llamarme a ser tu discípulo. Me siento honrado por este sublime privilegio. Ahora deseo reproducirme en otra persona, que al igual que yo viva apasionado por Jesús, sirviéndole y reproduciéndose. Este será mi gozo supremo aquí en la tierra. Ayúdame con tu Santo Espíritu a vivir escondido en Jesús, donde aún yo no me vea, sino que tu gloria sea mi gloria, tu amor mi amor, tu servicio mi servicio, tu voluntad mi voluntad, tu cruz mi cruz, y finalmente tu vida sea mi vida. Amén".

Referencias:

1. Oswald Chambers, *En Pos de lo Supremo*, (Bogotá, Colombia: Centros de Literatura Cristiana, 1979), pág. 40.
2. Elena White, *El Deseado de Todas las Gentes*, (Mountain View, California: Pacific Press Publishing Association, 1955), pág. 162.
3. Elena White, *Palabras de Vida del Gran Maestro*, (Mountain View, California: Pacific Press Publishing Association, 1971), pág. 274.
4. Id., pág. 317.
5. Elena White, *El Deseado de Todas las Gentes*, (Mountain View, California: Pacific Press Publishing Association, 1961), pág. 63.
6. Elena White, *Review and Herald,* Mayo 24, 1892.
7. Elena White, *Servicio Cristiano,* (Mountain View, California: Pacific Press Publishing Association, 1961), pág. 149.

8. Alejandro Bullón, *Compartir a Jesús es todo*, (Nampa, Idaho: Pacific Press Publishing Association, 2009), pág. 47.

9. Elena White, *El Deseado de Todas las Gentes*, (Mountain View, California: Pacific Press Publishing Association, 1961), pág. 162.

10. Elena White, *El Camino a Cristo*, (Mountain View, California: Pacific Press Publishing Association, 1961), pág. 58.

11. Id., pág. 78.

12. Oswald Chambers, *En Pos de lo Supremo*, (Bogotá, Colombia: Centros de Literatura Cristiana, 1979), pág. 165.

NOTA: Estos libros de referencias deberían ser leídos por cada discípulo que desea en verdad crecer en la gracia y el conocimiento de nuestro Señor Jesucristo.

ALUMBREMOS

Mi pequeña luz
tenuemente alumbra.
Un poco ilumina,
mas quedan penumbras.

¿Por qué es mi luz débil?
Ansioso pregunto
"¿Por qué no ilumino
plenamente al mundo?"

Jesús me responde:
"El que arde alumbra,
ven, arde conmigo,
y no habrá penumbras".

Me acerco a Jesús,
y su amor me inflama.
Al mundo ilumino
con potente llama.

Ven conmigo a Cristo,
con su fuego ardamos,
al mundo alumbremos.
¡Ven, querido hermano!

—Pedro Héctor Rodríguez
Pastor Adventista jubilado

Capítulo 21

PIENSA COMO HEBREO, NO COMO GRIEGO

(A modo de conclusión)

Durante el seminario que presenté en una iglesia (El Desarrollo Espiritual Cristocéntrico), dije brevemente que debemos pensar más como hebreos y menos como griegos (cuando uso la palabra "hebreo", me refiero solamente a los escritores hebreos, no a la cultura judía).

Quiero explicarme un poco más sobre este importante concepto como a modo de conclusión a todo lo que he dicho en este libro:

LA MENTE HEBREA

Como sabemos, todos los escritores de la Biblia son de origen hebreo; éste fue el pueblo escogido por Dios en el pasado. Es notable en las Sagradas Escrituras que cada escritor bíblico tuvo una experiencia real con el Dios eterno y maravilloso. Los hebreos dejan en la Biblia un legado de dos cosas muy claras y definidas:

1. Dios se manifiesta en la vida.

2. Lo que cuenta en la vida es la experiencia de relación que se tiene con Él (Véase 1ª Juan 1:1-4).

En la Biblia queda manifestado que Dios no es una filosofía, o un pensamiento abstracto, sino UNA REALIDAD existente y permanente. Además, la mente hebrea no trata de explicar si Dios existe o no, sino que lo da como un hecho. ¿Y cómo se sabe eso? No se debe a la información o al conocimiento teórico, sino al impacto de Dios en la vida. El pensamiento hebreo parte primero de lo que se experimenta, lo que se vive, y luego se encamina al intelecto, a la razón, pero nunca al revés.

La sabiduría hebrea es práctica, acepta las cosas como son. No trata de explicar los síntomas de la condición humana, sino más bien explica la causa que creó esta condición. Y la respuesta es muy sencilla: el hombre se ha desligado del Creador, de Dios, fuente de vida, de paz, de gozo y de salud emocional, física y espiritual. La mente hebrea primero confía en Dios; no pide explicación para creer, más bien pone su confianza en la evidencia de la presencia Divina.

En todo, la mente hebrea es contemplativa, es decir, de devoción, meditación, de concentración en lo Divino, buscando una relación personal e íntima con Dios, porque el fin no son las bendiciones que podría recibir, sino la relación que se podría disfrutar con el Dios viviente, y eso es lo más importante para la sabiduría hebrea. Dios mismo es la máxima experiencia. Pero ni es aún la experiencia que se busca, sino a Dios, lo supremo, prefiriendo esconderse detrás de lo Divino. En esencia, así es la mente hebrea: **más de Dios, menos del hombre.**

LA MENTE GRIEGA

La mente griega, con la cual estamos acostumbrados y educados, parte de una plataforma diferente a la hebrea. Primero busca la información, la explicación, y por eso cae en las especulaciones, las conjeturas, las suposiciones, las opiniones, y se enreda en decenas de pensamientos, dejando las cosas más complicadas que antes, y sin conclusión alguna. La mente griega explica, pero no vive lo que explica. Se informa de muchas cosas, pero no necesariamente transforma su vida; por eso prefiere el análisis, lo lógico, la investigación para razonar con su educado intelecto, pero sin confianza en lo sobrenatural.

La mente griega prefiere la educación académica, no la revelación divina; prefiere lo analizado, lo que él mismo piensa y hace, no el impacto con lo divino. La mente griega busca lo "profesional", lo estudiado, leído y analizado; su confianza está en el hombre mismo por su avance filosófico y científico. Su pasión es su intelecto, no el cuidado de su alma y la fe. En esencia, así es la mentalidad griega: saber y explicar es todo.

CONCLUSIÓN:

El cristianismo de hoy refleja demasiado el espíritu griego. La información ha sustituido la vivencia con Jesucristo. Y a eso se debe la presente ruina de la vida cristiana moderna. Es pobre, sin poder y sin testimonio real. Nos conformamos con "saber" en vez de vivir y confiar en Cristo. Tristemente se desea más el conocimiento teórico que el conocimiento experimentado. Qué cosa extraña, entre tanto tipo de conocimiento: teológico, sociológico, filosófico, psicológico, científico, etc., existe mucha falta de confianza en Dios, y el carácter del hombre está más empobrecido y deformado. **La educación informa, pero no transforma. Sólo Cristo es quien transforma**, y es de Él y de su Calvario de lo que necesitamos saber más y poner en práctica lo que se nos revela.

Como cristianos debemos saber distinguir entre lo eterno y lo temporal. Todo lo de origen griego es cambiante, inseguro y pasajero, porque nace de la razón y del intelecto humano, mientras la sabiduría hebrea es eterna, porque nace de la relación con lo eterno, Dios. La mente hebrea acepta las cosas de Dios sin cuestionar, y busca poner su vida en armonía con la verdad que proviene de arriba. **Mientras el griego prefiere explicar a Dios, el hebreo prefiere disfrutar a Dios.** Al griego le gusta analizar y explicar el contenido de la flor, mientras el hebreo le gusta contemplar y deleitarse en la belleza de la flor. ¿A cuál de los dos métodos te inclinas más? ¿A analizar o a contemplar?

¿Deseas progresar más en tu vida espiritual? Disciplina tu mente a pensar más como hebreo y menos como griego. Si lo haces, te aseguro que tu relación con Dios será más íntima y estable, y por consiguiente tu vida glorificará más a Cristo. La fe (la confianza) en Dios y en Cristo siempre ha sobrevivido a la razón. Y el gran maestro de la fe siempre ha sido el Espíritu de Dios, no el hombre con sus abundantes conocimientos de sí mismo y de la materia.

Recuerda, **el Espíritu de Dios te puede enseñar en <u>un minuto</u> lo que los hombres más educados del mundo no podrán enseñarte en toda tu vida.** Si deseas lo eterno, te invito a que me acompañes en esta oración:

"Ven, Espíritu de luz y de verdad, llena mi vida con la gloria y el conocimiento vivencial y transformador de Jesús. Eso es lo que realmente necesito ahora y para siempre. Amén".

"Fija tus ojos en Cristo,
tan lleno de gracia y amor,
y lo terrenal sin valor será
a la luz del glorioso Señor."

Vislumbres de Su Divina Presencia

Aprendiendo a contemplar a Jesús

"Me mostrarás la senda de la vida; en tu presencia hay plenitud de gozo; delicias a tu diestra para siempre"
(Salmos 16:11)

MANUEL FERNÁNDEZ

VISLUMBRES DE SU DIVINA PRESENCIA

Diseño de la portada e interior: Manuel Fernández

Dedicado con mucho cariño a cada creyente en Cristo que desea vivir contemplando el rostro glorioso de nuestro Señor y Salvador Jesús.

Muchas gracias a mis amigos: Guillermo Morales por hacer posible la publicación de este folleto, y a María Luisa Rodríguez, Alma Quiles y Amado Peña por sus correcciones del idioma.

Para copias adicionales, puede comunicarse con:

Manuel Fernández
1218 Cressford Place
Brandon, FL 33511
Tel. (813)684-3953

Correo electrónico: jesus213@juno.com

CONTENIDO

Introducción

Escribir sobre la historia, la ciencia, la personalidad y las obras humanas resulta muy interesante. Pero escribir de nuestro Creador y Salvador Jesús, su vida, sus obras y su preeminencia es mucho más que interesante, ¡es emocionante y glorioso! Cada pensamiento que podamos escribir sobre Él es como si diéramos una pincelada en el lienzo tratando de pintarlo en su belleza encantadora. Bienaventurados somos nosotros los seres humanos mortales que podemos con nuestro pequeño y limitado cerebro crear pensamientos acerca de Él y plasmar en un papel su relevante y sublime persona.

Vislumbres de Su Divina Presencia es un simple intento de pintar un cuadro de Jesús usando palabras, dejando escrito lo que nuestra mente ha gustado de su realidad. Para escribir de Él, en este siglo oscuro, hemos sido grandemente iluminados por un sinnúmero de escritores que antes de nosotros han hecho su excelente contribución; esta obra queda muy pequeña ante estos gigantes. De todas maneras, esta emocionante aventura tiene el propósito de compartir contigo nuestra experiencia con Aquel que nos toca, nos mueve, nos inquieta y estimula a escribir como si fuéramos niños que escribimos garabatos, tratando de dejar un mensaje, que lo único que nos interesa es revelarlo, aún sabiendo que Él es un ser tan insondable, que las palabras son insuficientes para decir todo lo que deseamos declarar acerca de Él.

Espero en Dios que estas breves meditaciones te iluminen, te inspiren y te motiven a mirar más allá de lo temporal, y puedas tener una vislumbre de la Persona más bella y gloriosa que jamás tu mente y la mía puedan tener aquí en la tierra: nuestro amado Jesús. *"Porque en Él vivimos, y nos movemos, y somos..."* (Hechos 17:28).

Manuel Fernández
Ministro de Jesucristo
Miami, Florida

"Esta concientización de la vida interior con Dios es el corazón de la verdadera religión; fallar ahí es perder de vista la única razón de la experiencia religiosa".

CAPÍTULO 1

INDESCRIPTIBLE: SIN PALABRAS SUFICIENTES

"...en tu presencia hay plenitud de gozo;
delicias a tu diestra para siempre"
(Salmos 16:11)

El lenguaje es uno de los medios más efectivos para comunicarnos. Sin embargo, el lenguaje humano es imperfecto e insuficiente para comunicar todo lo que sentimos en nuestro ser. La realidad que vivimos, sea ésta espiritual, física o emocional, no cambia de ninguna forma por el hecho de que no podemos expresarla con palabras. ¿Podemos decir todo lo que sentimos cuando nos duele el alma? ¡No! ¿Explicar todo el efecto del aire que nos rodea y respiramos? ¡No! Algunas cosas sí podemos decir, pero no todas; muchos sentimientos quedan escondidos aún dentro del mejor esfuerzo del lenguaje. Y como si esto fuera poco, también nos encontramos con el grave problema de la semántica, es decir, cómo el oyente o el lector interpreta nuestras palabras. Con esto en mente, prosigamos adelante.

Para mí está muy claro: Dios está muy por encima de nuestro alcance mental. Sin embargo, Él no se esconde de nosotros, Él inquieta nuestras neuronas cerebrales, provocándolas y llevándolas a experimentar su realidad existencial, su eterna presencia.

Nuestro lenguaje, el vehículo para hablar de su presencia, se siente impotente en su esfuerzo de revelarlo. ¿Cómo puede lo finito comunicar lo infinito? No puede... es insuficiente. Y aún en nuestro intento de hacerlo, nos confrontamos con otra realidad: las mentes que leen nuestras palabras y escuchan nuestra voz, no podrán captar ni entender todo lo que decimos por causa de las circunstancias que las afectan, como la edad, la cultura, la educación y la experiencia religiosa.

Por lo tanto, lo que lees en estas páginas, es un simple intento de compartir y reflexionar contigo, aún sabiendo que nuestro lenguaje es incapaz de transmitir todo lo que deseamos. De todas maneras, continúa leyendo; estoy tratando de compartir algo maravilloso contigo, que quizás está escondido en tu inconsciente o quizás lo pensaste alguna vez.

El Creador de nuestra vida, Dios, nuestro Señor Jesucristo, funciona como un imán, siempre atrayéndonos hacia Él con una fuerza poderosa e indescriptible. Por cierto, pareciera ser, a veces, como un intruso, pero no lo es, ya que esa es la función principal que sostiene con sus amadas criaturas. Él tiene el derecho de hacerlo así, porque Él mismo nos creó. Él sabe que solamente Él puede llenar todo nuestro ser y satisfacerlo completamente. Todo lo demás fuera de Él (y existen muchas cosas valiosas y buenas) son solamente aperitivos para la máxima experiencia... la unión con Él.

Su presencia es misteriosa para nuestra mente, porque usa algunos métodos incomprensibles para nosotros; no lo podemos explicar, pero ahí está Él. Cuando nuestro ser finalmente se da cuenta de la presencia divina, reconoce algo fuera de lo normal acercándose, aunque al principio no sepamos quién es y cuáles son sus intenciones. Las imágenes que percibimos de Él varían de un ser humano a otro, pero existe una que es la suprema. Pasemos a analizarla.

DESCUBRIMIENTO INESPERADO:
UNA PERSONA ENCANTADORA

Es increíble; cuando Cristo se acerca a nosotros, reconocemos una realidad: Él es una Persona, de lo contrario no podría comunicarse con nosotros. Nosotros fuimos creados para responder más plenamente a personas, no a instituciones ni a tradiciones religiosas, ni a conceptos ni a dogmas o formas exteriores, ya que éstas son creaciones del ser humano.

Nuestra genética "ADN" responde mejor a otro ser, más cuando el otro ser es un Ser supremo, sublime, acogedor y poderoso, que está por encima de todo lo que habíamos conocido antes. Es como descubrir otra **Vida** dentro de nuestra corta vida, otro **Ser** dentro de nuestro ser temporal. ¡Esto sí es fascinante! Fascinante no es exactamente lo que quiero decir; es mucho más que esto... Me faltan palabras.

461

Aclaremos un poco más. Este descubrimiento del cual estamos hablando no es meramente una experiencia intelectual/racional; está muy lejos de ser producto de una inteligencia, un libro, de una investigación; es mucho más que esto. Me explico: tú y yo reaccionamos mejor cuando somos tratados de corazón a corazón, de una persona a otra persona, es decir, somos tocados profundamente a través de sentimientos que se proyectan hacia nosotros. Esto es exactamente lo que Dios usa, despierta nuestros sentimientos con Sus sentimientos, toca nuestro ser con su Ser de amor, compasión, misericordia y ternura. Estas virtudes divinas nos enternecen, nos amarran y nos transforman, creando en nosotros una ansiedad por Él que cada vez se vuelve más y más grande. Una vez que entramos en este círculo divino, creado por el mismo Dios, nuestras cosas personales van perdiendo su gusto, y ya no las deseamos como antes.

Alguien que vivió esta experiencia (Dietrich Bonhoeffer, 1906-1945), en medio de una terrible confusión política, social y religiosa, que finalmente fue encarcelado y ahorcado por su fe, lo expresó así:

"Una verdad, una doctrina, o una religión, no necesitan un espacio para ellos. Son entidades sin cuerpo. Son escuchadas, aprendidas y comprendidas, y eso es todo. Pero el encarnado Hijo de Dios necesita no solamente oídos o corazones, sino hombres vivientes que lo sigan. Por esa razón, Él llamó a sus discípulos a seguirlo literalmente, y así pudo hacer de su relación con ellos una realidad visible. Esa comunión con ellos fue fundada y sostenida por el mismo Jesús, el Señor encarnado". [1]

Exactamente así es: nuestro Dios busca personas para relacionarse con ellas, y nosotros a la vez nos identificamos mejor así. Él es una Persona de relación, pero no con cosas externas, sino con el alma, el ser. Para muchos que buscan una fe funcional, este hecho parece ser insignificante y sin valor, pero no es así; este es el fundamento de toda experiencia de fe genuina. No tener esta realidad en el alma es lo que mantiene a muchos religiosos espiritualmente débiles, confundidos e inservibles para Dios, aún en medio de los hábitos religiosos.

Algunos han concluido que el factor que más se opone a Dios siempre ha sido la misma religión, y tienen razón. La religión debiera conducirnos solamente hacia Dios y a su Hijo Jesucristo, pero a veces hace lo contrario; como se practica hoy nos conduce hacia las cosas exteriores, lo que hacemos y tenemos, hacia nosotros mismos. Y esto no sirve. Dios se propone eliminar esta condición, y lo hace mediante una revelación de su presencia en nuestra vida. Algunos ejemplos bíblicos de esto serían Isaías (Isaías 6:1-7), Nicodemo (Juan 3:1-21, y Pablo (Filipenses 3:3-14). ¡Cómo cambiaron ellos!

Otro punto importante: Nosotros, los creyentes, pensamos a veces que nuestra oración, meditación, estudio, adoración o ayuno, son los que nos acercan a Dios. La verdad es que no es así, *ellos son solamente instrumentos de preparación para recibir,* no para iniciar. El Cristo viviente es siempre el iniciador, el Dios que se acerca, tocando, hablando, llamando, amando, iluminando en las tinieblas. Es constante e insistente: *"He aquí, yo estoy a la puerta y llamo."* (Apocalipsis 3:20). Su intento de relación es continuo, segundo tras segundo, hora por hora, día por día, mes por mes, año por año, toda la vida. Desafortunadamente muchos pasan por esta vida y no se percatan de esto... ¡Qué pobre sensibilidad!

A veces su encuentro con nosotros parece ser momentáneo o quizás por corto tiempo, porque la vida continúa con sus compromisos personales, familiares, sociales, religiosos, etc.; estas cosas pueden aparentar alejar su Presencia, oscurecer su Luz o disminuir el sonido de su Voz; pero ahí está Él, presente, aún cuando se disipan nuestras mejores experiencias espirituales.

De hecho, esos momentos con Él son íntimos, llenos de emoción y de revelación: *"En tu presencia hay plenitud de gozo; delicias a tu diestra para siempre"* (Salmos 16:11). Esos momentos con Él son tan preciosos que no deseamos perderlos, pero se nos escapan por las actividades de la vida exterior. Pero esto puede ir cambiando a medida a que nos acostumbremos a sentir su presencia cada instante, desde el momento que nos despertamos hasta que nos acostamos, y aún allí, en el sueño, podemos llegar por su gracia al momento en que no existe más separación de su Luz y del suave eco de su Voz.

Esta concientización de la vida interior con Jesucristo es el corazón de la verdadera religión; fallar ahí es perder de vista la única razón de la experiencia religiosa. En tal caso, seríamos cristianos externalistas, moralistas, racionalistas, humanistas, utilizando la religión para nuestros propios intereses. Esta forma de vivir conduce a la muerte, tanto de la persona como la denominación religiosa que promueva eso.

APASIONADO POR CRISTO

Hasta ahora lo que hemos dicho es que Dios, Jesús, nos llama hacia Él, Su Persona, no a cosas externas, sean estas morales o religiosas, aunque los verdaderos creyentes también son morales y religiosos. **Nuestro Señor Jesucristo es el todo y el fin de toda experiencia religiosa. Ni siquiera lo que nosotros consideramos como nuestras mejores experiencias espirituales son relevantes sin Él.**

Recordemos que el gran impedimento entre Dios y nosotros, somos nosotros mismos. El "yo" es el enemigo universal de Dios. Todo lo que sale del ego, por bueno que aparente ser, sigue siendo humano, y ¿qué hay de bueno en lo nuestro? Dicho está: *"...no me verá hombre, y vivirá"* (Éxodo 33:20). Dios se propone destruir toda creación humana, hasta que poco a poco estemos pasivos, tranquilos, humillados, contemplando su eterna gloria, su Hijo Jesucristo. Es por esta razón que Dios vive más activo en nosotros que nosotros en nosotros mismos. Su Espíritu se mueve dentro de nuestro ser con el propósito de crear en nosotros un nuevo enfoque de vida o, mejor dicho, una nueva creación, centrada en Él y para Él.

Alguien inspirado con la belleza y el misterio de la presencia divina, lo expresa así:

¿Por qué es que estás a mi puerta,
con paciencia allí esperando;
que deje de vez en cuando
la puerta de mi alma abierta?
Con tu toque se despierta
la voz tenue a mi conciencia.
Te abro mi residencia,
la puerta de mi mesón.
¡Invades mi corazón con tu divina presencia!
—Allan Machado, pastor

¡Gloria a Dios! Su poderosa Presencia se mueve alrededor de nosotros y en nosotros para Su gloria.

"Oh Señor, gracias por permitirnos expresar estos pensamientos. Es nuestro deseo vivir a tu lado por la eternidad. Llévanos a ti cada vez más, danos el gusto de sentir tu encantadora presencia. Ilumínanos con tu Luz y santifícanos con tu gloria. Amén".

Referencia:
1. Dietrich Bonhoeffer, *The Cost of Discipleship* [El Costo del Discipulado] (New York: Touchstone, 1959), p. 248.

> *"Lo único nuevo que existe y cada vez es más novedoso, lleno de frescura, es nuestro Señor Jesús; el resto, lo nuestro, es lo mismo de siempre, la misma historia".*
>
> **—Nelson Bernal**

CAPÍTULO 2

PREPARACIÓN PARA RECIBIR SU PRESENCIA

*"Calla en la presencia de Jehová el Señor,
porque el día de Jehová está cercano..."*
(Sofonías 1:7)
"Estad quietos, y conoced que soy yo Dios..."
(Salmos 46:10)

E xplicar con palabras la presencia divina no es una tarea fácil para nadie, ni aun para el más brillante erudito del idioma. El apóstol Pablo lo explica así:

"Ahora vemos por espejo, oscuramente; mas entonces veremos cara a cara. Ahora conozco en parte; pero entonces conoceré como fui conocido" (1ª Corintios 13:12).

Para presentar a Dios, las palabras humanas son insuficientes. Si por casualidad estas palabras que lees llegaran a desarrollar en ti una sensibilidad más consciente de *Su Presencia*, considéralo un *milagro de su gracia*, porque no pudo haber sido de esta pobre escritura. ¡Sólo a Él sea la gloria!

LA PREPARACIÓN DE DIOS PARA HACER SU ACTO DE PRESENCIA

Muchas veces pensamos que somos nosotros que iniciamos el interés para conocer a Dios, a Jesucristo. Pero es todo al revés; Jesucristo es iniciador, el que nos busca. ¿Por qué razón? Porque es Él quien primero nos ama entrañablemente y anhela revelarse a nosotros. **El que ama es el que siempre inicia el encuentro.** Él anhela que tú y yo vivamos conscientes de su eterna presencia cada momento. Él vive activo tratando de darnos una vislumbre de su gloriosa manifestación.

Cuando Jesucristo finalmente logra crear en nosotros la sensación de su presencia, una cosa es segura: Él llega a nuestra conciencia sin usar la violencia, la fuerza, el temor o la intimidación. Lo que usa siempre es su perfecto amor, lleno de paz, de seguridad y reposo. Esta sensación de su amor se crea en nuestro corazón por su Espíritu (Romanos 5:5), quien puede llenar y satisfacer nuestra alma más que cualquiera otra cosa creada.

Nosotros no hacemos nada para recibir a Dios, es obra exclusiva de su poder. Es Él quien crea el ambiente y las circunstancias para manifestar su eterna gloria dentro de nosotros, así como lo hizo en la misma creación de la tierra:

"Y la tierra estaba desordenada y vacía, y las tinieblas estaban sobre la faz del abismo, y el Espíritu de Dios se movía sobre la faz de las aguas" (Génesis 1:2).

Existe un intruso entre Dios y nosotros, y el pecado es el intruso; el pecado fue quien creó el caos o el abismo en la privacidad de nuestro sagrado santuario, el corazón. Desde entonces nuestro ser vive *"desordenado y vacío"*, lleno de *tinieblas*. Tal descomposición tiene que ser arreglada para que podamos experimentar una vislumbre de la agradable presencia divina.

La primera obra que Dios realiza para comenzar a arreglar el caos que produjo el pecado es: crear soledad, quietud, reposo y silencio.

> *"Estad quietos, y conoced que yo soy Dios..."*
> (Salmos 46:10)

La presencia divina es muy selectiva, no se encuentra mucho en el movimiento, el ruido, en el escándalo ni en la bulla, porque la mente humana no puede escuchar, atender ni apreciar bien en tales circunstancias. En esa situación nos sentimos desubicados, distraídos, desorientados y fastidiados.

Dios sabe eso muy bien. Por esa razón sacó a Moisés de Egipto y lo llevó a tierra desierta, a Madián, durante cuarenta años. Allí, fuera de la ciudad, lejos de la pompa humana y las multitudes, aislado en las montañas de Horeb, pastoreando ovejas, ahora Dios podía captar su atención. Moisés quizás pensaba que era él quien se conducía, pero en realidad era Dios quien creó las circunstancias para encontrarse con Él y revelarle su gloria y poder (Éxodo. 2:15;3:1-6). Es así como Dios trabaja.

El ruido, el apresuramiento y las grandes multitudes caracterizan nuestra sociedad. Los vehículos, la televisión, la radio, el teléfono, los teléfonos móviles, consolas y los ordenadores nos han beneficiado por un lado, pero a su vez nos han hecho dos grandes males: interrumpido la relación en la familia y, la peor de todas, nos han desconectado de la Fuente de la Vida, de Dios. No hay tiempo para escucharlo, ni para mirar al cielo y contemplar las estrellas, mucho menos para detenernos a contemplar su rostro, reflejado en la vida de su amado Hijo Jesucristo.

Déjame explicarme mejor. Las cosas exteriores, sin dejar de ser un grave problema para sentir la presencia de Dios, no son las peores. La intranquilidad interior, la que está sucediendo dentro del alma, constituye el peor obstáculo para sentir la presencia del Amante visitante. Nuestra alma vive ansiosa, temerosa, inconforme, insegura y distraída por mil cosas. **Es allí precisamente, en las partes más profundas de nuestro ser, donde Él tiene que llegar y trabajar para crear quietud, reposo y silencio.**

Cuando estamos callados es cuando estamos más sensibles para escucharlo, contemplarlo, conocerlo y sentirlo. Esta sensación puede llegar en un culto, meditando en medio de la naturaleza o cuando estudiamos su Palabra. También puede llegar cuando pasamos por un fracaso, una enfermedad, una crisis o una tragedia. Allí nos sentimos impotentes. No sabemos ni entendemos. No podemos hacer nada. Pero en un momento inesperado, un silencio misterioso llega a nuestra alma. Nos sentimos envueltos en una sublime presencia. Un amigo experimentó algo parecido y lo describe así:

"Él habla, y lo he podido casi sentir, como una brisa leve sobre mí, como una calma que no se puede explicar".

En este silencio divino existe reposo, calma e iluminación. Ahora sí estamos listos para escuchar su Voz y gustar su amorosa presencia. Y en este inexplicable silencio, llegamos a una definida conclusión: ¡Alguien nos acompaña! ¡Alguien está muy cerca! ¡Alguien nos ama! ¡Alguien nos entiende! ¡Alguien nos abraza! Ahora entendemos. Las cosas comienzan a cambiar. ¡Llegó Dios, llegó Jesús! Sí, llegó Él. Pero Él siempre estaba allí; antes no lo sabíamos por la oscuridad que existía en nuestro mundo privado. Lo que nos espera ahora en su acogedora manifestación es superior a todo lo que hemos vivido anteriormente.

La segunda obra de Dios: Él crea ansiedad.
"Mi alma tiene sed de Dios, del Dios vivo...".
(Salmos 42:2)

Sin darnos cuenta, Dios despierta un profundo deseo en nosotros por algo que no sabemos lo que es al principio, pero que poco a poco comenzamos a notar algo nuevo e increíble. Por ejemplo: *Si en algún momento comienzas a sentir que nada te satisface en este mundo ni aun en la misma práctica religiosa, esta es una indicación de que Dios está iniciando y creando algo nuevo en tu vida... la ansiedad por lo Eterno.*

¿Cómo fue que Dios comenzó a crear en mi la ansiedad por lo eterno? (Deseo aclarar que Dios obra diferente en cada caso; mi caso es único, así será el tuyo también).

Yo tenía aproximadamente 28 años de edad cuando se inició en mí una angustia espiritual incomprensible (y era pastor de iglesia). Tenía depresión, inseguridad, vacíos, y buscaba la respuesta a la ansiedad de mi alma en muchas cosas. No entendía lo que me pasaba, pero poco a poco Dios comenzó a abrir mi entendimiento a su realidad. En un momento inesperado, Dios trajo a mi vida a la Sra. Sonia Cabán, de 78 años de edad. A través de esta piadosa cristiana (que no sabía leer ni escribir), y por libros devocionales recomendados (entre ellos, mi favorito, *En Pos de lo Supremo*), Dios me dio una vislumbre de su gloria antes desconocida para mí. Así fue como comenzó mi ansiedad por lo eterno. De eso hace 28 años ya, y ahora está más claro y definido que antes. Es hambre y sed sin fin... *Jesucristo llega a ser la ansiedad suprema; su vida, su muerte y resurrección, la razón de la vida espiritual.*

Dios brega con todo lo nuestro para lograr su fin. Lo pasajero y lo temporal comienzan a perder el atractivo que antes tenían. No es que abandonamos o despreciamos las cosas, sino que están en una prioridad distinta e inferior. Ahora descubrimos el supremo deseo: a Jesucristo, el Eterno Dios es nuestra ansiedad; nada de este mundo, ni aún nuestras cosas nos preocupan tanto como antes. Es una esfera sublime e incomprensible para el hombre común o natural. Esta experiencia sobrenatural fue expresada así por alguien:

"Su Vida es nuestra verdadera vida, su Amor es nuestro amor, su Gozo es nuestro gozo, su Paz es nuestra paz, sus Cargas son nues-

tras cargas, su Voluntad es nuestra voluntad. Nuestro yo queda vacío en Dios, y Dios lo llena todo". [1]

Nada es obra nuestra, es el Espíritu de Cristo el creador de estos sentimientos. Es una obra misteriosa. Él vive trabajando, moviéndose, creando en nosotros el deseo por algo mejor, y lo mejor de lo mejor es siempre la presencia viviente de Jesús en nuestra vida. El Salmista tenía razón cuando exclamó:

"¿A quién tengo yo en los cielos sino a ti? Y fuera de ti nada deseo en la tierra" (Salmos 73:25).

¡Qué increíble descubrimiento expresa el pensamiento anterior! ¡Cómo cambia Dios nuestros deseos y valores! Él pone todo en un perfecto orden.

Mientras conversaba con un íntimo amigo que ama mucho a Jesús, me dijo una tremenda verdad que quiero dejar contigo al concluir esta breve meditación:

"Lo único nuevo que existe y cada vez es más novedoso, lleno de frescura, es nuestro Señor Jesús; el resto, lo nuestro, es lo mismo de siempre, la misma historia". [2]

¿Sientes el Espíritu de Cristo moviéndose en ti? Espero en Dios que sí.

"Oh Señor, te agradecemos tanto por quitar los ruidos y eliminar las tinieblas de nuestro corazón. Continúa allí, hasta que nuestros ojos finalmente puedan verte cara a cara. Amén".

Referencias:

1. Thomas R. Kelly, *A Testament of Devotion* [Un Testamento de Devoción] (New York: Harper & Brothers, 1941), p. 31.
2. Nelson Bernal, periodista, artista comercial, y un fiel discípulo de Cristo.

"*A medida que Jesús, el Sol resplandeciente de la mañana va penetrando nuestro corazón, las pequeñas luces de nuestro activo, orgulloso y egoísta interior van desapareciendo, mientras el Sol de Justicia continúa alumbrando nuestro ser*".

CAPÍTULO 3

EL RESULTADO DE SU PRESENCIA

"Respondió Jesús, y le dijo: El que me ama, mi palabra guardará; y mi Padre le amará, y vendremos a él, y haremos morada con él"
(Juan 14:23)

GUSTAR A DIOS Y A SU HIJO JESUCRITO es la experiencia más fascinante, emocionante y poderosa que jamás nos pueda ocurrir a ti y a mí en esta tierra. Nada, absolutamente nada, puede superarlo. Es como si nosotros saliéramos de este planeta al espacio, y allí descubrimos que el universo es mucho más grande de lo que nosotros nos imaginábamos; simplemente nuestro pequeño cerebro no puede abarcar su grandeza.

Así es Dios. No hay palabra para describirlo; pero no importa, seguimos tratando, pues es mejor decir algo acerca de Él, que callar y no decir nada.

EL RESULTADO DE SU PRESENCIA

Cuando nuestro Visitante Divino, Jesús, finalmente penetra en nuestro corazón, los resultados en nosotros son explosivos. Aunque a veces no lleguemos a decir nada, en nuestro interior están sucediendo muchas cosas maravillosas como, por ejemplo: alabanza, adoración, sumisión, gozo, gratitud, confianza, quietud y silencio.

Alguien lo describió así:

"¡Qué precioso Salvador es Jesús! Seguridad, auxilio, confianza y paz hay en Él. Es el disipador de todas nuestras dudas, la prenda de todas nuestras esperanzas. Jesús es la plenitud de nuestras expectativas. Es la melodía de nuestros himnos, la sombra de una gran roca en el desierto. Es el agua viva para el alma sedienta. Es nuestro refugio en la tempestad. Nuestra justicia, nuestra santificación, nuestra redención". [1]

472

Vislumbres de Su Divina Presencia

Esta experiencia con el glorioso Jesucristo es fácil obtenerla y es accesible para todos, tanto para el pobre como para el rico, el educado y el analfabeto, el profesional como el trabajador común, el clero como para el feligrés, para el niño, el joven, el adulto y el anciano. No hay excepción de personas. Cualquiera puede gustar al máximo esta experiencia gloriosa con Él. Esta es la constante invitación: *"A todos los sedientos: Venid a las aguas..."* (Isaías 55:1).

Entre tantos resultados maravillosos que nos ocurren con la llegada de nuestro inesperado Huésped de Honor, hay varios que es importante describirlos y entenderlos, por lo menos saber que son parte de la experiencia con Él. Habrá otros resultados que nunca seremos conscientes de ellos, aunque estarán sucediendo; Dios desea mantenerlos ocultos a nuestro entendimiento por razones que no sabemos.

Cuando finalmente el glorioso Jesús penetra en nuestra vida, Él tiene para nosotros propósitos muy definidos, de los cuales no sabemos nada al principio. Él no nos revela todas sus intenciones, pues nuestra mente no está preparada en ese momento. Es poco a poco que su Espíritu comienza a darnos una vislumbre de sus objetivos. Una cosa es muy cierta, su amor, con el cual nos conquista, no pide nada para sí mismo, pues Él no necesita nada, todo sucede para nuestro propio bienestar.

Nuestra experiencia con Dios es misteriosa; se podría explicar un poco usando esta ilustración: Si nos fijamos, durante la noche las estrellas se ven más brillantes; pero a medida que el sol comienza a salir, ellas se van disipando poco a poco hasta que desaparecen. Las estrellas continúan allí y no dejan de brillar; lo que está pasando es que el sol brilla mucho más que las estrellas, porque el sol está más cercano a nosotros que las estrellas. Algo parecido sucede en la vida espiritual.

A medida que Jesús, el Sol resplandeciente de la mañana, va penetrando en nuestro corazón, las pequeñas luces de nuestro activo, orgulloso y egoísta interior van desapareciendo, escondiéndose a medida que el Sol de Justicia continúa alumbrando nuestro ser. Y así la concentración en nuestras cosas va perdiendo su efecto, su atractivo, su brillantez. Pero es algo que no captamos de un todo al principio.

En realidad, la llegada de la presencia divina produce un resultado inesperado, que comenzamos a comprender a medida que nos relacionamos más íntimamente con Él. Pareciera ser que tiene dos facetas: por un lado corta y por el otro une, por un lado hiere y por el otro sana, por un lado destruye y por el otro construye, por un lado mata y por el otro vivifica (véase Hebreos 4:12-13). ¡Qué dilema! Tratemos de explicarlo mejor.

Desde el momento que nacimos, nuestro ser ha creído que somos nosotros el centro del universo, y todo lo que vemos y tocamos es nuestro. Y todo lo que escuchamos y nos rodea, nos conduce a esa distorsionada dirección. Y así continuamos creyendo, consciente o inconscientemente, que somos nosotros los sabios, los poderosos, los creadores de todo lo que tenemos y somos. Así vivimos, hasta que llega la intervención divina. Allí comienza el inesperado cambio. Dios rompe todos nuestros apreciados esquemas, lo que pensábamos, hacíamos y conseguíamos.

Ahora nuestra agenda cambia. Nuestro programa cambia. Miramos nuestras cosas y sentimos vergüenza; eran tonterías, vanidad, pérdida de tiempo y gasto de energía mental sin sentido. Y tristemente, en este proceso, ¡cuánto daño nos hicimos a nosotros mismos y a otros! ¡Qué horror! ¡Cuán opuestas eran nuestras motivaciones en contraste con sus motivaciones!

Es un nuevo amanecer. En esta estrecha unión con el Dador de la vida, descubrimos también que ya no somos inteligentes o ignorantes, modernos o anticuados, conservadores o liberales, rudos o cultos, blancos o negros. Ante esa majestuosa presencia somos todos simplemente hombres y mujeres pecadores, necesitados de un Salvador, Jesús. Además, las cosas materiales dejan de ser nuestros señores, y nuestra meta en la vida llega a ser otra; lo que realmente deseamos hacer es agradar siempre a Jesús y hacer su voluntad.

Estos cambios son difíciles de entender y explicar con palabras, pero no hay necesidad de hablar mucho, nuestra vida será el mejor argumento para los incrédulos.

Es una realidad; a medida que nos vamos ahogando en el mar de su inmenso amor, nos encontraremos en compañía de pocas personas, porque las multitudes, mundanas y religiosas, prefieren estar en otras aguas, no en las aguas de vida de nuestro Señor Jesucristo.

Algunos que han llegado a esta profunda experiencia divina, lo explican así...

—El apóstol Pablo (decapitado por su fe en Cristo):

"Con Cristo estoy juntamente crucificado, y ya no vivo yo, mas vive Cristo en mí; y lo que ahora vivo en la carne, lo vivo en la fe del

Hijo de Dios, el cual me amó y se entregó a sí mismo por mí" (Gálatas 2:20).

—Jeanne Guyon (encarcelada por su fe en Cristo, Grenoble, Francia, 1685):

"Amado lector, existen, en realidad, solo dos verdades: el Todo y la Nada. Todo lo demás es una mentira. Dios es Todo; usted es nada."[2]

Estimado viajante de la fe: En este proceso de experimentar las profundidades de su presencia, pasaremos a veces por el camino de confusión, de preguntas, de dolor o quizás derramaremos lágrimas. Pero no tengamos miedo. El buen Pastor nos está guiando pacientemente y nos conducirá a pastos verdes y aguas cristalinas... "y nada nos faltará" (Salmos 23).

Con lo dicho ya, entendemos un poco lo que Jesús pretende hacer con nosotros: se propone destruir las murallas protectoras de nuestro castillo interno y conquistarlo, para establecer en nosotros su Reino Eterno. ¿Suena raro? Pero así es... **más de Jesús, menos de nosotros.** Créeme, esto es lo mejor que nos puede estar pasando en esta vida. ¡Qué bendición! ¡Bienvenido seas a mi corazón Jesús!

"Oh mi Dios, déjame ser totalmente tuyo. Déjame amarte completamente, porque tú eres infinitamente maravilloso.

Oh mi Dios, ¡sé mi todo! Haz que todo lo demás sea nada para mí" (Jeanne Guyon).

Referencias:

1. Elena White, *Reflejemos a Jesús* (Matutina 1985), pág.13.
2. Geanne Guyon, *Experimente las profundidades de Jesucristo*, (Buenos Aires, Argentina: Editorial Peniel, 2011), pág. 92

Tenemos que llegar a Dios desnudos, sin ninguna pretensión, deseando solamente a Jesús. Y esto es exactamente lo que a Dios le toca lograr en nosotros.

CAPÍTULO 4

LAS PROFUNDIDADES DE SU PRESENCIA

*"¡Oh, si también tu conocieses, a lo menos en este tu día,
lo que es para tu paz! Mas ahora está encubierto de tus ojos"*
(Lucas 19:42)

¿Cuán profundo podemos llegar en la presencia con nuestro amado Jesús? ¡No existe límite! Es aún más profundo de lo que se podría desear o expresar.

El escritor devocional Oswald Chambers (1874-1917), quien tuvo el privilegio de gustar una amistad muy notable con Jesús, lo expresa así en su breve poema:

LO MEJOR
(Londres, 29 diciembre 1893)

Más cerca que del hogar más apreciado,
Más cerca que de lo más cercano,
Más cerca que la respiración,
Más cerca que la muerte,
Es la dulzura del Espíritu de Jesús.

Más querido que todo lo más cercano,
Más querido que todo lo más querido,
Más querido que la vista,
Más querido que la luz,
Es la comunión con Jesús.[1]

Hablar de profundidad espiritual es hablar de algo muy poco conocido en la cristiandad de hoy. Existen muy pocas personas que modelan características de la verdadera piedad, como tampoco encontramos mucha literatura sobre este importante tema. Esta situación es obvia, el cristianismo de hoy se ha vuelto muy superficial y artificial, causando pobreza espiritual por todas partes.

Pero a pesar de la crisis espiritual que nos toca vivir, Dios, quien nos ama mucho, vive buscando personas que desean resucitar de la muerte espiritual y anhelan una relación profunda con Él. Todo lo bueno y permanente tiene su alto precio, y lograr profundidad espiritual requiere cambios muy definidos y algunos dolorosos. Estos cambios no vendrán sin resistencia de nuestra mente carnal, y sin ataques del feroz enemigo de nuestra alma; pero no hay que temer, el poderoso Jesús nos acompaña: *"...y he aquí, yo estoy con vosotros todos los días, hasta el fin del mundo"* (Mateo 28:20). Si estamos en serio con Dios, y de verdad deseamos su presencia y desarrollar una relación íntima con Él, Él no cesará hasta que lleguemos a esa unión cercana y gloriosa con Él.

Ahora, para que Dios pueda llevarnos a una relación más profunda con Él, necesita realizar varios quebrantamientos en nosotros. A continuación mencionamos dos de ellos:

EL QUEBRANTAMIENTO RELIGIOSO

Dios conoce cuán confiados somos en nuestras cosas, y especialmente con nuestra tradición religiosa, y es este apegamiento que pone en grave peligro nuestra intimidad con Él.

El razonamiento, la aceptación intelectual de las doctrinas, crea una plataforma engañosa, que nunca ha sido ni es la base de la experiencia genuina de la fe. Espiritualidad es y siempre será una compenetración con la realidad de Jesucristo, donde el alma está entregada en adoración, sumisión y obediencia a Él.

La historia de la religión es la historia del desesperado deseo del hombre de tener un intermediario: un rey, un sacerdote, un pastor, una iglesia, algo que nos represente delante de Dios. No importa si éste es una persona o algo que nosotros hacemos o tenemos, pero nada de esto sirve. **Tenemos que llegar a Dios desnudos, sin ninguna pretensión, deseando solamente a Jesús. Y esto es exactamente lo que a Dios le toca lograr en nosotros.** Su presencia tiene que romper nuestros "acariciados ídolos religiosos", esos grandes obstáculos. ¡Oh, cómo anhela Él que veamos su luz!

Tristemente, en el pasado los escribas y fariseos no le dieron cabida a Jesús (Lucas 19:42). En el presente también las formas, los conceptos, los símbolos y los credos nos impiden abrir nuestros ojos a Él. Todo en la religión es transitorio y cambiante, excepto Jesús. Él es la vida, la luz y el todo de la religión. **La confianza religiosa produce oscuridad y esclavitud, mientras la confianza en Él produce claridad y libertad.** ¡Oh, cómo desea Él ocupar todo nuestro corazón!

Se podría ilustrar así, como si Jesús llegara a nuestra casa y solamente le damos la bienvenida en nuestra sala; pero Él también desea entrar en el comedor, la cocina, en el salón familiar, en los dormitorios, y especialmente en nuestra habitación privada. Entrar en cada uno de nuestros lugares privados toma tiempo, pero si le damos permiso a entrar, ¡qué bendición será para nosotros!, y nuestra experiencia con Él será mucho más profunda y hermosa que la que vivíamos antes cuando éramos meramente profesos cristianos.

La religión exterior tiene que llegar ser religión interior para que sea buena y efectiva. Alguien lo aclaró muy bien cuando al definir "religión" dijo:

"Religión significa la morada de Cristo en el corazón, y donde Él está, el alma camina en actividades espirituales, siempre creciendo en gracia, siempre subiendo hacia la perfección".[2]

Amar nuestra religión no tiene ningún valor espiritual, pero amar a Jesucristo sí lo tiene, porque es lo único que tiene importancia a la vista de Dios. Y es allí, en la Fuente inagotable de Jesús, donde precisamente Él se propone llevarnos y mantenernos si no resistimos al quebrantamiento religioso.

QUEBRANTAMIENTO A TRAVÉS DEL SUFRIMIENTO

Ésta sí es un área difícil de entender y aceptar. Al sufrimiento siempre le huimos. Nadie desea sufrir, está en contra de nuestro instinto natural. ¿Qué es lo que no hacemos para evitar sufrir?... cualquier cosa que sea necesaria.

Pero, por más que lo evitemos, el sufrimiento nos visita en cualquier momento, sin excepción de personas. Llega a nosotros cuando menos lo pensamos. Puede llegar a través de una enfermedad, un accidente, un ataque personal inmerecido, pérdida de dinero, un vicio, una traición, un divorcio, un hijo descarriado, o la muerte. En fin, llega a nosotros en todos los tipos, tamaños y en cualquier lugar. No podemos escapar de ello.

El sufrimiento, cuando llega, nos enfrenta con una increíble realidad: somos vulnerables, somos impotentes, somos frágiles, somos de carne y hueso, no somos dioses, ni podemos controlar todo. Una cosa es muy cierta, desde el momento que comenzamos a sufrir, desde ese mismo momento no somos la misma persona de antes. Para bien o para mal, somos cambiados.

Pero hay algo que debemos tener muy claro: *Dios no creó el sufrimiento, pero si lo permite.* Cuando sufrimos, Él se compadece de nosotros, y se aprovecha para acercarse y demostrarnos, de una forma u otra, que está con nosotros. Esta conocida frase es una gran verdad: *"El sufrimiento es la oportunidad de Dios".*

Cuando sufrimos es como si llegáramos a un desierto. Pensamos que nos vamos a morir, nos sentimos solos, sin rumbo, sin agua y sin comida. No hay salida, la muerte nos espera. Es desesperante... Y es allí, precisamente, en esta situación, cuando la presencia de Dios se hace más visible y real en nuestra vida. Cuán cierto es: *"Yo te conocí en el desierto [en soledad del sufrimiento], en tierra seca"* (Óseas 13:5).

Muchos sabemos que las personas que han tenido una estrecha y profunda relación con Dios, es porque han pasado por tremendas dificultades y sufrimientos. Ejemplos: Moisés, David, Isaías, Jeremías, Pablo, Juan el Bautista, Martín Lutero, Elena White, Dwight L. Moody, Charles H. Spurgeon, Oswald Chambers, Corrie Ten Boom, Dietrich Bonhoeffer. Existen muchos ejemplos más, pero hay uno que supera a todos: el incomparable JESÚS. *"...varón de dolores y experimentado en quebranto..."* (Isaías 53:3).

El sufrimiento es una escuela para Dios, un lugar de encuentro, de profunda intimidad, donde el alma se vuelve más sensible y más grande para recibir lo más sublime: la presencia iluminada de Jesús, con una gloria mucho más maravillosa de la que antes conocíamos. Ahora, en vez de ser destruidos por el sufrimiento, éste nos abre una ventana gloriosa de vida, llena de aprendizaje, gratitud, de paz, de amor, humildad, sencillez. Nuestro espíritu impulsivo, carnal, orgulloso, dominador, presuntuoso, egoísta, comienza a ser reemplazado por el espíritu abnegado y humilde de Jesús.

Por supuesto, no todos llegamos a experimentar esos cambios auténticos inmediatamente. Algunos lo experimentan durante la tormenta del dolor y otros al final de ella o después de un largo tiempo. Lamentablemente existen personas que en vez de volverse sensibles a Dios cuando sufren, se endurecen y cierran sus almas a Él. Aquellos que se tornan sensibles al toque de Jesús y le nacen los frutos divinos son de verdad bienaventurados. Pero ellos no serán conscientes de los frutos, el Espíritu Santo los mantiene ocultos; los que lo notan son los demás. Los árboles dan sus frutos a su tiempo y las gentes se benefician, pero no viven conscientes de ellos. Así es la obra de Dios en nosotros.

Ser cristiano es una experiencia preciosa con el Cristo viviente; antes lo conocíamos por información, de oídos, por doctrinas religiosas solamente. Ahora sí tenemos una experiencia que contar, no una teoría para dar. Se produce un cambio de enfoque: de pérdida a ganancia, de tinieblas a la luz, de religión a la relación, de información a la contemplación, de superficial a lo profundo, de nosotros a Él, de muerte a la Vida.

"Oh Señor, no te pedimos que nos evites sufrir. Pero sí te pedimos que nos muestres el camino del Calvario, donde aprendamos a verte, amarte y servirte. Gracias por tu ayuda en el quebrantamiento. ¡Cuánto aprendemos a través de ti! Gracias por tu presencia en cada momento, en las buenas o en las malas Tú siempre estás allí. Gracias por todo. Amén".

Referencias:

1. David McCasland, *Oswald Chambers: Abandoned to God* [Abandonado a Dios] (Grand Rapids: Discovery House Publishers, 1993), págs. 295, 296.
2. Elena G. de White, Review and Herald, Mayo 24, 1892.

"Dios desea que vayamos a la Biblia con una actitud de meditación, dejando que su inspirador, el Espíritu de Cristo, guíe nuestra mente hacia los misterios escondidos de su persona, sus obras y voluntad. Cuando estemos así, sentiremos la fragancia de la presencia de su Autor".

LOS MEDIOS VISIBLES DE SU PRESENCIA

"...porque lo que de Dios se conoce, les es manifiesto,
pues Dios se lo manifestó"
(Romanos 1:19)

Oh, cómo desearíamos ver cara a cara a nuestro amado Creador y Salvador Jesús! ¡Qué experiencia increíble sería ésta! Qué pena que no podemos verlo todavía, mas un día lo veremos literalmente con nuestros ojos y nos quedaremos saciados completamente; será una experiencia indescriptible con toda seguridad.

Aunque es cierto que no podemos verlo todavía, existen algunas cosas que nos permiten sentir su presencia en forma concreta y real. Mencionaremos brevemente tres de ellas, las cuales podemos tocar con nuestras manos, ver con nuestros ojos y sentir los efectos de su presencia en forma real y maravillosa.

Por supuesto que no adoramos estas cosas, adoramos a Dios solamente. Ellas son únicamente regalos de su amor, que nos sirven de inspiración y de gozo hasta que finalmente lleguemos a verlo personalmente.

LA NATURALEZA
"Los cielos cuentan la gloria de Dios, y el firmamento anuncia la obra de sus manos" (Salmos 19:1).

¿Acaso no quedamos extasiados al contemplar un hermoso atardecer con sus matices de variados colores? ¿O La belleza de una flor, o el canto refrescante de un ruiseñor? Desde lo más simple hasta lo más complejo de la naturaleza, todo nos deja impresionados por su belleza, simetría y grandeza, como es el universo bañado de estrellas.

La naturaleza es en verdad un libro de Dios, en el cual podemos ver las maravillas de su poder y su increíble sabiduría, donde existe un orden perfecto, donde cada elemento vive en perfecta armonía con el otro. Con razón, muchos lo han descubierto y reconocido, con el simple acto de contemplar los cielos y la tierra. Las obras de sus manos nos dejan sin palabras; lo único que podemos hacer es postrarnos ante su grandeza y majestad.

Hoy vivimos, la mayoría de nosotros, en grandes ciudades, llenas de edificios, calles de asfalto, carros y ruidos. Ya no vemos un río caudaloso, una hermosa cascada, las aves del campo y la abundante y colorida vegetación. Pero aun en medio de la presente contaminación ambiental, todavía se puede observar la belleza que queda en la naturaleza.

Lamentablemente, el hombre de hoy se ha olvidado del mundo del Creador, por causa de su vida rápida, sobrecargada con su abundante tecnología que lo mantiene casi loco. El alma, en este caso, se siente vacía, insatisfecha, insegura. ¡Oh, si tan sólo pudiéramos levantar nuestros ojos a los cielos, qué diferentes nos sentiríamos!

Si realmente deseas contemplarlo, tienes que parar tu vehículo, colgar el teléfono o el móvil, apagar el ordenador o la televisión, apartarte de la gente, buscar un lugar a solas, contemplar los cielos, y meditar en su creación. De seguro, si hacemos este simple acto, nuestra mente se renovará, entrará en tranquilidad y reposo. Dios anhela darnos un gustazo de su grandeza, de su amor y gracia... pero hay que tomar tiempo y contemplarlo en medio de su creación.

Muchos, en el pasado, pudieron experimentar la dulzura de su presencia al contemplar los cielos y la tierra. Pudieron creer, llegaron a amarlo, y sus vidas fueron transformadas. ¿Qué crees tú, no necesitamos nosotros también hacer lo mismo hoy en día? Hay demasiado incredulidad y alejamiento de Dios en medio nuestro. La naturaleza nos puede ayudar en esta enfermiza condición; de hecho, ella contiene mucha medicina para nuestro debilitado corazón. ¡Funciona muy bien!

LA BIBLIA

"...siendo renacidos, no de simiente corruptible, sino de incorruptible, por la palabra de Dios que vive y permanece para siempre"
(1ª Pedro 1:23)

Realmente, lo que el hombre ha escrito hasta hoy no ha podido transformar el corazón como lo ha hecho la Biblia. Es un hecho, ella es la palabra poderosa y eterna de Dios.

Estamos cansados de los pensamientos humanos. Hasta hoy ¿de qué han servido?... para destruir la mente, desmantelar la sociedad, enfermar la imaginación con imágenes egocéntricas, llenas de avaricia, inmoralidad y vanidad. Lo que el hombre escribe, sin la palabra inspirada de Dios, deja al hombre peor que antes; así son todas las escrituras del hombre natural.

Las Sagradas Escrituras han sido las más odiadas y las más amadas. Odiadas por los incrédulos, y amadas por sus creyentes. Y con razón, es una espada de dos filos, corta por ambos lados. Por un lado, corta el cáncer (el orgullo y el egoísmo), y por el otro abre un surco para sembrar la gracia salvadora de nuestro Señor Jesús (Hebreos 4:12-13). Su obra es increíble. Y tiene que ser así; no es nada menos que la palabra eterna de Dios. Él habló y surgió de la nada lo existente, habló y se hizo el universo, la tierra y todo lo que vemos y tocamos (Génesis 1).

Cuando leemos la Biblia, estamos conectados a la sabiduría más poderosa que jamás podría entrar dentro de nuestro cerebro. Sus pensamientos no son meras doctrinas para creer, sino más bien palabras de vida para vida. Jesús afirmó: *"...las palabras que yo os he hablado son espíritu y son vida"* (Juan 6:63).

La palabra de Dios ha sido demasiado diluida con tantas nuevas adiciones del pensamiento humano. A eso se debe la incredulidad presente y la poca hambre y sed de justicia que existen entre nosotros los cristianos. La mente científica cristiana moderna ha tomado la Biblia como un libro de análisis intelectual, olvidando que ella fue escrita por alguien que está "enamorado de nosotros", que desea conquistar todo nuestro corazón, como un novio que ama a su muchacha. Él no se sentirá tranquilo hasta que haya confrontado y eliminado los otros amantes, nuestros internos ídolos acariciados. Alguien lo expresó muy bien así:

*"La verdad [bíblica] involucra la totalidad del corazón humano y no se satisface hasta conquistar todo en él. La voluntad debe rendir su espada. La exposición de la Biblia sin aplicación moral no produce oposición. Cuando se le hace comprender al hombre que la verdad está en conflicto con su corazón, entonces surge la resistencia. **Mientras la gente pueda oír una verdad ortodoxa divorciada de la vida, asistirán y apoyarán a las iglesias y a las instituciones sin poner objeciones"*.[1]

APASIONADO POR CRISTO

Dios desea que vayamos a la Biblia con una actitud de meditación, dejando que su inspirador, el Espíritu de Cristo, guíe nuestra mente hacia los misterios escondidos de su persona, sus obras y voluntad. Cuando estemos así, sentiremos la fragancia de la presencia de su Autor. Nuestra mente se tornará sensible a su voz y nuestra voluntad presta para obedecer. Con la Biblia en la mano, nos encontramos en un oasis de amor: Jesús y nosotros, nadie más

SUS HIJOS

"Así que, somos embajadores en nombre de Cristo, como si Dios rogase por medio de nosotros; os rogamos en nombre de Cristo: Reconciliaos con Dios" (2ª Corintios 5:20).

Dios tiene muchos medios para revelarse a nosotros, entre ellos están sus tiernos hijos. Él sabe que necesitamos el calor de una mano, el abrazo de un amigo, el sentir de un corazón. Son sus agentes humanos que vienen a nuestro rescate.

La historia está llena de esos instrumentos humanos, quienes nos dan la certeza de su realidad. A través de ellos, Jesús se encarna frente a nosotros. Son personas especiales que reflejan las virtudes de su amor, compasión, ternura y misericordia.

Estos instrumentos humanos, no necesariamente están dentro de las paredes de una iglesia, aunque existen muchos allí. Se encuentran en todas partes. Él se mueve con quien Él quiere. Ellos influyen únicamente por la vivencia divina que poseen, no por el nivel educativo, la posición social, las apariencias físicas ni religiosas. Jesús es la fuente del impacto, nosotros somos sus sombras nada más.

Hay tantos de ellos que son como las estrellas del firmamento. He aquí algunos ejemplos (Tú y yo también podemos ser uno de ellos):

—Betsie Boom (libro leído). Murió desnutrida en un campo de concentración nazi, perdonando y amando a los guardias que la maltrataban.[2]

—Ramona García (conocida). Una anciana y cristiana ferviente de 82 años que, sin mucha educación formal, transmite una sabiduría divina increíble y una compasión humana extraordinaria.

—Nelson Bernal (conocido). Un cristiano saturado de Jesús y lleno de compasión por los que sufren. Cuando falleció de cáncer, su único hijo de 12 años de edad se mantuvo como mirando al Invisible. Hoy sigue declarando con certeza: *"Cuando venga mi Jesús,*

486

saldré corriendo a la tumba de mi hijo, y allí lo abrazaré, y viviremos juntos con nuestro amado Jesús por la eternidad".

Estoy seguro que tú también podrías hacer tu lista. ¡Qué hermoso es saber que Dios se manifiesta a través de nuestra pobre humanidad!

Con lo poco dicho es suficiente para entender esta realidad: **¡Cristo vive!** y está **visible** a través de su creación, **oíble** a través de su Santa Palabra, y **cercano** a través de sus maravillosos hijos.

"Oh Señor, gracias por tu constante presencia en medio nuestro. Gracias por tus instrumentos de amor. Haznos sensibles a Ti. Danos el gusto de sentir tu presencia cada momento. Amén".

Referencias:

1. Aiden W. Tozer, *Renovado Día a Día* (Caparra Terrace, Puerto Rico: Editorial Betania, 1988), 16 de marzo.
2. Corrie Ten Boom, *The Hiding Place* [El Lugar Escondido] (Old Tappan, N.J.: Fleming H. Revell Company, 1974).

"El problema del corazón no lo cambia el intelecto educado, sino un encuentro real con el Cristo resucitado, y eso sucede en la privacidad profunda del alma, sin ayuda exterior; es obra exclusiva del Espíritu de Cristo".

CAPÍTULO 6

EXPERIMENTANDO LA UNIÓN DE SU PRESENCIA

"...a fin de conocerle, y el poder de su resurrección, y la participación de sus padecimientos, llegando a ser semejante a él en su muerte"
(Filipenses 3:10)

¿Cómo es que nos percatamos de la presencia del Invisible? La primera vislumbre que sentimos en nuestro corazón de la presencia del Eterno tiene un origen misterioso e inesperado. Nuestros primeros pasos hacia Jesucristo comienzan con un cambio: Paramos de mirarnos a nosotros y nos fijamos en Jesucristo, y le damos permiso de entrar a nuestra vida. Antes vivíamos bien conscientes de nosotros mismos y nuestros intereses; ahora, como *un milagro*, comenzamos a estar consciente de Él y de sus propósitos. Pero éste es solamente el principio de nuestra jornada hacia Él. El camino es largo, con curvas, con sube y baja, y sin fin; pero cada paso hacia Él vale la pena, porque nos espera un gozo y satisfacción jamás experimentado con las cosas de este mundo.

Recordemos que nuestro deseo de buscarlo y continuar buscándolo es siempre producto de Él mismo. Él despierta el interés en nosotros, no nosotros. Y funciona así: Primero nos da un poquito de Él y luego un poco más, y así continúa hasta que nuestra vida se acostumbra a esa relación estrecha con Él. Pero el grado o el nivel de esa relación con Él siempre lo decidimos nosotros. Dios siempre respeta nuestros deseos y voluntad. Si lo deseamos, podemos llegar, por su gracia y poder, al lugar en que lo único que nos interesa de esta tierra es Él, nadie y nada más.

Ahora bien, ¿qué es lo que Dios se propone al manifestarse a nosotros? ¿Cuál es su meta, hasta donde nos quiere llevar? Para llegar a intimar profundamente con Dios, hay un lugar que necesita llevarnos para disfrutar al máximo de su presencia, y ese lugar es el Calvario.

¿Por qué la cruz de Cristo y no en otro lugar? El Calvario es la escuela preferida de Dios para educar a sus hijos, ya que la muerte de su Hijo en la cruz era el propósito desde su nacimiento (Isaías 53; Juan 12:32-33; Lucas 18:31-33).

Ante la cruz nosotros, como pecadores, quedamos desarmados, no podemos argumentar, defender o cuestionar; quedamos embelesados con tan inmensurable amor, misericordia, condescendencia y sacrificio. En la unión con el Eterno, el Espíritu Santo tiene que conducirnos siempre a través de la pasión de Cristo (Juan 16:13-14), porque es allí donde mejor iniciamos nuestra entrada a las profundidades más gloriosa de su presencia. Es en el Calvario donde se encuentra la manifestación suprema de la presencia y del amor de Dios, y el lugar donde mejor podemos apreciar a Dios y a Jesucristo, y además descubrimos nuestra verdadera condición pecaminosa.

El Calvario es el lugar donde Dios cita al pecador para que comprenda cuánto Él odia el pecado y la consecuencia final del pecado, que es la muerte de su Hijo Jesús por nuestros pecados (Mateo 20:28). Es allí, contemplando la cruz, que Dios ahora nos invita a entregarle nuestros pecados y recibir su perdón, y donde se inicia la restauración de nuestra alma a la semejanza de Dios. Todo, todo lo que es de origen espiritual, se concentra en la vida de Cristo y específicamente en los eventos del Calvario. Es allí donde Dios constantemente tiene que llevarnos y mantenernos para crear conciencia de nuestra gran necesidad de Él.

Nuestra gran admiración del Calvario es precisamente el lugar de nuestra gran humillación. A los pies de la cruz de Cristo, nuestro orgulloso ego no puede permanecer parado, cae al suelo, postrado ante su presencia, **"porque el orgullo y la adoración del yo no pueden florecer en el alma que mantiene frescas en su memoria las escenas del Calvario"**.[1] El fin de la cruz es extinguir nuestro activo ego orgulloso, consciente sólo de sí mismo, y reemplazarlo con la humildad de Cristo, sin afectar nuestra individualidad única con la cual Dios nos creó. Esto es lo que la Biblia llama "salvar". (Véase Mateo 18:11; Marcos 8:35; 1ª Timoteo 1:15).

La vida espiritual necesita vivirse concentrada en la cruz de Cristo, de lo contrario se distorsiona, pierde su vitalidad y se paraliza. En el Calvario se concentran las mayores bendiciones de Dios. Y donde también conocemos su corazón. De hecho, todos los beneficios que recibimos de Él: perdón, reconciliación, justificación, santificación, vida eterna, no serían posible sin el sacrificio de Cristo en la cruz (1ª Corintios 1:30). Son tantos sus beneficios que alguien lo aclara aún más:

"Esta gracia es la señora de la verdad, la maestra de la disciplina, la luz del corazón, la consoladora en la agonía, la que expulsa la tristeza, la que elimina el temor, la nutriente de la devoción, la madre de las lágrimas".[2]

En la cruz están las mayores evidencias de su cuidado y de su tierno amor por nosotros pecadores, porque es allí donde Él ocupa el lugar del hombre para resolver el problema del hombre, es decir, el pecado. Allí, en esa horrible cruz, Jesús toca el pecado y no se contamina, toca el pecado y lo vence. ¡Qué perfecto sacrificio! *"La misericordia y la verdad se encontraron; la justicia y la paz se besaron"* (Salmos 85:10).

En realidad, profesar ser cristiano sin pasar o mantener enfocado el Calvario, debilita la experiencia espiritual y jamás entenderemos a Dios. Por esa razón Dios siempre nos trae y nos vuelve a traer de nuevo a la cruz, porque es allí donde Él desea mantenernos para que podamos crecer en la gracia y el conocimiento de nuestro Señor Jesús, y transformarnos a su semejanza. Al contemplarlo en la cruz, recibimos gracia salvadora, poder para vencer el mal y la belleza que el pecado nos quitó. Si de verdad buscamos una experiencia religiosa genuina y de frutos para Dios, necesitamos vivir meditando en la vida de nuestro glorioso Jesús y especialmente en las escenas de su pasión, ya que: **"La cruz de Cristo será la ciencia y el canto de los redimidos durante toda la eternidad. En el Cristo glorificado, contemplarán al Cristo crucificado".** [3]

Ser una persona espiritual se define hoy con tantas cosas que muchos cristianos se encuentran confundidos. Cuando en realidad ser espiritual consiste en vivir enfocado y arraigado sólo en Jesucristo y sus obras (Colosenses 2:6-7). ¿Habrá algo en la religión que pueda reemplazar a Jesús? ¡No! No lo hay. Un escritor que me ha ayudado grandemente a entender y definir esa realidad, lo recomienda así:

"La característica permanente de un hombre espiritual es la habilidad de entender correctamente el significado del Señor Jesucristo en su vida, y la capacidad de explicarles a otros los propósitos de Dios. La pasión que gobierna su vida es Jesucristo... No permitas nunca que algo te desvíe de tu discernimiento de Jesucristo. Esto demuestra si eres espiritual". [4]

491

APASIONADO POR CRISTO

Existe un misterio en meditar en la cruz de Jesucristo: uno queda atrapado y no desea salir de ahí, ni pensar en otro tema que no sea "Cristo y éste crucificado". Todo lo demás va perdiendo su atractivo e interés (y eso es lo que estoy experimentando, y mi razón no comprende el por qué totalmente; pero yo sé que poco a poco Dios me lo aclarará).

Debemos recordar siempre esto: Todo lo que recibimos de Él, sea experiencia de manifestación, entendimiento de su Palabra, milagros y beneficios, no son para disfrutarlo solamente nosotros, es también para darlo a conocer a otros. *"...de gracia recibisteis, dad de gracia"* (Mateo 10:8). Mientras más compartimos lo recibido, más se nos dará, ya que la característica principal del carácter de Dios es dar y servir.

UN TESTIGO DE UNA RELACIÓN DE AMOR CON JESÚS

Miremos un ejemplo de estrecha unión: el caso del apóstol Pablo, un testigo que explica vívidamente la teología más gloriosa de la cruz de Cristo y sus resultados en su propia vida. Su conversión fue extraordinaria. Su unión con Cristo le cambió todo: Su destino, su mente, su carácter, su experiencia religiosa y su vida. Observemos como él, en una sola frase, expresa su más ferviente anhelo:

"...a fin de conocerle, y el poder de su resurrección, y participación de sus padecimientos, llegando a ser semejante a él en su muerte" (Filipenses 3:10).

Analicemos brevemente el sentir de cada parte de esta declaración que nos invita a experimentar el poder glorioso de su presencia:

"A fin de conocerle"

Pablo desea la compañía y amistad con Jesús, pero más que eso desea conocerlo según Él es: La naturaleza de su amor, su gracia, su infinita misericordia y su justicia perfecta. *"...y conocer el amor de Cristo que excede todo conocimiento, para que seáis llenos de toda la plenitud de Dios"* (Efesios 3:19).

No hay nada más interesante, fascinante, sublime y transformador que conocer personalmente a Jesucristo y su sacrificio. Conocerlo supera todo conocimiento terrenal, sea este personal, biológico, químico, psicológico, filosófico, social o religioso.

"El poder de su resurrección"

El poder que levantó a Jesucristo de los muertos fue un poder extraordinario, y es ese mismo poder que Pablo necesita para su vida mortal, y especialmente para su vida mental. Un poder que cambie toda su naturaleza humana, que lo despoje del orgullo, el egoísmo y la vanidad. Es una nueva vida, producto únicamente del poder increíble del Cristo resucitado. Es cierto que la muerte es el fin de su vida terrenal, pero la resurrección de Cristo le garantiza, no sólo la transformación interna, sino además la cierta resurrección de la tumba.

"Participación de sus padecimientos"

Cristo fue como hombre *"...herido fue por nuestras rebeliones, molido por nuestros pecados; el castigo de nuestra paz fue sobre él, y por su llaga fuimos nosotros curados"* (Isaías 53:5). Ahora Pablo desea identificarse con los sufrimientos de Jesús, porque así es cómo puede conocer mejor el corazón de su Salvador. Pruebas, aflicciones, dolor, hambre, desnudes, persecución y aún la muerte son bendiciones disfrazadas para llegar a estar más cerca de Él. *"Porque para mí el vivir es Cristo, y el morir es ganancia"* (Filipenses 1:21).

"Ser semejante a él en su muerte"

Cristo murió a todo: A sí mismo, al mundo, a su voluntad y a su propia vida. Pablo desea sentir lo mismo: Morir a su ego, al mundo, a la religión y a su instinto natural de sobrevivencia. Pablo ya no desea vivir independiente de Jesús; desea la eliminación total de todo interés personal; solamente los asuntos de Cristo tienen importancia y relevancia eterna: *"Con Cristo he sido juntamente crucificado, y ya no vivo yo, mas vive Cristo en mí; y lo que ahora vivo en la carne, lo vivo por la fe del Hijo de Dios, el cual me amó y se entregó a sí mismo por mí"* (Gálatas 2:20).

En cada manifestación de Cristo en nosotros, algo muere dentro de nosotros y algo nuevo resucita en nosotros. ¡Qué importa la vida si Cristo no es nuestra vida! Lamentablemente existen muchos cristianos que desean la gloria sin la cruz; desean seguir a Cristo hasta la mitad del camino, no todo el camino. Pero según Jesús, no hay corona sin cruz, y no hay vida sin muerte: *"Porque todo el que quiera salvar su vida, la perderá; y todo el que pierda su vida por causa de mí y del evangelio, la salvará"* (Marcos 8:35).

493

APASIONADO POR CRISTO

El apóstol Pablo nunca hubiese llegado a esa hermosa experiencia espiritual sólo a base de su intelecto y la razón; fue por causa del impacto poderoso de la presencia de Jesús y sus constantes meditaciones en el sacrificio de la cruz. En resumen, tres cosas poderosas ocurrieron en la mente de Pablo:

-**SU CORAZON**, enternecido por la gracia del Calvario.
-**SU INTELECTO**, iluminado por la revelación divina de la cruz.
-**SU RAZON**, convencida por el amor eterno de Cristo.

Es un hecho: donde Jesucristo llega, los resultados de devoción y relación incondicional con lo divino son evidentes. ¡Qué testigo increíble de unión permanente con Jesucristo fue el apóstol Pablo!

Esa misma experiencia también está disponible para ti y para mí. Dios anhela dárnosla y espera el momento cuando ya estemos unidos con su Hijo Jesucristo, donde lo único que tenemos es sólo a Él, aún nosotros nos evaporamos ante su consumidora presencia. ¡Qué increíble milagro!

¿Deseas tú esa experiencia? Abre tu corazón a Jesucristo, y fija tu vista en el Calvario. Allí sucederá la verdadera unión con el sublime y extraordinario Jesucristo, el crucificado, sepultado y resucitado, el que pronto vendrá literalmente en gloria y majestad. Y por fin ya no habrá más separación entre Él y nosotros, estaremos unidos a Él por la eternidad. **"Si, ven, Señor Jesús."**

"Señor, qué sería de nosotros sin tu sacrificio. Gracias por tu sangre derramada en esa horrible cruz. Llévanos siempre allí para poder conocerte, amarte y servirte. Amén".

Referencias:

1. Elena White, *El Deseado de Todas las Gentes*, (Mountain View, California: Pacific Press Publishing Association, 1955), p. 616.
2. Thomas a'Kempis, *The Imitation of Christ* [La Imitación de Cristo], (New Jersey: Bridge-Logos Publishers, 1999), p. 277.
3. Elena White, *El Conflicto de los Siglos*, (California: Publicaciones Interamericanas, 1963), p. 709.
4. Oswald Chambers, *En Pos de lo Supremo,* (Colombia: Centros de Literatura Cristiana, 2003), Abril 2.

"La vida espiritual necesita vivirse concentrada en la cruz de Cristo; de lo contrario se distorsiona, pierde su vitalidad y se paraliza. En el Calvario se concentran las mayores bendiciones de Dios. Y donde también conocemos su corazón".

DEVOCIONALES CRISTOCÉNTRICOS

"En la cruz murió un hombre [Jesucristo] un día, y de esa cruz se aprende cada día".
—José Martí

MANUEL FERNÁNDEZ

CONTENIDO

[*NOTA: La mayoría de las siguientes meditaciones bíblicas las escribí y fueron entregadas a los miembros de la Iglesia Adventista de Avon Park, Florida, durante mi pastoreado allí (2006-2010), y que hasta ahora no habían sido publicadas*].

ALIMÉNTATE BIEN, DE JESÚS

"Porque mi carne es verdadera comida, y mi sangre es verdadera bebida. El que come mi carne y bebe mi sangre, en mí permanece, y yo en él"
(Juan 6:55-56)

Los productos "orgánicos" son los mejores para la salud porque son más sanos. Muchas de las frutas y vegetales que comemos hoy contienen cosas dañinas por causa de pesticidas y abonos químicos que le echan para su crecimiento rápido. Lo que quiero indicar con este comentario es que, al igual que los alimentos que consumimos están contaminados, lo que oímos, leemos y creemos también contienen muchos ingredientes dañinos porque no contienen la revelación gloriosa de la Cruz, y ésta es la causa principal de nuestra confusa, débil y enfermiza vida espiritual moderna.

Necesitamos *urgentemente* volver a consumir las cosas de origen divino, es decir, de Jesucristo y su sacrificio. Las cosas del hombre están intoxicadas, porque las mentes de hoy se nutren de los pensamientos del hombre en vez de los pensamientos de Jesucristo. Nunca ha sido sabio creer lo que el hombre dice y seguirlo. Por esta razón, cuando Jesús vino a la tierra encontró la multitud religiosa espiritualmente muy desorientada, extraviada y mal. Notemos como la describen las Sagradas Escrituras:

"Y al ver [Jesús] las multitudes, tuvo compasión de ellas; porque estaban desamparadas y dispersas como ovejas que no tienen pastor" (Mateo 9:36).

Jesús miró con ojo clínico los corazones de la gente; observó la desnutrición y debilidad de los consumidores religiosos, causado por un sistema religioso hebreo enfermizo, desprovisto de alimento divino. La información espiritual que la gente escuchaba era de orden muy humano; lo que se oía no tenía como centro el Mesías (El Ungido, el Cristo), el redentor y el sanador de la mente y del corazón. Es obvio, pensamientos humanos producen religiosos débiles, confundidos y prisioneros al pecado. Eso fue exactamente lo que Jesús vio.

Te has preguntado ¿cómo verá Jesús hoy nuestra iglesia, nuestras prácticas religiosas, nuestra vida, nuestro corazón? ¿Qué diría hoy de nosotros? Si lo que Él vio en el pasado fue una situación caótica, me imagino qué clase de diagnóstico daría hoy día: ¡Horrible! ¿Verdad que sí? Las cosas no han cambiado, están peor que antes.

En el pasado, Jesús comenzó a corregir el mal religioso con varias cosas:

1. Trajo la Palabra de Dios fresca, pura y clara, sin contaminación.
2. Motivó a la gente a buscar a Dios en su vida personal privada.
3. Fue al <u>Calvario a morir,</u> para así poder sanar los corazones rígidos por el orgullo y enfermos por el egoísmo.
4. Invitó a sus creyentes a compartir con otros lo que habían recibido de su gracia y amor.

Lo que necesitamos hoy, al igual que ayer para tener buena salud espiritual, es la misma receta que Jesús recomendó: *"...come mi carne y bebe mi sangre..."* (Juan 6:56). Él fue y es hoy también el mejor alimento "orgánico" para nuestra vida espiritual. Tú conoces tu dieta ¿de qué te estás alimentando? ¿Es de Jesús? Mientras más comas y bebas de Él, tu alma comenzará a sanarse, tus músculos y tendones de la fe a fortalecerse, y tu vida a brillar para su gloria. ¡Cuánto anhela Jesús que nos alimentemos de su sacrificio! ¿Qué te detiene hacerlo? Ahora mismo eleva una oración de consagración a Él. Él te espera.

JESÚS ROMPE EL CÍRCULO

"Al que no conoció pecado, por nosotros lo hizo pecado, para que nosotros fuésemos hechos justicia de Dios en él"
(2ª Corintios 5:21)

" " Éste es un círculo vicioso" ¿Has escuchado ésta expresión? Un círculo vicioso es algo que no para, que se repite y se repite, que aparentemente no se puede romper. No sé si tú, al igual que yo, te encuentras a veces con cosas malas en el corazón que nuestra mente espiritual nos dice: "No debieras de pensar eso o hacer eso, o ser así", pero nos sentimos atrapados y no podemos vencer, y se repite y se repite. El "círculo vicioso" del mal es algo que lentamente destruye nuestra vida interna y debilita nuestro testimonio a favor de Cristo. El pecado (lo que somos) parece ser algo que no podemos eliminar. ¿Cómo romper el círculo vicioso del pecado? Observa los diagramas:

Lejos de CRISTO, círculo completo.   **Tocado por CRISTO, círculo roto.**

El pecado es una condición del corazón, no sólo una mala conducta. La mala conducta es siempre el producto o el fruto de un corazón desprovisto de la gracia salvadora y transformadora de Cristo. Así lo dice la Sagrada Escritura:

"Y manifiestas son las obras de la carne, que son: adulterio, fornicación, inmundicia, lascivia, idolatría, hechicerías, enemistades, pleitos, celos, iras, contiendas, disensiones, herejías, envidias, homicidios, borracheras, orgías, y cosas semejantes a estas: acerca de las cuales os amonesto, como ya os lo he dicho antes, que los que practican tales cosas no heredarán el reino de Dios" (Gálatas 5:19-21).

Como vemos en el texto arriba, el pecado produce terribles consecuencias, que no son vistas, ni entendidas al principio, porque el pecado obscurece y bloquea nuestro intelecto, la razón, el juicio, la voluntad, y distorsiona las emociones, dejando a su víctima desnuda ante la destrucción satánica.

En el universo existe un enemigo de Dios, el Yo, independiente, incrédulo y rebelde. Pero en la cruz Jesús lo venció, Él murió por la condición perversa del corazón. Levantado en la cruz, Él demuestra que el amor es más poderoso que el mal (el orgullo, egoísmo, el yo). Él es el único que puede tocar el corazón enfermo sin contaminarse. Él hace inoperante el veneno destructor que Satanás puso en nosotros, para eso vino Él, para deshacer las obras del mal:

"El ladrón no viene sino para hurtar y matar y destruir; yo he venido para que tengan vida, y para que la tengan en abundancia" (Juan 10:10).

Jesús está ahora a nuestra disposición para romper con el círculo vicioso del mal que daña nuestro corazón y afecta nuestra vida externa. ¿Te sientes amarrado con un mal hábito o adicto a un vicio o a un mal de temperamento? Si Jesús venció al enemigo (el pecado) en la cruz, ¿no podrá Él también hacerlo en nosotros ahora? ¡Claro que sí! Tener más de Jesús es el único remedio para el "círculo vicioso". Toma tiempo en privado para estar en Su presencia y verás cómo comienza a romperse por algún lugar aquel círculo vicioso del mal.

Sigamos este sabio consejo:

"Dile a Dios todo lo que hay en tu corazón como quien se desahoga contando sus alegrías y tristezas a un querido amigo. Cuéntale tus problemas para que te consuele; cuéntale tus alegrías para que las modere; cuéntale tus anhelos para que los purifique; cuéntale tus aversiones para que te ayude a conquistarlas; háblale de tus tentaciones para que te escude de ellas; muéstrale las heridas de tu corazón para que las sane... Cuéntale cómo tu amor propio te hace tratar injustamente a otros, cómo la vanidad te tienta a ser hipócrita, cómo el orgullo te enmascara ante ti y otros" (François Fénelon, 1651-1715).

(Véase la excelente obra de Fénelon, *The Seeking Heart [El Corazón que Busca]*)]

CAMBIADOS POR SU CRUZ

"Y yo, si fuere levantado de la tierra,
a todos atraeré a mí mismo"
(Juan 12:32)

El único lugar donde Dios nos demuestra que nos ama de verdad, es permitiendo que Satanás pusiera a su Hijo Jesús en aquella horrible cruz. La cruz revela que el amor divino no tiene límite, va al final, a la vergüenza, al dolor, a la muerte, a la cruz. **Y es allí, donde solamente podemos conocer el corazón de Dios.** ¿Por qué el dilema y la tragedia de la cruz? Dios sabe que lo único que puede derretir y enternecer el orgullo humano es la revelación de Jesucristo en el Calvario.

"Porque el orgullo y la adoración del yo no pueden florecer en el alma que mantiene frescas en su memoria las escenas del Calvario" (Elena White, *Deseado de Todas las Gentes*, pág. 616).

Hay un misterio en la cruz, y es, que cuando contemplamos a Jesús muriendo en ese horrible madero, nos pasa algo que a veces no entendemos inmediatamente, pero algo nos sucede:

1. Nos sentimos inmerecedores de tal sacrificio. ¡Quiénes somos nosotros para que el humilde, perfecto y sublime Jesús pasara por tal indeseable dolor y vergüenza!

2. Nos sentimos llenos de gratitud. ¡Cómo no agradarle Aquel que hizo lo más glorioso: morir por nosotros!

3. Nos invade un profundo deseo de querer amarle, obedecerle, andar en sus caminos y servirle. ¡Qué no haremos por Aquel que ha dado todo por nosotros!

En la cruz encontramos amor, gracia, misericordia, perdón, limpieza y vida abundante. Por eso, si sientes que tu vida cristiana está perdiendo el fervor, o si sientes que se te hace difícil obedecer lo que Dios te pide, o si sientes que no puedes liberarte de la culpa, del temor, o de aquel pecado oculto que no puedes abandonar, esta es la solución: detente y toma tiempo para meditar en la Cruz. Lee de nuevo la historia del Calvario en la Biblia. Mira una película de la vida de Jesús, y ora para que Dios te dé una nueva sensación de su amor. Esta es la mejor medicina que yo he encontrado para todas las luchas y complejidades espirituales. ¡Por algo fue clavado Jesús en la cruz!

Recuerda: **Jesús ya fue levantado**, ahora te toca a ti y a mí contemplarlo. Y contemplándolo, seremos cautivados y transformados por la gloria que fulgura de su eterna Cruz.

JESÚS, NUESTRO ETERNO SANADOR

"Ciertamente llevó él nuestras enfermedades, y sufrió nuestros dolores; y nosotros le tuvimos por azotado, por herido de Dios y abatido. Mas él herido fue por nuestras rebeliones, molido por nuestros pecados; el castigo de nuestra paz fue sobre él, y por su llaga fuimos nosotros curados" (Isaías 53:4-5)

Los virus, las bacterias y las infecciones tienen una cosa en común, producen cáncer, enfermedad, dolor y finalmente la muerte. Asímismo es el pecado. Sea cual sea, produce dolor, enfermedad espiritual, que conlleva a la muerte eterna. El pecado, aun disfrazado con lo bueno, es destructivo, y lamentablemente nosotros no podemos tocarlo ni destruirlo. Pero gracias al Cielo, Jesús lo tocó en la cruz y pudo destruir sus efectos dañinos. Él llevó nuestras enfermedades, sufrió nuestros dolores, pero por sus llagas fuimos nosotros curados (Isaías 53:4-5).

LA HORRIBLE LISTA DE NUESTRAS ENFERMEDADES:

Orgullo, egoísmo, miedo, rencor, soledad, alienación, adulterio, presunción, dolor físico y emocional, pérdida, rechazo, abuso, terquedad, irritabilidad, impaciencia, mal genio, depresión, separación, injusticia, golpes, maltrato, mal hablar, groserías, sarcasmo, homicidio, odio, enemistad, traición, intemperancia, deslealtad, humillación, condenación, hipocresía, impureza, corrupción, suciedad, enfermedad, ansiedad, indignidad, impiedad, inestabilidad, ignominia, profanación, perversidad, querellas, engaño, envidia, celos, codicia, robo, rebeldía, dureza, contradicción, inconsciencia, ignorancia, indiferencia, pereza, apatía, mal entendido, olvido, fornicación, herejías, venganza, ingratitud, prejuicio, menosprecio, negligencia, malicia, maldición, degeneración, decepción, justicia propia, mentira, desesperación, desvergüenza, muerte, homosexualismo, lesbianismo, masturbación, inmundicia, irresponsabilidad, incredulidad, superstición, idolatría, crueldad, ambición, supremacía, murmuración, pleitos, desafecto, discordia, inquietud, glotonería, exaltación propia, despecho, gritería, malversación, competencia, complejos, sabelotodo, soberbia, altivez, lascivia, divorcio, desunión, individualismo, chisme, desconfianza, desigualdad, esclavitud, racismo, prejuicio, incompatibilidad, dictadura, tiranía, abuso verbal, anarquismo, inconsecuencias, necedad, insensatez, rencillas, machismo, prepotencia, preocupación, amargura, avaricia, blasfemia, ira, mentira, enojo...

—Manuel Fernández

PASIONADO POR CRISTO

Sea cual sea la enfermedad, la medicina por excelencia sigue siendo Jesús, no importa lo que digan los "sabios" humanos. El temperamento y el carácter no podemos cambiarlo mediante el ejercicio de la voluntad, la educación u obras externas o esfuerzos humanos. Esto no funciona. La enfermedad del alma solamente la cura Jesucristo. A Él le costó demasiado, el Calvario, para que el humano intente sustituirlo. Él es el antídoto al orgullo, al egoísmo, a estos indeseables virus de nuestro ser.

Recordemos siempre esta realidad: **"No puedes reescribir las páginas de tu pasado, pero las de tu mañana están en blanco"** (Zig Ziglar). Y esta página blanca que tienes, llénala de Cristo, solamente Él puede mantenerla blanca. **Por malo que haya sido tu pasado, no debería controlar tu presente o tu futuro, porque Cristo lo puede cambiar para algo mejor, si solamente le das un lugar especial en tu corazón.** Y hablando de la pureza del corazón, la Sagrada Escritura establece que debemos de buscar la *"...santidad, sin la cual nadie verá al Señor"* (Hebreos 12:14). La santidad que tú y yo necesitamos no podemos adquirirla mediante el esfuerzo de prácticas religiosas, porque es un regalo de Dios mediante Jesucristo. **La "Santidad" es una persona: Jesucristo. Y es mediante una relación de amor con Él que Dios nos acredita la santidad.**

*"Mas por él estáis vosotros en Cristo Jesús, el cual nos ha sido hecho por Dios sabiduría, justificación, **santificación** y redención"* (1ª Corintios 1:30).

Es por causa de nuestra naturaleza pecaminosa que vivimos desorientados, confundidos y perdidos, pero Jesús nos busca y nos busca, y Él es el único que nos puede encontrar y salvar del pecado y de nosotros mismos. Cuando Él se acerque a ti, haz un giro hacia Él, e inmediatamente se activará el poder de su presencia en ti, perdonándote, limpiándote y transformándote (Juan 1:9).

¡Contémplalo en su cruz! ¡Ámalo! ¡Síguelo! ¡Escúchalo y obedece Su Voz! Son increíbles sus beneficios.

JESÚS,
ES MÁS QUE SUFICIENTE

*"Porque en él habita corporalmente toda la plenitud de la Deidad;
y vosotros estáis completos en él, que es
la cabeza de todo principado y potestad"*
(Colosenses 2:9,10)

Cualquier cosa sin terminar o incompleta o dañada, no luce bien, se ve fea. Algo parecido nos ha hecho el mal a nosotros. "El pecado" nos hace sentir incompletos y empobrecidos, como si nos faltara algo. Pero la realidad es otra. Según el apóstol Pablo, nosotros los creyentes estamos declarados **completos en Jesús** (Colosenses 2:10). Con Él nada nos falta. Jesús suple todo lo que el mal nos quitó. Para eso vino Él: para deshacer las obras del mal.

Con Jesús el Universo está completo, nada le falta, Él todo lo llena. De igual manera, nuestro pequeño mundo interno, mediante la vida, el ministerio, la muerte e intercesión de Jesús, también debe sentirse completamente satisfecho, completo, lleno y terminado. Con Él nada te falta, pues: *"Todas las cosas que pertenecen a la vida y a la piedad nos fueron dadas de su divina potencia, por el conocimiento de aquel que nos llamó por su gloria y virtud"* (2ª Pedro 1:3).

Realmente, Jesús es todo lo que nosotros necesitamos para esta vida y para la venidera. **Jesús es nuestro eterno:**

Dios

Amor

Gracia

Seguridad, Bienestar, Satisfacción, Salvador, Compañía,
Sabiduría, Justicia, Santificación, Descanso, Fidelidad,

Protección

Perdón

Camino

Luz

Verdad

Señor

Futuro

PASIONADO POR CRISTO

Poder
Vida
Guía
Gloria
Salvación
Eternidad

¡Contémplalo! ¡Confía en Él! No mires tus deficiencias, debilidades, errores y pecados. Recuerda, Jesús es más que suficiente para nuestra vida... a Él nada le falta, Él es completo, y con Él tú también.

"Recuerda, no importa lo que tengas que confrontar en la vida, no sueltes la Mano de Jesucristo"

NADA NI NADIE PUEDE REEMPLAZARLO

*"Porque nadie puede poner otro fundamento
que el que está puesto, el cual es Jesucristo"*
(1ª Corintios 3:11)

La encarnación de Cristo (Juan 1:14) es la objeción del Cielo de cada sistema e institución que reclama control, poseer y distribuir a Dios. Cualquier iglesia o líder religioso que pretende acceso a Dios sobre la experiencia personal con Dios, la encarnacion de Cristo es la que tiene la última palabra.

Precisamente Jesus vino y nació como un niño en un mundo feo y confundido para traer luz en la oscuridad. En un mundo lleno de avaricia y deseos, Él llegó como el Regalo de amor del Cielo para que lo disfrutemos. ¡Recíbelo en tu corazón! Él desea nacer de nuevo en el pesebre de nuestro corazón.

El drama del Calvario (Filipenses 2:8) es el rechazo del Cielo de cada intento humano de ofrecer salvación mediante instituciones religiosas, obras y esfuerzos humanos.

La muerte y la resurrección de Cristo es el fundamento firme y seguro para la salvación de todo aquel que confía en Él. Nada, absolutamente nada puede reemplazar el Calvario para la salvación de nuestra alma. **¡Agárrate y apodérate de Cristo en todo y para todo!**

USA LAS LLAVES...
A JESUCRISTO

"Y a ti daré las llaves del Reino de los cielos; todo lo que atares en la tierra será atado en los cielos; y todo lo que desatares en la tierra será desatado en los cielos"
(Mateo 16:19)

"Las llaves" quién no las conoce; la usamos constantemente, en el carro, en la puerta de la casa, y en decenas de otras cosas.

Como sabemos, las llaves se usan para abrir y cerrar; abrimos para salir o entrar, y cerramos para guardar o proteger.

Jesús, dirigiéndose a Pedro le dijo: **"...a ti daré las llaves del Reino de los cielos..."** (Mateo 16:19). ¿Quién era ese Pedro? Uno de los discípulos especiales de Jesús, que tristemente traicionó a Jesús; pero Él lo perdona y lo restaura a su apostolado anterior; y de nuevo Pedro recibe "las llaves" (Juan 21:14-17).

¿Cuáles son estas llaves que recibe Pedro? (y por consiguiente nosotros también como sus discípulos). No es nada menos que el Evangelio de nuestro Señor Jesucristo, o mejor dicho, al mismo Jesucristo. ¿Por qué en plural "las llaves"? Esto indica las diferentes funciones de su maravilloso Nombre y la de su carácter:

Cristo, significa "Mesías", "el Ungido"; indicando que es el enviado de Dios para realizar la gran obra como Profeta, Sacerdote y Rey de su pueblo.

Jesús, significa "Salvador" indicando su gran obra de salvación, el que iba a morir en el Calvario para salvar a su pueblo de sus pecados.

¡Nombres poderosos! Al oírlos los demonios tiemblan y huyen de sus víctimas.

Y estas son las tres llaves de su carácter que recibimos de Él:

1. Su humildad

2. Su amor

3. Su poder

Cristo Jesús es la única llave quien puede <u>abrir el alma</u> cerrada por el orgullo y el egoísmo, y liberarla del pecado. Es también Cristo

Jesús quien puede <u>guardar el alma</u> y protegerla de los ataques del maligno. Cualquiera fuera la necesidad espiritual, solamente Jesucristo puede libertar y proteger de las fuerzas destructoras del mal. El hombre con su ciencia no puede sanar y cuidar el corazón como lo que puede hacer Jesucristo. Él es la "LLAVE" verdadera, nadie más. Necesitamos conocerlo y confiar en Él.

¿Está tu alma atormentada por el mal, enferma por el pecado, deprimida por las angustias de la vida? Usa las "Llaves", a Jesucristo; Él puede, si confiamos en Él, cerrar las puertas del mal que te desean destruir, y abrir por el otro lado bendiciones de paz, de reposo, fortaleza, vida y vida eterna.

¿Por qué no lo usamos más? No existe nada imposible para Él. Él venció toda prueba, tentación y conflicto, y llegó al máximo del dolor humano, a la cruz, a la muerte; pero allí venció, resucitó, y ahora nos dice: *"tengo las llaves del Hades y de la muerte..."* (Apocalipsis 1:18). Ese mismo Jesucristo ahora puede vivir en ti si confías en Él. Y Él será tu buen pastor y *"nada te faltará"* (Salmos 23:1). Él será tu roca fuerte, tu refugio, tu reposo, tu esperanza, tu salvación (Salmos 62:5-7). Todo lo que tú necesites, Jesucristo lo tiene para ti: *"Todas las cosas que pertenecen a la vida y a la piedad nos fueron dadas de su divina potencia, por el conocimiento de aquel que nos llamó por su gloria y virtud"* (2ª Pedro 1:3).

A Pedro se le entregaron "las llaves del Reino", y él las usó y le funcionaron (Hechos 3:1-8). Tú y yo también podemos tener las mismas llaves, a Jesucristo, con todo su poder y gloria. ¡Úsalo más y verás lo que pasará en tu vida... y en la de otros también!

LA VIDA ES UNA ESCUELA

*"Llevad mi yugo sobre vosotros, y **aprended de mí**, que soy manso y humilde de corazón; y hallaréis descanso para vuestras almas..."*
(Mateo 11:29)

La vida es una escuela de la cual nadie se gradúa, y siempre estamos aprendiendo cosas nuevas; algunas son muy buenas y otras desagradables. A continuación están algunas de las cosas que todos aprenderemos, tarde o temprano, mientras pasamos por la escuela de la vida:

-La vida es corta e incierta, llena de sorpresas
-Está llena de fastidios, dolor y desencantos
-Está llena de sueños y deseos no satisfechos
-De alegrías y tristezas
-De expectativas nunca hechas realidad
-De desengaños y falsedades.
-De fracasos, pérdidas y derrotas
-De angustias y lágrimas
-De esperanzas frustradas

En fin, lo que existe a través de la vida es incertidumbre, decepción y dolor; y el gozo, la alegría y la felicidad es de corta durabilidad. Con razón el sabio Salomón concluyó: *"Vanidad de vanidades, dijo el Predicador, **todo es vanidad**"* (Eclesiastés 12:8).

Pero, ¡gracias a Dios porque existe algo real, hermoso, glorioso y eterno! que satisface completamente nuestra alma, que llena todas nuestras expectativas, y me refiero al privilegio de descubrir lo más supremo de la vida: **a nuestro Señor Jesucristo**, porque sin Él, he concluido que no valdría la pena haber nacido; pero con Él la vida toma un nueva y mejor dimensión.

Jesús alivia la carga, el dolor y la tristeza, y produce esperanza para ahora y para el más allá. Contemplando al Invisible, a Jesús, encontramos nuestra *identidad*, nuestro propósito, nuestra *realidad* y nuestra *eternidad*. No existe otro camino, ni otra realidad. Él no se equivocó cuando declaró: **"Yo soy el camino, y la verdad, y la vida..."** (Juan 14:6).

Jesús vino a la tierra, sufrió y finalmente murió en la cruz para regalarnos la vida que nosotros buscamos y necesitamos. Por lo tanto, no busques en ti ni en otra cosa la felicidad, porque lo que encontrarás es falsedad. No existe vida abundante fuera de Jesús. Sin Él todo es mentira, y con Él todo es verdad, genuino.

"Aprended de Mí", dijo Jesús. Él es el mejor maestro en la escuela de la vida; te puede enseñar en un momento lo que nunca podrán enseñarte los sabios del mundo en toda tu vida. ¿Qué es lo que personalmente he aprendido con Él hasta ahora? Haciéndolo sencillo, lo describo así:

-**Jesús es la Luz**, nosotros la sombra

-**Jesús es el Gozo**, nosotros la tristeza

-**Jesús es la Paz**, nosotros la guerra

-**Jesús es la Sabiduría**, nosotros la ignorancia

-**Jesús es el Maestro**, nosotros los alumnos

-**Jesús es la Vida**, nosotros la muerte

¡JESUS es TODO! Nosotros sin Él, nada, ni nadie.

CRECIENDO EN JESÚS

"Antes bien, creced en la gracia y el conocimiento
de nuestro Señor y Salvador Jesucristo"
(2ª Pedro 3:18)

E
s una sensación extraña; me encuentro deseando que mi linda nietecita (de sólo 6 semanas) crezca rápidamente para que pueda hablar, caminar y jugar conmigo. Cuán emocionante será escucharla decir: "¡Abuelito!" El crecimiento es algo maravilloso y muy necesario para la vida y la felicidad.

Dios también tiene esos mismos deseos por nosotros sus hijos (2ª Pedro 3:18); desea que crezcamos en amistad y devoción con su Hijo amado Jesucristo. Crecer en Jesús es necesario; quedarse pequeño "un bebé" es triste y peligroso para la experiencia de fe. Crecer espiritualmente significa desarrollo, madurez, elevarse y progresar en la experiencia de amistad con Jesucristo. Para ello, Dios desea que crezcamos en dos áreas:

Primero, desea que crezcamos en la **gracia de Jesús**. *"Gracia"* significa un regalo inmerecido. El supremo "Regalo" de Dios es Jesús. Y el don de Jesús es perdón para nuestros errores y pecados; misericordia de tiempo y espacio para crecer; limpieza para no volver a repetir los mismos errores. De hecho, de Su sacrificio también salen todos los favores para existir: El pan que comemos, el agua que bebemos, el aire que respiramos y el amor que recibimos son regalos que fueron ganados por Su cuerpo quebrantado y Su sangre derramada en la cruz. ¡Qué gracia gloriosa, increíble! ¿Estás aprovechando esta gracia sobreabundante? (Véase Juan 1:16).

Segundo, desea que crezcamos en el **conocimiento de Jesús**. El *"Conocimiento"* según Dios está basado en una relación íntima con Jesús. El conocimiento incluye información de su vida, sus obras y muerte, pero para asimilar esta información se requiere un encuentro y una amistad personal con el Cristo viviente. ¿Estás creciendo en éste conocimiento?

Conocer a Jesús supera todos los demás conocimientos, sea éste el conocimiento de nosotros mismos (psicológico, sociológico, filosófico, histórico), o el de las matemáticas, la ciencia biológica, física o médica. Mirarnos a nosotros mismos detiene el desarrollo, mientras que *"puestos los ojos en Jesús, el autor y consumador de la fe..."* (Hebreos 12:2) produce crecimiento. Meditar en la cruz amplía el intelecto, enternece el corazón y ennoblece la personalidad. Las evidencias de estar conociendo a Jesús son paz, gozo, descanso, confianza, pureza, fidelidad y exaltación de Cristo.

¡Aprovechemos el tiempo contemplándolo! Él anhela ese íntimo y amoroso encuentro. Y así, junto a Él, es como crecemos espiritualmente.

LA OBRA EXTRAÑA DE JESÚS

*"Y los bendijo Simeón, y dijo a su madre María: —He aquí, éste
está puesto para caída y para levantamiento..."*
(Lucas 2:34)

● Has visto alguna vez a alguien caer al suelo? ¡Cómo duelen
¿ esas caídas! Es mucho mejor estar de pie y firme. Pero en el
Reino de Dios existen cosas extrañas: para crecer en fe en Dios
se necesitan caídas.

Según la declaración de Simeón, parte de la misión de Jesús es
"tumbar y levantar" (Lucas 2:34). Jesús se propone *"hacer cosas
nuevas"*, y para ello tiene que tumbar las cosas viejas que el pecado
ha producido, para luego poner sus cosas nuevas. Lo nuestro, sea
nuestra religión, cultura, posición social, pertenencias, convicciones,
obras, no sirven para Jesús. Él detesta toda apariencia y falsedad. Él
tiene que tumbar, quitar de en medio toda confianza destructiva que
ponemos en nosotros mismos.

El proceso de madurar y crecer en confianza en Dios requiere el
factor del dolor, y caer es lo que lo produce. Por ejemplo, Jesús tuvo
que tumbar a Pablo de un caballo y tirarlo al suelo (Hechos 9:1-9).
Fue así como Pablo quedó derrotado de todo. Para Jesús, el celo religioso, la obediencia, las tradiciones y la conducta moral no sirven a
menos que estemos amistados y confiados en Él. Después de la caída, Jesús levantó a Pablo para que conociera que todo aquello a lo
cual él estaba aferrado era en realidad *"basura"* en comparación con
la experiencia gloriosa de *"a fin de conocerle"* (Filipenses 3:7-10).
Nada puede sustituir a Jesús.

Nicodemo fue otro a quien Jesús también tuvo que tirar al suelo.
Nicodemo era dependiente de su conocimiento y religión; era necesario que "naciera de nuevo" y no lo sabía. Necesitaba comprender
que Jesús era lo único que podía salvarlo, nada más. Sus raíces hebreas y su abundante conocimiento teológico no estaban centrados
en Jesucristo. Pero la muerte de Jesús en la cruz cambió todo su pensar. Ahora, mirándolo clavado en aquella horrible cruz, se le abrió el
entendimiento y concibió el verdadero Evangelio, a CRISTO y éste

crucificado. Y fue así como pudo ser levantado a una nueva experiencia de fe.

¿Necesitaremos tú y yo ahora también caer y ser levantados? Jesús todo lo sabe, nada le está oculto. Él sabe lo que amamos y controlamos, de lo que dependemos y en lo que confiamos. Quizás Jesús no es el centro, el todo de nuestra vida, o vivimos lejos de Él. Sea lo que sea, Jesús nos ama demasiado para dejarnos así. Si de repente te encuentras caído, derrotado, abatido, quebrantado, puedes estar seguro de que Jesús está detrás de toda dolorosa experiencia. Así es como funciona su reino: *"El que cayere sobre esta piedra [Jesús] será quebrantado, y sobre quien ella cayere, le desmenuzará."* (Mateo 21:44).

No olvidemos que cuando Jesús derrumba algo, hace luego *"todo nuevo"*, no remiendos ni remodelaciones, sino **"nueva creación"** (Gálatas 6:15). Él no desperdicia ningún dolor de las caídas; las utiliza para llevarnos a una esfera mayor de amor, confianza y dependencia en Él. No rechacemos su obra misteriosa de restauración en nuestra vida. ¡Es muy necesaria y saludable! Créeme, yo lo sé por experiencia.

"ESCUCHA A MI HIJO, POR FAVOR"

"Mientras él aún hablaba, una nube de luz los cubrió; y he aquí una voz desde la nube, que decía: "Éste es mi Hijo amado, en quien tengo complacencia; a él oíd"
(Mateo 17:5)

¿Podrías imaginarte como seria nuestra vida si tú y yo no pudiéramos oír? ¡Horrible! Pero ¡gracias a Dios por el regalo de poder oír, y oírle también a Él!

En la transfiguración de Jesús (Mateo 17:1-8), el Dios Padre habló, y lo único que les pidió a los discípulos de Jesús fue: **Oíd a mi Hijo** (Mateo 17:5). En el reino de Dios, oír específicamente a Jesús es todo, porque escuchándolo es como llegamos a conocerlo y aprendemos a desarrollar una relación estrecha con Él. En la vida espiritual escuchar viene primero, obedecer viene después. No podemos obedecer ni obrar bien sin primero escuchar bien. Jesús dijo: *"Mis ovejas **oyen mi voz**, y yo las conozco, y me siguen"* (Juan 10:27). Según Jesús, este es el orden: **"Escúchame, luego sígueme"**. ¿Estamos escuchándolo?

Existen muchas cosas que compiten con Jesús, que desean nuestro oído, nuestra atención, como por ejemplo: nuestra conciencia carnal, la voz de los amigos u otras voces. No escuchemos a ninguno de esos intrusos; escuchemos sólo la voz de Jesús. Él es el único medio indicado por el Cielo para comunicarse con nosotros: *"Dios, habiendo hablado muchas veces y de muchas maneras en otro tiempo a los padres por los profetas, **en estos postreros días nos ha hablado por el Hijo,** a quien constituyó heredero de todo, y por quien asimismo hizo el universo"* (Hebreos 1:1-2).

Es la voz de Jesús la que nos describe al verdadero Dios, porque Él es el único quien conoce el carácter, la naturaleza y el corazón de Dios. Esta es la razón por la cual es muy necesario que estemos alerta y atentos a sus dichos: *"El Espíritu es el que da vida; la carne para nada aprovecha; **las palabras que yo os he hablado son espíritu y son vida"*** (Juan 6:63). Su voz es amigable, dulce, suave, amorosa, veraz, penetrante, poderosa, educativa, reveladora y transformadora. Muchas cosas gloriosas suceden cuando oímos sus palabras: experimentamos la salvación gloriosa de su gracia, recibimos su poder para obedecer su voluntad, y somos llenos de su amor para poder amarlo y testificar de Él. Oyendo su voz es como el mundo, y aun nuestro activo yo, pierde su poder seductor y destructor sobre nosotros.

Jesús es el centro de la fe, la vida y la eternidad. **Escucharlo enriquece nuestra vida espiritual, ennoblece nuestra personalidad, endulza nuestra relación con la gente y nos mueve al servicio de los demás.** No hay límite al desarrollo espiritual cuando Jesús llega a ser el centro de nuestros pensamientos. Sigamos el ejemplo de María: *"...María, la cual sentándose a los pies de Jesús, oía su palabra"* (Lucas 10:39). Ahí está el secreto para crecer espiritualmente, dedicar "tiempo" para oír a Jesús. Busquemos esos momentos a solas con Él.

Abramos nuestros oídos a Él. Escuchemos su voz, Él todavía está hablando. *"...si alguno oye mi voz y abre la puerta..."* (Apocalipsis 3:20). ¿Estás escuchándolo? ¡Oh, qué bendición es oírlo!

NUESTROS ACARICIADOS ÍDOLOS

"No tendrás dioses ajenos delante de Mí"
(Éxodo 20:3)

Cuando Dios dio por primera vez su ley escrita a su pueblo, incluyó este importante mandamiento: *"No tendrás dioses ajenos delante de Mí"* (Éxodo 20:3). Para ese tiempo, los dioses ajenos podrían ser esculturas, animales, aves, o quizás cualquier cosa creada del cielo y de la tierra. Pero hoy, los dioses ajenos han cambiado diametralmente, ya que podrían ser, entre algunos:

-Nuestra estima propia
-Nuestra credencial profesional
-Nuestro estatus económico
-Nuestro valor cultural
-Nuestra religión
-Nuestra moralidad
-Nuestras tradiciones
-Nuestros deseos
-Nuestras emociones
-Nuestras convicciones
-Y hasta nuestra misma amada humanidad…

Por cierto, estos mismos acariciados ídolos no solamente destruyen nuestra relación con Jesucristo, sino también podrían destruir nuestra vida personal, nuestro hogar, nuestras finanzas y, lógicamente, nuestro bienestar…. En verdad, no quedará nada que no sufra una derrota total (1ª Corintios 3:11-13). Nosotros no estamos capacitados para ver estos horribles ídolos que están arraigados profundamente en nuestra alma, y hasta somos perfectamente capaces de cubrirlos con una excelente fachada religiosa. **El camuflaje es la característica principal de nuestra humanidad caída.** Pero Dios sabe exactamente lo que existe detrás de nuestra "buena" apariencia. Y es a la luz del Calvario que realmente podemos ver nuestros horribles y acariciados dioses ajenos y abandonarlos.

¿Por qué no cambiar esta lamentable y triste condición? Dios, mediante su Hijo Jesucristo, nos extiende una poderosa invitación:

"Venid a mí todos los que estáis trabajados y cargados, y Yo os haré descansar" (Mateo 11:28).

Recordemos: Es nuestra decisión, y está en nuestras manos escoger:

-Venir a Jesús y confiar en lo que Él te dice, o escuchar lo que nuestro instinto natural nos sugiere... Si escogemos esto último nos enfrentaremos a un peligro fatal. ¡Esto sí es peligroso y destructivo!

"Y ésta es la condenación: que la Luz vino al mundo, y los hombres amaron más las tinieblas que la Luz, porque sus obras eran malas. Porque todo aquel que hace lo malo, aborrece la Luz y no viene a la Luz, para que sus obras no sean reprendidas. Mas el que practica la Verdad, viene a la Luz, para que sea manifiesto que sus obras son hechas en Dios" (Juan 3:19-21).

No olvidemos: Jesús no nos condenará porque somos malos o pecadores; nos podrá condenar porque rechazamos su amor eterno y su amistad.

"Oh Jesús, ayúdame venir a Ti, y saca de mí aquellos dioses ajenos que se interponen entre los dos. ¡Gracias! Amén".

(13)

¿QUIÉN GANARÁ?

"Porque no tenemos lucha contra sangre y carne, sino contra principados, contra potestades, contra gobernadores de las tinieblas de este siglo, contra huestes espirituales de maldad en las regiones celestes"
(Efesios 6:12)

Desde que el hombre se rebeló contra Jesucristo al principio (Génesis 3:1-21), siempre han existido las guerras en nuestro planeta. ¡Guerras terribles!... Hermano contra hermano, pueblo contra pueblo, nación contra nación, y religiosos contra religiosos; pero un día todo esto se va a terminar, y será cuando Cristo establezca su reino eterno de paz. Pero, mientras tanto, la guerra continúa aquí. El apóstol Pablo nos recuerda esta realidad existencial:

> *"Porque no tenemos lucha contra sangre y carne, sino contra principados, contra potestades, contra gobernadores de las tinieblas de este siglo, contra huestes espirituales de maldad en las regiones celestes"* (Efesios 6:12).

Es un hecho: en esta guerra todos somos atacados sin excepción. Yo, personalmente, conozco esta lucha feroz, y es por esta razón que escribo este devocional para alertarte, orientarte y motivarte a "luchar la buena batalla de la fe". Y por supuesto, si estamos al lado de Jesucristo, con toda seguridad ganaremos por la gracia de Dios; y finalmente tú y yo nos encontraremos en el mundo de paz de nuestro Señor Jesucristo.

Mientras esperamos ese día glorioso, existe un detalle que necesitamos siempre entender y conocer: el diablo, el enemigo acérrimo de Jesucristo, no da la cara, él se esconde detrás de muchos disfraces: puede llegar a través de la brujería, la santería, y posesiones directas en la vida de seres humanos, (yo me he encontrado sacando demonios de tales víctimas). Pero las estrategias más sutiles son las que él presenta a través de extrañas filosofías religiosas; y ahí sí, él gana mucho terreno; un ejemplo moderno es la conocida "Religión de la Nueva Era" (una mezcla de todo). Pero también existen enemigos de Cristo en el mismo cristianismo, por lo menos conozco tres usurpadores, ladrones, que luchan ferozmente para quitar a Jesucristo del centro de nuestra fe y de nuestro corazón:

1. LOS LEGALISTAS (los que usan la ley como el centro de la fe, y promueven una alta moralidad sin Cristo, la cual ellos mismo violan).

Donde existe legalismo no se da el crecimiento espiritual que Cristo provee. Observando leyes, no santifican al hombre; es viviendo conectado a Cristo donde somos santificados. La santificación es un regalo de Dios mediante Jesucristo, que se recibe por fe en Él. Ahora sí podemos guardar su santa ley, porque Él vive en nosotros. El hombre natural (1 Corintios 2:14), es decir, el hombre religioso, puede obedecer la "letra" de la ley, pero jamás podrá obedecer el "espíritu o la esencia" de la ley sin una relación íntima con Jesucristo.

Pero Jesús ama a los legalistas, y quiere salvarlos del apegamiento fanático a la ley.

2. LOS RELIGIONISTAS (religiosos que se concentran y promueven sus tradiciones, doctrinismo, moralismo y formalismo **sin Cristo,** aún con un espíritu de señalamientos, control, ataques, odio, traición, maltrato y asesinato si fuera necesario; contienen una mente trastornada y enfermiza).

¿Habrá algo mejor o más poderoso que la religión? ¡Sí! El evangelio de nuestro Señor Jesucristo.

-La religión es la forma del hombre de buscar a Dios; **en cambio, el evangelio es la manera de Dios de buscar el hombre.**

-La religión es desnudez cubierta con hojas de higuera (Génesis 3:7); **en cambio el evangelio es desnudez cubierta con piel de cordero** (Génesis 3:21).

Todo aquello adonde el hombre natural pone la mano, lo daña. Y la religión del hombre siempre ha sido un instrumento del diablo para usurpar o impedir la preeminencia de Cristo.

Pero Jesús ama a los religiosos, y desea salvarlos de la idolatría a su denominación o institución religiosa.

3. LOS HUMANISTAS (los que hacen del hombre el centro de todo, pero disfrazados y ocultados con un intelectualismo religioso sin vivencia real con Jesucristo).

Pero Jesús ama a los humanistas, y anhela salvarlos del amor a sí mismo.

Debido a la cantidad de víctimas que estos usurpadores han cobrado (pastores, líderes y miembros de iglesia), de los cuales he sido testigo a través de años como cristiano y pastor de Iglesia, me siento motivado a decir lo siguiente: el diablo no escatima hacer lo que tenga que hacer con aquellos que se proclaman cristianos y viven sus vidas sin integridad y sinceridad delante de Dios y los hombres. A ese tipo de cristianos, él los "tapa y los destapa", es decir, cubre su falsedad por un tiempo y luego expone su falsedad aplastándolos, ensuciándolos, destruyéndolos, para luego exhibirlos al público como trofeos de su victoria. Y aquellos que podrían haber sido agentes de Jesucristo, él los convierte en agentes del mal. Con el diablo no se juega… sus garras son terribles. No te aventures en ser un falso cristiano; el final será el infierno juntamente con el diablo. **El grave problema de la religión sin Cristo es que produce hipocresía, y los cristianos religiosos sin vivencia real con Jesucristo modelan todo tipo de fingimientos. Detrás de una aparente santidad religiosa puede estar ocultándose un adúltero, un fornicario (estos serán los pecados más evidentes antes de la venida de Cristo), un ladrón, un mentiroso, un ególatra, etc.** (véase Gálatas 5:19-21). El pecado oscurece el entendimiento, debilita la razón, duerme la conciencia y paraliza la voluntad, y la persona queda atrapada en las garras del mal. Para salir de allí, hay que mirar al Calvario, a Jesucristo; no existe otra alternativa. **¡Jesús vive! ¡Él es real y poderoso! Él puede cambiar a un religioso en un cristiano genuino.**

Esta guerra con el enemigo de Cristo es constante, y el diablo ya tiene más de seis mil años de experiencia. Por un lado, el diablo desesperado, vive buscando a quien devorar (1ª Pedro 5:8), a quien engañar o destruir, porque él sabe que le queda poco tiempo, y su destrucción final ya está muy cercana. **Pero gracias al Cielo, por el otro lado, Jesús también está trabajando, llamándonos con amor, gracia, compasión, misericordia y paciencia** (estas son las armas de Cristo):

"Venid a mí todos los que estáis trabajados y cargados, y yo os haré descansar" (Mateo 11:28).

"El ladrón [el diablo] no viene sino para hurtar, y matar, y des-truir; **yo [Jesucristo] he venido para que tengan vida, y para que la tengan en abundancia"** (Juan 10:10).

En esta guerra feroz ¿quién ganará, Cristo o el diablo? Depende de nosotros, a quien escogemos, y a quién le daremos el permiso de tomar nuestra vida, nuestra mente y nuestro corazón. Recuerda: no podemos servir a dos señores (Lucas 16:13). En mi caso, yo he escogido **solamente** a Jesucristo, ¿y tú?

LA REVELACIÓN DEL ÚLTIMO JUEGO DE LA SERIE UNIVERSAL

"Y el Espíritu y la Esposa dicen: Ven. Y el que oye, diga: Ven. Y el que tiene sed, venga; y el que quiera, tome del agua de la vida gratuitamente"
(Apocalipsis 22:17)

[NOTA: Las letras del equipo de las tinieblas son de personas reales, sus nombres han sido omitidos para proteger la identidad de las victimas].

Me encontraba volando en un avión y, mientras dormía, el Espíritu del Señor comenzó a poner estos pensamientos en mi mente, y me llevó a un gigantesco estadio de béisbol. Y yo vi frente a mí una inmensa pantalla indicadora del último juego universal. A su izquierda se registraba el partido llamado **TINIEBLA**, ganando el juego con 6 carreras. A la derecha estaba el partido llamado **LUZ**, perdiendo el juego con solamente 3 carreras. Era el último turno de la novena entrada; habían dos outs y estaba lanzando el equipo **TINIEBLA**, y las bases estaban llenas. Los fanáticos del equipo **LUZ** se encontraban tensos, y los de TINIEBLA llenos de alegría, esperando el gran triunfo del último juego de la serie UNIVERSAL. El pitcher o lanzador, TINIEBLA, tenía la letra **D**, símbolo de DIABÓLICO; el cacher o receptor, tenía la letra **P**, símbolo de PERECERÁ; el jugador de primera base tenía la letra **B**, símbolo de BESTIA; el de segunda base tenía la letra **C**, símbolo de COBARDÍA, y el de tercera base no le vi su letra. El equipo de **LUZ** tenía las bases llenas, causado por errores del pitcher o lanzador que tiraba bolas, quien se notaba muy nervioso y descontrolado porque no estaba tirando strike (lanzamientos donde falla el bateador). El corredor de tercera base tenía la letra **J**, símbolo de JUAN; el corredor de segunda base tenía la letra **S**, símbolo de Santiago; el de primera base no le vi su letra. Se presenta al último bateador de la última entrada de la serie Universal; las bases están llenas y hay dos

526

outs. El JUGADOR es alto y de semblante poderoso, sus letras son **JC**, símbolo de **JESUCRISTO**. Al verlo, los fanáticos **LUZ** se llenan de esperanza, y la alegría corre por todo el estadio. El bateador se prepara para el primer lanzamiento. El pitcher se veía nervioso mientras miraba por todos los lados, y se prepara para lanzar la bola... y lanza la bola con una velocidad increíble. El Jugador JC la espera y le tira con todas sus fuerzas; al impacto con el bate, la bola sale disparada por el aire y vuela y vuela por el mismo centro saliendo fuera del estadio, convirtiéndose en un **"GRAND SLAM"**, ¡tremendo cuadrangular! Los fanáticos del equipo **LUZ** saltan y gritan mientras corren a home Juan, Santiago, el de primera base, y finalmente a **JESUCRISTO**. El juego Universal se termina, ganando el equipo de **LUZ 7 a 6**. Las alabanzas, tributos y alegría repercutieron por el estadio, celebrando el gran triunfo causado por el jugador **JC, JESUCRISTO,** el que hizo posible la victoria final del último juego de la serie universal: **"¡GLORIA, GLORIA, GLORIA SEA A JESUCRISTO! ¡POR ÉL GANAMOS! ¡GANAMOS! ¡EL TRIUNFO ES NUESTRO! ¡AMEN!".**

El que tenga entendimiento entienda lo que el Espíritu dice a la iglesia (Apocalipsis 22:17). De cierto os digo, el que da testimonio de esto se llama **JUAN M**, el **"Obrero muy amado"**. A los que creen y viven en Jesús, nos veremos junto al río, debajo del árbol de la vida, el sábado a las 3 de la tarde. A los soberbios, mentirosos, calumniadores y desobedientes del Evangelio de nuestro Señor Jesucristo, tristemente se encontrarán afuera esperando el juicio final de la muerte eterna, y allí se oirá el "llanto y crujir de dientes" (Apocalipsis 22:15).

La gracia y la paz de nuestro Señor Jesucristo sean con todos vosotros. Amén.

¿TIENES A CRISTO?
¿O SABES DE CRISTO?

*"El que **tiene** al Hijo, **tiene** la vida;*
*el que no **tiene** al Hijo de Dios, no **tiene** la vida".*
(1ª Juan 5:12)

Mirando un día el versículo escrito arriba, de repente noté algo en el texto que nunca lo había visto anteriormente: resaltó a mi vista el verbo **"tiene"**. Juan lo menciona 4 veces, como queriendo indicar que esta palabra es importante y necesaria en la experiencia cristiana. Recordemos, el Espíritu Santo, quien inspiró el pensamiento de Juan, enfatizó la palabra **"tiene"**, del verbo "tener". Si el Espíritu hubiera deseado usar otra palabra, como "saber" lo hubiera hecho; pero no utilizó **"saber"**, sino usó "tener". Y "tener" tiene que ver con poseer, mientras que "saber" tiene que ver meramente con conocimiento intelectual.

Lo que comprendo en este texto es que **"tener al Hijo"**, es completamente diferente a **"saber del Hijo"**. "Saber de Cristo" cualquiera puede hacerlo, pero "tenerlo" implica una experiencia más profunda, que involucra tener una relación personal con la misma persona de Jesucristo. Está muy claro en este texto que, para obtener la vida eterna hay que "tener o poseer a Jesucristo"; de lo contrario nunca sucederá.

Hoy vivimos en la era de la informática, es decir, tenemos suficiente información de todo. Y nosotros los cristianos "sabemos" abundantemente la historia de Cristo; pero el Cristo de la Biblia y de la historia, parece estar muy ausente de nuestro corazón. La información ha reemplazado la vivencia con Jesucristo, y esto sí es grave y peligroso. "Saber" puede crea una falsa seguridad, porque nos sentimos conforme con saber nada más. No existe vida eterna en "saber". Vida eterna existe en Jesucristo, y sin una relación de amor con Él, no puede existir vida eterna para nadie.

Además, la mayoría de nuestras deficiencias y errores espirituales son producto de "tener nada o poco de Jesucristo", aun conociendo o teniendo mucha información acerca de Él. Cualquiera puede caer en esta trampa: "saber y no tener". Para evitarlo, necesitamos pedirle al Espíritu que nos guíe y nos ayude a mantener a Jesucristo bien arraigado en nuestro corazón. Y así evitaremos vivir delante de los hombres en apariencias y falsedades, que finalmente nos llevarán a la destrucción. La vida de muchos cristianos de hoy es una ofensa a Dios y un descrédito para atraer a los mundanos a Cristo. No puede existir vida real o auténtica separados de Cristo. Pero, si tenemos a Cristo de verdad, nuestra vida será más victoriosa, no sobre nuestras circunstancias, sino sobre nosotros mismos. A medida que le permitimos a Cristo tomar el control de nuestra vida, Él nos va cambiando. Nuestra mayor necesidad como cristianos no es hacer cosas, sino "creer y confiar" en cosas grandes: los eventos del Calvario; es de allí de donde fluye la fuerza y el éxito espiritual.

Necesitamos urgentemente **"tener al Hijo"**, si es que queremos vivir la eternidad con Dios.

¿Qué significa "Tener al Hijo"? Implica lo siguiente:

   1. Unión con Él
   2. Pasión por Él
   3. Compañerismo con Él
   4. Devoción a Él
   5. Adoración a Él
   6. Vivencia con Él
   7. Semejanza a Él
   8. Obediencia a Él
   9. Servicio a Él

El apóstol Juan en este texto (1ª Juan 5:12) nos aclara, nos avisa y nos invita en forma enfática a "tener al Hijo", a Jesucristo, porque el todo de la experiencia cristiana está en Él, y el fruto de esa experiencia con Él es vida y vida eterna. Y es por esta conexión con Él que daremos evidencia que realmente Jesucristo es importante para nosotros, y es por esta razón, y no por otra, que se nos regala la gloria eterna del Cielo. Tratar de utilizar otro método para alcanzar la vida eterna, aparte de Jesucristo, es engañoso y fatal.

Por lo tanto, no te conformes con sólo "saber de Jesucristo", porque al final de la vida eso no te servirá de mucho, excepto para un autoengaño terrible, terminando separado de Dios, como si nunca hubiera existido. Busquemos con diligencia "tener a Jesucristo", eso es el todo de la experiencia cristiana. **No hay substituto aparte de Cristo que sirva. Por consiguiente, enfócate, concéntrate, conéctate, agárrate de JESÚS. No hay de otra. Esta es la hora decisiva. Con Él, todo, y sin Él, nada.**

Acompáñame en esta oración:

"Oh, Señor, gracias por cubrirme con tu misericordia. Perdóname por las tantas veces que he vivido lejos de Ti. Deseo tenerte bien arraigado en mi corazón. Ayúdame, para que lo que sé de Ti sea realidad en mí. Gracias por amarme tanto a mí. Amén."

LAS GLORIAS DE CRISTO

*"E indiscutiblemente, **grande es el misterio** de la piedad: Dios fue manifestado en carne, Justificado en el Espíritu, Visto de los ángeles, Predicado a los gentiles, Creído en el mundo, Recibido arriba en gloria".*

(1ª Timoteo 3:16)

Hablar de la gloria de Cristo es hablar de lo más grandioso que existe en el Universo. No existe comparación alguna. No solamente Él era honrado, exaltado y alabado previo a su venida a este terrible planeta, sino que ahora su gloria se ha multiplicado aún más debido a lo que hizo mientras estuvo en nuestra tierra. Estas son sus tres glorias adicionales:

1. LA GLORIA DE SU PUREZA

"Porque no tenemos un sumo sacerdote que no pueda compadecerse de nuestras debilidades, sino uno que fue tentado en todo según nuestra semejanza, pero sin pecado" (Hebreos 4:15).

¿Quién de nosotros no ha experimentado el pecado en nuestra existencia aquí? Todos nos hemos ensuciado de una manera u otra en este corral de cerdos de este mundo sucio y apestoso (véase la maravillosa historia de Jesús con unos cerdos, Mateo 8:28-34). Pero Jesucristo, hizo lo increíble: vivió entre nosotros, y nunca se contaminó con nada de lo nuestro; vivió una vida pura, santa, perfecta, en todo el sentido de la palabra. Lo imposible lo hizo posible. ¡Y ésta es una de su gloria!

2. LA GLORIA DE SU REEMPLAZO

"Mas él herido fue por nuestras rebeliones, molido por nuestros pecados; el castigo de nuestra paz fue sobre él, y por su llaga fuimos nosotros curados" (Isaías 53:5).

Jesucristo, levantado en esa horrible cruz, paga con su dolor nuestro dolor, con su castigo nuestro castigo, con su muerte nuestra muerte, y **no nos cobra algo** por ese extraordinario sacrificio de su amor y bondad a favor nuestro. Todos los beneficios de su sacrificio son gratis para nosotros, cuando creemos en Él y le permitimos vivir en nosotros (2ª Pedro 1:3). Todas las cosas nobles que nuestro corazón ha deseado o soñado, llegarán a ser satisfechas mediante Jesucristo, porque Él tomó nuestro lugar aquí en la tierra. ¡Ésta es otra gloria más para Él!

3. LA GLORIA DE SU RESURRECCIÓN

"Mas ahora Cristo ha resucitado de los muertos; primicias de los que durmieron es hecho" (1ª Corintios 15:20).

Finalmente, el único ser humano que ha resucitado de la tumba con su propio poder ha sido nuestro Señor Jesucristo. La muerte no lo pudo sostener; la venció resucitándose. Esto sí es increíble y grandioso. **¡Nuestro Señor Jesucristo vive! ¡Vive! ¡Vive! Si antes Él era alabado, ahora mucho más. Y ahora, porque Él vive, nosotros los mortales, los que creemos en Él, viviremos por la eternidad junto a Él. ¡Gloria a Cristo!** En realidad, el diablo y el pecado, lo que han hecho en su locura, es engrandecer más la gloria de Cristo. ¡Nuestro Señor Jesucristo ha salido vencedor y victorioso sobre el pecado y la muerte!

Como vemos, la gloria de Cristo se ha triplicado. ¡Adorémosle! ¡Honrémosle! ¡Alabémosle! Hagámoslo ahora para que podamos continuar y disfrutar la próxima etapa: **la gloria eterna de Jesús**. Tan gloriosa que nuestro lenguaje humano queda corto para explicarla y describirla.

No te pierdas esa increíble y emocionante celebración universal y eterna de nuestro Señor y Salvador Jesucristo. **¡Él la ganó!** Nos veremos allá, con Él, haciendo lo siguiente por toda la eternidad:

> **"...decían a gran voz: El Cordero que fue inmolado es digno de tomar el poder, las riquezas, la sabiduría, la fortaleza, la honra, la gloria y la alabanza.**
>
> **Y a todo lo creado que está en el cielo, y sobre la tierra, y debajo de la tierra, y en el mar, y a todas las cosas que en ellos hay, oí decir: Al que está sentado en el trono, y al Cordero, sea la alabanza, la honra, la gloria y el poder, por los siglos de los siglos"** (Apocalipsis 5:12-13).

*"Yo ya quiero estar allí.
¡Ven, Señor Jesús!"*

Jesús, el Santo de Israel

Por: Ana Regalado

El Santo de Israel,
perfecto, limpio y testigo fiel.
hermoso, clemente, poderoso,
que calma el mar tormentoso
y la tempestad vuelve a su reposo.

Como el brillo del aceite puro
que sale del olivar,
dulce, cristalino y tibio
como la miel que destila del panal,
y en la Luz de un destello nos deja ver
la hermosura de su santidad.

Olor fragante, más perfumado que un lirio,
es tu gloriosa presencia,
y semejante experiencia
me derrite el corazón,
y me alumbra la conciencia.

Viene el Santo de Israel,
montado en una humilde asna,
entrando en Jerusalén,
y con amor que sale de sus entrañas,
exclama con voz sollozante y reclama,
porque no entendisteis hija de Sión,
que YO SOY tu Dios el que te llama.

En angustia, duros clavos sus manos traspasaron,
esperando el porvenir con el que le quebrantaron,
a padecimiento cruel y con dura carga le castigaron,
a pesar que gracias a Él,
el mundo impío no fue juzgado,
ni con condena mortal fue sentenciado,
aunque perdidamente todos pecaron.

Mas es su dolido corazón,
el que por nos se desgarra,
anhelando el consuelo de nuestro amor
y esperando la respuesta a su llamada.

APASIONADO POR CRISTO

Aunque por tenebrosa muerte
su alma atravesaba,
el primor de su salvación,
atravesó grandes murallas
y como Rey andando en pos
de su pueblo en la batalla,
se levantó y con fuerte voz
declaró victoria en la montaña.

Y lo que un día oscuro parecía derrota,
se convirtió en gran júbilo
y en victoria poderosa.
Se oían voces portentosas
gritando con euforia tan gloriosa,
¡Es el Santo de Israel!
¡Es Jesús, el Mesías nuestro Rey!

La tumba oscura y acobardada
se llenó de su sublime resplandor,
y se oyeron ángeles que cantaban
¡Bendito el que viene en el nombre del Señor!

¡Es Jesús, el Santo de Israel!
el que permanece para siempre,
y el que tuvo que perecer,
para pagar mi deuda
y hoy es el mismo de ayer.
Tuvo que venir a rescatarnos
para así alcanzar la merced,
de la gracia inmerecida
por su maravilloso querer.

Nos libra por doquier,
de castigo y de perdición,
y sin esperar nada a cambio
¡Nos regala la Salvacion!
Y con gozo inefable le
Contemplamos con admiración,
Porque Él es el cordero digno
de toda nuestra adoración.

Con su sangre en el Madero nos redimió,

y por amor el cielo todo lo entregó,
aunque la vida de su hijo le costó,
y en bancarrota el Padre se quedó.

Libró nuestras almas sin vacilar,
y gotas de sangre tuvo que derramar,
gracias a su inalterable fidelidad,
hoy puedo decir que conozco la Libertad.
Mi vida entera le quiero ofrendar
y todo mi tiempo a su reino dedicar,
con todas mis fuerzas sin cesar trabajar,
y que Él sea mi respirar.

Su don inefable pagó nuestro rescate,
librándonos de perdición,
de la muerte eterna y duro combate.
Su gran poder he venido a contarte,
Para que recibas su infinito amor
y a Él puedas entregarte,
obteniendo como regalo su perdón
y con la vida eterna premiarte.

En sus brazos podrás vencer,
la tentación que nos impide ver,
las densas tinieblas de este mundo
y su engañoso placer.
Serás una nueva criatura,
y volveras a nacer,
Tu pasado quedara atrás,
Para nunca más volver.

¡El alfa y la Omega!
¡El verbo de Dios!
La estrella resplandeciente de la mañana,
y de los hombres el mejor.

¡Es Jesús!, el que ha venido a buscarte,
vida nueva ardientemente quiere darte,
para que te deleites en Él
y vuelve pronto para llevarte.
Quiere secar tus lágrimas y abrazarte,
dar a tu vida perdón y de bendición llenarte,

APASIONADO POR CRISTO

un nuevo amanecer regalarte,
para que puedas comenzar de nuevo
y así poder levantarte,
con pasos firmes poder caminar,
y que vengas a Él para enseñarte.
Quiere impartirte de su poder,
y su misericordioso ser revelarte,
pues Él es tu amigo y tu sostén,
tu fuerte auxilio y tu cordel.
¡Él es Jesús, el Santo de Israel!

BREVE AUTOBIOGRAFÍA
DEL AUTOR

Jesucristo, mi creador, me trajo a la existencia el 3 de marzo de 1952, en un pequeño pueblo llamado Jánico, Santiago, República Dominicana. Soy el último hijo de ocho hermanos. Mis padres, Germán y Ana Fernández, quienes fueron los primeros cristianos adventistas de mi pueblo, sufrieron odio y rechazo por la iglesia popular.

A los diez años de edad emigré a la ciudad de New York, donde a los 17 años fui bautizado en la Iglesia Adventista de Broadway. En 1975, me gradué de una Licenciatura en Religión en Antillian College, Puerto Rico; 1980, Maestría en Divinidad de Andrews University, y en 1995, Doctor en Ministerio en la especialidad de discipulado cristiano.

Realicé mi vocación pastoral desde 1975, estableciendo la iglesia de Dyckman y Richmond Hill (1986), New York, luego pastor de la iglesia de Manhattan y Queens; y en la Florida desde 1990: Carol City, Northwest, Miami Beach, Westchester, West-Dade, Tampa, Avon Park, Bradenton, Wimauma, Pinellas, Spring Hill, Lutz, y Wesley Chapel. Desde el 2017 estoy jubilado, pero no retirado del servicio cristiano.

Por la gracia de Dios he escrito dos libros devocionales: *Ansias de Su Presencia*, y *Jesús, la Fragancia de la Vida*, una apología (una defensa): *El Verdadero Cristo,* y dos folletos: *Vislumbres de Su Di-*

> **Cristo no hace fotocopias.** *Cada vida es original, única y especial para sus propósitos. La tuya y la mía es obra exclusiva de su sabiduría y poder. Si le permites, tú también puedes ser útil para su obra. Él no necesita nada de lo nuestro, todo lo proporciona Él.*

537

vina Presencia, y *Devocionales Cristocéntricos.* Ahora todos están publicados en un solo volumen: *Apasionado por Cristo.* Además, Jesucristo me ha regalado una fundación educativa (2014), llamada: *Futuros Misioneros,* la cual puede ser vista en Internet: **www.futurosmisioneros.com.**

Tengo 43 años de casado con María Elisa Chaer Fernández, y Dios me ha regalado tres excelentes hijos: Claribel (Nutricionista Registrada), casada con Manuel Ojeda; Melissa (Maestría en Consejería), casada con Giovanni Banuchi, y Amner (Maestría en Ingeniería), casado con Michele Huarte, y seis preciosos nietos.

Mi gozo como pastor siempre ha sido conectarme y compartir mi vida con los miembros de la iglesia, predicar y enseñar con pasión a Jesucristo y a éste crucificado, escribir literatura centrada en Jesucristo, y ver almas salvadas y apasionadas por Cristo. Me gusta caminar, jugar al baloncesto y al tenis, leer libros devocionales, escribir de Jesucristo, arreglar cosas dañadas (vehículos, computadoras, etc.) y pasar tiempo con mis amigos íntimos y mis nietos. Realmente Jesucristo ha sido muy bondadoso y bueno conmigo. No sé cómo agradecerle. **¡Gracias Señor! ¡Alabado sea Su nombre!**

Breve autobiografía del autor

Con mi familia y mi gato a la edad de 7 años, Jánico, R.D., 1959.

Con mi esposa Elisa y mis tres hijos: Claribel, Melissa
y Amner, Miami, Florida, 5 de Febrero de 2012.

Mi bautismo a la edad de 17 años, por el Pastor Conrado Visser, Iglesia Adventista de Broadway, New York, 22 de Marzo de 1969.

Mi Ordenación Ministerial, Campamento Berkshire, New York, 10 de Julio de 1981.

APASIONADO POR CRISTO

MI BODA
Con mi esposa María Elisa Chaer, y mis padres, Ana y Germán, Iglesia Adventista de Broadway, New York, 14 de Septiembre de 1975.

MI FAMILIA
(Arriba) Hilda, Fello, Manuel, Fernando, Iris, Anita, (Abajo) Olga, Germán (Papá), Ana (Mamá), y Zoraida, New York, 1982.

Mis nietos de mi hija Melissa y yerno Giovanni Banuchi: Gianelli, Giovanni, Giulianni, Giordanni, 2014.

Mis nietos de mi hija Claribel y yerno Manuel Ojeda: Eliah, Josiah, 2013.

Con dos amigos especiales: (Izquierda) Omar Tielves y (Derecha) Nelson Bernal, Miami, Florida, 5 de Febrero 2012.

Con mis amigos José y Ercilia Calcano, a quienes bauticé en Tampa, Florida; y los casé en Piedra Blanca, R.D., 31 de Octubre 2005.

540

Breve autobiografía del autor

**Mi primera profesión:
Arte Ilustrativo y
Comercial.**
A la edad de 19 años,
New York, 1971.

Mi primera predicación.
A la edad de 18 años,
Iglesia Adventista
de Broadway,
New York, 1970.

**Mi primera campaña
evangelística.**
A la edad de 22 años,
Corrales, Aguadilla,
Puerto Rico, 1974.

**Mi primera gradua-
ción universitaria, BA
en Religion.**
Celebrando con mis
padres.
A la edad de 23 años,
New York, 1975.

APASIONADO POR CRISTO

Con mi esposa Elisa y mi hijo Amner en el día de su boda con Michele Huarte, Miami, Florida, 18 de Agosto de 2018.

En la celebración de mi jubilación con la familia y los amigos, todo en un ambiente festivo, de repente pensé que a Jesús no se le dio ninguna despedida al abandonar esta tierra. Sin embargo, Él se fue para preparar una reunión gloriosa para

todos sus hijos salvados. Esa será la mayor celebración de todos los tiempos y sucederá en Su reino eterno en favor de nosotros, los frutos de un amor divino, y tal amor ni siquiera podemos comenzar a comprender. **¡Gloria, honra y alabanza a JESÚS!** **¡Aleluya!** Brandon, Florida, Enero 15, 2017.

Con gozo y gratitud, plantando una nueva iglesia adventista para Cristo con el pastor laico Josué Liriano, Riverview, Florida, Noviembre 28, 2019.

Breve autobiografía del autor

Mi encuentro emocionante con mi querido amigo Pastor Jorge Daniel Richardson.
Brandon, Florida.
Diciembre 2-9, 2019.
"Hay amigos que se tratan como hijos"

MI PRIMER MENTOR MINISTERIAL POR EXCELENCIA

El Pr. Jorge Grieve
con su esposa Nila Grieve
(1934-1998)

Este ungido hombre de Dios me llamó a trabajar con él (1975), como asociado de su programa de radio y televisión: *"Ayer, Hoy, Mañana"* en New York. Lo recuerdo con mucha admiración, respecto y amor, por su vida ejemplar, sencilla, apasionada por Cristo y por la salvación de las almas. Me casó y me trataba como un hijo.

APASIONADO POR CRISTO

MIS TRES ESCRITORES FAVORITOS

(Lo que enseñaron, predicaron y escribieron, lo modelaron en su propia vida. La virtud, el poder y la influencia de un escritor cristiano consiste en que sus pensamientos son compatibles con su vida práctica.)

ELENA WHITE (1827- 1915)
-Nació en Gorham, Maine, Estados Unidos.
-Una fundadora del Movimiento Adventista, y escritora abundante por iluminación del Espíritu de Cristo.
-Entre sus 40 libros, sus obras clásicas son *El Camino a Cristo, El Deseado de Todas las Gentes,* y *El Conflicto de los Siglos.*
-Todos sus libros pueden ser leídos en Internet, egwwritings.org

OSWALD CHAMBERS (1874-1917)
-Nació en Eberdeen, Escocia.
-Predicador, profesor de teología, escritor; terminó su vida sirviendo como capellán para el ejército de Inglaterra, en Egipto, durante la primera guerra mundial.
-Su libro devocional clásico: *My Utmost for His Highest* (En Pos de Lo Supremo), puede ser leído diariamente en Internet.

DIETRICH BONHOEFFER (1906 -1945)
-Nació en Breslau, Alemania.
-Pastor, profesor de teología, escritor, y terminó su vida siendo ahorcado por los nazis, por defender el cristianismo y a los judíos del régimen de Hitler.
-Su obra por excelencia: *The Cost of Discipleship* (El Costo del Discipulado).
-Su vida en película puede ser vista en YouTube.com, *Agent of Grace* (Agente de Gracia).

**Para adquirir
copias adicionales de esta obra
o de los libros presentados en esta obra del
Pr. Manuel Fernández
use a www.amazon.com**

ESTE LIBRO TIENE UNA MISIÓN DIVINA:

Todos los fondos adquiridos por este libro serán utilizados para ayudar a estudiantes cristianos de bajos recursos, que desean prepararse para servir en la OBRA DE CRISTO.

Si desea cooperar con esta misión divina, por favor envíe su donación a Manuel Fernández, a la siguiente dirección:

Manuel Fernández
1218 Cressford Place
Brandon, FL 33511

Tel: 863-399-0135
Correo: jesus1888@juno.com

O si lo desea, use nuestra página de Internet para donar, utilizando su tarjeta de débito o de crédito:

www.futurosmisioneros.com
"Muchas gracias por su contribución. Dios le bendiga"

"EDUCAR ES REDIMIR"

Made in the USA
Lexington, KY
15 December 2019